全國高等院校古籍整理研究工作委員會直接資助項目（1526）
國家社會科學基金項目（16BZS061）
河南大學文學院學術著作出版基金資助出版

『拜經日記』校注

丁喜霞◎著

中国社会科学出版社

圖書在版編目(CIP)數據

《拜經日記》校注／丁喜霞著．—北京：中國社會科學出版社，2020.2
ISBN 978-7-5203-5103-4

Ⅰ.①拜… Ⅱ.①丁… Ⅲ.①經籍—研究—中國—清代②《拜經日記》—注釋 Ⅳ.①Z126.274.9

中國版本圖書館 CIP 數據核字(2019)第 210771 號

出版人　趙劍英
責任編輯　任　明
責任校對　馮英爽
責任印製　郝美娜

出　　版　中国社会科学出版社
社　　址　北京鼓樓西大街甲 158 號
郵　　編　100720
網　　址　http：//www.csspw.cn
發 行 部　010-84083685
門 市 部　010-84029450
經　　銷　新華書店及其他書店

印刷裝訂　北京君昇印刷有限公司
版　　次　2020 年 2 月第 1 版
印　　次　2020 年 2 月第 1 次印刷

開　　本　710×1000　1/16
印　　張　22
插　　頁　2
字　　數　358 千字
定　　價　110.00 圓

目　録

前言 ………………………………………………………………… (1)
校注説明 ……………………………………………………………… (11)
拜經日記贈言校勘里居姓氏 ………………………………………… (14)
序 ……………………………………………………………………… (20)
拜經日記序 …………………………………………………………… (22)
拜經日記敘 …………………………………………………………… (25)
拜經日記題辭 ………………………………………………………… (27)
自序 …………………………………………………………………… (28)
拜經日記第一 ………………………………………………………… (30)
　說文忕字 ……………………………………………………………… (30)
　說文㼌字 ……………………………………………………………… (34)
　有朋自遠方來 ………………………………………………………… (39)
　疏箋補序 ……………………………………………………………… (39)
　庾改爲藪 ……………………………………………………………… (41)
　說文儀禮用今文 ……………………………………………………… (41)
　何氏公羊注引瓜祭 …………………………………………………… (44)
　古文尋字 ……………………………………………………………… (44)
　髡者使守積 …………………………………………………………… (46)
　反予來赫 ……………………………………………………………… (46)
　盲眂 …………………………………………………………………… (49)
　五品不遜 ……………………………………………………………… (49)
拜經日記第二 ………………………………………………………… (51)
　左傳通考校補 ………………………………………………………… (51)
　夫之兄爲兄公 ………………………………………………………… (60)

鄭注兄妐 …… (62)
陽予也 …… (62)
歸寧父母 …… (63)
洒灑也 …… (64)
周禮以今證古 …… (65)
毛氏禮記注疏譌字 …… (66)
大戴禮有爾雅 …… (67)
苗本禾未秀之名 …… (68)
春曰昊天夏曰蒼天 …… (69)
拜經日記第三 …… (71)
封建 …… (71)
羣公廩 …… (71)
容齋續筆 …… (73)
陸氏間載北學 …… (73)
明堂陰陽 …… (74)
不服闇 …… (75)
以襘禮哀圍敗 …… (75)
宋雕左氏釋文 …… (76)
大割牲祠于公社 …… (76)
三分天下有其二 …… (77)
道千乘之國 …… (77)
琴操多魯詩説 …… (78)
虞書正義 …… (79)
宅堣夷 …… (80)
昧谷 …… (81)
心腹腎腸 …… (82)
臏腓刖 …… (83)
宅西曰昧谷 …… (84)
割頭 …… (85)
命大封 …… (85)
伯父寔來余一人嘉之 …… (86)
一人冕執脫 …… (87)

以炮土之鼓敺之 …………………………………………………… (87)
拜經日記第四 …………………………………………………… (89)
人莫知其子之惡 …………………………………………………… (89)
不吳不敖 …………………………………………………… (90)
吳娯虞 …………………………………………………… (91)
臧氏文獻考補 …………………………………………………… (92)
哀公問社於宰我 …………………………………………………… (93)
穿踰 …………………………………………………… (94)
無有乎爾則亦無有乎爾 …………………………………………………… (95)
愠怨也 …………………………………………………… (95)
冥窈也 …………………………………………………… (96)
文昌 …………………………………………………… (97)
北斗七星文昌宮六星 …………………………………………………… (99)
斗宿魁星 …………………………………………………… (101)
奎宿 …………………………………………………… (102)
壁宿 …………………………………………………… (103)
魁 …………………………………………………… (105)
司中司命 …………………………………………………… (105)
奎婁 …………………………………………………… (106)
爾雅注多魯詩 …………………………………………………… (107)
拜經日記第五 …………………………………………………… (110)
寡人固固焉 …………………………………………………… (110)
臧讀藏各有義 …………………………………………………… (112)
玼兮玼兮 …………………………………………………… (113)
因甲于内亂 …………………………………………………… (115)
佊哉 …………………………………………………… (116)
樲棗 …………………………………………………… (117)
行或尼之 …………………………………………………… (118)
子夏易傳 …………………………………………………… (119)
崔巍硱矣 …………………………………………………… (121)
岵兮屺兮 …………………………………………………… (121)
不我能慉 …………………………………………………… (123)

耿耿不寐 …… (124)
死贈生賻 …… (125)
萬物之所說 …… (126)
說文形聲 …… (126)
六典正史記 …… (127)
段干木 …… (127)
公叔禺人 …… (129)
顏高 …… (129)
臣瓚 …… (130)
庶子服 …… (131)
石城樂 …… (132)
臧壽 …… (132)
周易卷數 …… (132)
靖言庸違 …… (133)
學學半 …… (134)
孟子受業子思之門人 …… (134)
拜經日記第六 …… (135)
蒙伐有苑 …… (135)
周道倭遲 …… (136)
皇父卿士 …… (136)
曰予不臧 …… (138)
伐木掎矣 …… (139)
秩秩大猷 …… (140)
春秋經傳源流考 …… (141)
拜經日記第七 …… (157)
應侯慎德 …… (157)
申繢 …… (158)
總角丱兮 …… (159)
氾氾兩義 …… (160)
氾水 …… (160)
氾城 …… (161)
氾澤 …… (162)

汎城 …… (164)
氾水之陽 …… (164)
祭城 …… (165)
王度記 …… (166)
王制 …… (168)
皐澤也 …… (169)
楚辭章句多魯詩説 …… (169)
拜經日記第八 …… (181)
石經孟子 …… (181)
矜 …… (182)
居德则忌 …… (186)
棘子成 …… (186)
是月禫徙月樂 …… (187)
寘于叢棘 …… (187)
熙熙切切節節 …… (188)
孔子家語 …… (189)
私改周易集解 …… (190)
顏子短命 …… (196)
亶如 …… (197)
變則通衍文 …… (198)
騶虞 …… (199)
逸周書騶虞 …… (200)
包犧 …… (201)
致遠以利天下 …… (202)
爲羊 …… (202)
古易音訓 …… (203)
六藝論衍文 …… (203)
原亢 …… (204)
拜經日記第九 …… (205)
樂記篇目 …… (205)
爲陳侯周臣 …… (206)
褚少孫補史記十篇 …… (207)

張晏說褚補史記四篇 …………………………………………（209）
索隱正義說褚補史記十篇 ……………………………………（210）
新考褚續史記六篇 ……………………………………………（212）
楚元王傳詩表 …………………………………………………（213）
班彪漢書論贊 …………………………………………………（215）
序周禮廢興衍字 ………………………………………………（215）
謨蓋都君咸我績 ………………………………………………（216）
世本遺文 ………………………………………………………（218）
子見南子章集解 ………………………………………………（219）
三禮義宗 ………………………………………………………（219）
漢魏石經遺字 …………………………………………………（220）
芳華鮮美 ………………………………………………………（221）
奪筭 ……………………………………………………………（221）
拜經日記第十 ………………………………………………（223）
孟子見梁惠王 …………………………………………………（223）
孟子仕齊宣王 …………………………………………………（225）
孟子生卒年月 …………………………………………………（226）
齊宣王取燕十城 ………………………………………………（226）
齊湣王伐燕噲 …………………………………………………（229）
越世家齊宣誤作威 ……………………………………………（231）
余雖修姱以鞿羈兮 ……………………………………………（232）
夫唯靈修之故也 ………………………………………………（232）
女嬃之嬋媛兮 …………………………………………………（233）
咸黜不端 ………………………………………………………（233）
孔子先世 ………………………………………………………（234）
七十子 …………………………………………………………（234）
從遊弟子 ………………………………………………………（235）
葛覃大夫妻詩 …………………………………………………（236）
王門子公羊注 …………………………………………………（237）
鮮能知味 ………………………………………………………（237）
庸字用中一字西成 ……………………………………………（238）

拜經日記第十一 …… (239)
逸禮禮記 …… (239)
顔延之纂要 …… (240)
妥而后傳言 …… (240)
爾雅注引尚書 …… (240)
哀矜折獄 …… (241)
儀禮今文 …… (242)
阮侍郎矜字說 …… (244)
夷逸朱張 …… (244)
巧言令色足恭 …… (246)
苟日新 …… (247)
君子人與君子也 …… (247)
發中權 …… (248)
公行不下衆王御不參族 …… (249)
所怒甚多 …… (249)
公子縶反致命 …… (250)
妾告姜氏殺之 …… (251)
弗殺而反必懼楚師 …… (251)
原憲爲家邑宰 …… (251)
行爲表綴 …… (251)
鞠躬如也 …… (252)
不失赤子之心 …… (252)
資之深 …… (253)
圭田五十畝 …… (253)
盤庚下萃居 …… (254)
大射古文賸作騰 …… (254)
史記趙王友歌 …… (255)
宋祁校漢書 …… (255)
雅釋 …… (256)
姚刑部論文 …… (257)
愛日居 …… (257)

拜經日記第十二 ……………………………………………………（259）
孔子去衛適陳 ……………………………………………………（259）
未有終三年淹 ……………………………………………………（261）
孟子言孔子 ……………………………………………………（263）
孔子過鄭 ……………………………………………………（267）
先之以子貢 ……………………………………………………（268）
孔子爲魯司寇 ……………………………………………………（269）
十一月去魯 ……………………………………………………（270）
爾雅毛詩異文 ……………………………………………………（271）
雅注毛鄭異文 ……………………………………………………（275）
詩雅文同義異 ……………………………………………………（280）
拜經日記跋 ……………………………………………………（284）
附録　俗字字表 ……………………………………………………（285）
引用書目與參考文獻 ……………………………………………………（332）
後記 ……………………………………………………（340）

前　言

臧庸（1767—1811），本名鏞堂，字在東，又字東序。後易名庸，字用中，一字西成。其書室曰“拜經堂”，故又以拜經爲字。江蘇武進人。清初著名經師臧琳之玄孫，師從經學大師盧文弨，並從錢大昕、段玉裁等討論學術，後入阮元幕，協助阮元纂輯《經籍籑詁》、校勘《十三經注疏》等，在古籍校勘、文字考訂、輯佚和小學訓詁等方面成就顯著，① 是清乾嘉時期一位著名的游幕學者和重要的考據學家。臧庸生當考據學由鼎盛走向衰微的乾嘉時期，治學雖尊崇漢學，但又不墨守漢學家法，也不詆棄宋儒之學；雖以考據爲職志，也不排拒義理。無論是對漢學還是對宋學，都抱以唯是是從的態度，不存畛畦之見，形成了自己“漢宋兼采、考據與義理並重”的學術特色，體現出“不拘門户，唯是是從”的科學精神。②

臧庸爲人“沈默敦重，天性孝友”③，學術精審，惜家境貧窮，且一生困於場屋，三應鄉試不中，以諸生終。④ 爲求謀生與治學之資，臧庸先後游於畢沅、阮元、覺羅桂春、尹秉綬、劉鳳誥、章子卿、孫星衍等人之幕，長達十七年之久，以代人校書、注書、編書爲業，隨幕主輾轉湖北、山東、浙江、北京、江蘇等地，⑤ 半生衣食奔走，且中歲早卒，未能盡其所學。但孜孜問學、矻矻著述是終其一生不懈追求的第一目標。在其短暫的四十五年的人生歷程中，自著之書與裒集漢儒群經佚

---

① 詳參丁喜霞《臧庸及〈拜經堂文集〉整理研究》“研究篇”之“臧庸之學術貢獻”，中國社會科學出版社 2016 年版，第 9—24 頁。

② 詳參丁喜霞《臧庸及〈拜經堂文集〉整理研究》“研究篇”之“臧庸之治學態度與學術精神”，中國社會科學出版社 2016 年版，第 24—26 頁。

③ 漢陽葉氏寫本《拜經堂文集》卷首阮元《臧拜經别傳》。

④ 詳參丁喜霞《臧庸及〈拜經堂文集〉整理研究》“研究篇”之“臧庸之生平與治學經歷”，中國社會科學出版社 2016 年版，第 3—9 頁。

⑤ 參尚小明《清代士人游幕表》，中華書局 2005 年版，第 144—145 頁。

注之作，凡數十種。[1] 阮元稱其“修身著書，並見於世”，“又其生平考輯古義甚勤，故輯古之書甚多”[2]，皆能掇零拾墜，考覈詳析，精審不苟，在當時就受到了學界的推崇。段玉裁向盧文弨誇贊“高足臧君，學識遠超孫（星衍）、洪（亮吉）之上”[3]，劉台拱稱臧庸所輯《論語鄭注》“精覈過宋王伯厚”[4]，阮元謂臧庸“爲學根據經傳，剖析精微。德清許周生兵部（宗彦）謂其好學深造如皇侃、熊安生，當求之唐以上也。所著之書，擬《經義雜記》，爲《拜經日記》八卷。高郵王懷祖先生（念孫）亟稱之，用筆圈識其精確不磨者十之六七。其叙《孟子年譜》，辨齊宣王、湣王之訛，閩縣陳恭甫編修（壽祺）歎爲絶識。”[5] 段、劉、阮、許、王、陳諸人皆學界巨擘，對臧庸一致推奬，可見臧庸學術造詣之高。宋翔鳳在《亡友臧君誄》中更盛贊其學術貢獻與學術地位：

> 性命古文，糞土時議。當其一得，即有獨至。窮原得根，稽同覈異。……拓遺菑缺，細别精擘。世之善本，惟此一編。字無亥豕，書積丹鉛。烏呼韞櫝，竟盡君年。《拜經日記》，過從頻讀。諧聲轉注，發蒙起覆。宿儒首肯，後學心服。充君志趣，心力耳目。然疑皆定，往詁可復。君之功勛，在彼卷軸。君之地位，礫孔凌陸。沾溉人間，充棟連屋。[6]

《拜經日記》是臧庸於乾隆辛亥完成校訂其高祖玉林先生《經義雜記》之後，“思克紹先德”，擬《經義雜記》之例，彙録其讀書之餘隨筆記録之對古文疑義之詮釋、誤字誤讀之校勘、經義之發揮等見解而成，是集中體現其考據成果的代表作。之所以取名爲《拜經日記》，是由其居室名“拜經”而來。至于《拜經日記》的刊刻時間，據拜經堂自刻本卷末所載臧相《跋》，嘉慶己卯，相抱《拜經日記》書稿去粤東謁見阮元，阮

① 詳參丁喜霞《臧庸及〈拜經堂文集〉整理研究》“研究篇”之“臧庸之著述”，中國社會科學出版社 2016 年版，第 36—39 頁。

② 漢陽葉氏寫本《拜經堂文集》卷首阮元《臧拜經别傳》。

③ 漢陽葉氏寫本《拜經堂文集》卷二《刻詩經小學録序》。

④ 漢陽葉氏寫本《拜經堂文集》卷二《書劉端臨先生遺書目録後》。

⑤ 漢陽葉氏寫本《拜經堂文集》卷首阮元《臧拜經别傳》。

⑥ 漢陽葉氏寫本《拜經堂文集》卷首宋翔鳳《亡友臧君誄》。

氏命相采擇其要者，代爲付刊，遂成《拜經日記》十二卷。

《拜經日記》的主要内容如王念孫《敘》中所説："所孿究者，一曰諸經今古文，二曰王肅改經，三曰四家《詩》同異，四曰《釋文》《義疏》所據舊本，五曰南北學者音讀不同，六曰今人以《説文》改經之非，七曰《説文》譌脱之字，而於孔孟事實，考之尤詳。若其説經所旁及者，叔孫《禮記》、南斗文昌之類，皆確有根據，而補前人所未及。"① 另據臧庸《與汪漢郊書》云"拙《記》四卷，都中舊作，所愜心者，在言韻一卷"，則《日記》初稿有言韻一卷，己巳季冬莊述祖《拜經日記題辭》則云"論韻四卷"，今所見拜經堂自刻本與清抄本《拜經日記》中均無，或如莊氏所言，其論韻之文"另爲編次"，或即爲其《與王懷祖觀察書》所稱之《古韻臆説》，待考。

臧庸治學長於校勘和釋義，尤致力於"校勘異同、考訂是非"，其《拜經日記》於"經子疑義誤字，他人不能措意者，獨能毛舉件繫而梳節之，持論自闢窔奥"②，留給後人大量持論有據的具體校勘考訂成果。如卷四"不吳不敖"和"吳娱虞"兩篇，對毛《詩》之載"不吳不敖"及"不吳不揚"，鄭注本皆作"不娱"的差異進行詳盡的考證，從而得出：

> 余所謂毛本或有作"吳"是也，然毛、鄭云"娱，譁也"，許云"吳，大言也"。娱樂則言譁大言。許義原與毛、鄭同，惟王肅音誤，謂"不過誤有傷"，爲臆説耳。

再如卷五"寡人固固焉"篇，對《禮記》之"寡人固固焉"，鄭注本作"寡人固不固焉"之不同，廣引《禮記正義》《經典釋文》、李善注、盧文弨等諸説，認爲之所以有此不同，"乃今本惑於皇侃之疏，亂於《家語》之文，作'寡人固不固'，鄭注亦衍'不'字，幾不可讀。幸孔疏詳明，今爲刪正之，讀者當爽然矣。"凡此"逐條分見，有補於經者甚衆"③，"當代通儒碩彦留讀者幾遍"④，莊述祖稱其書"旁通曲證，

① 清費念慈校清抄本《拜經日記》卷首王念孫《拜經日記敘》。

② 清費念慈校清抄本《拜經日記》卷首許宗彦《拜經日記序》。

③ 清費念慈校清抄本《拜經日記》卷首王念孫《拜經日記敘》。

④ 清費念慈校清抄本《拜經日記》卷末臧相《拜經日記跋》。

精之至矣"①，陳壽祺贊其書"窮源竟委，鉤貫會通，實爲近時説經家所罕及"②，可見其校勘考證之功。

清代考據大家王念孫在《拜經日記敘》中言"夫世之言漢學者，但見其異於今者，則寶貴之，而於古人之傳授、文字之變遷，多不暇致辨，或以爲細而忽之。得好學如用中者，詳考以復古人之舊"，實屬難能可貴，亦爲"讀經之大幸"。盛讚其"考訂漢世經師流傳之分合、字句之異同、後人傳寫之脱誤、改竄之蹤跡，擘肌分理，剖豪析芒，其可謂辨矣。"嚴元照稱其《拜經日記》"皆發明古義者，每出一説，引證甚備，是非甚確。元照心折之"③，許宗彦更是感嘆"在東此書任舉一義一字，皆於經學之本源、經師之受授，會通而暢其説，使讀者若置身于兩漢，親見諸家之本者，其勿可及也已"④，"拜經淵源師法如彼，研精覃思如此，積數十年所得而筆之書，其精觕之數固非宗彦所能辨别"⑤。周中孚亦甚稱譽此書，認爲其"專於發揮經義，推見至隱，直使讀者置身兩漢，若親見諸家之説者"，"與其高祖所著《經義雜記》，實堪倓先繼美"。⑥ 可以説，臧庸集"平生精力所萃"⑦ 而成之《拜經日記》，不惟是體現其考據成果的代表作，也是反映清代乾嘉考據學成就的代表作之一。

《拜經日記》除對經書文字異同之校勘考訂之外，還包含有大量史實考證的内容，且考證嚴密，足成定論。如其"辨顔子卒非三十二，歷舉古書以證，甚精確。又辨段干木乃段姓，名干木，亦不可易。"⑧ 又如卷十"齊宣王取燕十城"和"齊湣王伐燕噲"兩篇，"考之《戰國策》《史記》，合之《孟子》"，辨齊伐燕有二事，而史書多訛湣爲宣。

> 此齊伐燕在齊宣十年，燕文二十九年，時周顯王三十六年也；後齊伐燕在齊湣十年，燕噲七年，時周赧王元年也。相距上下適二十

---

① 拜經堂自刻本《拜經日記》卷首莊述祖識語。

② 拜經堂自刻本《拜經日記》卷首陳壽祺識語。

③ 拜經堂自刻本《經義雜記》卷末嚴元照《經義雜記跋》。

④ 拜經堂自刻本《拜經日記》卷首許宗彦識語。

⑤ 清費念慈校清抄本《拜經日記》卷首許宗彦《拜經日記序》。

⑥ 周中孚《鄭堂讀書記》卷五十五。又拜經堂自刻本《拜經日記》卷首阮元《拜經日記序》："臧君發揮經義，推見至隱，直使讀者置身兩漢，若親見諸家之説者。"

⑦ 拜經堂自刻本《拜經日記》卷末臧相《拜經日記跋》。

⑧ 鈕樹玉《鈕非石日記》丁卯十月二十三日條。

年。後事亦見《戰國策·齊策》《燕策》《史記·六國表》《燕召公世家》《荀子·王伯》篇。前事載《孟子·梁惠王》篇，稱謚者，齊宣卒於孟子前也；後事載《公孫丑》篇，祇稱王者，齊湣卒於孟子後也。漢趙氏章句已蒙混不能分别，余目黄氏説爲證明如此，讀《孟》者正之。

陳壽祺於文後識語盛贊其文之辨：

《孟子》齊伐燕事，因《燕策》王噲篇齊湣王譌爲宣王，《史記·燕世家》噲立齊湣王復用蘇代，亦訛湣爲宣，論者遂至糾紛。然按二書前後上下之文，參觀互考，則二事判然。《史》之《紀》《傳》《世家》與《年表》歲月又皆相應，不得以一二譌字斥全書也。《資治通鑑》以伐燕事屬宣王，屈齊之年數以從燕，閻徵君若璩又欲屈燕之年數以從齊。宋葉大慶《考古質疑》依《通鑑》屬宣王，所載《陳氏新詁》則屬湣王，至謂《孟子》爲誤。近周廣業《孟子四考》又極詆《史記》而不取黄氏《日鈔》，無識甚矣。臧君證之《國策》《史記》，傳之《孟子》，靡不符合，而千古之聚訟乃定。

《拜經日記》的傳本，目前所見主要有：1. 清嘉慶二十四年（1819）拜經堂自刻十二卷本，現藏北京大學圖書館；2. 清阮元編《皇清經解》所輯八卷本；3. 清費念慈光緒十年（1884）所校十二卷清抄本，現藏國家圖書館。

現代影印本主要有：1. 臺北藝文印書館 1970 年影印拜經堂自刻本，收入《叢書集成續編》之《拜經堂叢書》；2. 上海書店 1988 年縮拼影印學海堂《皇清經解》本；3. 上海古籍出版社 2002 年影印北京大學圖書館藏拜經堂自刻本，收入《續修四庫全書》子部雜家類第 1158 册；4. 國家圖書館 2010 年影印清費念慈所校清抄本。《拜經日記》至今尚無點校本或注本問世。

文獻載録《拜經日記》有八卷與十二卷之别。稱八卷者，如漢陽葉氏寫本《拜經堂文集》卷首阮元《臧拜經别傳》、拜經堂自刻本《經義雜記》卷末嚴元照《跋》、《清史稿·儒林傳》《文獻徵存録·臧琳傳》附臧庸、《清儒學案》《清代樸學大師列傳·武進臧氏兄弟傳》《清代七百名人傳》《清代通史》等；稱十二卷者，如王念孫《拜經日記敘》、阮元《拜經日記序》、臧相《拜經日記跋》、《國朝先正事略·臧玉林先生事略》附臧庸、《國朝耆獻類徵》《清學案小識》《江蘇藝文志》《常州市志》《清人學術筆記提要》《傳統語言學辭典》《中國語文學家辭典》等。

《日記》各本之卷數、篇目及序次等有所差異，所收《序》《跋》及正文篇目、文字等内容，亦時有彼此互見或前後位置不同、文字多寡有異者。

拜經堂自刻本共十二卷，收文一百八十七篇，有《拜經日記贈言校勘里居姓氏》，乾隆甲寅臧庸《自序》，嘉慶己卯十一月臧相《跋》，庚辰阮元《序》，莊述祖、許宗彦、陳壽祺《題辭》。《清經解》本共八卷，收文一百六十六篇，且文多簡略。清費念慈校清抄本共十二卷，收文二百零五篇。費氏校抄本有而拜經堂自刻本所無之篇目有十八篇：卷三《封建》一篇，卷四《臧氏文獻考補》《魁》二篇，卷五《説文形聲》《庶子服》《石城樂》《臧壽》《周易卷數》《孟子受業子思之門人》六篇，卷八《孔子家語》一篇，卷九《世本遺文》《三禮義宗》二篇，卷十《庸字用中一字西成》一篇，卷十一《逸禮禮記》《顔延之纂要》《阮侍郎矜字説》《姚刑部論文》《愛日居》五篇。同時，費氏校抄本將拜經堂自刻本卷八之《逸周書騶虞》《包犧》《致遠以利天下》三篇置卷六末。此外，拜經堂自刻本還删除了費氏校抄本卷四《不吴不敖》篇末一段，删節了文中注語等内容。

《序》《跋》互見者，如《拜經日記贈言校勘里居姓氏》見於拜經堂自刻本卷首，而《清經解》本、費氏校抄本無。阮元《拜經日記序》見於拜經堂自刻本卷首《拜經日記贈言校勘里居姓氏》之後，而《清經解》本、費氏校抄本無。收入《續修四庫全書》時已删。許宗彦《拜經日記序》、王念孫《拜經日記敘》，見於費氏校抄本，而拜經堂自刻本、《清經解》本無。莊述祖、許宗彦、陳壽祺《拜經日記題辭》，見於拜經堂自刻本卷首《拜經日記贈言校勘里居姓氏》、阮元《拜經日記序》之後，收入《續修四庫全書》時置於《拜經日記贈言校勘里居姓氏》之前。《清經解》本、費氏校抄本無。臧相《拜經日記跋》，見於拜經堂自刻本卷末，而《清經解》本、費氏校抄本無。

臧庸及《拜經日記》，除見諸史傳和清代學人詩文集之外，在綜論清代學術史和乾嘉考據學成就的論著中有少量簡要評述，在相關工具書和部分專論顧、盧、錢、王諸考據大家的研究論著中偶見提及，關於臧庸及其《拜經日記》的個案分析和深入的專題研究成果，還不多見。

較早關注臧庸並對其生平事跡和著述進行細致研究的成果，是日本學者吉川幸次郎先生用中文所著《臧在東先生年譜》（載《東方學報》1936年第6冊）。此譜梳理了臧庸治學、游食、代人校書及其與當時著名學者盧文弨、劉台拱、錢大昕、段玉裁、畢沅、阮元、王氏父子之請業論學事，頗稱詳備。記事下以雙行小字附引資料、注明出處，又附加案語，有所考辨。譜末附“遺書目録”，並有提要，甚便參稽。譜後有編者昭和十年（1935）九月三十日後序，述纂譜緣由並評論譜主學行。其論臧庸之學云：“以先生之學視段、王諸公誠有間矣。然阮元《籑詁》之編實賴先生，始匱於成，即此一事，已覺精力可敬，而後學之蒙其福者將無窮焉。”可稱持平之論。

國内對臧庸生平及學行的研究，主要體現爲年譜（年表）的編纂，目前所見較早的有北京大學圖書館藏稿本《臧拜經先生年譜》，首題“德化李薇編，丙子正月五日稿”。該譜以記臧庸精揅經學、校讎學、代人校書等事爲主，記其與當時著名學者論學之事較詳。臺灣學者陳鴻森先生認爲吉川幸次郎先生所著《臧在東先生年譜》雖鉤稽條貫，頗簡覈有法，考證亦時有特識，但於臧庸學行事跡闕略者不少，且其繫年、考證亦有違誤，故搜采群籍有關臧庸行實者，重加考訂排纂，成《臧庸年譜》（載《中國經學》第二輯，廣西師范大學出版社2007年版）。此譜尤重臧庸與當時學者之交接往來，以勾勒其横向學術活動與學者間之交互影響，從一個側面呈現乾嘉學術具象。陳祖武先生、朱彤窗先生著《乾嘉學術編年》（河北人民出版社2005年版），從卷帙浩繁的乾嘉學術文獻中，通過爬梳整理，區分類聚，用學術史資料長編的形式，將乾隆元年（1736）至道光十九年（1839）間重要學術史事，按時間順序進行著録，其中涉及臧庸之事者，據筆者初步統計，約八十事。另，麥仲貴先生著《明清儒學家著述生卒年表》（臺灣學生書局1977年版），載録臧庸著述三十二條；張慧劍先生著《明清江蘇文人年表》（上海古籍出版社2008年第2版），載録臧庸事九條。

對臧庸及其著述的研究，目前所見僅有一部專題研究著作，即拙著《臧庸及〈拜經堂文集〉整理研究》（中國社會科學出版社2016年版）。該書由研究篇、點校篇、資料篇三部分構成。

研究篇遵循清儒實事求是的治學原則，注重引證臧庸自著之《拜經堂文集》《拜經日記》和清人詩文集及相關史籍的記述，重點討論了臧庸之生平與治學經歷、臧庸之學術貢獻、臧庸之治學態度與學術精神、臧庸之著述、《拜經堂文集》之版本與内容等五個方面的問題，不僅全面呈現《拜經堂文集》的内容，真實展現臧庸的生平、治學經歷及學術背景，而且對臧庸的治學態度與學術價值觀、治學理念與學術特色，及其在古籍校勘、文字考訂、輯佚和小學訓詁等方面的學術成就進行了客觀評介，進而對其在乾嘉考據學和清代學術史上的學術地位進行了深入探討，對臧庸治學及爲人方面的不足也進行了簡要分析。

點校篇則以漢陽葉名澧家舊藏寫本（簡稱“漢陽葉氏寫本”）爲底本，比勘現存學海堂《皇清經解》本，並擇要吸收清人和近現代學界有關的校勘、考異成果，對《拜經堂文集》文句施以現行標點，並對相關内容做出必要的校勘和注釋。

資料篇匯輯、點校了部分相關史籍和清人詩文集中對臧庸其人其事及《拜經堂文集》的記述和評語，以及國内外學者研究臧庸生平、著述的相關《年譜》《年表》等資料，爲臧庸研究乃至清代考據學研究和學術史研究，提供了一些重要的參考資料。

研究論文方面，漆永祥先生的《乾嘉考據學家臧庸》（載《西北師大學報》1995 年第 5 期），是目前所見最早對臧庸進行專題研究的論文，該文主要依據《拜經堂文集》所録臧庸與師友的書信和序跋，揭示了臧庸的學術師承、治學經歷、“學問、人品、政事三者兼具”的人生追求、嚴謹求實的治學態度和“漢宋兼采、考據與義理並重”的學術特點。吴明霞女士的《論清代學者臧庸的學術成就》（載《中國典籍與文化》2000 年第 4 期），主要圍繞臧庸的生平、交遊和治學經歷，討論臧庸的治學思想、治學態度，簡介其在考據和輯佚方面的成就。臺灣學者陳鴻森先生的《〈子夏易傳〉臧庸輯本評述》（載《齊魯文化研究》2011 年第 10 輯），認爲臧氏輯本《子夏易傳》搜集《子夏傳》遺文佚説約五、六十事，與諸家輯本相較，采輯最爲審慎。蔡長林先生《論清中葉常州學者對考據學的不同態度及其意義——以臧庸與李兆洛爲討論中心》（載臺灣“中央”研究院文哲研究所編《中國文哲研究集刊》2003 年第 23 期），從學術著作、學術歷程、論學態度、學術價值觀以及與當時學術界的互動情形，探討乾、嘉之際臧庸與李兆洛對考據學的不同態度及其意義，指出臧庸擁抱漢學，畢生以考據輯佚爲職志，李兆洛則堅持常州原有的學術傳統與批判漢學考據的態度，形成鮮明的對比。

此外，還有一些對臧庸《拜經堂文集》進行整理和補苴的成果，如臺灣學者陳鴻森先生的《臧庸〈拜經堂文集〉校勘記》（載臺灣“國立”中山大學《文與哲》2004 年第 5 期），據 1995 年上海古籍出版社影印《續修四庫全書》本，參校以《清經解》所載二十四篇，勘正其訛、錯、衍、脱等四百餘條。陳鴻森先生《臧庸拜經堂遺文輯存》（載《書目季刊》2006 年第 2 期），從群書中輯得臧庸遺文十六篇。而關於《拜經日記》的整理和專題研究成果，目前還未見有。

《拜經日記》的傳本至今仍爲刻本、抄本及其影印本，而寫手失於讎校，且臧庸亦有失檢誤記者，遂致文字魯魚亥豕、訛誤衍脱，所在多有，文字異寫俗體比比皆是，亟須對《拜經日記》進行認真細緻的整理，以形成一部較爲可靠的校點本，便於學界據以開展進一步深入的研究。

對《拜經日記》進行整理研究，不僅可以彌補是書尚無點校本的缺憾，擴充對臧庸及其著述的專題研究成果，對於研究臧庸及其學術成就在乾嘉考據學和清代學術史上的學術地位，進一步瞭解乾嘉時期考據學、校勘學、訓詁學相互促動的學術盛況，進而全面把握清代學術史也具有重要參考意義。

本書對《拜經日記》的整理，主要包括文本識讀、分段、標點、校勘和必要的注釋。根據《拜經日記》版本流布的特點及各本質量，本書選擇以清嘉慶二十四年（1819）武進臧氏拜經堂自刻十二卷本爲底本（簡稱“底本”），對校以清費念慈光緒十年（1884）所校十二卷清抄本（簡稱“校抄本”）、清阮元編《皇清經解》所輯八卷本（簡稱“《清經解》本”）。

凡各本《序》《跋》及正文篇目、文字等彼此互見者，如底本所録之《拜經日記題辭》《拜經日記贈言校勘里居姓氏》、阮元《拜經日記序》、臧相《拜經日記跋》，費氏校抄本所存許宗彦《拜經日記序》、王念孫《拜經日記敘》等，本書均予以收入，並指明所據，俾讀者於清代學者對《拜經日記》的認識上能夠得其整體。

底本文中使用了很多與今之通用字不同的古字、通假字、異體字、俗字，爲了保留底本原貌，並兼顧今人閱讀和排版的便利，本書針對不同情況作了分別處理（詳見本書“校注説明”）。各本重要的異文，尤其是各本篇目及内容的增删，悉以校記出之，以明其異同。部分理解有困難的字詞及文句，在校注中予以分析考辨，冀於讀是書者或有少助。

此外，《拜經日記》的現存版本，主要是刻本、抄本及其影印本，俗字異寫繁多。若一一出校，雖能客觀體現各本文字之異同，也能爲刻本和抄本文字研究者提供重要的文字材料，但亦難免受煩瑣破碎之譏；若全然棄之不顧，一則不能保留底本原貌，二則浪費了這一部分有價值的文字材料。爲此，本書在以校記説明各本重要的文字異同之外，於附録附以《俗字字表》，詳細標注對底本中有改動的俗字及其在底本中的位置。

《拜經日記》内容豐富，所涉典籍及清人著述繁多，且刻本及抄本文字與今之通用字存在衆多歧異，而筆者學殖荒落，加之時日倉促，個人眼目難周，遺漏失校者諒多有之，標點及文字處理，亦不免錯漏，所出校注，因學力不逮，淺陋之弊、零碎之嫌，恐屬難免，敬希專家讀者不吝是正。惟望本書能有幸成爲引玉之磚，引起學界對臧庸及其《拜經日記》更多的關注與研究，便達到了筆者的一點微意。

校注説明

一、以清嘉慶二十四年（1819）武進臧氏拜經堂自刻十二卷本爲底本（簡稱“底本”），以清光緒十年（1884）費念慈所校十二卷清抄本（簡稱“校抄本”）、清阮元編《皇清經解》所輯八卷本（簡稱“《清經解》本”）爲參校本。

二、費氏所校清抄本，將抄本與刻本進行了互校，指出了刻本對抄本部分相關内容的刪節，校訂了抄本的部分脱誤，是此次整理《拜經日記》（下簡稱“《日記》”）的重要參考。

三、各本《序》《跋》及篇目、内容等彼此互見者，均予以收入，並指明所據（詳見各篇注），以便把握《日記》之全貌及清代學者對《日記》的整體認識。

四、《日記》篇目較多，有些篇目内容繁富，爲方便閱讀和使用，依據各篇内容並結合古籍整理分段的通例，對各篇内容進行分段。

五、依照現行標點符號的用法，並結合古籍整理標點的通例，對全書各篇内容進行標點。但不使用破折號、省略號、著重號、專名號。

《日記》引用典籍廣博，且引書多用簡稱，引文亦多省簡，此次整理對書名號和引號的用法進行了統一。

1. 書名和單出的篇名統加書名號，同書之書名與篇名之間加間隔號，如《周易》《儀禮·士昏禮》《特牲饋食禮》《日者列傳》等；書名或篇名的簡稱亦加書名號，如《龜策》（《史記·龜策列傳》）、《解誼》（《春秋左氏傳解誼》）等；書名之間不加頓號，如《論語》《孟子》《周禮》等；書名號内不加單書名號。凡指稱《十三經注疏》各經各篇的注、疏、傳、箋、正義，“二十四史”各史各篇之注等，爲避煩瑣，皆不加書名號。

2. 引用古代典籍之文或其注、疏之文，與原文出入不大者，使用引號；如係意引或難以斷定其首尾者，不加引號。《十三經注疏》含經、注、疏等多個層次的内容，爲清眉目，凡注中引用經文原文或疏中引用經、注原文，皆使用引號；凡經、注、疏引用其他典籍之文，皆使用引號。

六、爲存底本原貌，正文及原注文文字，原則上均依底本抄録。鑒於底本文字與今之通用字存在衆多歧異，且文字關係復雜，本書在保留底本原貌的基礎上，兼顧今人閲讀和排版的便利，針對不同情況進行分别處理。

1. 凡爲通假字關係者，如“早”作“蚤”、“徭”作“繇”“繇”等，或古代分用而現代混用者，如“并-並—竝”“于-於”之類，保留原字形，不作校改，亦不出校記。對於異體俗字，現代仍較常見者，一般保留其字形，不作校改；現代不常用者，爲便於閲讀和排版，則校改爲對應通用字。具體做法是：凡宋體字庫及超大字庫能輸出者，一般保留其字形，如“亡”之俗字“亾”、“答”之俗字“荅”等，即不作校改。宋體字庫或超大字庫無法輸出者，一般直接校改爲對應通用字，並於首見時出校記説明。如“經”，直接校改作“經”；“習”，校改作“習”；“鬼”，徑改作“鬼”。難以辨識的俗字和一些文字關係不甚明確者，則出校記加以説明。

2. 底本原文中，作者爲避本朝帝王、先儒尊師名諱或家諱，或改字，或缺筆，如“玄”作“元”或“玄”、“丘”作“邱”或“丘”、“弘”作“弘”等，爲尊重底本原貌，不作回改和補筆，而於文中首見處出校説明，並用“下同”字樣，表示以下同一個因避諱而改或缺筆之字出現時不再出校。但如果字形不一，仍出校説明。

3. 版刻混用字、版刻誤字，如“已”“巳”“己”的混用，及其作爲構字部件構成的字，如“記”（記）、“紀”（紀）“改”（改）等，一般徑據文意録定，不一一出校。部分由刻寫造成的筆畫變形或移位，如“金”（金）、“余”（余）、“少”（少）等，及其作爲構字部件構成的字，直接録爲通用正字，一般不出校。

4. 底本原文中的缺字，計字以“□”號表示；個别模糊不清、難以辨識的字，則計字以“■”號表示。缺字或模糊不清的字，據他本或上下文意補出時，在“□”或“■”號後用“[ ]”號注出。

5. 爲便于刻本文字研究者使用底本的文字材料，本書附有《俗字字表》，詳細標注有改動的俗字異體及其在底本中的位置。同時，爲方便閲讀和排版，將原文豎排改爲横排，原注雙行小字改爲單行小字。

七、注意利用《日記》所引典籍和相關校勘成果進行校勘，並於校記中標明所據。《日記》引書廣博，尤其是先秦、漢、唐典籍，經歷代流傳，形成衆多異文。有些内容是對原文的有意改寫，有些則是對原文的有意删節，一般不出校記。有一些異文字形相近，且意義可通，或有助於《日記》理解者，則出校説明。

底本正文或注文中的文字脱、衍、訛、倒，據他本或上下文意補、删、改正者，均出校記予以説明。底本不誤，但與其他各本之間存在諸多異文，根據情況區别對待：其他各本明顯有誤者，不出校記；其他各本有誤，但不甚明顯者，出校記分析考辨；底本與他本異文無法辨别正誤者，出校記客觀體現各本之異。

所有校勘文字均以脚注形式隨正文置於當頁下，每頁重新編號，以清眉目。正文中校注的序號置於被校勘的字、詞或句的末字右上角，校注行文只録該被校之字、詞、句，不録前後無關的文字。

拜經[1]日記[2]贈[3]言校勘里居姓氏[4]

餘[5]姚盧召弓文[6]弨

嘉定王鳳喈[7]鳴盛

大興朱石君珪

嘉定錢曉徵大昕

青浦王德甫昶

---

① 經，底本原作“經”。按：刻本中，“糸”旁常作“糸”旁，如“紹”作“紹”、“終”作“終”、“純”作“純”、“績”作“績”、“續”作“續”、“績”作“績”，“繚”作“繚”等，由此與他本構成諸多異文。下徑寫作通用字，不再出校。

② 記，底本原作“記”。按：刻本中，“已”“巳”“己”三字常混用不別，一般寫作“巳”。底本中包含“已”“巳”“己”部件的字，亦常寫作“巳”，如“汜”作“汜”、“紀”作“紀”、“改”作“攺”、“起”作“起”等。下徑改爲正字，不一一出校。

③ 贈，底本作“贈”。按：刻本中，“曾”及其作爲構字部件時常作“曾”，如“增”作“增”、“憎”作“憎”等。下徑改爲正字，不一一出校。

④ 見底本卷首，收入《續修四庫全書》時置《拜經日記題辭》之後。《清經解》本、校抄本無。

⑤ 餘，底本作“餘”。按：刻本中“食”作爲構字部件時常作“食”，如“飲”常作“飲”，“餞”作“餞”，“餅”作“餅”等，體現了刻本書寫的一般規律。下徑改爲正字，不一一出校。

⑥ 文，底本作“文”。按：刻本中常見由刻寫習慣造成的衍筆字，如“文”及其作爲構字部件時常作“文”，“又”及其作爲構字部件時常作“又”，“史”及其作爲構字部件時常作“史”，“更”及其作爲構字部件時常作“更”，“廴”及其作爲構字部件時常作“廴”等，即體現這種刻本的刻寫習慣。下徑改爲正字，不復出校。

⑦ 鳳，底本作“鳯”，爲刻寫俗字。《玉篇·鳥部》：“鳳，靈鳥。雄曰鳳，雌曰凰，有五采，棲梧桐，食竹實。”元李文仲《字鑑·送韻》：“鳳，《説文》神鳥也。从鳥，凡聲。俗作鳯。”喈，底本作“喈”。《重訂直音篇·口部》：“喈，音皆，和聲，鳥聲。”《龍龕手鑑·口部》：“喈，音皆，鳥聲。”按：刻本中，“白”作爲構字部件常省作“日”，如“皆”作“皆”，“習”作“習”等。下徑改爲正字，不復出校。

鎮洋畢纕蘅①沅
儀徵阮伯元元
仁和孫詒穀志祖
錢塘梁山舟②同書
大興翁③潭溪方綱
無錫秦小峴瀛
高郵④王懷⑤祖念⑥孫
栢山法時帆式善⑦
德清蔡生甫之定
天門蔣⑧丹⑨林祥墀⑩
覺羅桂香東芳
長洲吳玉松雲
金壇段若膺玉裁

---

① 蘅，“蘅”之異體字。字見《中華字海》、高麗本《龍龕手鑑》。明雷禮《鐔墟堂摘稿·登敬亭山賦》：“草則薜荔蕙若，傳公蓾蕢；揭車菡萏，射干芒籬；芎藭蘅芷，葴菥蒩芝；菴蕳芄菵，苘蔻葵芪。”

② 舟，底本作“舟”。按：刻本中，“舟”及其作爲構字部件均作“舟”，如“般”作“般”，“瘢”作“瘢”等。下文徑改作正字，不復出校。

③ 翁，底本作“翁”。按：刻本中，“羽”字及其作爲構字部件時常作“羽”，如“翁”作“翁”、“習”作“習”等。下徑改爲正字，不復出校。

④ 郵，“郵”之異體字。《字彙·邑部》：“郵，同郵。”《正字通·邑部》：“郵，俗郵字。”下同，不復出校。

⑤ 懷，“懷”之異體字。下同，不復出校。按：《宋元以來俗字譜》：“懷”，《太平樂府》《白袍記》《東牕記》作“懷”。“懷”亦爲日本用簡體漢字。

⑥ 念，底本作“念”，爲刻寫俗字。按：刻本中，“今”及其作爲構字部件時常作“今”，如“矜”作“矜”等。下徑改作正字，不復出校。

⑦ 善，底本作“善”，爲刻寫俗字。下徑改作正字，不復出校。

⑧ 蔣，底本作“蔣”。按：刻本中，“將”及其作爲構字部件時常作“將”。下徑改爲正字，不復出校。

⑨ 丹，底本作“丹”。按：刻本中，“丹”及其作爲構字部件時常作“丹”，如“彤”作“彤”等。下徑改爲正字，不再出校。

⑩ 墀，底本作“墀”。按：刻本中，“氺”作爲構字部件時常寫作“土”，如“懷”作“懷”，“穉”作“穉”等。下徑改爲正字，不再出校。

吳①縣②江叔澐聲

寶應劉端臨台拱

歸③安丁小雅杰

桐城姚姬傳鼐

武進④鄭⑤清如環

陽湖孫伯淵星衍

武進莊葆琛述祖

陽湖洪稚存亮吉

武進趙⑥億孫懷玉

寧化伊墨卿秉綬

懷寧汪鋭齋德鉞

仁和龔闇齋麗正

固始吳美存其彦

歸安姚秋農文田

高郵王伯申引之

蕭山湯敦甫金釗

大興徐星白松

歙縣鮑覺生桂星

全椒吳山尊鼒

---

① 吳，底本作“呉”。按：刻本中，“吳”及其作爲構字部件時常作“呉”，如“誤”作“誤”，“虞”作“虞”等。下徑改爲正字，不復出校。

② 縣，底本作“縣”。按：刻本中，“縣”及其作爲構字部件時常作“縣”，如“懸”作“懸”等。下徑改爲正字，不復出校。

③ 歸，底本作“歸”，爲“歸”之刻寫俗字。下徑改爲正字，不復出校。

④ 進，底本作“進”。按：刻本中，“辶”旁均作“辶”，如“逢”作“逢”，“遍”作“遍”等。由此，常與他本構成諸多異文。下徑改爲“辶”旁正字，不復出校。

⑤ 鄭，底本作“鄭”，爲“鄭”之刻寫俗字，亦爲日本用漢字。按：刻本中，“ソ”作爲構字部件常作“八”形，如“曾”作“曾”、“朕”作“朕”、“尊”作“尊”等。下徑改爲正字，不復出校。

⑥ 趙，底本作“趙”，爲“趙”之刻寫俗字，亦爲日本用漢字。按：刻本中，“肖”及其作爲構字部件時常作“肖”，如“消”作“消”、“道”作“道”、“宵”作“宵”等。下徑改爲通行正字，不復出校。

開化戴金溪①敦元
嘉應宋芷灣湘
福州陳恭甫壽祺
德清許周生宗彦
棲霞郝蘭皐②懿行
南海③張棠村業南
桐城馬元伯瑞辰
績溪吴春橋秉虔
武進張高文惠言
宛平④嚴鐵⑤橋可均⑥
歙縣凌次仲廷堪⑦
承德孫鳳卿彤
海寧錢廣伯馥
錢塘梁⑧處素履繩
海寧陳仲魚鱣
蕭山徐北溟⑨鯤
仁和宋左彜⑩大樽

---

① 溪，底本作“溪”。按：刻本中，“奚”及其作爲構字部件時常作“奚”，如“傒”作“傒”、“谿”作“谿”等。下徑改爲通行正字，不復出校。

② 皐，底本作“皐”，爲“皐”之刻寫俗字。下徑改爲通行正字，不復出校。

③ 海，底本作“海”，爲“海”之刻寫俗字。下徑改爲通行正字，不復出校。

④ 平，底本作“平”，爲“平”之刻寫俗字。按：刻本中，“平”及其作爲構字部件時常作“平”，如“苹”作“苹”、“評”作“評”等。下徑改爲通行正字，不復出校。

⑤ 鐵，底本作“鐵”，爲“鐵”之刻寫俗字。下徑改爲通行正字，不復出校。

⑥ 均，底本作“均”。按：“匀”爲“匀”之舊字型，在刻本中，“匀”及其作爲構字部件時常作“匀”，如“筠”作“筠”、“酌”作“酌”、“鈞”作“鈞”等。下徑改爲通行正字，不復出校。

⑦ 廷堪，底本作“廷椹”。按：“椹”爲“堪”字之形誤。刻本中，“廴”常作“廴”。下徑改爲通行正字，不復出校。

⑧ 梁，底本作“梁”，爲“梁”之刻寫俗字。下徑改爲通行正字，不復出校。

⑨ 溟，底本作“溟”。按：刻本中，構字部件“宀”和“冖”常混用，如“寇”與“冦”，“完”與“冗”，“誼”與“誼”等。下徑改爲通行正字，不復出校。

⑩ 彜，是“彜”之俗字，“彜”是“彝”的舊字形。“彜”字見唐無名氏《新修曲阜縣文宣王廟記》。“彜”字見《龍龕手鑑·彐部》《中華字海·彐部》，今正字作“彝”。

桐城章子卿甫
吴縣鈕匪①石樹玉
吴縣袁又愷廷檮
甘泉林仲雲慰曾
江都焦里堂循
德清宋小茗咸熙
歸安嚴久能元照
臨海洪筠軒頤煊
元和顧②千里廣圻
錢塘何夢華元錫
錢塘嚴厚民杰
仁和陳扶雅善
仁和趙寬③夫坦
長洲宋虞廷翔鳳
溧水王春泉友沂
武進吳晉望士模
陽湖惲子居敬
陽湖劉申受逢禄④
陽湖莊卿⑤姍綬甲
陽湖顧子明文炳
固始吳瀹齋其濬
仁和汪漢郊家禧
仁和趙雩門鉞
南海張寶田宗裕

---

① 匪，底本作“匪”。按：刻本中，“非”及其作爲構字部件時常作“非”。下徑改爲通行正字，不復出校。

② 顧，底本作“顧”。按：“顧”爲“顧”之刻寫俗字，亦爲日本用漢字。刻本中，“户”及其作爲構字部件時常寫作“戸”。下徑改爲通行正字，不復出校。

③ 寬，是“寛”之異體字。《正字通·宀部》：“寛，俗作寬。”

④ 禄，底本作“禄”，爲“禄”之刻寫俗字。按：刻本中，構字部件“礻”常寫作“示”，如“視”作“視”、“祈”作“祈”等。下徑改爲通行正字，不復出校。

⑤ 卿，底本作“卿”。按：本書中由于刻寫習慣導致的“卿”之異體俗字較多，有“卿”“卿”“卿”“卿”“卿”等。下徑改爲通行正字，不復出校。

覺羅桂子美菖

覺羅桂子光葆

覺羅桂子純荃

覺羅桂子明崑

武進周紺園[1]之黼

---

① 園，底本作“𡈁”。按：刻本中，“袁”及其作爲構字部件參與構字時常寫作“𧘂”，如“轅”作“𨍉”、“遠”作“𨖸”等。下徑改爲通行正字，不復出校。

序[1]

臧[2]君西成，以通儒玉林先生[3]之後，而出於盧抱經學士之門，著有《拜經日記》一十二卷。歲在辛未，君以疾卒於京師，聞者莫不嘆惋[4]。是時天下方治古經學，君以布衣短褐，躬行學古[5]，得與錢莘楣少詹、王懷祖觀察、段茂堂大令[6]遊，大江南北學者稱之。以余所見於西成者，其所採輯、著述甚富，《日記》一書，爲說經之士所欲先覩[7]者也。臧君發

---

① 阮元此《序》見底本卷首《拜經日記贈言校勘里居姓氏》之後，《清經解》本、校抄本無。收入《續修四庫全書》時已刪。

② 臧，底本原作“藏”，誤。下同。按：作“收藏、隱藏”義講時，“藏”之古字作“臧”。如《荀子·富國》：“足國之道，節用裕民而善臧其餘。”《漢書·食貨志上》：“春耕夏耘，秋穫冬臧。”清黄生《義府》卷上：“古藏、贓字皆作臧，後人傳寫誤加草耳。”但作姓氏時，僅寫作“臧”。

③ 玉林先生，即清初著名經師臧琳（1650—1713），字玉林，江蘇武進人，是臧庸之高祖。生平博極群書，尤精《爾雅》《説文》之學。謂“不識字何以讀書，不通訓詁何以明經”，孳孳講論，必求其是而後已。潦倒諸生三十年，未嘗一日不讀經。有所得，輒隨筆記之，積文成《經義雜記》三十卷。每卷有標目，而不分門，凡五百十七則，皆會粹唐以前諸儒之説，辨其離合，咸有確征，非由臆決。（《清代學人列傳·臧琳》）臧庸之《拜經日記》即爲擬臧琳《經義雜記》之例而作。

④ 嘆惋，嗟嘆惋惜。清蒲松齡《聊齋志異·俠女》：“方悽然欲詢所之，女一閃如電，瞥爾間遂不復見。生嘆惋木立，若喪魂魄。”

⑤ 學古，意指學習研究古代典籍。如《書·周官》：“學古入官。”孔安國傳：“言當先學古訓，然後入官治政。”唐陳陶《續古》詩之二五：“學古三十載，猶依白雲居。”宋黄庭堅《次韻張詢齋中晚春》：“學古編簡殘，懷人江湖永。”此《序》中之“古”，兼指古代典籍和古文經學。

⑥ 令，校抄本作“令”。按：抄本與刻本中，“令”常會發生筆劃小異而產生諸多異體俗字，如“令”“令”“令”等。下徑改爲正字，不復出校。

⑦ 覩，“睹”之異體字。《説文·目部》：“睹，見也。覩，古文从見。”《易·乾》：“聖人作而萬物覩。”《史記·趙世家》：“愚者闇成事，智者覩未形。”

揮經義，推見至隱①，直使讀者置身兩②漢，若親見諸家之說者。余錄③存篋中，亦十載於斯矣。今歲庚辰，其子相來粵，出其家傳之本相挍④，以授諸梓。其他著述，則有待於來者。爰書其始末而爲之《序》，讀是書者，可見其家學之淵源，師友之受授，且以求君之學與行⑤也。

阮元序。

---

① 隱，底本作“隠”，爲“隱”之刻寫俗字。下徑改爲正字，不復出校。至隱，极其細微。宋曾鞏《上范資政書》：“故聖人之所教人者，其晦明消長弛張用舍之際，極大之爲無窮，極小之爲至隱。”推見至隱，謂能夠推演闡發經籍中蘊含的極其隱微的大義。《史記・司馬相如列傳論》：“《春秋》推見至隱，《易》本隱之以顯。”

② 兩，底本作“兩”。按：抄本與刻本中，“兩”常會發生筆劃小異而産生諸多異體俗字，如“兩”“兩”“兩”“两”等。下徑改爲正字，不復出校。

③ 錄，“録”之舊字形。按：刻本中“录”作爲構字部件參與構字時常作“彔”，由此出現了許多異體俗字，如“錄”與“録”、“祿”與“禄”、“綠”與“緑”等。底本中這種新舊字形經常共現。下徑依原文録出，不復出校。

④ 挍，同“校”。《廣雅・釋詁一》：“挍，度也。”《玉篇・手部》：“挍，報也。”宋郭忠恕《佩觿》卷上：“五經字書，不分校挍。”《正字通・手部》：“明避御諱（熹宗朱由校），校省作挍。”清錢大昕《十駕齋養新録・陸氏釋文多俗字》：“《說文・手部》無挍字，漢碑木旁字多作手旁，此隸體之變，非别有挍字。”按：刻本和寫本中，從“木”與從“扌”之字常相混用。下據原文録出，不復出校。

⑤ 學與行，學問與品行。古代文獻中常並稱“學行”，如《陳書・姚察傳》：“聞姚察學行，當今無比。”明方孝孺《先府君行狀》：“曾大父諱重桂，鄉貢進士，有學行，學者尊之曰介軒先生。”

拜經日記序[①]

嘉慶二年，宗彦始識武進臧君拜經於仁和孫侍御坐上。拜經沈默[②]敦重，坐作發[③]八勢，出言必根據經□［傳］，心甚異之。既知爲玉林先生元孫[④]，夙受業盧抱經學士，淵源師法並盛。讀書日有課，天時人事弗少間，篤志蓋出常人遠甚。家素貧，衣食於毫素[⑤]。自嘉慶至今十餘年中，儀徵阮雲臺師一爲學使者，再持節巡撫浙江，每有纂譔[⑥]，必延拜經主之，故拜經客杭最久。宗彦性踈嬾[⑦]，又於經史僅通大義，辨其章句文辭

---

① 許氏此《序》，底本、《清經解》本無，據校抄本補。

② 默，校抄本作“黙”，爲抄本常見俗字。按：抄本中常見有將漢字構件偏旁移位而産生的俗字，刻本中也時有出現。下徑改爲通行正字，不復出校。

③ 發，同“發”。清朱駿聲《説文通訓定聲·泰部》：“發，亦作發。”

④ 元孫，本當作“玄孫”，因避清康熙帝名諱而改“玄”爲“元”。下同，不復出校。

⑤ 毫素，本指毛筆和寫字作畫用的白色細絹。後泛稱紙筆或文章。西晉陸機《文賦》：“紛威蕤以馺遝，唯毫素之所擬。”李善注：“毫，筆也……書縑曰素。”明張居正《雲海子序》：“即古巖穴之士，殫精神於毫素者，有不以窮約自發憤者哉！”衣食於毫素，意謂靠替人校書撰文以謀取衣食。在臧庸四十五年的人生歷程中，自乾隆五十九年（1794）至嘉慶十六年（1811），除嘉慶八年（1803）嘗棄儒經商外，有十七年的游幕生涯，先後游於畢沅、阮元、覺羅桂春、尹秉綬、劉鳳誥、章子卿、孫星衍、吴烜等幕中，輾轉湖北、山東、浙江、北京、江蘇等地，爲衣食而奔走。參吉川幸次郎撰《臧在東先生年譜》，《東方學報》第六册，1936年；尚小明《清代士人游幕表》，中華書局2005年版，第144—145頁。

⑥ 纂譔，纂輯，編撰。譔，同“撰”，撰録，撰述。《集韻·獮韻》：“譔，述也。通作撰。”《禮記·祭統》：“銘者，論譔其先祖之有德善、功烈、勲勞、慶賞、聲名，列於天下，而酌之以祭器，自成其名焉，以祀其先祖者也。”孔穎達疏：“論謂論説，譔則譔録。言子孫爲銘，論説譔録其先祖道德善事。”《漢書·揚雄傳下》：“故人時有問雄者，常用法應之，譔以爲十三卷，象《論語》，號《法言》。”顔師古注：“譔與撰同。”

⑦ 踈，同“疏”。《玉篇·足部》：“踈，慢也，不密。”《廣韻·魚韻》：“疏，俗作踈。”又《御韻》：“疏，亦作踈。”疏，同“疏”。《玉篇·𠫓部》：“疏，稀也。”《説文·𠫓部》字作“疏”。嬾，同“懶”。《説文·女部》：“嬾，懈也，怠也。一曰臥也。從女，賴聲。”段玉裁注：“俗作懶。”《玉篇·女部》：“嬾，懈惰也。”踈嬾，即“疏懶”，亦作“疏嬾”“踈懶”“踈嬾”。

而已，遇沈思、銳力、果斷[①]之士議論，憚相往復，故與拜經交最久而跡頗踈。然每念好學深造[②]者，輒首拜經，謂如皇侃、熊安生，當求之唐以上也。今年冬，拜經將[③]歸常州，示宗彥《日記》三冊，使之爲序，則知拜經學益邃[④]。經子疑義、誤字，他人不能措意者，獨能毛舉件繫而梳節[⑤]之，持論自闢窔奥[⑥]，弥不同於人。夫人情莫不樂同而忌異，以拜經之不同於人，則慮人之莫知拜經也。夫學問難矣，有求異而實未嘗異者，有好同而實未嘗同者；或同於人矣，而人卒莫能同之；或異於人，人亦因而異之。君子爲學，惟其理之是而已，同異不足言也。宗彥所趨向[⑦]與拜經亦自不合，而拜經使序其書，得毋[⑧]以其小異流俗而進之耶[⑨]？夫以拜

意謂懶散，懈怠。《北齊書・李繪傳》："下官膚體疏嬾，手足遲鈍，不能逐飛追走，遠事佞人。"宋范仲淹《與朱氏書》："此間踈懶成性，日在池塘，或至歡醉。"

① 斷，同"斷"。《篇海類編・通用類・斤部》："斷，俗作斷。"

② 深造，謂不斷前進，以達到精深的境地。《孟子・離婁下》："君子深造之以道，欲其自得之也。"趙岐注："造，致也。言君子學問之法，欲深致極竟之，以知道意。"朱熹《集注》："深造之者，進而不已之意。"

③ 將，校抄本原作"将"。按：此爲抄本常見寫法。下徑改爲通行正字。

④ 邃，校抄本原作"邃"，是"邃"之俗訛字。

⑤ 節，校抄本原作"節"，是"節"之抄本俗體。下徑改爲通行正字，不復出校。

⑥ 窔，《集韻・嘯韻》："窔，室中東南隅謂之窔。或作宎。"《釋名・釋宮室》："東南隅曰窔。窔，幽也，亦取幽冥也。"奥，室内西南隅。《儀禮・少牢饋食禮》"司宮筵于奥"，鄭玄注："室中西南謂之奥。"窔奥，亦作"宎奥"。本指室中東南和西南二隅，喻幽深處。《漢書・敘傳上》："若賓之言，斯所謂見勢利之華，闇道德之實，守宎奥之熒燭，未卬天庭而覩白日也。"顏師古注："應劭曰：'《爾雅》：東南隅謂之宎，西南隅謂之奥。'宎、奥，室中之二隅也。"後常用以喻深邃、高深的境界。唐杜甫《秦州見敕目薛璩畢曜遷官》詩："文章開宎奥，遷擢潤朝廷。"仇兆鼇注："宎奥，深邃之意。"

⑦ 趨向，亦作"趨嚮""趨鄉""趍向"。意謂志趣，志向。唐元稹《酬鄭從事宴望海亭》詩："雖無趣向慕賢聖，幸有心目知西東。"宋楊萬里《張魏公傳》："夫君子引其類而進，志在於天下國家而已。其道同，故其趨向亦同，何朋黨之有焉。"

⑧ 得毋，亦作"得無""得亡"，猶言莫非。"毋"與"無""亡"互爲通假。唐韓愈《答胡生書》："雨不止，薪芻價益高，生遠客，懷道守義，非其人不交，得無病乎？"宋岳珂《桯史・吳畏齋謝贊啟》："屢矣蹉跎，雖粗有少年之志，斐然狂簡，得毋貽小子之嗤？"

⑨ 耶，校抄本原作"耶"。按：抄本中漢字構件"阝"和"卩"常混用。下徑改爲通行正字，不復出校。

經淵源師法①如彼，研精覃思②如此，積數十年所得而筆之書，其精觕③之數固非宗彦所能辨别，士有篤學與拜經等者，必能識之而嗜之矣。

嘉慶十四年長至日前十日，德清許宗彦序。

① 師法，老師傳授的學問和技術。《荀子·修身》："不是師法，而好自用，譬之是猶以盲辨色，以聾辨聲也，舍亂妄無爲也。"宋沈括《夢溪補筆談·器用》："蓋有所傳授，各守師法，後人莫敢輒改。"

② 研精覃思，謂專心研究，深入思考。《尚书序》："承詔爲五十九篇作傳，於是遂研精覃思，博考經籍，採摭羣言，以立訓傳。"宋范仲淹《上張右丞書》："其大幸者，生四民中，識書學文，爲衣冠禮樂之士，研精覃思，粗聞聖人之道。"亦省作"研覃"。唐吕温《代國子陸博士進集春秋表》："輒集注《春秋》經文，勒成十卷，上下千載，研覃三紀。"《宋史·樂志二》："念《樂經》失墜，學者罕傳，歷古研覃，亦未究緒。"

③ 觕，與"精"相對而言，意謂粗淺，粗疏。《公羊傳·莊公十年》："觕者曰侵，精者曰伐。"何休注："觕，麤也。"麤，爲"粗"之會意結構的異體字。《正字通·角部》："觕，乃粗義，非粗音也……古蓋各造粗字，至漢分之：麤爲塵起之粗，平聲；觕爲一切之粗，上聲。故班固《藝文志》連用則異聲，分用則同字者，又不可不辨也。"《漢書·藝文志》："漢有唐都，庶得麤觕。"顔師古注："觕，粗略也。音才戶反。"明宋濂《文原》："觕者將以亂夫精，碎者將以害夫完。"

拜經日記敘[①]

臧子用中，常州武進篤學士也。余[②]曩[③]官京師時，已聞用中名而未識其面。歲在甲子，余官山東運河道，用中過[④]余廨舍，而余他往不獲見。去年，余官直隷[⑤]永定河道，用中又過余，相見甚歡。及余罷官，養疴都下，與用中所居相去數武[⑥]，晨夕過從，而益以知其人之朴厚[⑦]、學之精審也。用中紹[⑧]其先玉林先生之學，撰《拜經日記》十二卷，考訂漢世經師流傳之分合、字句之異同、後人傳寫之脱誤、改竄之蹤跡，擘肌分理[⑨]，剖豪析

---

① 王氏此《敘》，底本、《清經解》本無，據校抄本補。又見載於《王石臞先生遺文》卷二。

② 余，校抄本原作“余”，爲“余”之俗訛字。按：抄本、刻本中常見此類筆畫稍異之俗字。下徑改爲通行正字，不復出校。

③ 曩，先時；以前。《莊子·齊物論》：“曩子行，今子止；曩子坐，今子起。”成玄英疏：“曩，昔也，向也。”

④ 過，校抄本原作“過”。按：抄本中常見此類筆劃減省的俗訛字。下徑改爲通用正字。

⑤ 隷，同“隸”。《文選》司馬相如《上林賦》：“地可墾闢，悉爲農郊，以贍萌隷。”《史記·司馬相如列傳》作“隸”。

⑥ 武，半步。《國語·周語下》：“夫目之察度也，不過步武尺寸之間。”韋昭注：“六尺爲步，賈君以半步爲武。”

⑦ 朴，同“樸”。《廣韻·覺韻》：“朴，同樸。”《莊子·山木》：“其民愚而朴。”《鹽鐵論·本議》：“散敦厚之朴，成貪鄙之化。”朴厚，即“樸厚”，樸質厚道。宋曾鞏《與杜相公書》：“伏以閣下樸厚清明，讜直之行，樂善好義，遠大之心，施於朝廷而博見於天下。”“樸”，今簡化爲“朴”。

⑧ 紹，校抄本原作“絽”。按：此爲抄本中之習慣寫法。下徑改爲通行正字，不再出校。紹，意謂承繼。《漢書·敘傳下》：“漢紹堯運，以建帝業。”唐韓愈《燕河南府秀才》詩：“吾皇紹祖烈，天下再太平。”

⑨ 擘肌分理，比喻分析精密。理，肌肉的紋理。張衡《西京賦》：“若其五縣遊麗辯論之士，街談巷議，彈射臧否，剖析毫釐，擘肌分理，所好生毛羽，所惡成瘡痏。”李周翰注：“言此人彈剥善惡，雖毫釐肌理之間，亦能分擘。”

芒，其可謂辨矣。《日記》所掔究①者，一曰諸經今古文，二曰王肅改經，三曰四家《詩》同異，四曰《釋文》《義疏》所據舊夲②，五曰南北學者音讀不同，六曰今人以《説文》改經之非，七曰《説文》譌③脱之字，而於孔孟事實，攷④之尤詳。若其説經所旁及者，□［叔］⑤孫《禮記》、南斗文昌之類，皆確有根據，而補前人所未及。夫世之言漢學者，但見其異于今者，則寶貴之，而於古人之傳授、文字之變遷，多不暇致辨，或以爲細而忽之。得好學如用中者，詳考以復古人之舊，豈非讀經之大幸哉？讀《日記》畢，爰舉其犖犖⑥大者，以爲之《敘》。至於逐條分見，有補于經者甚衆，蓋不暇一二數云。

歲在辛未，六月望⑦日，高郵王念孫序。

---

① 掔，校抄本原作“硜”。按：抄本中常見此類筆劃移位造成的俗字。下徑改爲正字。掔，同“研”，研摩，研究。《廣雅·釋詁三》：“掔，磨也。”王念孫《廣雅疏證》：“研，與掔同。”清王筠《説文句讀·手部》：“掔，摩也。大徐各本、李燾本皆無此字。毛刻補於部末，據小徐也。《易·繫辭》‘聖人之所以極深而研幾也’，《釋文》：‘蜀才作掔。’《廣雅》：‘掔，摩也。’又云：‘掣，掔也。’是知掔者，魏、晉間俗字也。”梁啟超《自勵二首》：“誓起民權移舊俗，更掔哲理牖新知。”掔究，即研究。清陳康祺《郎潛紀聞》卷一：“御史張盛藻疏奏，謂天文、句股宜令欽天監五官正天文生掔究；製造工作宜責成工部考校。”

② 夲，同“本”。《廣韻·混韻》：“本，俗作夲。”

③ 譌，校抄本原作“譌”。按：抄本中“爲”及其作爲構字部件時常寫作“為”。下徑改爲通用字，不復出校。

④ 攷，“考”的古字。本義爲敲，拷擊。《説文·攴部》：“攷，敂也。”《廣雅·釋詁三》：“攷，擊也。”此爲“考察，考究”義。《周禮·夏官·大司馬》：“以待攷而賞誅。”鄭玄注：“攷，謂攷校其功。”《周禮·天官·宰夫》：“旬終，則令正日成，而以攷其治。”賈公彦疏：“言會要成摠考之。”宋陳善《捫虱新話·讀書當講究得力處》：“豈知今之俗學乃全不攷究，以‘六經’爲治世語言，至欲求道則以爲盡在浮屠氏？”攷，一本作“考”。抄本和刻本中，“攷”與“考”常互見共用。下徑依原文録出，不再出校。

⑤ 原字形模糊難辨，據《王石臞先生遺文》卷二所載王念孫《拜經日記敘》作“叔”字，故補。

⑥ 犖犖，分明貌；顯著貌。《史記·天官書》：“此其犖犖大者。若至委曲小變，不可勝道。”司馬貞《索隱》：“犖犖，大事分明也。”

⑦ 望，校抄本原作“朢”。按：抄本中常見此類筆劃稍異之俗字。下徑改爲通用字。

拜經日記題辭[①]

大著旁通曲證，精[②]之至矣。鄙意欲裒集其精核有關於一字一義者爲一書，其餘泛論學問、無關於經籍者，或可割愛。論韻四卷，或另爲編次。未知用中以爲何如？

己巳季冬，莊述祖識於蒙[③]泉書屋。

近日說經之士膚受目論，不待言已。其博而篤者，亦多不能通貫全經，出論時得時失。在東此書，任舉[④]一義一字，皆於經學之本源、經師之受授，會通而暢其說，使讀者若置[⑤]身于兩[⑥]漢，親見諸家之本者，其勿可及也已。

戊午三月，德淸許宗彦識。

拜經此書，窮源竟委，鉤貫會[⑦]通，實爲近時說經家所罕及。留讀案頭，幾及月餘，愧[⑧]未能盡通其奥也。敬服，敬服！

庚午六月，福州陳壽祺讀于長椿寺街京邸。

---

① 諸人題辭見底本卷首《拜經日記贈言校勘里居姓氏》、阮元《拜經日記序》之後，收入《續修四庫全書》時置於《拜經日記贈言校勘里居姓氏》之前。《清經解》本、校抄本無。"拜經日記題辭"爲校者所加。

② 精，"精"之異體字。按：刻本中，"青"字及其作構字部件參與構字時常有寫作"靑"者，如"清"作"淸"，"靖"作"靖"，"情"作"情"，"請"作"請"等。下徑依底本原文録出，不復出校。

③ 蒙，底本作"蒙"，爲"蒙"之刻寫俗字。按：刻本和抄本中，"蒙"常作"蒙"，也常見寫作"蒙"。下徑改爲正字，不復出校。

④ 舉，底本作"舉"，爲刻本常見俗字。下徑改爲正字，不復出校。

⑤ 置，底本作"置"，爲刻本常見俗字，亦爲日本用漢字。下徑改爲正字，不復出校。

⑥ 兩，底本作"两"，爲刻本常見俗字。下徑改爲正字，不復出校。

⑦ 會，底本作"㑹"，爲刻本常見俗字。下徑改爲正字，不復出校。

⑧ 愧，底本原作"愧"。按：刻本中"由"作構字部件時常省寫作"田"，如"俾"作"俾"、"鬼"作"鬼"等。下文一般徑改爲正字，不復出校。

自　　序[①]

鏞堂[②]自知固蔽[③]，不敢妄[④]作。懼家學日漸廢墜[⑤]，辛亥，校訂高祖[⑥]玉林先生[⑦]《經[⑧]義雜記》成，不量其力，思克紹先德，遇一𨻶[⑨]之

---

① 此段文字見於底本及校抄本卷一首，《清經解》本無。“自序”爲校者所加。

② 鏞堂，乃臧庸之本名，後易名庸。按：臧庸改名之具體時間，不可審知。據吉川幸次郎《臧在東先生年譜》考證，應在嘉慶九年。《拜經日記》中凡臧庸之名，除底本《拜經日記自序》和卷六篇首署“鏞堂”外，正文中底本與《清經解》本均作“庸”，校抄本均作“鏞堂”。或可爲各本刊刻、傳布之時間先後提供一個佐證。

③ 蔽，底本作“蔽”，爲刻寫習慣形成的俗字，亦爲日本用漢字。下徑改爲正字，不復出校。

④ 妄，底本作“妄”，校抄本作“妄”。按：此二字皆爲“妄”之俗字。刻本中“亡”字及其作爲構字部件參與構字時常作“亾”，如“妄”作“妄”、“忘”作“忘”、“贏”作“贏”、“荒”作“荒”等。“妄”作“妄”是抄本的習慣寫法。下徑改爲正字，不復出校。

⑤ 廢墜，亦有作“廢隊”。衰亡；滅絕。《左傳·昭公九年》：“文、武、成、康之建母弟，以蕃屏周，亦其廢隊是爲，豈如弁髦而因以敝之。”

⑥ 祖，底本作“祖”。按：刻本中，構字部件“礻”常作“⺬”，由此與他本形成諸多異文。下徑改爲正字，不復出校。

⑦ 玉林先生，校抄本作“玉林公”。

⑧ 經，底本作“經”，校抄本作“経”。按：刻本中構字部件“糹”常作“糸”，底本中即有諸多用例，而抄本中“經”則常寫作“経”，由此，刻本與抄本構成諸多異文。下徑改作通用字“經”，不再出校。

⑨ 𨻶，“隙”之異體字。《正字通·阜部》：“𨻶，俗隙字。”《周禮·秋官·赤犮氏》：“凡𨻶屋除其貍蟲。”賈公彦疏：“𨻶謂孔穴也。”《漢書·地理志下》：“北𨻶烏丸、夫餘。”颜師古引如淳曰：“或曰：‘𨻶，際也。”《徐霞客游記·粤西游日記三》：“一里，忽壁右漸裂一𨻶。”有時亦寫作“隙”和“隟”。《龍龕手鑑·阜部》：“隙，同𨻶。”《龍龕手鑑·阜部》：“隟，𨻶的俗字。”清王廷鼎《説文佚字輯説》：“隟，《阜部》無隟，案：即隙之訛變。”唐柳宗元《唐故萬年令裴府君墓碣》：“刺金州，決高弛隟，去人水禍，渚茭原茅，闢成稻粱。”張敦頤《音辯》：“隟字當作𨻶，柳文𨻶字皆作隟。”清龔自珍《説居庸關》：“自入南口，四山之陂陀之隟，有護邊牆數十處。”

明，簪筆書之，久而彙録，題曰《拜經日記》，以就正有道。“拜經”爲[①]余隨所居室，輒以名焉者。

時乾隆甲寅仲夏，鏞堂識於武昌督署。

① 爲，校抄本作“為”。按：抄本中“爲”“為”多混用，而以“為”多見。下依底本録出，不復出校。

拜經日記第一

武進臧氏學①

說文忕字②

陸德明、孔穎達引《說文》“忕，習③也”，今《說文》作“愧，習也”，無“忕”字。

《爾雅·釋詁》：“貫④，習也。”郭注：“貫，貫忕⑤也。今俗語皆然。”《釋文》：“忕，音逝，又⑥時設反。張揖《雜字》音‘曳’，云：‘狃⑦忕，過⑧度。’”《釋言》：“狃，復也。”郭注：“狃忕⑨，復爲。”《釋文》：“孫、郭云：‘狃忕，復爲也。’忕，石世反。”邢疏：“孫炎曰：

---

① 武進臧氏學，校抄本署曰“武進臧氏”，《清經解》本署曰“武進臧明經庸著”。下同，不復出校。

② 説文忕字，此篇内容亦見於臧庸《拜經堂文集》卷三《與段若膺明府論説文忕字窳字書》。校抄本各卷各篇均未署篇題。“文”，底本原作“文”，《清經解》本同，校抄本作“文”。按：刻本中常見由刻寫習慣造成的多筆俗字。下徑改爲正字，不復出校。

③ 習，底本原作“習”，《清經解》本作“習”，校抄本作“習”。按：刻本中“羽”及構字部件“羽”均作“羽”。“白”作爲構字部件位於上下結構的漢字下面，在刻本與抄本中均常與“曰”混，如“皆”校抄本作“皆”等，由此，刻本與抄本構成諸多異文。下徑改爲正字，不復出校。

④ 貫，唐石經、單疏本、雪牕本同。《釋文》：“慣，本又作貫，又作遦。”

⑤ 忕，雪牕本、注疏本作“伏”，誤。

⑥ 又，底本原作“叉”，《清經解》本同，校抄本作“又”。按：刻本中“又”常作“叉”，概由刻寫習慣造成的多筆俗字。下徑改爲正字，不復出校。

⑦ 狃，底本原作“狃”，《清經解》本同，校抄本作“狃”。按：刻本中，“丑”字及其作爲構字部件時常作“丑”。下徑改爲正字，不復出校。

⑧ 過，底本作“過”。按：刻本中，“冎”字及其作爲漢字構件參與構字時常作“咼”，如“過”作“過”，“禍”作“禍”等。下徑改爲正字，不復出校。

⑨ 忕，雪牕本作“忕”，盧文弨曰：“忕从大聲，从犬者訛。”

‘狃忕，前事復爲也。’”《說文》云：“狃，狎也。”“忕，習也。”

《詩・四月》：“廢爲殘賊，莫知其尤。”毛傳：“廢，忕[①]也。”箋云：“尤，過也。言在位者貪殘，爲民之害，無自知其行之過者，言忕於惡。”《釋文》“廢”爲“如字，忕也。一音發。忕，時世反，下同。一本作‘廢’，大也。此是王肅義。”正義曰：“《說文》云：‘忕，習也。’恒爲惡行，是慣習之義。定本‘廢’訓爲‘大’，與鄭不同。”《蕩》：“内[②]奰于中國，覃及鬼方。”毛傳：“奰，怒也。不醉而怒曰奰。”箋云：“此言時人忕於惡，雖不有醉[③]，猶好怒也。”《釋文》：“忕於，市制反，又時設反。《說文》云‘習也’。”

《禮記・表記》：“子曰：狎侮[④]死焉，而不畏也。”注：“忕於無敬心也。”《釋文》：“忕，時世反，又時設反。”

《左氏・桓十三年傳》：“莫敖狃於蒲騷之役，將自用也。”杜注：“狃，忕[⑤]也。”《釋文》：“狃忕，時世反，又時設反。”正義曰：“《說文》云：‘狃，狎也。’‘忕，習也。’郭璞云：‘貫，忕也。今[⑥]俗語皆然。’則狃忕皆貫習之義。”《僖十五年傳》：“公曰：‘一夫不可狃，況[⑦]國乎？’”杜注：“狃，忕也。言辟秦則使忕來。”《釋文》：“忕也，時世反，又時設反。”

《國語・晉語三》：“得國而狃，終逢其咎[⑧]。”韋注：“狃，忕也。”

---

① 忕，小字本、相臺本同。阮校：“案《釋文》‘忕，時世反。下同。又一本作廢，大也，此是王肅義’。正義云‘定本廢訓爲大，與鄭不同’，標起止云‘傳廢，忕’，定本當是依王肅申毛也。”

② 内，底本作“内”，《清經解》本同，爲“内”之刻寫俗字。下徑改爲正字，不復出校。

③ 雖不有醉，校抄本作“不雖有醉”，《十三經注疏》整理本作“雖有不醉”。

④ 侮，底本作“侮”，《清經解》本、校抄本同。按：刻本和抄本中“每”字及其作爲構字部件參與構成漢字時，常作“每”。“每”亦爲日本用漢字寫法，見日本《常用漢字表》。下徑改爲通行正字，不復出校。

⑤ 忕，阮校：“忕字从心大聲，諸本誤多一點，唐初《説文》有之。”

⑥ 今，底本作“今”，《清經解》本同，校抄本作“令”。按：“今”與“令”是“今”之俗字，“令”亦爲日本用漢字。下徑改爲正字，不一一出校。

⑦ 況，《說文》：“況，寒水也。”按：古籍中多作“況”，今“况”字通行。《拜經日記》中“況”與“况”混用。下徑改爲“況”，不復出校。

⑧ 咎，底本作“咎”。按：刻本中“卜”作構字部件常與“人”混用。下徑改爲正字，不復出校。

又“今我不擊，歸必狃。”注：“狃，忕也。不擊而歸，秦必狃忕而輕我也[①]。”《補音》：“忕，時世反。”

《史記·漢興以來諸矦[②]年表》：“诸矦或骄奢，忕邪臣計謀爲淫亂[③]。”《索隱》曰：“忕，音誓。忕訓習。言習於邪臣之謀計。故《爾雅》云‘忕猶狃’也，狃亦訓習。”

《後漢書·馮異傳》：“忸忕小利。”李賢注：“忸忕猶慣習也，謂慣習前事而復爲之。《爾雅》曰：‘忸，復也。’郭景純曰：‘謂慣忕復爲之也。’忕音逝[④]。”

《文選》潘安仁《西征賦》：“忕淫嬖之匈忍[⑤]。”李善[⑥]注：“《小雅》曰：‘忸，忕也’。”見《小爾雅·廣[⑦]言二》。《廣韻·十三祭》：“忕，忕習，時制切。”此皆《說文》“忕”字之證。而《犬部》“狃”下云：“犬性忕也。”尤爲有“忕”之明據。徐楚金作“忲”，形近之誤也。徐鼎[⑧]臣作“驕”，又因“忲”而妄改。其致誤之由，并[⑨]不可考矣。

考《玉篇》：“愧，余世切。習也。明也。”《廣韻·十三祭》：“愧，明也。一曰習也。餘制切。”又“愧，習也。丑例切。”

《一切經音義》十二《生經》第一卷：“習忕，又作愧，翼世反。《字林》：‘愧，習也。’《蒼頡篇》：‘愧，明也。’《爾雅》：‘狃，復也。’郭璞曰：‘狃忕，復爲也。’”

---

① 也，中華書局本《國語集解》無此字。

② 矦，《清經解》本同，校抄本作“侯”。按：矦，同“侯”。《字彙·矢部》：“矦，古侯字。”刻本中“侯”常作“矦”。下同，不復出校。

③ 亂，底本作“亂”，爲刻寫俗字。下徑改作正字，不復出校。

④ 逝，《清經解》本同，校抄本作“誓”。按：逝，通“誓”。清朱駿聲《說文通訓定聲·泰部》：“逝，叚借爲誓。”

⑤ 匈忍，兇惡殘忍。晉潘嶽《西征賦》：“忲淫嬖之匈忍，勦皇親之孕育。”

⑥ 善，底本作“善”，爲刻寫俗字。下徑改作正字，不復出校。

⑦ 廣，底本作“廣”，爲刻寫俗字。下徑改作正字，不復出校。

⑧ 鼎，底本作“鼎”，《清經解》本同，校抄本作“鼑”。按：二者皆爲“鼎”之俗字。《字彙·鼎部》：“鼑，俗鼎字。”

⑨ 并，刻本與抄本中“并”與“並”“幷”常混用不别。下徑依底本録出，不復出校。

據元應[①]書，知“忕”“怈”同字，音義相近。葢[②]《說文》作“忕”，《蒼頡》作“怈”，而晉《字林》、梁《玉篇》、隋《切韻》皆從《蒼頡篇》作“怈”。唐人熟於[③]“怈”字，遂據以亂《說文》之本眞[④]，而毛公、大史公、鄭康成、孫叔然、韋宏嗣、張揖、孔鮒、杜預、郭璞，秦、漢、魏、晉間人皆用“忕”字，知許叔重必作“忕”也。

又古文《尙[⑤]書·君陳》：“狃于姦宄。”傳：“習於姦宄凶惡。”正義曰：“《釋言》云：‘狃，復也。’孫炎曰：‘狃忕，前事復爲也。’古言‘狃忕’是貫習之義，故以‘習’解[⑥]‘狃’，‘習於姦宄凶惡’言爲之不知止也。”

案[⑦]：古文雖出魏、晉間，其詞意多本之三代、秦、漢，如“狃于姦宄”之與毛《詩》“廢爲殘賊”語義正同。王肅改“忕”爲“大”，識出古文下矣。正義引《釋言》及孫炎注，可謂知所根據。《大叔于田》：“將叔無狃。”傳：“狃，習也。”箋云：“狃，復也。”正義亦引《釋言》及孫炎注，爲證唐人之不忘所本如是。

---

① 元應，本爲“玄應”，因避清康熙帝名諱而改“玄”作“元”。校抄本作“𢆯應”。下同，不復出校。

② 葢，《清經解》本同，校抄本作“盖”。按：通用字作“蓋”，刻本多作“蓋”和“葢”，抄本常作“蓋”和“盖”。由此，底本與他本常構成諸多異文。下依底本，不復出校。

③ 於，《清經解》本同，校抄本作“于”。按：刻本和抄本中，“於”“于”常混用。下不復出校。

④ 眞，《清經解》本同，校抄本作“真”，其下有“也”字，衍。按：“眞”爲“真”之舊字形，刻本中，“真”字及其作爲構字部件參與構字時常作“眞”，如“鎮”作“鎭”等。下徑依底本録出，不復出校。

⑤ 尙，“尚”之異體字，見《新加九經字様·口部》。《正字通·小部》：“尚……《説文》从八，向聲……舊本附小部。”底本及抄本中，“尙”“尚”多互見。下徑依底本録出，不復出校。

⑥ 解，底本作“觧”，《清經解》本、校抄本作“解”。按：刻本中，“角”字及其作爲構字部件時常作“⻆”。如“桷”作“桷”，“斛”作“斛”，“觜”作“觜”等。“⻆”亦爲日本用漢字。下徑改爲通用字，不復出校。

⑦ 案，《清經解》本同，校抄本作“按”。按：凡言案語，底本和《清經解》本作“案”，校抄本多作“按”，偶作“案”。下依底本，不復出校。

説文窳字

今《説文・宀部》無"窳"字，陸德明、孔穎達引《説文》云"窳，嬾也"，當據以補正。

《爾雅・釋詁》："愉，勞也。"注："勞苦者多惰愉，今字或作窳。"各本誤从[①]"穴"，宋板、邢疏引郭注从"宀"。邢疏："愉者，嬾[②]也。"《釋文》："愉，羊主反，又羊朱反。[③] 窳，羊主反。[④]《字林》云：'汙也，音烏。'《説文》云：'汙，窬也。'案：汙窬，猶汙邪也。"

《一切經音義》九："窳墯[⑤]，舊作"窳"，今改正，下[⑥]同。余乳反。《爾雅》：'窳，勞也。'郭璞曰：'勞苦者多墯窳也。[⑦] 亦嬾也。言懶人不能自起，如瓜瓠在地，故字从㼌。又嬾人恒在室，故从宀[⑧]。'"又十："窳惰，榆乳反。嬾惰也。《爾雅》：'窳，勞也。'郭璞曰：'勞苦者多窳惰也。'"又十一："或窳，臾玴反。惰懶之謂也。《爾雅》：'窳，勞也。'郭璞曰：'勞苦者多惰窳也。字从宀，从㼌。'"又十四："窳墯，余乳

① 从，底本、《清經解》本、校抄本同。按：从，同"從"。《説文・从部》："从，相聽也。从二人。"段玉裁注："从者，今之從字，'從'行而'从'廢矣……許書凡云'从某'，大徐作'从'，小徐作'從'。"徐灝《注箋》："从、從古今字，相聽猶相從。"《玉篇・从部》："从，今作從。"甲骨文、金文"从""比"同字，後分化爲二。从二人，本義爲相隨。後增辵以表行義。今爲"從"之簡化字。本書底本有關《説文》字形分析，一般用"从"，表示依從、跟從，一般用"從"，但也有例外和混用者。下依底本録定，不復出校。

② 嬾，《清經解》本、校抄本同，阮刻《爾雅注疏》作"懶"。

③ 愉，羊主反，又羊朱反。校抄本脱"羊主反，又"四字。

④ 窳，羊主反。《清經解》本同，校抄本作"窳，羊朱反"。

⑤ 《一切經音義》九"窳墯"，《清經解》本同，校抄本作"《一切經音義》九'窳墮'"。按：據徐時儀《一切經音義三種校本合刊》，此處所引之《一切經音義》爲《玄應音義》，所釋"窳墮（墯）"及下文"窳惰""或窳"等詞中之"窳"，皆作"窳"，而臧氏皆改作"窳"，並注曰"舊作'窳'，今改正。下同"。

⑥ 下，校抄本作"不"，因形近而訛。

⑦ 《爾雅》："窳，勞也。"郭璞曰："勞苦者多墯窳也。"按：據徐時儀《一切經音義三種校本合刊》，《一切經音義》各卷引《爾雅》及郭璞注，此句中之"窳"皆作"窳"。

⑧ 宀，徐時儀《一切經音義三種校本合刊》引《玄應音義》卷九此條，該字作"穴"。

反。《爾雅》：‘寙，勞也。’郭璞曰：‘勞苦者多憻寙也。’承慶云：‘懶[1]人不能自起，瓜[2]瓠在地不能自立，故字从㼌。又懶人恒在室中，故从宀[3]。’”又十五：“寙惰[4]，楰乳反。《爾雅》：‘寙，勞也。’郭璞曰：‘勞苦者多惰寙也。’”又十七：“寙憻[5]，臾乳反。《爾雅》：‘寙，勞也。’郭璞曰：‘勞苦者多憻寙也。言嬾人不能自起，如瓜瓠在地不能自立，故字从㼌。又嬾人恒在室中，故字从宀也[6]。’”又十九：“寙惰，臾乳反。嬾惰之謂也。《爾雅》：‘寙，勞也。’郭璞曰：‘勞苦者多惰寙也。’”

《詩·召旻》：“皐皐訿訿。”毛傳：“訿訿，寙[7]宋板誤“窳”，《釋訓疏》引不誤。不供事也。”《釋文》：“寙，此字不誤。音庾。裴駰云‘病也’，《說文》云‘嬾也’。”正義曰：“《釋訓》云：‘翕翕、訿訿，莫供職也。’是訿訿爲寙不供其職也。《說文》云：‘寙，《釋訓疏》不誤[8]。嬾也。’草木皆自[9]豎立，唯瓜瓠之屬臥而不起，似若嬾人常臥室，故字从宀[10]，音眠。”

① 懶，《清經解》本、校抄本同，徐時儀《一切經音義三種校本合刊》引《玄應音義》卷十四此條，其上有“言”字。

② 瓜，《清經解》本、校抄本同，徐時儀《一切經音義三種校本合刊》引《玄應音義》卷十四此條，其上有“如”字。

③ 宀，《清經解》本、校抄本同，徐時儀《一切經音義三種校本合刊》引《玄應音義》卷十四此條，其下有“也”字。

④ 寙惰，《清經解》本、校抄本同，徐時儀《一切經音義三種校本合刊》引《玄應音義》卷十五此條作“寙墮”。

⑤ 寙憻，《清經解》本、校抄本同，徐時儀《一切經音義三種校本合刊》引《玄應音義》卷十七此條作“寙惰”。

⑥ 又懶人恒在室中，故字從宀也。《清經解》本、校抄本同，徐時儀《一切經音義三種校本合刊》引《玄應音義》卷十七此句作“懶人恒在室中，故字从穴”。

⑦ 寙，小字本、相臺本作“窳”，《十三經注疏》本同。阮校：“案《釋文》云：“寙音庾，裴駰云病也，《説文》云嬾也。一本作‘窊’。正義曰：‘《釋訓》云：《説文》云：寙，嬾也。草木皆自豎立，唯瓜瓠之屬臥而不起，似若嬾人常臥室，故字从宀。’依此是《釋文》、正義二本皆作‘寙’，唐人此字从宀也，所引《説文》今無其文，正義所據往往非今十五篇《説文》，如‘第’字之類也。‘寙’字出楊承慶《字統》，‘草木皆自豎立’以下即取彼文以爲説耳，毛傳當本用‘寙’字。”

⑧ 《釋訓疏》不誤，校抄本作“《釋訓》不誤誤”，顯誤衍。

⑨ 自，校抄本作“有”，誤。

⑩ 宀，原作“字”。阮校：“明監本、毛本‘字’作‘穴’，案皆誤也，當作‘宀’。”

《史記·貨殖[①]列傳》："果隋蠃蛤，不待賈而足，地勢饒食，無饑饉之患，以故呰窳[②]偷生。"徐廣曰："呰，音紫。呰窳，苟且墮孄之謂也。"駰案："應劭曰：'呰，弱也。'晉灼曰：'窳，病也。'"《索隱》曰："窳，音庾。"《正義》曰："案：食螺蛤等物，故多羸弱而足病也。《淮南子》云'古者民食蠃蛖[③]之肉，多疹毒之患'也。"

《漢書·五行志下之上》："德不試，空言禄，兹謂主窳[④]臣夭。"孟康曰："謂君惰窳，用人不以次第，爲夭也。"師古曰："窳音庾。"《地理志下》："果蓏蠃蛤，食物常足，故呰窳媮生，而亾積聚。"應劭曰："呰，弱也，言風俗朝夕取給媮生而已，無久長之慮也。"如淳曰："呰，或作紫，音紫。窳，音庾。"晉灼曰："呰，病也。窳，惰也。"師古曰："諸家之説皆非也。呰，短也。窳，弱也。言短力弱材，不能勤作，故朝夕取給而無儲偫也。如音是也。"

《商子·懇[⑤]令》篇："農無得糶，則窳[⑥]惰之農勉疾。"又"窳惰之農勉疾，商欲農，則草必懇矣。"又"惰民不窳而庸，民無所於食，是必農。"又"愛子惰民不窳，則故田不荒。"

《鹽鐵論·通有》篇："然後呰[⑦]窳偷生[⑧]，好衣甘食。"《論衡·命義》篇："稟性軟弱者，氣少泊而性羸窳[⑨]。羸窳則壽命短。"《文選[⑩]》枚叔《七發》八首："血脉淫濯，手足惰窳[⑪]。"李善注："應劭《漢書

---

① 殖，底本、《清經解》本作"殖"。按：刻本中，"直"字及其作爲構字部件參與構字時常寫作"直"，如"置"作"置"、"值"作"值"等。"直"爲"直"之舊字形，亦爲日本用漢字。下徑改爲通行正字，不復出校。

② 窳，中華書局本《史記》正文及《集解》所引晉灼語皆作"窳"。

③ 蛖，中華書局本《史記正義》引作"蜯"。

④ 窳，中華書局本《漢書》正文及下文所引孟康、師古、應劭、如淳、晉灼等人注語皆作"窳"。

⑤ 懇，《清經解》本、校抄本同。《四庫全書》本《商子》作"墾"。"懇"，《説文新附·心部》："懇，悃也。从心，豤聲。"《説文新附·土部》："墾，耕也。从土，豤聲。"二者爲同音通假。下同。

⑥ 窳，蔣禮鴻《商君書錐指》作"窳"。以下三句"窳"皆作"窳"。

⑦ 呰，《清經解》本、校抄本同，《四部叢刊》影明嘉靖本作"呰"，注曰："舊作紫。"

⑧ 然後呰窳偷生，王利器《鹽鐵論校注》作"然民紫窳偷生"。

⑨ 窳，清吳承仕《論衡校釋》作"窳"。下同。

⑩ 選，同"選"。《正字通·辵部》："選，本作選。"

⑪ 惰窳，《清經解》本、校抄本同，胡刻本《文選》作"墮窳"。

注》曰：‘窳[①]，弱也。餘乳切。’” 此皆《說文》“㝢”字之證也。《玉篇·宀部》《廣韻·九麌》皆無“㝢”字，故諸書誤以“窳”字當之。然《說文·此部》：“呰，㝢也。闕。將此切”。《玉篇·此部》：“呰，子亦、子爾二切。”《史記》云：“呰㝢偷生，謂苟且也。”《廣韻·四紙》：“呰，㝢也。將此切。又子西切。”則《說文》《玉篇》《廣韻》俱有“㝢”字，可於注中驗之。雖今本亦誤同諸書从穴，據其義知本从“宀”也。

《說文·穴部》：“窳，污窬也。从穴，㼌聲。朔方有窳渾縣。以主切。”《玉篇·穴部》：“窳，俞矩切，邪也。器空中也。”《說文》曰：“污窬也。”《廣韻·九麌》：“窳，器空中。亦病也。以主切。”《史記·五帝本紀》：“陶[②]河濱，河濱器皆不苦窳。”《史記索隱》曰：“音游甫反。”駰謂“窳，病也”，《正義》曰：“窳，音庾。”《漢書·地理志下》：“朔方郡，武帝元朔二年開。西部都尉治窳渾。莽曰溝搜。屬并州。”師古曰：“窳，音庾。”此皆“穴”部之“窳”與“宀”部之“㝢”音同義別。

《說文·瓜部》：“㼌，本不勝[③]末，微弱也。从二瓜。讀若庾。以主切。”“㝢”之从宀、从㼌，爲會意，故《說文》訓爲“嬾”。《詩》正義、《一切經音義》解《說文》皆言“瓜瓠在地”“似嬾人在室”，故从“瓜”、从“宀”，而不云聲。應、顔注《漢書》俱訓“㝢”爲“弱”，又與“㼌”之本訓合。若“窳”从“㼌”，特爲諧聲，故《說文》“从穴，㼌聲”。今《爾雅》正作“愉”，注云：“字或作㝢。”《釋文》亦“愉”字在上。而元應於“㝢”下引“《爾雅》：‘㝢，勞也。’郭璞曰：‘勞苦者多惰㝢也。’”凡七見，皆同，是知古本《爾雅》正作“㝢”。注云：“或作愉”，後人多聞“愉”，寡聞“㝢”，因私乙改，而《釋文》亦誤從之。元應所據經籍，往往有勝於陸、孔本者，此類是也。《爾雅疏》訓“愉”爲“嬾”，亦勝於《釋文》。邢氏此條，葢[④]本之孫炎、高璉二家舊義。

《說文·心部》：“愉，薄也。从心，俞聲。”無“勞”義。郭云“惰

---

① 㝢，《清經解》本、校抄本同，胡刻本《文選》作“窳”。

② 陶，底本作“陶”，爲“陶”之刻寫俗字。下徑改爲通行正字，不復出校。

③ 勝，底本作“勝”，爲“勝”之刻寫俗字。下徑改爲正字，不復出校。

④ 葢，同“蓋”。《説文·艸部》：“葢，苫也。”邵瑛《群經正字》：“今經典多作蓋。”

寙”與《說文》“寙，嬾”義合，且商鞅兩言“寙惰”，枚乘、孟康俱云“惰寙”。晉灼訓“寙”爲“惰”，皆與郭同，若“惰愉”連文，則罕見。知景純必以“寙”爲正。《說文》此字之脱當在唐季，而唐人已溷同“窳”字，故《爾雅》《釋文》作“窳”，引《說文》“污，窬也”，則合“寙”“窳”爲一。陸氏又申之云：“案：‘汙窬’猶‘汙邪’也。”考《說文·穴部》：“窊，污衺下也。”則污邪别是一字，而陸牽合之，是誤“寙”“窊”“窳”爲一矣。

《史記》《漢書》《鹽鐵論》云“呰寙”，《說文》《玉篇》《廣韻》訓“呰”爲“寙”，商鞅言“寙惰”，枚乘、郭璞、孟康云“惰寙”，晉灼訓“寙”爲“惰”，徐廣、元應以“寙”爲“惰嬾”之謂，皆正訓也。應、顏訓“寙”爲“弱”，“㼌”本訓也。《爾雅》“寙，勞也”，晉灼、裴駰云“寙，病也”，勞苦疾病者多嬾惰。此展轉相訓也。

《說文》“呰，寙也”爲本訓，應劭曰“呰，弱也”猶訓“寙”爲“弱也”，晉灼曰“呰，病也”猶訓“寙”爲“病也”。《貨殖傳》《地理志》言：“地饒食足，民無饑饉，故不肯力作，常嬾惰偷生。”而張守節言：“食螺蛤等物，故羸弱而足病。”顏師古言：“短力弱材，不能勤作。”俱相懸萬萬。此不通詁訓之失也。“窳”訓“污窬”是卑下之稱，故器之陋①劣者亦爲“窳”。裴駰訓“窳”爲“病”，義得相通，非若《爾雅》《釋文》之誤也。

丁度《集韻·上聲五九噳》：“寙，嬾也。《史記》‘呰寙偷生’，勇主切。”司馬君實《類篇》七中“寙，勇主切，嬾也。《史記》‘呰寙偷生’。”《字典》曰：“《韻會·七麌》收寙注本司馬氏《類篇》‘勇主切，嬾也’，與‘窳’音義各别，應分爲二。”此《玉篇》《廣韻》後，字、韻書之未誤者。

又案：《說文》有“忕”，後人私以“愧”字代之，不知《說文注》中尚存“忕”字，然亦誤作“忲”矣。《說文》脱“寙”字，諸書誤以“窳”字當之，不知《說文注》中尚存“寙”字，然亦誤作“窳”矣。此讀書之宜審愼也。又《一切經音義》引承慶說，知楊氏《字統》有“寙”字，亦本之

① 陃，同“陋”。《說文·𨸏部》：“陃，阸狹也。”《正字通·阜部》：“陃，毛氏曰：‘从匚、从丙，當作陃。’”《荀子·榮辱》：“陋者俄且僩也，愚者俄且知也。”張衡《東京賦》：“觀者狹而謂之陋，帝已譏其泰而弗康。”《宋書·武帝紀中》：“爰暨木居海處之酋，被髮雕題之長，莫不忘其陋險，九譯來庭，此蓋諸徽策，靡究其詳者也。”

《說文》。

有朋自遠方來

《論語·學而》："有①朋自遠方來。"《集解》："包咸曰：'同門曰朋。'"《釋文》："有朋，'有'或作'友'，非。"案：《白虎通·辟雍》篇云："師弟子之道有三。《論語》曰'朋友自遠方來'，新舊本同。朋友之道也。"又《易·蹇》正義、《周禮·司諫》疏並引鄭康成此注云："同門曰朋，同志曰友。"考班孟堅引用多爲魯《論》，包、鄭所注亦是魯《論》，然則魯《論》舊本作"朋友自遠方來"。陸氏所見本"有"作"友"，正與班、鄭等合，特"友"字當在"朋"下。何晏作"有朋"，未知何據，所采苞注，亦刪節②不完，其原本當亦有"同志曰友"一句，因經作"有"，故節之。

疏箋補序

《戴東原集·爾雅注疏箋補序》云：《爾雅》，六經之通釋也。援《爾雅》附經而經明，證《爾雅》以經而《爾雅》明。至若言近而異趣，往往讀應《爾雅》而莫之或知。如《周南》"不可休思"，《釋言》"庥，廕也"，即③其義。《豳詩》"蠶月條桑"，《釋木》"桑柳醜條"，即其義。《小雅》"悠悠我里"，《釋詁》"悝，憂也"，即其義。說《詩》者不取《爾雅》也。外此轉寫譌④舛，漢人傳注，足爲據證。如《釋言》"鬩，恨也"，郭氏云："相怨恨。"毛公傳《小雅》"兄弟鬩于牆"："鬩，很也。"鄭康成注《曲禮》"很毋求勝"："很，鬩也。"二字轉注，義出《爾雅》。

① 有，阮校："案《白虎通·辟雍》篇引'朋友自遠方來'，又鄭氏康成注此云'同門曰朋，同志曰友'，是舊本皆作'友'字。"

② 刪節，底本作"𠜂節"，《清經解》本同。按："𠜂"爲"刪"之刻寫俗字。"節"既爲刻寫俗字，亦爲日本用漢字。下徑改爲通行正字，不復出校。

③ 即，底本作"卽"，《清經解》本同。按：刻本中"即"字及其作爲構字部件參與構字時常寫作"卽"，如"節"作"節"等。下徑改爲通行正字，不復出校。

④ 譌，底本作"譌"，爲"譌"之刻寫俗字。下徑改爲正字，不復出校。

庸案：《漢廣》箋云："木以高其枝葉之故，故人不得就而止息也。"正義曰："木可就蔭[①]。"《爾雅》疏引《舍人注》曰："庥，依止也。"然則說《詩》者本與《爾雅》義同。《玉篇·手部》云："挑，他堯切，撥也。《詩》曰'蠶月挑桑'，枝落之采其葉。本亦作'條'。"《初學記·歲時部》"條桑採艾"儷句引毛《詩》及鄭元[②]曰"條桑，支落其葉"。然則此"條"字義與"挑"相近，謂挑撥其桑之枝條高遠揚起者而支解落之[③]。如以《釋木》文解之，非辭矣。王引之案：《玉篇》引《詩》"枝落之"方是"挑桑"之解"撥"也，二字似非釋《詩》之辭。落枝采葉亦非撥也。《廣韻》"挑"字注亦云"挑撥"，蓋"挑"字之常訓耳。

《十月》"悠悠我里"，毛傳："悠悠，憂也。里，病也。"鄭箋："里，居也。"《雲漢》"云如何里"，鄭箋："里，憂也。"是毛、鄭之旨各有攸當，非不取《爾雅》。且《釋詁》本有"痙，病也"，是毛氏正用《爾雅》。作"里"者，假借字耳，俗本毛傳誤同鄭箋作"居"也。引之案："悠悠我里"，訓"里"爲"憂"，是也。毛傳"里，病也"，雖取[④]《爾雅》，然下文亦孔之"痗痗，病也"，則上句不當復訓爲[⑤]"病"，鄭箋改訓"居"[⑥]，正爲此耳。[⑦] 戴氏據之遂謂說《詩》者不取《爾雅》。《釋詁》"悝，憂也"，郭注引《詩》"悠悠我悝"，戴氏取之以難毛、鄭。[⑧] 惟言"恨"爲"很"字之譌，此說近是。

案《春秋左［傳］·昭二十四年》正義曰："《釋言》云'鬩，很也'，孫炎云'相很戾也'，李巡本作'恨'。"又《爾雅》《釋文》云"恨也"，孫炎作"很"。然則孫叔然與鄭康成同，郭景純與李黃門同，作"恨"亦有所本，特當從鄭、孫本，與毛傳合。

---

① 蔭，底本作"廕"，爲"蔭"之刻寫俗字。下徑改爲正字，不復出校。

② 鄭元，即鄭玄。因避清帝玄燁名諱而改字。下同，不復出校。

③ 之，校抄本其後有"耳"字。

④ 取，校抄本作"應"。

⑤ 爲，校抄本脱。

⑥ 鄭箋改訓"居"，校抄本作"鄭改爲'居'"。

⑦ 此段注文，校抄本置於正文"非辭矣"後，且脱"王引之案"四字。據文意，底本爲當。

⑧ 自"《釋詁》'悝，憂也'"至"以難毛、鄭"，校抄本視爲注文，且句首有一"按"字。

庾改爲藪

《戴東原集·書小爾雅後》云:《廣雅·釋器》:“鍾十曰斞,庾十曰秉,秉十曰筥[1]。”“斞”“庾”二文錯見,並當爲“藪[2]”,而改“區十曰藪”,斯協於《聘禮記》“十斗曰斛[3],十六斗曰藪,十藪曰秉”矣。

庸[4]案:《聘禮》記:“十六斗曰藪,十藪曰秉。”鄭注:“秉,十六斛。”今文“藪”爲“逾”,然則“逾”亦十六斗也。《左氏·昭二十六年傳》:“粟五千庾。”杜注:“庾,十六斗。”《論語》:“與之庾。”何晏《集解》:“庾,十六斗。”蓋“庾”“逾”聲近,假借字。《廣雅》之“庾十曰秉”,即《聘禮》記之“十藪曰秉”。張揖與包咸、何晏皆據今文《儀禮》十七篇,故不作“藪”字,不必定據古文改之。

說文儀禮用今文

余弟和貴禮堂云:《儀禮》一經參用古今文而定之者,惟北海鄭公。若漢儒引用及蔡中郎書石,皆今文十七篇。許叔重《說文序》自言偁[5]經皆古文,而於《儀禮》,則今文爲多。

① 筥,底本作“筥”。按:刻本中“吕”字及其作爲構字部件參與構字時常作“呂”。下同,不復出校。

② 藪,楊應芹編《東原文集》作“籔”。下同。按:“籔”同“藪”。古量名。《集韻·噳韻》:“籔,《聘禮》:‘十六斗曰籔。’或从艸。”

③ 斛,底本作“斛”。按:刻本中“角”字及其作爲構字部件參與構字時常作“角”,“角”亦爲日本用漢字。下徑改爲通用正字,不一一出校。

④ 庸,《清經解》本同,校抄本作“鏞堂”。按:鏞堂,乃臧庸之本名,後易名庸。據吉川幸次郎《臧在東先生年譜》考證,臧庸易名應在嘉慶九年。底本與《清經解》本作“庸”,校抄本作“鏞堂”,或可説明該書抄本之流布在刊刻之前。

⑤ 偁,同“稱”。甲骨文、金文“偁”字像人以手舉魚之形,《説文·人部》:“偁,揚也。”段玉裁注:“凡古偁舉、偁謂字皆如此作。”王筠《句讀》:“今皆借稱爲之。”《廣雅·釋詁四》:“偁,譽也。”王念孫《疏證》:“偁,通作稱。”下徑依底本録定,不復出校。

如《士冠禮》："設扃[①]鼏[②]。"注："今文'扃'爲'鉉[③]'，古文'鼏'爲'密'。"而《說文》作"鉉"不作"扃"，作"鼏"不作"密"，故《金部》云："鉉，舉鼑[④]具[⑤]也。《易》謂之'鉉'，《禮》謂之'鼏'。"《鼑部》云："鼏，以木横貫鼑耳而舉之。从鼑，冂聲。《周禮》：'廟門容大鼏七箇。'《易》：'玉鉉大吉'也。"

《既[⑥]夕禮》："乃窆。"注："窆，下棺也。今文'窆'爲'封'。"而《說文》引《禮》作"封"，故《土部》云："堋，喪葬下土也。从土，朋聲。《春秋傳》曰：'朝而堋。'《禮》謂之'封'，《周官》謂之'窆'。"《地官·鄉師之職》。

《公食大夫禮》記："鉶芼，牛藿，羊苦，豕薇。"注："今文'苦'爲'苄'。"又見《士虞禮記》注及《特牲饋食禮》注。而《說文》引《禮》作"苄"，"苦"字義别。故《艸部》云："苄，地黄也。从艸，下聲。《禮》曰：'鉶毛，牛藿，羊苄，豕薇。'是。"

《士喪禮》："爲銘，各以其物。"又"書銘于末。"注："今文'銘'皆作'名'。"《既夕禮》注同。而《说文》止用今文"名"，《金部》并不收

① 扃，底本作"扄"。按："户"字及其作爲構字部件參與構字時常作"戸"，"扄"亦爲日本用漢字。下徑改爲通用正字，不一一出校。

② 鼏，底本、《清經解》本、校抄本皆作"鼏"。按："鼎"字及其作爲漢字構件常寫作"鼑"。"鼏"乃"鼏"之俗字。下徑改爲通行正字，不復出校。鼏，鼎盖。《玉篇·鼎部》："鼏，鼎蓋。"《儀禮·士冠禮》："若殺，則特豚載合升，離肺實于鼎，設扃鼏。"贾公彦疏："云設扃鼏者，以茅覆鼎，長則束其本，短則編其中。"《儀禮·士喪禮》："右人左執匕，抽扃予左手兼執之，取鼏委于鼎北，加扃不坐。"清鳳應韶《讀書瑣記》："《聘禮》：飪鼎九，皆有鼏；陪鼎三，皆有蓋。鼏亦可通言蓋，是十二鼎皆有蓋也。"段注《說文》："鼏，鼎覆也。从鼎、冖，冖亦聲。"注："此九字各本無……今補正。鼏見《禮經》，所以覆鼎，用茅爲之。今本作鼏，正字也。《禮》古文作密，叚借字也。从鼎、冖者，冖，覆也。冖亦聲者，據冥字之解知之。古者覆巾謂之幎；鼎蓋謂之鼏。"

③ 鉉，"鉉"之缺筆字。按：因避清帝玄燁名諱，清人著述中或將"玄"字及其作爲構字部件參與構成的字缺筆，或改作"元"字。下徑依底本寫出，不復出校。

④ 鼑，"鼎"之俗字。《字彙·鼎部》："鼑，俗鼎字。"《墨子·魯問》："攻其鄰國，殺其民人，取其牛馬粟米貨財則書之竹帛，鏤之于金石，以爲銘于鍾鼑，于傳遺後世子孫。"唐韋應物《賦得鼑門送盧耿赴任》："名因定鼑地，門對鑿龍山。"宋文天祥《紀事》："吾南朝狀元宰相，但欠一死報國，刀鋸鼑鑊，非所懼也。"

⑤ 具，今本《說文》無此字。

⑥ 既，底本作"旣"，《清經解》本同。按：刻本中，"既"常作"旣"，或作"既"，皆爲"既"之刻寫俗字，"旣"亦爲日本用漢字。下徑改爲通用正字，不一一出校。

古文“銘”，是可得其所從之例矣。引之案：“古文‘止’爲‘趾’，見《士昏禮》。《説文》無‘趾’，亦一證。”①《蚰部》尚有“蠠”字，从鼏聲。《説文》用《儀禮》今文，此説甚確。

少詹錢曉徵云：許叔重自言，具偁《易》孟氏、《書》孔氏、《詩》毛氏、《禮》《周官》《春秋》左氏、《論語》《孝經》，皆古文也。試較之今本，多殊。《易》孟氏、《書》孔氏不傳，而毛《詩》故無恙，乃亦與許所引不同。蓋經典，凡自名家，其本皆不能無異。今所傳毛《詩》出於鄭箋，許在鄭前，其所據本不與鄭同，故所引亦異。且有同一許引而彼此各殊者，猶《周官》一經，有故《書》，有鄭大夫本，有鄭司農本，有杜子春本，康成之前已四本不同。《周官》既如此，則孟氏《易》、孔氏《書》、毛氏《詩》舉可知矣。段氏玉裁《尚書撰異》以《毛部》“毪”下引《虞書》“鳥獸毪髦②”爲古文，《毳部》“㲨”下引《虞書》“鳥獸㲨毛”爲今文，亦無所據。蓋許氏凡偁《易》曰、《書》曰、《詩》曰者，皆孟氏、孔氏、毛氏也，不偁《易》曰、《書》曰、《詩》曰而直載《易》《書》《詩》之文者，則施氏梁𠀉③，《書》則歐陽、夏侯，《詩》則齊、魯、韓也。如《土部》云：“堣夷，在冀州暘谷。立春之日，值之而出。从土，禺聲。《尚書》曰：‘宅堣夷。’”此孔氏也。《山部》云：“嵎，嵎山，在遼西。从山，昜聲。一曰嵎銕④嵎谷也。”此歐陽、夏侯也。江氏聲《尚書集注音疏》往往以今本爲僞孔所改，段氏則以今書皆出西漢孔子國所讀之本，恐未免過不及之失。

少詹又云：段氏《尚書》以《史記》《漢書》所用皆爲今文，然班孟堅言太史公從安國問，故《史記》載《堯典》《禹貢》《洪範》《金縢》等篇多古文説。古人從無欺人，既云“多古文説”，則不全爲今文矣。古

① 底本、《清經解》本止此。下文據校抄本補。

② 髦，校抄本原作“髲”，爲抄本常見構件移位造成的俗字。下徑改爲正字，不復出校。

③ 𠀉，“丘”之避諱缺筆字。下同，不復出校。

④ 銕，今本《説文》作“鐵”。按：銕，同“鐵”。《説文·金部》：“鐵，黑金也。銕，古文鐵。”《集韻·齊韻》：“銕，鐵謂之銕，古以爲鐵字。”唐李白《武昌宰韓君去思頌碑》：“其初銅銕曾青，未擇地而出。”明劉侗、于奕正《帝京景物略·西山上·罕山》：“長陵靖難，把百斤銕鎗，好先登陷陣。”嵎銕，也作“禺銕”“嵎夷”。古地名。《集韻·脂韻》：“銕，嵎銕，東表之地。通作夷。”《書·堯典》“宅嵎夷”陸德明《釋文》：“《尚書·考靈耀》及《史記》作‘禺銕’。”《史記·夏本紀》“堣夷既略”司馬貞《索隱》：“今文《尚書》及《帝命驗》並作‘禺銕’，在遼西。銕，古夷字也。”

文雖不列學官，並未有禁人學習之詔，好古者往往傳之。即以《春秋》而論，《左氏［春秋］》爲古文，《公［羊春秋］》《穀［梁春秋］》爲今文。《左氏［春秋］》初未立學，與古文《尚書》正同，然考兩漢人所引三《傳》，《左氏［傳］》爲多。《春秋》既如此，《尚書》可知矣。安得以不列學官，遂疑絕無引用者乎？

何氏公羊注引瓜祭

古《論》："雖蔬[①]食、菜羹、瓜[②]，句。祭，必齊如也。"魯《論》："雖蔬食菜羹，句。必祭，句。必齊如也。"《公羊·襄二十九年傳》："飲食必祝。"注："祝，因祭祝也。《論語》曰'雖疏食、菜羹、瓜，祭'是也。"案：何邵公止通今學，不當引古《論》，即兼通古學，義當全引，必不從"瓜祭"而止，此蓋用魯《論》"必祭"之文以證傳中"必祝"，疏家不能詳其所出，後人誤據今本《論語》改之。

古文尋[③]字

《儀禮·有司徹》："乃燅尸俎。"注："燅，温也。古文'燅'皆作'尋'。《記》或作'燖'。《春秋傳》曰：'若可尋監本、鍾本皆作"燖"，今據賈疏改正。也，亦可寒也。'"賈疏曰："《論語》及《左傳》與此古文皆作'尋'，《論語》不破，至此疊古文不從者，彼'尋'，《論語》古文通用，[④]至此見有人[⑤]作'燅'有火義，故從今文也。引《春秋傳》者，哀十二年[⑥]《左傳》：'今吾子曰必尋盟。若可尋也，亦可寒也。'服注云：

---

① 蔬，皇本同，北監本、毛本作"疏"，《論語》正義同。

② 瓜，皇本作"苽"。《釋文》云："魯讀'瓜'爲'必'，今從古。"

③ 尋，底本作"尋"，《清經解》本同。按：刻本中，漢字構件"彐"常作"彐"，如"雪"作"雪"、"燖"作"燖"、"寢"作"寢"、"埽"作"埽"等。下徑改爲正字，不一一出校。

④ "彼'尋'，《論語》古文通用"，此句阮刻《儀禮注疏》曰"彼不破者，或古文通用"，魏了翁《儀禮要義》同。毛本作"彼'尋'者，《論語》古文通用"。

⑤ 有人，毛本同。魏了翁《儀禮要義》作"有今"，《十三經注疏》整理本同。阮刻《儀禮注疏》作"今文"。

⑥ 哀十二年，毛本同，朱熹《儀禮經傳通解》、魏了翁《儀禮要義》作"哀公十二年"。

‘尋之言重也，温也；寒，歇也。’亦可寒而歇之。鄭引之者，證‘燅尸俎’是重、温之義。”

案：《論語》經無“尋”字。賈言《論語》作“尋”，鄭不破作“燅”者，必是鄭注《論語》“温故而知新”訓“温”爲“尋”也。《禮記·中庸》：“温故而知新。”注：“温讀如燖温之温，謂故學之孰[①]矣，後時習之，謂之温。”正義亦引哀十二年《左傳》以證，又引賈逵注云：“尋，温也。”考《說文·寸部》：“尋，繹理也。从工，从口，从又，从寸。”《炎部》：“燅，於湯中爚肉。从炎，从熱省。”則燅温之義，正作“燅”，其作“尋”者，爲繹理字。但古文多假借，故雖是“燅温”之“燅”，亦通用“尋繹”之“尋”。《禮》古經、《左氏［春秋］》皆古文也，故“燅”俱作“尋”。賈景伯多識古文，故注《内傳》訓爲“温”，服氏《解誼》亦承用之。鄭公校定《儀禮》，欲學者易曉，見有“尋”“燅”二本，因從今文，使無作“燅”之本，鄭必仍從古文矣。何晏《論語集解》云：“温，尋也。尋繹故者，又知新者。”皇侃疏經云：“温，温燖也。所學已得者，則温燖之，不使忘失。”又疏注云：“温是尋繹之義，亦是燖煖[②]之義也。”

案：何解“温，尋也”句，此襲用鄭注。賈公彦所云“《論語》作尋”，是也。“温”“尋”，展轉相訓。此注與賈、服《左傳》及《儀禮》注並同。何蓋未解此義，故先用“温燅”之訓，繼以“尋繹”之言，離其本根，曾未自知，不免續貂之誚[③]。梁之皇氏夙疏《禮記》，蓋是鑽研鄭學者，故解經“温”字無誤，至疏注，欲曲通何說，反失之矣。朱子《集注》云“温，尋繹也”，蓋本邢疏。抑知“温”爲一義，“尋繹”又爲一義，斷難强合乎？吾因何平叔、朱元晦不知古文“尋”而誤解，因識鄭康成校定《儀禮》必從今文之苦心矣。

---

① 孰，底本作“孰”。按：刻本中，漢字構件“丸”常作“丸”，如“熱”作“熱”，“勢”作“勢”等。下徑改爲正字，不一一出校。

② 煖，底本作“煖”。按：“煖”爲“煖”之俗字，亦爲日本用漢字。下徑寫作“煖”。“煖”，同“暖”。《說文·火部》：“煖，溫也。”朱駿聲《說文通訓定聲》：“煖，字亦作暖。”《孟子·盡心上》：“五十非帛不煖。”李白《永王東巡歌十一首》之四：“春風試煖昭陽殿。”

③ 誚，底本作“誚”，爲“誚”之俗字，亦爲日本用漢字。下徑改作正字，不復出校。

髡者使守積[①]

《禮記·王制》："公家不畜刑人。"注："髡者使守積。"《釋文》："髡，五忽反。本又作完，音同。徐户官反。"正義引康成《周禮》注云："王之同族不宫者，髡頭而已。"

案：《周禮·掌戮》："髡者使守積。"鄭司農云："髡當爲完，謂但居作三年不虧體者也。"又《漢書·刑法志》："完者使居積。"師古曰："完謂不虧其體，但居作也。"考《説文》："元，从一，兀聲。""髡，从髟，兀聲。""髨，髡或从元。"是"完""髡"聲相近。班孟堅義與鄭司農同，徐仙民音"户官反"，則徐本《禮記》注亦作"完"。陸氏云"本又作'完'"，是也。則鄭注《禮記》與注《周禮》不同，與先鄭及班《志》同。《釋文》作"髡"，音"五忽反"，正義引後鄭《周禮》注爲證，皆相左也。

反予來赫

《詩·桑柔》："既之陰[②]女，反予來赫[③]。"傳："赫，炙也[④]。"箋

① 校抄本此篇天頭尚有如下一段文字：壽祺按：《説文·田部》："甿，一曰陌也。趙魏謂陌爲甿。"《淮南》曰：亢澤乃元澤之譌，高注：亢讀常山人口伯爲亢之亢也。與《説文》所載同。近莊氏刻《淮南》，亢字皆譌爲亢，又泛而之謬説，誤甚矣。此條當改。

② 陰，底本作"陰"，爲"陰"之刻寫俗字。下徑改作正字，不復出校。

③ 赫，唐石經、小字本、相臺本同。阮校："案《釋文》云'赫，本亦作嚇'。考此傳當作'赫'，加'口'傍者依注意以改字耳。"

④ 赫，炙也。按：小字本、相臺本同。阮校："案《釋文》'赫'下云'毛許白反，炙也'。正義云：'故轉爲嚇'，又云'定本、《集注》毛傳云赫，炙也'，又云'俗本誤也'，是其本與俗本同作'赫，赫也'。標起止云'傳赫炙'，乃後改。今考此傳當作'赫，赫也'。毛意謂此赫盛字，即拒赫字也。"又："按此即《北風》'虛，虛也'，《葛屨》'要，要也'之例。"

云：“之，往也。口距[1]人謂之赫[2]。我恐女見弋獲[3]，既往覆陰女，謂啟[4]告之以患難也，女反赫我，出言悖怒，不受忠告。”《釋文》：“赫，毛許白反，炙也。宋板《詩》疏、岳本俱誤作“光”也。與‘王赫斯怒’同義，本亦作嚇。鄭許嫁反，口距人也。《莊子》云‘以梁國嚇我’是也。”正義釋經云：“汝何爲反於我來嚇，監作“赫”。然而拒我也?”又傳“赫，炙”，當作“赫，嚇”。正義曰：“來赫者，言其拒已之意，故轉爲嚇，與‘王赫斯怒’義同，是張口瞋[5]怒之貌，故箋以爲‘口拒人謂之嚇’。定本、《集注》、毛傳云：‘赫，炙也。’王肅云：‘我陰知汝行矣，乃反來嚇炙我，欲有以退止我言者也。’傳意或然。俗本誤也。”

釋元應《一切經音義》一：“恐嚇，呼嫁反。《詩》云：‘反予來嚇。’箋曰：‘距人曰嚇。’亦言‘恐赫’，或言‘恐喝’，皆一義也。”又八：“怖嚇，呼駕反。《詩》：‘反予來嚇。’箋云：‘距人謂之嚇。’《方言》作‘恐𢜔[6]’。”又十九：“嚇呼，呼駕反。《詩》云：‘反予來嚇。’箋云：‘拒人謂之嚇。’嚇，亦大怒也。”《莊子·秋水》：“鴟得腐鼠，鵷雛過之，仰而視之曰：‘嚇’。”《釋文》：“嚇，許嫁反，又許伯反。”司馬云：“嚇，怒其聲，恐其奪己也。”《詩》箋云：“以口拒人曰嚇。”《楊子太元[7]爭[8]次》二：“嚇河臛。”司馬光《集注》：“嚇，呼駕切。口拒人謂之嚇。《詩》云：‘反予來嚇。’”

---

① 距，通“拒”，拒絶，抗拒。宋婁機《班馬字類·語韻》：“距，與拒通。”下同，不復出校。

② 口距人謂之赫，小字本、相臺本同。阮校：“案《釋文》‘赫’下云‘鄭許嫁反。口距人也，《莊子》云以梁國嚇我，是也。’正義云‘故箋以爲口拒人謂之嚇’，是其本作‘嚇’。考此是申傳‘赫也’之意，非箋經中‘赫’字也。正義本經作‘赫’，傳作‘赫，嚇也’，箋作‘謂之嚇’，可以知其讀矣，但其字當本皆作‘赫’。”

③ 弋獲，射而得禽。《詩·大雅·桑柔》：“如彼飛蟲，時亦弋獲。”鄭玄箋：“猶鳥自行自恣，東西南北，時亦爲弋者所得。”亦泛指擒獲。

④ 啟，底本作“啓”，爲“啟”之刻寫俗字。下徑改作正字，不復出校。

⑤ 瞋，底本作“瞋”。按：刻本中，漢字“真”及其作爲構字部件常作“眞”，如“慎”作“愼”，“瞋”作“瞋”，“寘”作“寘”等。“瞋”亦爲日本用漢字。下徑改作正字，不復出校。

⑥ 𢜔，同“愫”。心不安。《玉篇·心部》：“愫，心不安。𢜔，同愫。”《集韻·錫韻》：“愫，心不自安謂之愫。”又《廣韻·錫韻》：“𢜔，惶恐。”

⑦ 元，本作“玄”，因避清帝名諱而改字。下同，不復出校。

⑧ 爭，底本作“争”，爲“爭”之刻寫俗字，亦爲日本用漢字。下徑改作正字，不復出校。

案：正義知孔氏從俗本經作“反予來赫”，傳“赫，嚇也”，以“赫”爲“嚇”之假借。箋云：“口距人謂之嚇。”此申傳，正所以釋經也。王肅欲改鄭義，見三家經有作“嚇”者，因據以改毛，遂易傳文“赫，嚇也”爲“嚇，炙也”，而以己“乃反來嚇炙我”之說申之。夫輕改經傳以難先儒，肅罪固不容誅，而訓“嚇”爲“炙”，理亦難通。乃崔靈恩《集注》誤從肅改之傳，後陸德明《釋文》、顏師古、定本俱襲其謬，幸孔氏正義以通行俗本爲據，學識出崔、陸等上矣。其言“傳意或然”云云，葢難遽斥定本爲非耳。

或曰：“子以肅改毛傳作‘炙’也，質之正義，信矣。而并以肅改經‘赫’爲‘嚇’，則何據？”曰：“正義引肅云‘乃反來嚇炙我’，此即肅改傳文作‘嚇炙’之證。傳舉經既作‘赫’，則經之作‘赫’，尚何疑乎？”曰：“子以爲三家《詩》有作‘嚇’者，則何據？”曰：“余高祖玉林先生撰[1]《經義雜記》有云：毛《詩》爲古文，三家爲今文。古文多假借，今文多正字。如毛《詩》“俔[2]天之妹”，傳“俔，磬也”，而韓《詩》便作“磬天之妹”，故知毛《詩》“反予來赫”，傳“赫，嚇也”，三家必有作“反予來嚇”者。肅改毛《詩》非無所本。當時三家並存，故肅據之，而人亦不疑。曰：“既本三家，作‘嚇’亦得，何深非之？”曰：“此追論肅改經時有此三家之本耳。若後三家既亾，唯存毛氏。如陸德明、釋元應所用既是毛《詩》，安得又作‘嚇’字？故以爲非。凡考訂經學，必遡[3]其師承，而察其源流，方不誤也。”

又案：《釋文》云：“赫，本亦作嚇。”此據箋以改經也。岳珂等本箋作“赫”，此據經以改箋也。“赫”字，毛、鄭讀同，《釋文》“毛許白反”“鄭許嫁反”，亦屬强爲分别。“既之陰女”，當從鄭音“蔭”，王肅以“陰女”爲“陰知汝行”，曲說難通。

---

① 撰，同“撰”。《正字通・手部》：“撰，撰本字。”下同，不復出校。

② 俔，《説文・人部》：“俔，譬諭也。一曰閒見。从人，从見。《詩》曰：‘俔天之妹。’”朱駿聲《通訓定聲》：“俔，閒見也。从人，从見，會意。見亦聲。”

③ 遡，同“溯（泝）”。逆流而上，追溯。《説文・水部》：“遡，溯（泝）或从朔。”《玉篇・辵部》：“遡，逆流而上。與泝同。”

盲[①]眡

《天官·内饔》："豕盲眡而交睫。"杜子春云："'盲眡'當爲'望視'"。

案：《月令》"盲風"，"涼風"之譌也；《内饔》"盲眡"，"望眡"之譌也。"涼""望"並與"盲"聲相近，故俱誤作"盲"。以《呂氏春秋》載《月令》作"涼風"，而知《戴記》"盲"字之誤；以《禮記·内則》作"望視"，而知《周禮》"盲"字之誤。康成注《月令》"如字"讀，以"盲風"爲"疾風"，蔡伯喈《章句》云"秦人謂蓼花風爲盲風"，俱非也。

五品不遜

《尚書·堯典》："百姓不親，五品不遜。"《五帝本紀》："百姓不親，五品不馴。"《殷本紀》作："百姓不親，五品不訓。"[②]《周禮·地官·司徒》注："教所以親百姓，訓五品。有虞氏五，而周十有二焉。"

案：《五帝本紀》載《尚書》"克明俊德"作"能明馴德"。徐廣曰："'馴'，古'訓'字。"《索隱》曰："訓，順也。"然則《周禮》注"訓五品"，即《史記》"五品不馴"。蓋古文《尚書》作："契，百姓不親，五品不遜。"今文《尚書》作："契，百姓不親，五品不馴。"兩句八字之中，但一字異耳，其餘古、今文並同。可據《史記》《周禮》注知之，"克明俊德"作"能明馴德"，"克""能"爲詁訓，而"俊""馴"爲古今之異。古文《尚書》作"克明俊德"，今文《尚書》作"克明馴德"，一句四字，亦止一字之異。蓋"俊""遜"與"訓"皆聲相近。《地官·

---

① 盲，底本作"盲"，爲"盲"之俗字。按：刻本中"亡"字及其作爲構字部件參與構字時常作"亾"，如"妄"作"妄"，"忘"作"忘"等。下徑改爲正字，不復出校。

② 《殷本紀》此句，校抄本爲大字正文，且"訓"作"馴"。按：馴，通"訓"。《字彙·馬部》："馴，古作訓字。"《晏子春秋·外篇不合經術者一》："不可以道衆而馴百姓。"文廷式注："馴，通作訓。"《史記·孝文本紀》："列侯亦無由教馴其民。"張守節《正義》："馴，古訓字。"《墨子·天志中》："又以先王之書，馴天明不解之道也知之。"畢沅注："馴與訓同，言訓釋天之明道。"

司徒》“土馴”，鄭司農讀“馴”爲“訓”。《易·坤》：“馴致其道。”《釋文》：“馴，徐音訓。”此依鄭義，與《史記》正合。余謂今文《尚書》亦用古字，於斯可見。《周官》，《壁中書》古文也。

《拜經日記》卷[①]第一經六千二百六十七字，注二百九十九字。

① 卷，底本作“巻”，爲“卷”之刻寫俗字。下徑改作正字，不復出校。

拜經日記第二

武進臧氏學

左傳通考校補[①]

孝廉梁處素履繩，著《左傳通考》，訂異同極細致，余爲之校補一過，自記要語。癸丑，孝廉以中年病終，不勝存没之感，[②] 因録其原文及余補正語。惜未能與孝廉面訂是非也。

《桓元年》："鄭伯以璧假許田。"《史記·十二諸侯年表》："以璧加魯，易許田。"《魯世家集解》引麋信曰："鄭以祊[③]不足當許田，故復加璧。"案："假""加"聲相近，故經傳互[④]見。魯《論》"加我數年"，《史記·孔子世家》作"假我數年"，今三《傳》本並[⑤]作"假"字。據裴駰《集解》，知麋氏所注《穀[⑥]梁》作"以璧加許田"，與《年表》正合，今《穀梁》作"假"，是後人依《左傳》所改。相謹案：《史記·年表》"以璧加許田"，此从《公》《穀》今文也。《孔子世家》作"假"，魯《論》作"加"，史公从孔子國問古，故《世家》作"假"，古文也；魯《論》作"加"，今文也。[⑦]

---

① 各本此篇無篇名，筆者據文前小序擬補。

② 《清經解》本無"余爲之"及"自記要語。癸丑，孝廉以中年病終，不勝存没之感"數語。

③ 祊，古邑名。在今山東省費縣西南。按：古代周天子祭祀泰山時因湯沐之需而圈定的地域稱爲"祊田"。後作爲封邑賜給鄭國，習稱"祊"或"祊田"。周衰，邑地漸廢，鄭遂以"祊田"與魯之"許田"交換，而廢泰山之祀。《左传·隐公八年》："鄭伯使宛來歸祊。"《公羊传》《穀梁传》"祊"均作"邴"。

④ 互，底本作"𠀋"，爲"互"之刻寫俗字。下徑改作正字，不復出校。

⑤ 並，底本作"竝"，爲刻本俗字。下徑改作正字，不復出校。

⑥ 穀，底本作"穀"，爲"穀"之刻寫俗字。下徑改作正字，不復出校。

⑦ 此段小字注文，校抄本無。

《桓八年》："將失楚師。"《釋文》："一本無'師'字。"案：舊本當作"將[①]失楚"，無"師"字。蓋因下文"望[②]楚師"而衍。

《桓十三年》"荒[③]谷"，《釋文》：荒谷，"本或作巟，音同。"案：《說文》"巟"下引《易》："包巟，用馮河。"《易·泰卦》《釋文》："荒，本亦作巟。"《詩·閟宮》《釋文》："遂荒，韓《詩》作'巟'[④]。"今本引韓《詩》亦作"荒"，不可通。浦氏鏜云："當作'巟'。"是也。

《桓十七年》："日官居卿以厎[⑤]日。"《漢書·律厤[⑥]志》："日官居卿以底日。"案：注訓"厎"爲"平"，則杜本作"厎"，不誤。然《爾雅·釋言》："底，致也。""致日"義較長。漢儒所傳《左氏［春秋］》當本是"底"字。[⑦]

《莊四年》："以與紀季[⑧]。"足利本及宋板"以"下有"國"字。案："國"字當有。

《莊二十二年》："姜，太嶽之後也，山嶽則配天。"《周禮·夏官·馬質》疏："姜，大嶽之後也，山岳[⑨]則配天。"《呂氏春秋·長見》篇注："傳曰：'齊，大岳之肎[⑩]。'"涉《隱十一年》文。案：《說文》："岳，爲古

---

① 將，底本作"𢪸"，爲"將"之刻寫俗字。下徑改作正字，不復出校。

② 望，底本作"朢"，爲"望"之刻寫俗字。下徑改作正字，不復出校。

③ 荒，《釋文》："荒，本或作巟。"陳樹華《春秋經傳集解考正》云："案《說文》'荒'當作'巟'。"阮校："按'巟'當是古本古字，後人改之。"

④ 韓《詩》作"巟"。阮刻《十三經注疏》本《詩釋文》作"韓《詩》作'荒'"。阮校："荒，當爲誤字。"

⑤ 厎，石經、宋本、岳本作"底"。按：《十三經注疏》整理本引顧炎武云："五經無'底'字，皆是'厎'字，唯《左傳》襄二九年'處而不底'，昭元年'勿使有所壅閉湫底'，音丁禮反。今《說文》'底'字有下一畫，誤，字當从氏。"阮校："非也。說詳宣三年傳。"

⑥ 厤，"曆"的古字。《玉篇·日部》："曆，古本作厤。"《易·革》："君子以治厤明時。"王弼注："厤數時會，存乎變也。"孔穎達疏："天時變改，故須厤數，所以君子觀兹《革》象，脩治厤數，以明天時也。"

⑦ 校抄本此句下尚有如下小注："玉　按：'厎，致也'，作'底，致'者，譌字耳。"按：空字當爲"林"。玉林是臧庸高祖臧琳的字。此因避諱而缺字。

⑧ 季，山井鼎云："足利本及宋板後人記云：以下異本有'國'字，非。"

⑨ 岳，同"嶽"。《玉篇·山部》："岳，同嶽。"《說文·山部》："嶽，東岱、南靃、西華、北恒、中泰室，王者之所以巡狩所至。从山，獄聲。岳，古文象高形。"段玉裁注："今字作岳，古文之變。"下徑依底本録定，不復出校。

⑩ 肎，"胤"之缺筆字，因避清帝名諱所造成。下同，不復出校。

文嶽。"《詩》"崧高維嶽"，《時邁》"及河喬嶽"，《般[①]》"墮山喬嶽"，孔氏正義皆作"岳"。《崧高》《釋文》云："維嶽，字亦作岳。"毛《詩》、《左氏［春秋］》爲古文，"嶽"當皆作"岳"。

《莊二十七年》"季友"，《鹽鐵論·殊路》篇："魯莊知季有之賢。"古"友""有"通。案：《釋文》："《論語·學而》'有朋'，有或作友。《顔淵》'有相切磋'，本今作友。"

《僖四年》："爾貢包茅不入。"《文選·六代論》："苞茅不貢。"《後漢書·公孫瓚傳》注："爾貢苞茅不入，王祭不供。"《文選·籍田賦》注同。案：凡"包茅"字皆當作"苞"。《詩》："白茅包之。"《釋文》作"苞"。又《木瓜》正義、《禮記·曲禮》正義及《藝文類聚》八十二。《白氏六帖》一百。《太平御覽》九百九十六。引《詩》皆作"苞"。自《唐石經》始不用"艹"頭。

《僖十七年》："齊侯好内，多内寵[②]，内嬖如夫人者六人。"《考正》：陳樹華著。《史記》文同，特無下"内嬖"二字。《五行志上》師古注、《後漢書·皇后紀論》李賢注引《内傳》並作"多寵[③]"。案："内寵"之"内"似贅。杜氏於下文"内寵"方有注。案：《左傳》蓋作"齊侯好内，多寵，内嬖如夫人者六人"，《史記》增損原文作"齊侯好内，多内寵，如夫人者六人"，後人以《史記》挍《左傳》，遂書"内"字於"寵"旁，而寫者并兩爲一。

《僖二十四年》："所不與舅氏同心者。"《考正》："《檀弓》正義引作'所反國不與舅氏同心者'。"案：凡誓詞多云"所不"，如《襄二十五年》："盟國人於大宫曰：'所不與崔慶者。'"《論語》："夫子誓[④]之曰：予所不者。"據《史記》及鄭注《論語》。可證《檀弓》正義所引，明出後人妄加。

---

① 般，底本作"般"，爲"般"之刻寫俗字。下徑改作正字，不復出校。

② 多内寵，阮校："案《漢書·五行志》注、李善注《文選》范蔚宗《後漢書·皇后紀論》引無'内'字。陳樹華云：上有'齊侯好内'，下有'内嬖如夫人者六人'之文，則此句'内'字似贅，疑涉後'因内寵'之文而衍。且杜氏不應舍此句而注下句也。"

③ 寵，底本作"寵"，爲"寵"之刻寫俗字。下徑改作正字，不復出校。

④ 誓，《十三經注疏》本作"矢"。按：《字彙·言部》："誓，約信也。"《正字通·言部》："誓，以言語相邀約爲信用誓禮。""矢"亦有約誓義。《爾雅·釋言》："矢，誓也。"郭璞注："矢，相約誓。"《詩·鄘風·柏舟》："之死矢靡它。"毛傳："矢，誓。"

《僖二十五年》："昔趙衰以壺飧從徑[①]，餒而弗食。"《釋文》："一讀'以壺飧從'絕句，讀'徑'爲'經'，連下句，乖於杜意。"正義："劉炫[②]改'徑'爲'經'，謂經歷饑餒，下屬爲句，輒改其字，以規杜氏，非也。"案：顧氏《隸辨·徐氏紀產碑》"雖直徑管"，"徑菅[③]"即"經管"也。《史記·高祖本紀》"夜徑澤中"，《索隱》曰："徑，舊音經。"《楚詞·招魂》"經堂入奧[④]"注："經，一作徑。"葢古通用。案：當從劉光伯作"經"，下屬。杜氏訓"徑"爲"行"而屬上，非也。

《成六年》："民愁則墊隘[⑤]，於是乎有沈[⑥]溺、重膇[⑦]之疾。"注："墊隘，羸困也。""沈溺，溼疾。重膇，足腫。"案：《說文·土部》云："墊，下也。《春秋傳》曰：'墊隘。'从土，執聲。"《一切經音義》四引

---

① 壺飧從徑，按：飧，《十三經注疏》本作"飱"，閩本、監本、毛本作"餐"。阮校："案'飱'字當从夕从食。正義曰：'劉炫改徑爲經，謂經歷饑餒，下屬爲句。'案'經''徑'古多通用。如《楚詞·招魂》'經堂入奧'，注'經，一作徑'。《史記·高祖本紀》'夜徑'，《索隱》曰：'舊音經。'"

② 炫，"炫"之缺筆字，因避清帝名諱所造成。下同，不復出校。

③ 菅，據上下文當作"管"。按：刻本中構字部件"艹"和"⺮"常混用。下依底本寫出，不一一出校。

④ 奧，"奧"之舊字形，下依底本寫出，不一一出校。

⑤ 墊隘，羸弱困苦。《左傳·成公六年》："郇、瑕氏土薄水淺，其惡易覯。易覯則民愁，民愁則墊隘，於是乎有沉溺重膇之疾。"杜預注："墊隘，羸困也。"孔穎達疏引《方言》："地之下濕狹隘，猶人之羸瘦困苦。"隘，底本作"隘"，爲"隘"之刻寫俗字。下徑改爲正字，不復出校。

⑥ 沈，甲骨文像投牛羊于水之形，表示人或物没入水中。《小爾雅·廣詁》："沈，没也。"《篇海類編·地理類·水部》："沈，投物于水中。"《詩·小雅·菁菁者莪》："汎汎楊舟，載沈載浮。"《左傳·成公十一年》："晉人歸之施氏，施氏逆諸河，沈其二子。"表示沉没義，古籍中多作"沈"，今"沉"字通行。下徑依底本録出，不復出校。

⑦ 重膇，腳腫病。重，通"腫"。《左傳·成公六年》："民愁則墊隘，於是乎有沈溺重膇之疾。"杜預注："重膇，足腫。"楊伯峻注："重，即今腫字。"唐柳宗元《茆簷下栽竹》詩："適有重膇疾，蒸鬱非所宜。"《新唐書·柳宗元傳》："居蠻夷中久，慣習炎毒，昏眊重膇，意以爲常。

《爾雅》“下溼[①]曰隰”[②] 注曰：“隰，溼墊[③]也。”然則“墊隰”[④] 乃“下溼卑狹”之意，故民有沈[⑤]溺、重腿之病。杜以爲“羸困”，非也。《襄二十五年傳》：“久將墊隘。”注：“墊隘，慮水雨。”此解近之。“愁”爲“湫隘”之意，當并言之。

《成十二年》《釋文》：“干城，户旦反。”“本亦作扞，又如字。”案：此條不當在“扞難”下、“貪冒”上。傳云“此公侯之所以扞城其民也”，故《詩》曰“赳赳武夫，公侯干城”，是。郤至解《詩》“干城”爲“扞城”，故毛公傳《詩》曰“干，扞也”，本《左傳》爲訓。杜注傳亦云“干，扞也”，此又本之毛傳。據毛傳、杜注，知《詩》皆作“干城”，斷無有作“扞城”者。《釋文》此條必是“天下有道，則公侯能爲民”，“干城”之音義，依次當在“能爲”下、“以語”上。上云“所以扞城其民”，此云“能爲民扞城”，正相應合。淺人謂“干城”字已見上，當於其第一見作音義，遂妄移於上，不知“公侯干城”如字讀，不音“户旦反”。“爲民干城”音“户旦反”，且本又作“扞”，絶不同也。

《襄九年》：“相土[⑥]因之。”鄭注《周禮·校人》引《世本》云：“相土作乘馬。”《荀子·解蔽》篇“杜作乘馬”。案：毛《詩·鴟[⑦]鴞》“徹彼桑土”，《釋文》引韓《詩》作“桑杜”。《緜》“自土沮漆”，《漢書·地理志》“杜陽”，師古曰：“齊《詩》作‘自杜’。”是三家《詩》今文

---

① 溼，同“濕”。《説文·水部》：“溼，幽溼也。从水；一，所以覆也，覆而有土，故溼也；㬎省聲。”段玉裁注：“今字作濕。”俗作“湿”。《正字通·水部》：“溼，俗作湿。”《宋元以來俗字譜》：“濕”，《古今雜劇》《三國志平話》《太平樂府》作“湿”。

② 下溼曰隰，《一切經音義》卷八“原隰”條引《爾雅》曰：“高平曰原，下溼曰隰。”《尚書大傳》曰：“隰之言溼也。”

③ 溼墊，亦作“墊溼”。低洼潮濕。唐玄奘《大唐西域記·摩揭陀國上》：“土地墊溼，邑居高原，孟夏之後，仲秋之前，平居流水，可以泛舟。”

④ 墊隰，校抄本作“墊隘”。按：據上下文，校抄本作“墊隘”者是。

⑤ 沈，底本作“沉”，爲“沈”之刻寫俗字。下徑改爲正字，不復出校。

⑥ 相土因之，王國維《今本竹書紀年疏證》：“（帝相）十五年，商侯相土作乘馬，遂遷於商丘。”《周禮·校人》注、《荀子·解蔽》篇注引《世本》：“相土作乘馬。”《左氏·襄九年傳》：“昔陶唐之火正閼伯居商丘，相土因之。”王謨輯《世本》：“相土作乘马。”宋忠注曰：“相土契孫也。四馬駕車，起於相土，故曰作。以其作乘馬之法。”相土，惠棟《春秋左傳補注》云：“波郡古文曰‘帝相十五年，商侯相士作椉馬’，鄭氏《周禮·校人》注引《世本》亦云‘相土作椉馬’，古文‘士’‘土’相亂。”

⑦ 鴟，底本作“鵄”，爲刻寫俗字。下徑改作正字，不復出校。

“杜”字，毛《詩》古文皆作“土”，《左氏》亦古文，故“杜”作“土”。

《襄二十四年》：“寡君是以請罪焉①。”注：“請得罪於陳也。”《釋文》：“是以請，請罪焉。請，並七井反。徐上請字音情。”案：今本脱一“請”字，當從徐仙民音，上“請”爲“情”，謂以情實告晉也。

《襄二十八年》：“舍不爲壇②。”正義：“服虔③本作‘墠’，解云‘除地爲墠’。王肅本作‘壇’，而解云‘除地坦坦’者，則讀爲‘墠’也。”案：三家《詩》今文作“東門之墠”，《華嚴經音義》一引韓《詩》傳。毛《詩》古文作“東門之壇”，《釋文》、正義。《左氏［春秋］》亦古文，故假“壇”爲“墠”。服子愼不改字，必同王本作“壇”，特其義爲“墠”，故云“除地爲墠”。依漢儒易字之法，當有“壇讀爲墠”四字，王肅本作“壇”而讀爲“墠”，正用服氏誼④也。杜元凱不識古文，輕好異於先儒，因改服、王之義，作“如字”讀，云“封土爲壇”，謬矣。

《襄三十一年》：“子大叔美秀而文。”惠定宇云：“《說苑·政理》篇‘子大叔善決而文’，蓋本《左傳》，‘善決’譌爲‘美秀’。”案：杜註⑤“美秀”云：“其貌美，其才秀。”陸、孔二家亦不言賈、服、王、董等有異文，是《左氏［春秋］》本作“美秀”，不得據《說苑》輕議爲譌也。傳上云“馮簡子能斷大事”，故下云“告馮簡子使斷之”，是善決之事屬馮簡子，不屬子大叔。上云“子大叔美秀而文”，故下云“事成，乃授子大叔，使行之，以應對賓客。”蓋聘問四鄰、應對賓客，必擇美秀而文者，爲國之儀表，不必用善決之才也。

《昭二年》：“宣子譽之。”正義曰：“服虔云：‘譽，游也。’夏諺曰：

---

① 寡君是以請罪焉，《釋文》作“是以請請罪焉”。阮校：“案石經‘罪焉’二字刓缺，不重‘請’字，脱文也，而各本仍其誤。

② 舍不爲壇，石經“舍”上有“草”字，乃重刊增入也。正義曰“服虔本作‘墠’。”阮校：“惠士奇云：墠、壇二字皆从土，而單、亶爲聲，似古通用。案三家《詩》今文作‘東門之墠’，毛《詩》古文作‘東門之壇’，《左氏》亦古文，當作‘壇’爲正。”

③ 虔，同“虔”。字見朝鮮本《龍龕》。下依底本録出，不復出校。

④ 誼，底本作“誼”。按：“誼”爲“誼”之刻寫俗字。刻本和抄本中，構字部件“宀”和“冖”常混用，如“寇”與“冦”，“完”與“宂”，“冥”與“冥”等。下同，不復出校。

⑤ 註，“注”之俗字。意謂用文字解釋詞句。清雷浚《說文外編》卷十二：“《說文》無‘註’字。《說文解字·序》：保氏教國子，先以六書，五曰轉注。其字作‘注’。段氏玉裁曰：俗作註。”

‘一游一譽’。”惠定宇云：“《孟子》作‘一遊一豫’，趙岐曰：‘豫，亦遊也。’‘范宣子豫焉’。《周易・序卦》‘豫必有随’，鄭注引《孟子》‘吾君不豫’，則知此《傳》‘譽’字本作‘豫’，故服、趙互引爲證。”①案：此說亦未免好異。正義引《孟子》正作“譽”，又將何解？蓋《左氏［春秋］》古文，故假“譽”爲“豫”也。

《昭四年》：“使寘饋于个②而退。”《文選・運命論》注：“使寘饋于介而退。”《御覽》五百三十三引《周書・明堂》云：“左爲左介，右爲右介。”案《尚書・秦③誓》《釋文》云：“介音界。馬本作‘介’，云：‘一介，耿介一心端慤者。’字又作‘个’，音工佐反。”又《禮記・大學》《釋文》云：“若有一个④，古賀反。一讀作‘介’，音界。”據此知《禮記》“一个臣”當從《尚書》讀作“介”，《公羊・文十二年傳》亦作“一介”。乃《尚書》“字又作‘个’，音工佐反”，此從俗本《禮記》讀，大誤。王肅注《書》亦作“介”。傳言“一介行李”，是偏⑤副之義。杜注此云：“个，東西廂。”案：東西廂乃偏室，亦當爲“介”，所謂“左介”“右介”，是也。

《昭七年》：“抑諺曰：‘蕞爾國’。”注：“蕞，小貌。”《論衡》：“抑諺曰：‘蕞爾小國’。”《文選・魏都賦》注、陸機《太子宴元圃詩》注並作“蕞爾小國”，“小”字，後人所加。案：“小”字蓋本有，杜解“蕞”爲“小貌”，於本句“小”字無害，如“夐乎遠哉，優優大哉”，古人常有此句法。

---

① 此段文字，惠棟《春秋左傳補注》云：“服虔曰‘譽，游也，宣子游其下。夏諺曰：一游一譽，爲諸侯度。’今《孟子》作‘豫’，趙岐《章句》曰：‘豫，亦遊也。《春秋傳》曰：魯季氏有嘉樹，宣子豫焉’。《周易・序卦》曰‘豫必有随’，鄭氏注引《孟子》‘吾君不豫’以爲證，則知此傳‘譽’字本作‘豫’，故服、趙互引爲證。《孫子兵法》曰：‘人效死，而上能用之，雖優游暇譽，令猶行也’，《外傳》作‘暇豫’。李善曰‘譽’與‘豫’古字通。”

② 寘饋于个，《釋文》云：“寘，本或作奠。”李善注《文選・思元賦》《運命論》引傳“个”作“介”，非。

③ 秦，底本、《清經解》本、校抄本均作“泰”，概因二字形近而誤。

④ 若有一个，阮校：“惠棟校宋本、宋監本並作‘介’，石經、岳本同，此本‘介’作‘个’，嘉靖本、閩、監、毛本同，衛氏《集説》同。《釋文》出‘若有一个’，云‘一讀作介’。《石經考文提要》云宋大字本作‘一介’。案正義説一介爲一耿介，則當以作‘介’者爲定。《釋文》作‘个’，與正義本異。”

⑤ 偏，底本作“徧”，爲刻寫俗字。下徑改作正字，不復出校。

“孟縶①之足不良弱行②。”《文選・謝宣遠張子房詩》注：“孟縶之足不良能行。”唐、宋《石經》並缺。履繩家藏宋刋③小字本作“能行”。案：“不良能行”四字爲句，猶云“不善能行”，故注云“跛也”，作“弱”必因下文而誤。下云“弱足者居”，是足可言“弱”，行不可言“弱”也。

《昭十二年》：“供養三德爲善。”正義：“董遇注本爲‘共養’，解云：‘盡共，所以養成三德也。’”④《漢書・律厤志》：“共養三德爲善。”師古曰：“‘共’讀爲‘供’。”案：古“供”字皆作“共”，“恭敬”字亦借作“共”。正義當云：“董遇注本爲‘恭’，解云：‘盡恭，所以養成三德也。’”

《昭十六年》“子齹”，《釋文》：“《說文》作‘䶩’。”案：《說文》於“䶩”⑤下引《春秋傳》。又有“𪗎”⑥，云“齒參差”。又有“齹”⑦，云“齒參差”。

《昭二十六年》：“禳⑧之何損？”案：當從《新序・雜事》第四及《論衡》作“何益”。若作“損”，於義爲曲。傳又云：“若之何禳之？”

---

① 縶，底本作“縶”，爲刻寫俗字。下徑改作正字，不復出校。

② 不良弱行，監本、毛本同，石經此處缺。正義曰：“當斷‘不良’爲句。”阮校：“按不良能行，猶言不善於能行也。正義欲於‘不良’斷句，非也。”

③ 刋，“刊”之刻寫俗字。《玉篇・刀部》：“刋，切也。”《字彙・刀部》：“刋，俗爲雕刊字，誤。”

④ 《昭十二年》：“供養三德爲善。”正義：“董遇注本爲‘共養’，解云：‘盡共，所以養成三德也。’”按：阮校：“案惠棟云：古‘供’字作‘共’，董季直本是也。訓爲‘盡共’，恐未然。”

⑤ 䶩，《說文・齒部》：“䶩，齒差跌皃。从齒，佐聲。《春秋傳》曰：‘鄭有子䶩。’”徐鉉等注：“《說文》無佐字，此字當从㐌，傳寫之誤。”承培元《說文引經證例》：“㐌，行不正也，與差跌義合。”

⑥ 𪗎，《說文・齒部》：“𪗎，齒參差。从齒，差聲。”《集韻・支韻》：“𪗎，亦書作齹。”另，本段此句以下爲據校抄本所補。

⑦ 齹，牙齒參差不齊。五代徐鍇《說文繫傳・齒部》：“齹，齒參差。”《玉篇・齒部》：“齹，齒參差也。”

⑧ 禳，祭名。除邪消災之祭祀。《說文・示部》：“禳，磔禳祀，除癘殃也。”王筠《說文句讀》：“禳，當作攘……禳自是祭名。云磔攘祀者，謂磔牲以攘之之祀名曰禳也。”《廣韻・陽韻》：“禳，除殃祭也。”《周禮・天官・女祝》：“掌以時招、梗、禬、禳之事，以除疾殃。”鄭玄注：“卻變異曰禳。禳，攘也。”《左傳・昭公二十六年》：“齊有彗星，齊侯使禳之。”杜預注：“祭以禳除之。”

“又何禳焉?”“何患於彗?”皆極言禳之無益。

《昭三十二年》“韓不信”,《史記·楚世家》作“韓不佞[①]”。案:《爾雅》:“允,佞也。”郭注云:“允,信也。佞人似信。”

《定四年》:“我必復楚國。”《淮南·脩務訓》注“我必覆楚國”,下“子能覆之”。案:申包胥曰:“子能復之,我必能興之。”則“復”字當從高誘讀作“覆亡”之義。杜注“我必復楚國”云“復,報也”,於本句尚可通,施之下句未免稍隔。蓋杜氏不知古“覆”字多作“復”也。

“未獲[②]所伏”,《新序》:“未獲所休。”案:上云“未獲所休”,下云“下臣何敢即安”,則作“休”義勝。據注云“伏猶處也”,知杜本是“伏”字。

《哀元年》“暴骨如莽”,足利本作“如草莽”。案:注云:“草之生於廣野,莽莽然,故曰草莽。”“草”字蓋因注而衍。

《哀八年》:“君子違,不適讎國。”《後漢[書]·袁紹傳》曰:“且君子違難不適讎事[③]。”注引《左傳》亦作“違難”。案:“難”字當有。

《哀十六年》:“旻天不弔。”案:《周禮》注鄭司農引作“閔天不淑”,《五經異義》:《左傳》曰“旻天不弔”,非秋也。然則漢本《左氏》皆作“旻”,《說文》及《後漢·東平憲王傳》注作“昊天”,必傳寫之譌。“旻”有“閔傷”[④]義,故公稱“旻天”,毛《詩》傳最是。

又案:《左傳》“宴享”字多作“饗”。如《僖二十五年》“王享醴”,《詩·彤弓》正義引作“王饗醴”,《二十八年傳》亦引作“饗”。《成十二年》“有享宴之禮,享以訓共儉”,《釋文》云“享宴,本亦作饗”,《詩·卷耳》正義引作“饗以訓恭儉”。又《風俗通》引“用人其誰享之”,今《僖十九年》作“用人其誰饗之”。

又毛《詩》“恭敬”字皆不作“共”,考之《左氏[春秋]》亦然,今據羣籍考之。如《莊二十四年》“儉,德之共也”,《宏[⑤]明集》引作

① 佞,底本作“侫”,爲刻寫俗字。下徑改作正字,不復出校。

② 獲,底本作“獲”。按:刻本中常見漢字構件移位造成的俗字,“獲”即“獲”之刻寫俗字。下徑改作正字,不復出校。

③ 事,各本同,中華書局本《後漢書》作“國”。

④ “旻”有“閔傷”義,《詩·王風·黍離》“悠悠蒼天”注:“仁覆閔下,則稱旻天。”《釋文》:“旻,密巾反,閔也。秋爲旻天。”

⑤ 宏,原作“弘”,因避清高宗名諱而改字。下同,不復出校。

“儉者，德之恭”。《僖十七》“衛共姬”，《釋文》云：“共姬，本亦作恭。”《僖二十七年》“杞不共也”，《释文》云：“不共，亦作恭。”《僖三十三年》“弟不共”，《後漢［書］·章帝紀》“弟不恭”下李賢注引傳，及《周禮》疏引鄭《志》[①] 皆作“弟不恭”。《文十三年》“書不共也”，《詩·魯頌谱》正義引作“書不恭也”。《文十八年》“弟共”，《詩·商頌譜》正義、《初學記》九皆引作“弟恭”。《成十二年》“享以訓共儉”，《詩·卷耳》正義引作“饗以訓恭儉”。《昭七年》“三命兹益共”，《後漢［書］·馬援傳》注引作“三命滋益恭”，《初學記》十七、《說文》“滋”字、《繫傳》同。

又凡“宴安”字，毛《詩》皆作“燕”。今考《左氏［傳］》“以覺報宴”，《詩·彤弓》正義引作“以覺報燕”。《宣十六年》“宴有折俎”，《詩·伐木》正義引作“燕以[②]折俎”。《昭元年》“禮終乃宴”，《彤弓》正義引作“禮終乃燕”。《昭十五年》“於是乎以喪賓宴”，《漢書·五行志》作“於是乎以喪賓燕”。“宴樂以早”，《五行志》作“燕樂已早”。《昭二十五年》“私降昵宴”，《說文》“暱”下引作“私降暱燕”。知漢、唐舊本“宴”皆作“燕”也。

夫之兄爲兄公

《爾雅·釋親》：“夫之兄爲兄公，注：“今俗呼兄鍾，語之轉耳。”夫之弟爲叔，夫之姊爲女公，夫之女弟爲女妹。”注：“今謂之女妹是也。”《釋文》於“少姑”下之轉上大書“兄忪[③]”二字，云“音鍾，本今作公”。《禮記·昏義》“和於室人”注：“室人，謂女妐[④]、毛作“女公”，兹從宋板。女叔、諸婦也。”疏[⑤]註“室人謂公妐、毛亦作“妐”。女叔、諸婦也”，正

① 志，《清經解》本同，校抄本作“注”。按：當作“注”。

② 以，《十三經注疏》本作“有”。

③ 兄妐，亦作“兄公”。丈夫之兄。《爾雅·釋親》：“夫之兄爲兄公。”唐陸德明《釋文》：“兄妐，今本作公。”《玉篇·女部》：“妐，夫之兄也。”

④ 妐，閩、監本、岳本、《考文》引古本、足利本同，毛本誤“姑”，衛湜《禮記集說》、嘉靖本同。

⑤ 疏，底本作“疏”，爲刻本俗字。下徑改爲正字，不再出校。

義曰："女妐①，舊"公"，今改。謂壻之姊也。女叔，謂壻之妹。"

又《釋名·釋親屬》："夫之兄曰'公②'。公，君也；君，尊稱也。俗間曰'兄章③'，又曰'兄妐④'。是⑤已所敬⑥，見之忪遽⑦，自肅齊也。俗或謂舅曰'章'，又曰'妐⑧'⑨，亦如之也。"舊"妐"作"忪"，"忪遽"作"怔忡"，今據《一切經音義》卷十三、十五引校。《玉篇·女部》："妐，夫之兄也，之容切。"《廣韻·三鍾》："妐，夫之兄也，職容切。"

案：郭注"今俗呼兄鍾"，當作"今俗呼兄妐"，與《釋名》"俗間曰兄妐"正合。《釋文》"兄妐，音鍾"，本爲郭注作音，非音經文。乃或因"音鍾"二字，妄改注中"妐"字爲"鍾"。《集韻·三鍾》"妐"通作"鍾"，是北宋时已誤。故宋以來校《釋文》者誤以"兄妐"是經文，因著語云"本今作公"，而不知其相左也。

又"夫之姊爲女公"，郭氏無說，據鄭注《禮記》有"女妐"之文，知漢時即有是稱，可以補郭注所闕。夫兄曰"兄妐"，夫姊曰"女妐"，夫父亦曰"妐"，究其原，葢俱本作"公"。《釋名》正本《爾雅》而有"公，君也；君，尊稱"之訓，可證《爾雅》經之本作"公"也。袁又

① 女妐，丈夫之姊。《禮記·昏義》"和於室人"，漢鄭玄注："室人，謂女妐、女叔諸婦也。"孔穎達疏："女妐，謂壻之姊也；女叔，謂壻之妹。"妐，閩、監本同，毛本誤"姑"，衛湜《禮記集説》同。

② 公，吴志忠本作"兄公"。吴志忠曰："各本脱'兄'字。"案：依《爾雅》當有"兄"字。

③ 兄章，許克勤校："黎刻《玉篇》引作'婦諸夫之兄曰兄章也'。勤按：'諸'字當作'謂'，'也'字臆增。"（《疏證補坿》本）任繼昉《釋名匯校》曰：羅振玉影印《玉篇·音部》第一百一殘卷"章"字作："《釋名》：'俗名舅曰章，婦謂夫之兄曰兄章也。'"

④ 妐，盧文弨校作"公"，段玉裁校作"妐"。蔡天祐刊本、疏證本、巾箱本作"伀"。疏證本云："今本'伀'作'忪'，據《一切經音義》引改正。《爾雅》曰：'夫之兄爲兄公。'郭注云：'今俗呼兄鐘，語之轉。''伀'與'鐘'同音。又：'伀'本一作'妐'，下同。"

⑤ 是，盧文弨、疏證本、黃丕烈於"是"字上增一"言"字，巾箱本"言"字在"是"字後。

⑥ 敬，疏證本於"敬"字後增一"忌"字，云："今本脱'言'字、'忌'字，據《一切經音義》引增。"

⑦ 忪遽，盧文弨、段玉裁、疏證本、吴志忠校作"怔忪"，巾箱本作"怔伀"。按：《一切經音義》引作"忪遽"，又引作"忪懼"。《方言》戴校本作"征伀"，云："征伀，皇遽也。"

⑧ 妐，盧文弨校作"公"，黃丕烈校作"伀"，巾箱本作"伀"。

⑨ 俗或謂舅曰"章"，又曰"妐"。按：疏證本校："《一切經音義》引作：'俗謂舅章爲伀。'"

愷廷樯云：“以經作‘兄公’，俗呼‘兄妐’，故曰‘語之轉’，謂‘公’一東。轉爲‘妐’三鍾。也。若經作‘兄妐’，俗呼‘兄鍾’，正是一音，安得云轉？且‘兄鍾’二字，無理之至。”《釋詁》“卬，我也”，注：“卬猶姎也，語之轉耳。”《釋文》引《説文》云：“女人稱我曰姎。”蓋漢、晉俗有是稱，郭舉時驗證之。故直云“卬猶姎也”。“卬”，語轉爲“姎”，與“公”語轉爲“妐”，正一例。

又下“夫之女弟爲女妹”，據鄭注《禮記》，知“女妹”必本作“女叔”，故注云“今謂之女妹是也”。以俗稱“女妹”證經之“女叔”，若經本作“女妹”，郭或云“今俗有是稱”而已。鄭注“女妐”“女叔”，固俱本《釋親》文也。庸案：夫之母爲姑，故其庶母爲小姑；夫之兄爲兄公，故其姊爲女公；夫之弟爲叔，故其女弟爲女叔。以經上下覈之，足證袁説爲是。

鄭注兄妐

《禮記·奔喪》：“無服而爲位者，唯嫂叔。”注：“兄公當作“妐”。於弟之妻，則不能也。”正義：“《爾雅·釋親》云：‘婦人謂兄之夫爲兄公。’郭景純云：‘今俗呼兄妐，監本作“鍾”，畫粗，是據俗本改，今訂正。語之轉耳。’今此《記》俗本皆女旁置公，轉誤也。皇氏下脱。並云：‘婦人稱夫之兄爲公者，須公平，［尊稱也］。’”案：正義知鄭注本作“兄妐”，與《昏義》注“女妐”之“妐”正同，六朝以來妄改作“公”，故皇氏《義疏》有“公平”之説。陸氏《釋文》無“妐”字之音，然孔冲遠引《爾雅》注本作“妐”，故下云“今俗本女旁置公，轉誤也”。“轉誤”二字正承郭注言之，可驗孔氏所見鄭注本尚有作“妐”者，特斥爲俗本，不用耳。

陽予也

《爾雅·釋詁》：“台、朕、賚、畀、卜、陽，予也。”注：“賚、畀、卜，皆賜與也。與猶予也，因通其名耳。”魯《詩》云：“陽如之何？”今巴濮之人自呼“阿陽”。《釋文》：“陽音賜。又如字。本或作賜。”據影宋本。宋毛居正、近姜上均皆疑“陽”字當作“賜”。學士盧召弓《釋文考證》云：“疑注本作‘賚、卜、畀、賜，與也’，故下承明云：‘與猶予也，以陽爲賜，正與音合。此古人改字法。’”袁又愷云：據郭注引魯

《詩》“陽如之何”，又時驗巴濮之人自呼“阿陽”，是經文斷作“陽”而不作“賜”。郭注：“賚、畀、卜，皆賜與也。”此專注“賚”“畀”“卜”三字，“台”“朕”解已見上，故郭氏但釋“陽”義。“與猶予也”當作“予猶與也”。經作“予我”之“予”，而有賜與義，故郭舉經以通之。云此“予”字猶“與”字也，因通其名爲賜與之“與”，所以申上“賚”“畀”“卜”之皆爲賜與也。若經作“賜”，郭何云“因通其名”，且魯《詩》云云以下皆爲贅矣。《釋文》云“音賜”，“本或作賜”，則陸氏所見本已誤作“賜”。陸不能辨正，故反從誤本爲音。邢疏云“予即與也。皆謂賜與。台者，遺與也，讀與‘貽’同。朕者，我與之也。”是未識“皆賜與也”句專爲“賚”“畀”“卜”之注，而誤解“予”字皆作“與”也。鄭漁仲注欲分“台”“朕”“陽”與“賚”“畀”“卜”爲二，是不審郭氏“予猶與也，因通其名”二語也。而《釋文考證》之混“陽”“賜”爲一，歧作兩解，亦可顯見其非矣。

歸寧父母

《詩序》：“《葛覃》，后妃之本也。后妃在父母家，則志在於女功之事，躬儉節用，服澣濯之衣，尊敬師傅，則可以歸安父母，化天下以婦道也。”金壇[①]段若膺云：經“歸寧父母”，謂文王之父母也。《序》言后妃在父母家爲女子子，若此則可以成婦禮於舅姑，而化天下以婦道，故曰“《葛覃》，后妃之本也”。“言告言歸”，傳：“婦人謂嫁曰歸。”此“歸寧父母”之“歸”，即“言告言歸”之“歸”也。“父母在，則有時歸寧耳”[②]，此九字蓋後人所加。

袁又愷云：《序》“歸安父母”，經“歸寧父母”，當從段作“謂嫁曰歸”解，而仍作“后妃之父母”。《序》曰“后妃在父母家”，又曰“則可以歸安父母”，文同則義無不同。果有異義，鄭當箋出，今鄭云“可以歸安父母，言嫁而得意，猶不忘孝”，是鄭氏之以歸爲嫁，以父母爲后妃之父母，考之《序》而可見。

又案：《召南·草蟲》：“未見君子，憂心忡忡。”箋云：“未見君子

---

① 金壇，《清經解》本同，校抄本作“巫山知縣”。下同，不復出校。

② 父母在，則有時歸寧耳。按：底本、《清經解》本、校抄本皆作“父母在，則有時而歸寧耳”，據下文“此九字”云云，不當有“而”字，茲據刪。

者，謂在塗時也。在塗而憂，憂不當君子，無以寧父母，故心衝衝然。”“亦既見止，亦既覯止，我心則降。”箋云：“始者憂於不當，今君子待己以禮，庶自此可以寧父母，故心下也。”此箋一曰“寧父母”，再曰“寧父母”，即曰《葛覃》“歸寧父母”之經。本章箋云“言常自絜清，以事君子”，謂嫁而見當於君子，則可以安父母之心矣。是鄭氏之以歸爲嫁，以父母爲后妃之父母，考之經而又可見。

《序》言“后妃在父母家，躬儉節用”，習於婦德、婦言、婦容、婦功，則出嫁而當於君子，無貽父母之羞，盡女子子之道，以供婦職，極其至而母儀天下，故曰：“可以歸安父母，化天下以婦道也。”此《葛覃》所以爲“后妃之本”。“害[1]澣害否？歸寧父母”，正女子在家時，豫自審其輕重之宜，以爲他日見當於君子之具，庶于歸之後，可以安我父母之心也，豈非“后妃之本”乎？

洒灑也

《周禮·夏官·隷[2]僕》：“掌五寢之埽除、糞洒之事。”注：“洒，灑也。鄭司農云：‘洒當爲灑。’元[3]謂《論語》曰：‘子夏之門人，當洒埽應對。’”[4] 案：毛《詩·抑》：“洒埽庭[5]内。”傳云：“洒，灑也。”古文假借，故《周官》、毛《詩》、古《論》俱作“洒”，今文正字，故三家《詩》、魯《論》作“灑”。鄭司農以今文讀之，故云“洒當爲灑”，毛公、康成知“洒”即“灑”字，故云“洒，灑也”，不必轉改。然則康成注魯《論》，以齊、古校定，必從古作“洒”，注云“洒，灑也”。今《論語》作“洒”，蓋即鄭氏所定。《韓詩外傳》六引《詩》“灑掃庭内”，是三家《詩》作“灑”之明證。余初未見韓《詩》，即知韓之必作

---

① 害，疑問代詞，相當于“什么”。《小爾雅·廣言》：“害，何也。”《廣雅·釋詁三》：“害，何也。”《詩·周南·葛覃》：“害澣害否。”毛傳：“害，何也。”

② 隷，同“隸”。古代奴隸。引申爲地位低下者的通稱。《文選》司馬相如《上林賦》：“地可墾闢，悉爲農郊，以贍萌隷。”李善注引司馬彪曰：“隷，小臣也。”《史記·司馬相如列傳》作“隸”。

③ 元，本當作“玄”，因避清帝玄燁名諱而改字。校抄本作“𢆯”，則因避諱而缺筆。

④ 《論語》曰：‘子夏之門人，當洒埽應對。’”按：語出《論語·子張》：“子游曰：‘子夏之門人小子，當洒掃應對進退，則可矣，抑末也。’”

⑤ 庭，底本作“庭”，爲刻本俗字。下徑改爲正字，不復出校。

“灑”。蓋既以毛《詩》經傳爲定，即不取證於韓《詩》，而余言自確。又[①]《論語》今雖無古、魯兩書，而有古《論》作“洒”，知魯《論》必作“灑”也。鄭注《周官》引《論語》而不引毛《詩》者，注《禮》時未見毛《詩》，彼三家經皆作“灑”也。

周禮以今證古

段若膺云：“今儒好用古字，凡講小學必宗《說文》，然當究其意旨，不可拘其形體。凡一代有一代之字，何必盡泥《說文》？如《周官》爲古文，康成於經則仍古字，於注則易今體，正以今證古。在古爲某，在今作某。故經用古‘于’，注易以今‘於’；經用古‘灋’[②]，注易以今‘法’。可見康成之不似今人，徒好寫古字也。”

庸案：俗本《周禮》每以經改注，以注改經，寖[③]失其舊。嘗見錢孫保所藏宋板，共十二卷，每官分上下，猶存舊式。其以今證古者，于“灋”字外，如經作“攷”，注作“考”；經作“眂”，注作“視”；經作“示”，注作“祇”；經作“媺”，注作“美”；經作“鱻”，注作“鮮”；經作“囏”，注作“艱”；經作“政”，注作“征”；經作“貍”，注作“埋”；經作“齍”，注作“粢”；經作“鬻”，注作“煮”；經作“果”，注作“祼”；經作“𢱭”，注作“拜”；經作“歈”，注作“吹”；經作“虡[④]”，注作

① 又，《清經解》本同，校抄本作“猶”。此字前之“余初未見……而余言自確”句爲據校抄本所補。

② 灋，同“法”。《說文·廌部》：“灋，刑也……法，今文省。”《玉篇·水部》：“法，法令也。灋，古文。”又《廌部》：“灋，則也。今作法。”《周禮·天官·大宰》：“以八灋治官府。”陸德明《釋文》：“灋，古法字。”

③ 寖，同“浸”。《廣雅·釋詁一》：“寖，積也。”王念孫《疏證》：“浸與寖同。”《周禮·夏官·職方氏》：“其川三江，其浸五湖。”陸德明《釋文》：“浸，本又作寖。”《漢書·溝洫志》：“泉流灌寖，所以育五穀也。”顏師古注：“寖，古浸字。”

④ 虡，篆文“虡”之省，同“鐻”。古時懸掛鐘磬木架的兩側立柱。《說文·虍部》：“虡，鐘鼓之柎也。”《說文·虍部》：“虡，鐘鼓之柎也。飾爲猛獸。从虍，異象其下足。鐻，虡或从金，豦聲。虡，篆文虡省。”《詩·周頌·有瞽》：“設業設虡，崇牙樹羽。”《詩·大雅·靈台》：“虡業維樅，賁鼓維鏞。”毛傳：“植者曰虡，横者曰栒。”

“鏤”；經作“邍①”，注作“原”；經作“郴”，注作“兆”；經作“舊”，注作“夢”；經作“參”，注作“三”；皆是以今證古也。袁廷檮案：明翻岳板，凡經古文，注皆作今字，與錢本同。然《腊人》注亦衍文二十六，惟嘉靖本不衍。嘉靖本三《禮》並有，《周禮》爲最②，《儀禮》與北宋本無異，《禮記》稍遜。《篇章釋文》：“豳，彼貧反。注‘邠’同。”漢人書“豳”皆作“邠”，趙岐《公孫丑章句上》云：“《詩·邠風·鴟鴞》之篇。”又《滕③文公章句上》云：“《詩·邠風·七月》之篇。”故鄭亦以今證古，各本注中俱改同經作“豳”，幸《釋文》猶存其舊。又宋板《周禮》凡“廢興”字作“廢”，“癈疾”字从“疒”④作“癈”；凡“樹蓺⑤”字作“蓺”，“六蓺”字从“云”作“藝”。俗本往往混之，舉此可見古人用字之精而有別。

毛氏禮記注疏譌字

汲古閣毛本所刻《禮記注疏》，俗字特多，又好以《說文》篆體輕改唐、宋相仍舊字，此弊啟於明之中葉而於今爲最。名爲好古，實足以害古。余嘗見宋影大字單注《禮記》，字體精雅，往往與《開成石經》印合。兹采其凡，以破好古之失，爲登梨棗者取式焉，不第訂毛氏之譌也。

“謚”⑥不作“諡”，“个”不作“箇”，“荅”不作“答”，“大”不作“太”，“脩”不作“修”，“疏”不作“疎”，“鍾”不作“鐘”，“筭”不作“算”，“笑”不作“笑”，“壼”不作“壺”，“姊”不作“姉”，

---

① 邍，“原”的古字。地之高平者。《周禮·地官·大司徒》：“辨其山林川澤丘陵墳衍原隰之名物。”陸德明《釋文》：“原，本又作邍。”孫詒讓《名原古籀撰異》：“邍本从彖聲，而篆文譌作邍，則以彖與録相近也。”

② 最，《清經解》本同，校抄本作“最精”。

③ 滕，底本作“滕”，爲刻本俗字。下徑改爲正字，不復出校。

④ 疒，底本作“疒”，爲刻本俗字。下徑改爲正字，不復出校。

⑤ 蓺，底本作“蓺”，爲刻寫俗字。按：蓺，同“藝”。《集韻·祭韻》：“埶，《說文》：‘種也。’……一曰技能也。或作蓺、藝。”《詩·齊風·南山》：“蓺麻如之何？”陸德明《釋文》：“蓺，樹也。本或作藝。”盧文弨《考證》：“《白帖》八引作藝。藝即蓺之俗。”段玉裁《說文解字注》：“唐人樹埶字作蓺，六埶字作藝……然蓺藝字皆不見於《說文》，周時六藝字蓋亦作埶。”下徑改爲正字，不復出校。

⑥ 謚，底本作“謚”，爲刻本俗字。下徑改爲正字，不復出校。

"策"同。"慤"不作"慤"，"冝"不作"宜""宐"，"善"不作"善"，"昔"不作"㫺"，"礻"不作"示"，"遟"不作"遲"，"稺"同。"蓋"不作"蓋"，"並"不作"竝"，"甞"不作"嘗"，"奭"不作"爽"，"略"不作"畧"，"褎"不作"衰"，"屬"不作"屬"，"退"不作"退"，"直"不作"直"，"賔"不作"賓"，"昬"不作"昏"，"象"不作"象"，"旨"不作"旨"，"指"同。"會"不作"會"，"曾"同。"躳"不作"躬"，"窮"同。"巽"不作"巺"，"選""撰"同。"慱"不作"博"，"麤"不作"麄"，或作"粗"。"皇"不作"皇"，"兊"不作"兑"，"説"同。"宿"不作"宿"，"衺"不作"袁"，"遠""園"同。"陰"不作"陰"，"龜"不作"龜"，"賛"不作"贊"，"卿"不作"卿"，"即""節"同。"強"不作"强"，"暴"不作"暴"，"保"不作"保"，"處"不作"處"，"弃"不作"棄"①，此因《唐石经》避諱，可不從。"畝"不作"畝"，"教"不作"教"，"髦"不作"髦"，"髮"同。"沿"不作"沿"，"訊"不作"訊"，"死"不作"死"，"爲"不作"爲""為"，"縣"不作"縣"，"愉"不作"愉"，"卑"不作"卑"，"奄"不作"奄"，"聰"不作"聰"，"录"不作"彔"，"緑""録"同。"冕"不作"冕"，"僕"不作"僕"，"肉"不作"肉"，或作内"。"亨"不作"亨"，"享"不作"享"，"孰"同。"高"不作"高"，"亮"不作"亮"，"損"不作"損"，"負"同。"涓"不作"涓"，"擘"不作"擘"，"辟"即"臂"字，"辟"即"璧"字。"皆揔"夂"手"作"揔"，"絲緫"从"系"作"緫"。餘若匡、宁、世②、弘、竟、恒、垣、玄、貞、徵、殷、琊、敬、譚、愼、珀、縣、萑等字，皆避諱，闕末筆，不至改易本文，猶存古意。

大戴禮有爾雅

《公羊·宣③十二年》注："《禮》：天子造舟，諸侯維舟，卿大夫方舟，士特舟。"④ 疏云："《釋水》文也。"案：何邵公引《爾雅·釋水》而偁《禮》者，魏張揖《上廣雅表》言："《爾雅》，秦叔孫通撰，置

① 棄，同"棄"。字見《直音篇》。

② 世，當作"丗"，爲因避諱造成的缺筆字。下同，不復出校。

③ 宣，《清經解》本、校抄本皆作"宣公"。

④ 《爾雅·釋水》："天子造舟，諸侯維舟，大夫方舟，士特舟，庶人乘泭。"

《禮記》。"此蓋漢初之事。《大戴禮記》中當有《爾雅》數篇，爲叔孫氏所取入，故班孟堅《白虎通》引《爾雅·釋親》文，係爲《禮·親屬記》。《三綱六紀》篇："《禮·親屬記》曰：'男子先生稱兄，後生稱弟。女子先生爲姊，後生爲妹。'"①《孟子》："帝館甥于貳室。"趙云："《禮記》：'妻父曰外舅，謂我舅者，吾謂之甥。'"應仲援《風俗通·聲音》篇引《釋樂》"大者謂之產，其中謂之仲，小者謂之箹"②，爲《禮·樂記》。則《禮記》中之有《爾雅》，信矣。或疑漢《藝文志》禮家不及叔孫通，張氏之言恐未得實，葢未考之班氏諸書也。

苗本禾未秀之名

苗本禾未秀之名，因以黍③稷未秀者亦通稱爲"苗"。如《詩》"彼稷之苗"等，是。若《論語》④"惡莠，恐其亂苗也"，《孟子》"七八月之間旱，則苗勃然興之矣"⑤，則皆指⑥"禾"言之。《春秋·莊公七年》："秋，大水。無麥⑦、苗。"《二十八年》："冬，築微⑧。大無麥禾。"何邵公云："水、旱、螟、蝝⑨皆以傷二穀，乃書。然不書穀名，至'麥''苗'獨書者，民食最重。"蓋《春秋》是聖人正名之書，故在秋則曰"苗"，在冬則曰"禾"。即一物，亦隨時定稱，不相假借，況以"黍"

① 《爾雅·釋親》："男子先生爲兄，後生爲弟。謂女子先生爲姊，後生爲妹。"

② 《風俗通·聲音》篇引《禮·樂記》："三孔籥也，大者謂之産，其中謂之仲，小者謂之箹。"《説文·竹部》："三孔籥也，大者謂之笙，其中謂之籟，小者謂之箹。"《爾雅·釋樂》："大籥謂之産，其中謂之仲，小者謂之箹。"《御覽》五八〇引舍人云："仲，其聲適中，仲吕也；小者，形聲細小曰箹也。"

③ 黍，底本作"黍"，爲刻本俗字。下徑改爲正字，不復出校。

④ 《論語》，各本同。按："惡莠，恐其乱苗也"句出《孟子·盡心下》，《論語》疑爲《孟子》之訛。

⑤ 此句出《孟子·梁惠王上》，原句爲："七八月之間旱，則苗槁矣。天油然作雲，沛然下雨，則苗浡然興之矣。"

⑥ 指，底本作"指"，《清經解》本同。按：刻本中，"旨"字及其作爲構字部件常寫作"𣅀"。下徑改爲正字，不復出校。

⑦ 麥，底本作"麦"，爲刻本俗字。下徑改爲正字，不復出校。

⑧ 微，各本同。《十三經注疏》本作"郿"，注曰："郿，魯下邑。傳例曰：'邑曰築。'"

⑨ 蝝，"螽"之異體字。《説文·䖵部》："螽，蝗也。蝝，螽或从虫。衆聲。"《公羊傳·哀公十二年》："冬十有二月，蝝。何以書？記異也。"

“稷”通稱者，濫施乎。故《公羊［傳］》云：“無苗，則曷爲先言無麥，待無麥，然後書無苗。”[①]《穀梁［傳］》云：“麥、苗同時也。”皆知苗即禾之未秀者。何邵公云：“苗者，禾也。生曰苗，秀曰禾。”此最得經傳意。杜元凱云“漂殺[②]孰[③]麥及五稼之苗”，范武子云“麥與黍、稷之苗同時死”，皆不知苗即禾也。故《春秋》當從《公羊［傳］》，《穀梁［傳］》雖得經意，惜范氏不足以傳之。即此一端，學者亦可知定所從矣。

春曰昊天夏曰蒼天

《白虎通·四時》篇云：“《爾雅》曰：‘春曰昊天，夏曰蒼天，秋曰旻天，冬曰上天。’[④] 一説‘春爲蒼天’等是也。”《詩·黍離》正義云：“《異義·天號》：今《尚書》歐陽説：‘春曰昊天，夏曰蒼天。’《爾雅》亦云[⑤]。元[⑥]之聞也，《爾雅》者，孔子門人所作，以釋六藝之言，蓋不誤也。春氣愽[⑦]施，故以廣大言之。夏氣高明，故以遠大言之。”《書·堯典》正義云：“鄭元讀《爾雅》云：‘春爲昊天，夏爲蒼天。’”

案：《白虎通》俗本“《爾雅》曰”三字在“冬曰上天”之下，首二句亦作春蒼、夏昊，此淺人熟於郭[⑧]本《爾雅》而妄爲移改也，今訂正。

---

① 《春秋公羊傳·莊公七年》：“無苗，則曷爲先言無麥，而後言無苗？一災不書，待無麥，然後書無苗。”

② 漂殺，淹死。晉袁宏《後漢紀·明帝紀上》：“水泉湧溢，漂殺人民。”

③ 孰，底本中作“孰”。按：“孰”爲“孰”之刻寫俗字。下徑改爲正字，不復出校。在生熟義上，“孰”爲“熟”之古字。《字彙·子部》：“孰，古惟孰字，後人以此字爲誰孰字，而於生孰字下加火以别之。”段玉裁《説文解字注》：“後人乃分别熟爲生熟，孰爲誰孰矣。曹憲曰：‘顧野王《玉篇》始有熟字。’”

④ 《尔雅·释天》：“春爲昊天，夏爲蒼天，秋爲旻天，冬爲上天。”

⑤ 《爾雅》亦云，各本同，陳壽祺《五經異義疏證》、皮錫瑞《駁五經異義疏證》本皆作“《爾雅》亦然”。

⑥ 元，《清經解》本同，校抄本作“玄”。按：本當作“玄”，作“元”或“玄”，皆因避清帝名諱而改字或缺筆。下同，不復出校。

⑦ 愽，《清經解》本同，校抄本作“博”。按：“愽”爲“博”之刻寫俗字。刻本和抄本中，“忄”旁與“十”旁常相互通用，由此造成諸多俗字。《正字通·心部》：“愽，俗博字。”《嚴訢碑》：“好善愽愛。”據文意，此句中當作“博”。陳壽祺《五經異義疏證》即作“博”。

⑧ 郭，底本作“郭”，爲刻本常見刻寫俗字。下徑改爲正字，不復出校。

班孟堅所見本是春昊、夏蒼，故首引爲據。洪頤煊案：《説文》："黍，以大暑而種，故謂之黍。"《詩・黍離》因黍苗之盛，而呼蒼天，亦可爲"夏爲蒼天"之證。其後一説與《爾雅》不同，於正文外聊備一義而已，故略之。《異義》謂"《爾雅》亦云"，是許叔重所見本與班氏同，康成以出於孔門，蓋不誤[①]，因爲之釋。《説文解字》云："春爲昦[②]天，元氣昦昦。"與鄭義正合。昊昊者，廣大之貌也。《廣雅・釋天》云"東方昦天"，亦本《雅》訓。《楚辭章［句］》[③] 王逸《九思》云："惟昊天兮照靈，陽氣發兮清明。風習習兮和煖，百草萌兮華榮。"郭本作春蒼、夏昊，即《白虎通》所載後一説是也。然與班孟堅所引《爾雅》、歐陽氏今文《尚書》、許叔重《五經異義》及《説文解字》、鄭康成《異義駁》[④]、張揖《廣雅》等，俱不合，其義非也。考《詩》正義引李巡注云："春，萬物始生，其色蒼蒼，故曰'蒼天'。夏，萬物盛壯，其氣昊大，故曰'昊天'。"正義又云"鄭讀《爾雅》與孫、郭本異"，則漢儒李侍中、孫叔然本皆作春蒼、夏昊矣，無怪乎晉之郭景純也。

《拜經日記》卷第二經六千八百十三字，注五百五十六字。

① 誤，底本作"悮"，爲刻本常見刻寫俗字。下徑改爲正字，不復出校。

② 昦，同"昊"。《廣韻・晧韻》："昊，《説文》作昦。"

③ 《楚辭章》，《清經解》本同，校抄本作"《楚詞章句》"。按：校抄本是。據補。楚辭，本爲楚地歌謠。戰國楚屈原吸收其營養，創作出《離騷》等巨制鴻篇，後人仿效，名篇繼出，成為一種有特點的文學作品，通稱"楚辭"。西漢劉向編輯成《楚辭》集，東漢王逸又有所增益，分章加注成《楚辭章句》。"楚辭"亦作"楚詞"。如《朱子語類》卷一三九："楚詞平易，後人學做者反艱深了，都不可曉。"

④ 《異義駁》，即《駁五經異義》。漢鄭玄爲駁許慎《五經異義》而作，全書共一卷，附《補遺》一卷。

拜經日記第三

武進臧氏學

封建[1]

少司冦[2]王德甫云：《周禮》所言封建與《孟子》不合，而《王制》反與《孟子》合。鄭康成注《記》又以《王制》爲殷[3]法。蓋《周禮》乃元公輔成王致太平之書，其作最後。時四夷向化，海宇遼闊，故侯國之封頗廣。而武王初㝎[4]天下，九州尚狹，惟襲用殷法，未遑制作。及戰國而羣侯吞併，地皆千里以上，又大踰成王、周公之制，因惡《周禮》之妨己而滅去之，成周盛典蕩然無存，而周初武王所承用殷法依然無恙，《孟子》因據以荅北宫錡之問，故與《周禮》不合，與《王制》合也。

案：此能參合《周官》《王制》《孟子》、鄭氏而彌縫其闕，可謂精善。

羣公廩

《公羊·文十三年傳》"周公盛"，注："盛者，新穀。""魯公燾"，注："燾者，冒也，故上以新也。""羣公廩"，注："廩者，連新於陳上，

① 此篇不見於底本、《清經解》本，據校抄本補。篇名爲整理者擬。

② 冦，同"寇"。《正字通·宀部》："寇，俗作冦。"五代後唐莊宗《論蜀勅》："初殄冦讎，重興社稷。"宋羅大經《鶴林玉露》卷十二："士卒皆飽餐，一戰破冦。"

③ 殷，同"殷"。《字學舉隅·正譌》："殷"，同"殷"，晉潘嶽《爲賈謐作贈陸機》："夏、殷既襲，宗周繼祀，綿綿瓜瓞，六國互峙。"

④ 㝎，同"定"。《宋元以來俗字譜》："'定'，《通俗小説》《嶺南逸事》作'㝎'。"

財令半[①]當衍。相連爾。”疏：“言周公盛者，謂新穀滿[②]其器。言魯公熹者，謂下故上新，裁可半平。稟，謂全是故穀，但在上少有新穀，財得相連而已，故謂之稟。稟者，希少之名，是以鄭注云‘稟讀如羣公稟之稟’者是也。”《釋文》：“公稟，力甚反。”《開成石經》作“稟”。《詩·采薇》正義引“《易·文言》：‘爲其慊於無當衍。陽’。鄭云：‘慊讀如羣公溓之溓。’古書篆作立心，與水相近，讀者失之，故作‘慊’。溓，雜也。”或據《詩》正義所引鄭《易》注以校《公羊》疏，謂傳“羣公稟”當作“羣公溓”。

案：《說文》五下：“啚，愛濇也。从來，从㐭。”“㐭”即“稟”正字。《爾雅·釋言》：“稟，鮮古本當作“鮮”。也。”《釋文》引舍人注云：“稟，少鮮也。”《釋名·釋宮室》：“稟，矜[③]也。寶物可矜惜者，投之於其中也。”是“稟”爲鮮少、希貴之意。《公羊·襄二十三年傳》注云：“所傳聞世，見治始起；所聞之世，稟稟近升平，治之漸也。”[④] 此“稟”字與“羣公稟”正同，何云“稟稟近”，又云“漸”，皆與“財令相連”之“財”字義合，可證“稟”字無誤。許宗彥案[⑤]：《漢書·循吏傳序》“此稟稟，庶幾揖讓君子之遺風矣”，“稟稟”字与何邵公義同。師古釋“稟稟”爲“有風采”，誤矣。《公羊》有嚴、顏二本，蓋何邵公所據顏氏本作“羣公稟”，鄭康成所據嚴氏本作“羣公濂”。“濂”，古讀如“廉”。“濂”“稟”，聲相近，故文異[⑥]。“濂”者，雜也，言新陳穀相和。“稟”者，鮮少、僅有之意，謂些些新穀略與陳穀相粘而已，故疏云“財令相連”。注中“半”字當爲衍文。“熹”，下故上新，可言半；“稟”而言“半”，與“熹”混矣。疏甚分明，若徐疏所引鄭云，或即牽合《文言》注以意竄改，或鄭注他經傳另有是語。今鄭公之書多闕，無可考矣。

---

① 半，底本作“半”。按：刻本和抄本中，“半”字及其作爲漢字構件參與構字時常寫作“半”，如“判”作“判”，“絆”作“絆”，“伴”作“伴”等，由此造成諸多異體俗字。下徑改爲正字，不復出校。

② 滿，底本作“滿”，爲刻本之刻寫俗字。下徑改爲正字，不復出校。

③ 矜，底本作“矜”，爲刻本之刻寫俗字。下徑改爲正字，不復出校。

④ 《公羊·襄二十三年傳》原注云：“所傳聞世，見治始起，外诸夏，録大略小，大国有大夫，小国略称人；所聞之世，内诸夏，治小如大，稟稟近升平，故小国有大夫，治之漸也。”

⑤ 許宗彥案，《清經解》本同，校抄本作“德清許周生孝廉云”。

⑥ 異，底本作“異”，爲“異”之刻寫俗字。下徑改爲正字，不復出校。

容齋續筆

宋洪氏邁《容齋續筆》載周蜀"九經""三史"等題銜、欵[①]式及分書人姓氏，頗詳委，兹録之，可略見古書眞面目也。予[②]家有舊監本《周禮》，其末云："大周廣順三年癸丑五月，雕造'九經'書畢[③]，前鄉貢三《禮》，部嵠[④]書。"列宰相李穀、范質、判監田敏等銜於後。《經典釋文》末云："顯德六年己未三月，太廟室長朱延熙書。"宰相范質、王溥如前，而田敏以工部尙書爲詳勘官。此書字畫端嚴，有楷法，更無舛誤。《舊五代史》：漢隱帝時，國子監奏《周禮》《儀禮》《公羊》《穀梁》四經，未有印板，欲集學官考挍雕造。從之。成都石本諸經，毛《詩》《儀禮》《禮記》，皆秘書省秘書郎張紹文書。《周禮》者，秘書省挍書郎孫朋古書。《周易》者，國子博士孫逢吉書。《尙書》者，挍書郎周德政書。《爾雅》者，簡州平泉令張德昭書。題云"廣政十四年"，蓋孟昶[⑤]時所鐫。其字體亦皆精謹，唯"三傳"至皇佑元年方畢，工殊不逮前。紹興中，分命兩淮、江東轉運司刻"三史"板，其兩《漢書》內，凡欽宗諱，並小書四字曰"淵聖御名"，或徑易爲"威"字，而他廟諱皆只闕畫。蜀"三傳"後，列知益州、樞密直學士、右諫議大夫田況銜，大書爲三行，而轉運使直史館曹穎叔，提點[⑥]刑獄、屯田員外郎孫長卿，各細字一行，又差低於況。今雖執政作牧，監司亦與之雁行也。

陸氏間載北學

陸德明《經典釋文》所據音義，南學爲多，間載北方學者之説，則

① 欵，同"款"，亦作"欵""欵"。下徑依底本録出，不復出校。

② 予，底本作"矛"，爲刻寫俗字。下徑改爲正字，不復出校。

③ 畢，底本作"畢"，爲刻寫俗字。下徑改爲正字，不復出校。

④ 部嵠，各本同。按：當爲"郭嵠"之誤。郭嵠，五代周太祖時人，工書。

⑤ 昶，底本作"昶"，爲刻寫俗字。下徑改爲正字，不復出校。

⑥ 點，底本作"點"，《清經解》本、校抄本同。按：刻本與抄本中常見漢字構件發生移位而產生的俗字。下徑改爲正字，不復出校。

稱“北”以別之。如《天官・醢人》“茆”① 下云“音卯，北人音柳”；“箈”下云“音追，當徒來反。沈云：北人音秃改反”。《宗伯・瞽矇②》“怵③懼”下云“勑律反，北本作休”。《考工・玉人》“鹿車縪”④ 下云“劉府結反；沈音畢，云劉音非也。案北俗今猶有此語，音如劉音，蓋古語乎？劉音未失。”

庸案：《説文》“桺⑤，丣聲”，而“丣”从“卯”，是“夘”“柳”同聲，北人音“夘”爲“柳”，此古音也。鄭仲師引《國語》有“怵懼”字。案《楚語》：“叔時曰：“教之《春秋》，而爲之聳⑥善而抑惡焉，以勸戒其心；教之《世》，而爲之昭明德而廢幽昏焉，以休懼其動。”韋宏嗣注：“休，嘉也。動，行也。”蓋聳善，所以勸之；抑惡，所以戒之；昭明德，所以休嘉⑦之；廢幽昏，所以恐懼之。鄭、韋所據《國語》正同。陸德明、賈公彦作“怵”，直形近之譌，惜未知定從北本也。陸引北俗語以證劉音之未失，劉昌宗其本北音乎？陸於北學蓋未深究，故引俗語證之，猶“箈”下載“北音秃改反”，必述沈重之言也。

明堂陰陽

《漢書・藝文志》：“《明堂陰陽》三十三篇。古明堂之遺事。”又

---

① 茆，各本原作“茆”，爲“茆”之刻寫俗字。按：漢字“卯”及其作爲漢字構件參與構字時常作“夘”。《古今韻會舉要・巧韻》：“卯，俗作夘。”另如“柳”作“栁”、“聊”作“聊”等。下徑改爲正字，不復出校。

② 矇，底本作“矇”，爲“矇”刻寫俗字。下徑改爲正字，不復出校。

③ 怵，各本作“休”。按：刻本與抄本中，常見漢字有多一筆或少一筆的現象，由此産生諸多俗字。下徑改爲正字，不復出校。

④ 縪，底本作“縪”，爲刻寫俗字。下徑改爲正字，不復出校。

⑤ 桺，同“柳”。《正字通・木部》：“桺，柳本字。”《逸周書・月令》：“季夏之月，日在桺。”

⑥ 聳，勸勉，獎勵。《方言》卷六：“聳，獎，欲也。荊吳之間曰聳，晉趙曰獎，自關而西秦晉之間相勸曰聳。”戴震《疏證》：“欲當作譽。”《國語・楚語上》：“教之《春秋》，而爲之聳善而抑惡焉，以戒勸其心。”韋昭注：“聳，獎也。”

⑦ 休嘉：指美好嘉祥。《漢書・禮樂志》：“佻正嘉吉弘以昌，休嘉砰隱溢四方。”顔師古注：“休，美也；嘉，慶也。”

“《明堂陰陽說》五篇。”《隋[1]書・牛宏傳》引《明堂陰陽録》,《太平御覽》引《明堂陰陽說》。初未解“陰陽”二字所本,布衣鈕匪石樹玉云:《漢書・魏相傳》稱,“相明《易經》,有師法”,“又數表采《易陰陽》及《明堂月令》奏之”。下云“春興《兑》治則饑,秋興《震》治則華”,是《月令》本諸《易》義,故云《明堂陰陽》。蔡伯喈論曰:“《月令》,所以順陰陽,奉四時,効氣物,行王政也。”

不服闇

王輔嗣注《易・頤》初九云:“夫安身莫若不競,脩己莫若自保。守道則福至,求禄則辱來。”此見道之言,士君子守身之法。稍違之,未有不遇辱者也。夫辱及一身,猶小焉者。然孰非人子?孰無父母?《曲禮記》曰:“孝子不服闇,不登危,懼辱親也。”注:“服,事也。闇,冥[2]也。不於闇冥之中從事,爲卒有非常,且嫌失禮也。男[3]女夜行以燭。”案:康成夜行之説,特以其淺者言之耳。暗室屋漏之中,時時自省。戒慎乎其所不覩,恐懼乎其所不聞,是“不服闇”之精義也。

以襘禮[4]哀圍敗

《周禮》:大宗伯之職,“以襘禮哀圍敗”。賈疏曰:“此經本不定,若馬融以爲‘國敗’,正本多作‘圍敗’。”案:此經上下文,若死亡、凶札、禍烖、冦亂,皆重字[5],不應此句獨作“國敗”。葢馬季長訓“敗”

① 隋,底本作“隋”。按:刻本與抄本中,漢字構件“月”位於漢字下方時常作“円”,由此産生許多俗字。如“青”作“青”、“精”作“精”等。下徑改爲正字,不復出校。

② 冥,閩、監、毛本、岳本、嘉靖本同。《釋文》云:“瞑,本亦作冥。”正義作“冥”。唐杜佑《通典》六十八亦作“冥”。

③ 男,閩、監、毛本、岳本、衛氏《集説》《通典》六十八同。《考文》引古本、足利本上有“禮”字。

④ 襘禮:古凶禮之一,指聚合財物以接濟他人之禮。《周禮・春官・大宗伯》:“以襘禮哀圍敗。”鄭玄注:“同盟者合會財貨以更其所喪。”孫詒讓《正義》引《廣雅・釋言》:“更,償也。”

⑤ 《周禮・春官・大宗伯》:“以凶禮哀邦國之憂:以喪禮哀死亡,以荒禮哀凶札,以弔禮哀禍烖,以襘禮哀圍敗,以恤禮哀寇亂。”

爲“國見敗於人”，因以經亦誤作“國敗”，其實必同爲“圍”字。

宋雕左氏釋文

嘗見毛子晉所藏宋雕《左氏釋文》一卷，較之葉林宗影寫本更善。如《定十四年》“檇李①”，“檇”作椎下凹，此漢魏以來俗作，故陸云依《說文》从木，言當作“檇”爲正也，乃葉本及通志堂徐本俱大書“檇”字，則陸語爲贅矣。《哀八年》“水兹②”，音玄，本亦作“滋”，子絲反。因正作“兹”，或作“滋”，故陸氏隨字爲音。《說文・玄部》云：“兹，黑也，从二玄。《春秋傳》曰：‘何故使吾水兹？’”德明定從之本與許君正同，今注疏本作“水滋”，與或本亦合。乃宋板“滋”字，水旁模糊，葉抄遂並作“兹”字。徐本覺其難通也，反改正文“水兹”作“水滋”。非特失漢、唐相傳之舊，且乖陸氏之音矣，而此皆不誤。每葉魚尾上有大若干字，小若干字，卷末有摠計經若干字，注若干字。蓋亦唐、宋校勘定式，而此卷摠數，葉抄遺落，徐本亦闕。至魚尾之數葉，皆未録。徐本則不分大小，合計若干。寖失其眞矣。

大割牲祠于公社

《禮記・月令》：“孟冬，大割祠于公社及門閭。”《呂氏春秋》作“大割牲祠于公社及門閭”。學士盧召弓云：“高注‘大割，殺牲也’，則本無‘牲’字可知。”庸案：朱子《儀禮經傳通解》載《月令》云：“《呂》‘割’下有‘牲’字。”是宋本《呂令》原有“牲”字。《詩・七月》正義引《月令》“大割牲祠于公社及門閭”，又《初學記》四《歲時部》引《禮記》曰：“天子乃祈來年于天宗，大割牲祠于公社及門閭。”是可證《戴令》與《呂覽》同有“牲”字，且鄭康成注《記》曰：“大割，大殺羣牲，割之也。”亦似本有“牲”字。

---

① 檇，底本作“㩗”。按：二字爲因刻寫習慣造成的構件移位的異體俗字。“檇”亦作“槜”或“欈”。下徑改爲正字，不復出校。檇李，水果名。李子的一種品種，果實皮鮮紅、汁多、味甜。爲浙江桐鄉特産，古時爲宫廷貢品。

② 兹，本應作“玆”，因字形由兩“玄”字構成，“玄”字因避清帝“玄燁”名諱而缺筆，“玆”亦缺筆作“兹”。下同，不復出校。

三分天下有其二

《論語・泰伯》"三分天下有其二",《釋文》作"參分",云:"七南反,本又作三。"案:梁皇侃《義疏》本作"參[①]分",疏云:"參,三也。"又《文選》班孟堅《典引》李善注引《論語》曰:"參分天下有其二,以服事殷。"可見唐以前六朝舊本皆作"參分",且古經傳"參""三"字多作"參",自宋初邢昺撰疏定作"三"字後,朱子《集注》從之,原本不可復矣。《後漢書・伏湛傳》云:"所以重人命,俟時而動,故參分天下而有其二。"

道千乘之國

《論語・學而》:"道千乘之國。"《釋文》:"道,本或作導。"皇侃本作"導",朱子《集注》作"道",云:"去聲,治也。"顧子明文炳云:《説文・辵部》:"道,所行道也。从辵,从首。"《寸部》:"導,導引也。从寸,道聲。"二字義異。《孟子》:"夫道,若大路然。"故"道"爲道德字,導引所以趨歸善,故"導"訓"治"。《書・禹貢》"濰淄其道""沱潛[②]既道"字,孔傳意作"路";"導岍及岐""導河積石"字,孔意訓爲"治"。《論語》此注,馬融曰:"導者,謂爲之政教也。"苞氏曰:"導,治也。"據皇本。是當作"導"爲正矣。

庸案:作"道"訓"治",必讀爲"導"方可。《集注》"去聲",正讀作"導"也。《漢書・地理志》"九河既道""惟甾其道""沱灊既道",師古注皆云:"一説'道'讀曰'導',治也。"可證。又《爲政篇》"道之以政",《釋文》"音導",皇本作"導"。余弟和貴云:"《後漢[書]・朱景王杜馬劉傅堅馬傳論》云:所謂'導之以政'。"李賢注

① 參,底本作"参",《清經解》本、校抄本作"參"。按:參,同"三"。數詞。後作"叁"。《廣雅・釋言》:"參,三也。"《左傳・隱公元年》:"先王之制,大都不過參國之一。"杜預注:"三分國城之一。"參,除作數詞作"叁"外,今簡化作"参"。

② 潛,底本作"濳",爲"潛"之刻寫俗字。下徑改爲通用正字,不復出校。

《論語》曰："導之以政。"又《杜林傳》云："孔子曰：'導之㠯[①]政，齊之㠯刑，民免而無耻；導之㠯德，齊之㠯禮，有耻且格。'"注云"皆《論語》之言也"。《文選》范蔚宗《後漢書·二十八將傳論》"所謂導之以法，齊之以刑者乎"，注引《論語》亦作"導"。《一切經音義》六引《論語》"導之以政"，又八引《論語》同。是知舊本皆作"導"也。

琴操多魯詩説

《太平御覽》五百七十八載蔡邕《琴操》，其言《詩》顯與毛異，葢本魯申公遺説。《文選》注載《騶虞》《鹿鳴》二事。王伯厚《詩考》於《鹿鳴》篇録《文選》注，然僅存數語，遠遜《御覽》之完善，今記此以爲誦讀之助。

《騶虞》者，邵國之女所作也。古者聖王在上，君子在位，役不踰時，不失嘉會[②]。内無怨女，外無曠夫。及周道衰微，禮義廢弛，强凌弱，衆[③]暴寡，萬民騷動，百姓愁苦；男怨於外，女傷於内，内外無主；内迫情性，外迫禮義。歎傷所處而不逢時，於是援琴而歌。

《伐檀》者，魏國之女所作也。傷賢者隱蔽，素飡[④]在位，閔傷怨曠，失其嘉會[⑤]。夫聖主之制，能治人者食於人，不能治人者食於田。今賢者隱退伐木，小人在位食禄，懸珍奇，積百穀，并包[⑥]有土，德澤不加，百姓傷痛。上之不知，王道之不施，仰天長歎，援琴而鼓之。

《鹿鳴》者，周大臣之所作也。王道衰，君志傾，留心聲色，内顧妃后，設旨酒嘉肴，不能厚養賢者，盡禮極歡，形見於色。大臣昭然獨見，必知賢士幽隱，小人在位，周道陵遲，自以是始。故彈琴以風諫，歌以感

---

① 㠯，同"以"。《玉篇·巳部》："㠯，今作以。"《正字通·巳部》："㠯，以本字。"曹操《鶡雞賦序》："今人㠯鶡爲冠，象此也。"下徑依底本録出，不復出校。

② 嘉會，謂衆美相聚。《易·乾》："亨者，嘉之會也……嘉會足以合禮。"孔穎達疏："言君子能使萬物嘉美集會，足以配合於禮，謂法天之亨也。"

③ 衆，底本作"衆"，爲刻寫俗字。下徑改爲正字，不再出校。

④ 飡，底本作"飡"，爲刻寫俗字。下徑改爲正字，不再出校。

⑤ 嘉會，指昌盛的際會。三國吴韋昭《博弈論》："博選良才，旌簡髦俊，設程試之科，垂金爵之賞，誠千載之嘉會、百世之良遇也。"晉潘岳《西征賦》："遭千載之嘉會，皇合德於乾坤。"

⑥ 并包，謂包括各方面。《莊子·徐無鬼》："聖人并包天地。"

之，庶幾可復。歌曰："呦呦鹿鳴，食野之蘋，我有嘉賔[1]，鼓瑟吹笙。吹笙鼓簧，承筐是將。人之好我，示我周行。"此言禽獸得美甘之食，尚知相呼，傷時在位之人不能，乃援琴以刺之，故曰《鹿鳴》也。

《白駒》者，失朋友之所作也。其友賢居任也。疑。衰亂之世，君無道，不可匡輔，依違成風，諫不見受。國士詠而思之，援琴而長歌。

虞書正義

《尚書·虞書》正義曰："鄭所注皆同賈逵、馬融之學。題曰古文《尚書》，篇與夏侯等同，而經字多異[2]。夏侯等《書》'宅嵎夷'爲'宅嵎鐵[3]'，'昧谷'曰'柳谷'，'心腹腎腸'曰'憂腎陽[4]'，'劓刵劅剠'云'臏[5]宮劓割頭庶剠'，是鄭注不同也。"言鄭注不同於夏侯等《書》。

案：夏侯二十九卷，古文增多十六卷，其二十九卷與夏侯同。鄭注古文，但注二十九卷，未注增多之卷，故云"篇與夏侯等同"。"經字多異"者，鄭爲古文，自不同於夏侯等今文。故下歷陳夏侯等《書》之異，以見鄭注古文不與之同，所以明鄭爲賈、馬之學也。正義證今文之異，而先提明"夏侯等《書》"四字，於文法本自顯然。乃閻百詩《尚書疏證》誤讀正義，謂夏侯等《書》"宅嵎夷"，鄭爲"宅嵎鐵"，下"昧谷"等並放此。倒置古今，誣妄穿鑿。近之言《尚書》並襲其謬，惟金壇段氏《尚書撰異》與余印合。玆條爲之析，以證明二家同異云。[6]

① 賔，同"賓"。《字彙·貝部》："賔，俗賓字。"《呂氏春秋·仲夏》："律中蕤賔。"《西狹頌》："遠人賔服。"

② 異，底本作"異"，爲"異"之刻寫俗字。下徑改爲正字，不復出校。

③ 鐵，宋本作"峓"，段玉裁云："嵎鐵"即"禺銕"，"銕"者古文"鐵"字。阮校："《廣韻·六脂》云'嵎峓'，山名。《書》作'嵎夷'。《集韻》云：'嵎銕，東表之地。'又《十二齊》亦有'銕'字，引《字林》云：鐵名。然則'夷''銕''峓'三字通。"

④ 憂腎陽，孫志祖《讀書脞録》云："憂腎陽"三字乃"優賢揚"之訛。"優賢揚歷"，語見《魏志·管寧傳》及左思《魏都賦》，又《隸釋》載《漢成陽令唐扶頌》亦有"優賢颺歷"之文。

⑤ 臏，底本作"臏"。按：刻本中，"賓"字及其作爲構字部件參與構字時常作"賔"，如"繽"作"繽"，"嬪"作"嬪"等。下徑改爲正字，不復出校。

⑥ 玆條爲之析，以證明二家同異云。按：此句底本、《清經解》本無，據校抄本補。

宅堣夷

《釋文》“嵎夷”，《尚書·考靈曜[①]》及《史記》作“禺銕”，《史記索隱·夏本紀》、今文《尚書》及《帝命驗》並作“禺銕”。《説文·土部》云：“堣，堣夷，在冀[②]州暘谷。立春之日，值之而出。从土，禺聲。《尚書》曰：‘宅堣夷。’”[③]《山部》：“崵，崵山，在遼西。从[④]山，昜聲。一曰嵎銕，崵谷也。”[⑤] 又，“嵎，封嵎之山，在吳楚之間，汪芒之國。从山，禺聲”。

案：錢曉徵説許叔重偁“《書》曰”者，孔氏古文，不偁“《書》曰”而直載《書》辭者，歐陽、夏侯。是古文《尚書》作“宅堣夷”，今文《尚書》作“宅嵎銕”。古文“堣”，从土，爲本字。今文“嵎”，从山，假作“封嵎山”字，或省作“禺”。《尚書·考靈曜》及《帝命驗》皆今文説，《史記》所載亦多今文，故俱作“禺”。《五帝本紀》作“郁”，此又是今文之異，蓋既有歐陽、大、小夏侯三家，故三家之中互有不同。陸德明云：“《史記》作‘禺銕’。”此當指《夏本紀》言之，今《夏本紀》作“嵎夷”，俗人以《尚書》改耳。毛本《注疏》“鐵”字，宋板正義作“峓”。據《説文》《釋文》二書，“峓”必“銕”字之譌。鄭注《禮記·月令》引今《尚書》曰“分命羲仲，宅嵎夷”也。“夷”字亦當爲“銕”。《史記索隱》作“鐵”，與毛本正合。《説文·金部》“銕”爲古文“鐵”，是“銕”“鐵”同字也。《尚書》之有古文、今文，猶云舊本、新本耳，非論字之今、古。故鄭經嘗有今字，夏侯等《書》

---

① 靈曜，亦作“靈燿”。“靈曜”，天。漢徐幹《中論·歷數》：“夫歷數者，聖人之所以測靈耀之賾而窮玄妙之情也。”《文選》蔡邕《陳太丘碑文》：“稟嶽瀆之精，苞靈曜之純。”李善注：“靈曜，謂天也。”日月。《後漢書·章帝紀》：“歷數既從，靈燿著明。”李賢注：“靈燿著明，謂日月貞明。”

② 冀，底本作“兾”，爲刻寫俗字。下徑改爲正字，不復出校。

③ 今《説文·土部》：“堣，堣夷，在冀州陽谷。立春日，日值之而出。从土，禺聲。《尚書》曰：‘宅堣夷。’”

④ 从，底本作“从”，爲“从”之刻寫俗字。下徑改爲正字，不復出校。按：从，“從”的古字。《説文·从部》：“从，相聽也。从二人。”漢字學中用以指出漢字所由構成的成分。如《説文·玉部》：“玖，石之次玉黑色者。从玉，久聲。

⑤ 今《説文·山部》：“崵，崵山，在遼西。从山，昜聲。一曰嵎鐵，崵谷也。”

亦有古文，如“銕”爲古文“鐵”，此即今文中之古字也。然則夏侯等之爲“宅嵎鐵”，可無疑矣。又據《説文》、古文《尚書》作“暘谷”，今文《尚書》作“崵谷”，而《史記》作“湯谷”者，又見《淮南子》及《説文》。此亦歐陽、大、小夏侯之異也。

昧谷

《三國志·虞翻傳》裴松之注載：翻奏鄭解《尚書》違失事，因云：“古大篆‘丣’字讀當爲‘桺’，古‘桺’‘丣’同字，而以爲‘昧’，甚違不知蓋闕[①]之義，誤莫大焉。”[②]《尚書大傳》“秋祀桺穀華山”，鄭注云：“桺，聚[③]也。”《周禮·縫人》注康成引《書》“度西曰桺穀”，賈疏云“伏生《書》桺”。又《史記·五帝本紀》“申命和仲居西土，曰昧谷[④]”，裴駰《集解》引徐廣曰：“一作桺谷。”

案虞仲翔之奏，知虞氏所見古文《尚書》本作“丣谷”，虞意“丣”“桺”同字，且今文《尚書》正作“桺”，謂“丣當讀爲桺”，鄭讀爲“昧”，故以爲誤。考《説文》云：“丣[⑤]，冒也。”莫飽切。“酉，就也。與久切。丣，古文酉，从丣。丣爲春門，萬物已出；丣爲秋門，萬物已入。一丣，閉門象也。”是古文《尚書》作“丣”者，取秋時閉門之象，萬物已入之意，義本精實。鄭氏讀爲“昧”者，《説文·日部》云：“昧，闇[⑥]也。”《門部》云：“闇，閉門也。”則“昧”與“丣”義同。丣，从丣，與“昧”聲又相近，若古文“丣”，世所不習，學者多聞“昧”，寡聞“丣”，因轉爲“昧”，以便人易曉。雖改其讀，而不易其義也。至今文“桺”字，論其本訓，“丣”“桺”原同，鄭注《書傳》，訓“桺”爲“聚”，亦與“萬物已入”義相近，然《説文》以爲“小楊”，故加木旁

---

① 蓋闕：出自《論語·子路》：“君子於其所不知，蓋闕如也。”後以“蓋闕”指闕疑。

② 裴松之注引《翻别傳》：又奏鄭玄解《尚書》違失事，曰：“古大篆‘丣’字讀當爲‘柳’，古‘柳’‘丣’同字，而以爲昧……甚違不知蓋闕之義。於此數事，誤莫大焉，宜命學官定此三事。”

③ 聚，底本作“聚”，爲刻寫俗字。下徑改爲正字，不復出校。

④ 昧谷，古代傳説西方日入之處。《書·尧典》：“分命和仲，宅西，曰昧谷。”孔傳：“昧，冥也。日入於谷而天下冥，故曰昧谷。”

⑤ 丣，底本作“丣”，爲小篆字形，爲方便排版，徑改作楷體字。下同，不一一出校。

⑥ 闇：《説文·門部》：“闇，閉門也。从門，音聲。”

别之，核之古文，特同聲假借字耳，鄭所以不從。乃虞氏反欲讀“丣”爲“栁”，是不能通知古義，而徒以今文讀之也。已誤實甚，而妄議鄭爲誤，此眞違“不知蓋闕”之義。然因是而知古文經本作“丣”，鄭以爲“昧”，當具於注云“丣讀爲昧”，而不易經字，今竟作“昧”，必僞孔從鄭義所改。如“黎民阻飢”本作“俎飢”，鄭注云：“俎，讀曰阻。”據宋板《詩疏》。而孔本竟改作“阻”，訓爲“難”，可取以證也。《尚書大傳》，伏生今文也，而作“栁穀”，故鄭注《周禮》引“栁穀”，賈疏以爲伏生《書》，太史公亦從今文作“栁”，後人以僞孔改之。幸徐氏所見舊本尙作“栁”，然已不能定從之矣。而鄭爲“昧谷”，夏侯等爲“栁谷”，尙何疑哉？

心腹腎腸[①]

《三國志·管寧傳》：“優賢揚歷[②]，垂聲千載。”裴松之注云：“今文《尚書》曰‘優賢揚歷’，謂揚其所歷試。”《文選》左太沖《魏都賦》：“優賢著於揚歷。”劉淵林注云：“《尚書·盤庚》曰‘優賢揚歷’。歷，試也。”宋洪适《隸釋》五載《漢成陽令唐扶頌》云：“優賢颺歷。”

案：孔疏“憂腎陽”者，字之譌也，當爲“優賢揚歷”。古文《尚書》：“今予其敷心腹腎腸，歷告爾百姓于朕志。”今文《尚書》作“今余其敷優賢揚歷，句。告爾百姓於朕志。”合“心腹”爲“優”字，以“腎腸”爲“賢揚”。又“歷”字上屬，蓋謂“今余布優賢之典，歷試衆職，告爾百官，以我志也”，義亦可通。然文恐因形聲相近而誤，當以賈、馬之學爲正。漢世今文甚盛，古學希少，故唐《扶頌》、左思《賦》、《管寧傳》，皆本今文爲說。僞孔傳此云“布心腹”，言“輸誠於百官以告志”，核之於經允協，安知非本諸鄭義？裴松之所云與今文、與孔氏言、夏侯等《書》正相印合，是可證鄭注古文之作“心腹腎腸”矣。

---

① 腸，底本作“膓”，爲刻寫俗字。《正字通·肉部》：“膓，俗腸字。”《敦煌變文集·搜神記》：“開膓胦，洗五臟，劈腦出虫。”宋宋慈《洗寃録·殺傷》：“金瘡膓出者，用小麥五升，水九升。”

② 優賢揚歷，指敬重賢才，表揚其事跡。亦作“優賢颺歷”。《漢書·揚雄傳》：“何必颺纍之蛾眉？”顔師古注：“颺，古揚字也。”《三國志·魏志·管寧傳》：“若寧固執匪石，守志箕山，追迹洪崖，參蹤巢許，斯亦聖朝同符唐虞，優賢揚歷，垂聲千載。”

臏腓刖

《堯典》“流宥五刑”，馬融注云“五刑：墨、劓、剕、宫、大辟”。見《五帝本纪集解》。《呂刑》訓夏贖刑，墨辟、劓辟、剕辟、宫辟、大辟。《周禮·司刑》：掌五刑之灋。墨罪、劓罪、宫罪、刖罪、殺罪。鄭注：“《禮[1]》改‘臏’作‘刖’”，又引《書傳》曰“其刑臏”。賈疏云：“臏本苗民虐刑。”《書傳》云“臏者，舉本名也。”《公羊·襄二十九年》何注云：“古者肉刑，墨、劓、臏、宫、大辟而五。”徐彦疏引鄭《駮[2]異義》云：“皋陶改‘臏’爲‘腓’，《呂刑》有‘剕’，周改‘腓’爲‘刖’。”《説文·攴部》云：“斀，去陰之刑也。从攴，蜀聲。《周書》曰：‘刖、劓、斀、黥。’”

案：此經言苗民作虐刑，而首曰“臏”，乃“臏”之名所由本伏生《書大傳》、何邵公《公羊》注、鄭康成《司刑》注及《駮五經異義》，凡言“臏”者，皆本此經，夏侯等今文最是也。而古文作“刖”者，蓋臏、腓、刖三事皆足刑，對文雖異，散言皆通。《説文·足部》及《爾雅·釋詁》云：“跸，跀也。”《史記·周本紀》《漢書·刑法志》載此經，“剕”俱作“髕”。故《皋陶》改“臏”爲“剕”，周改“剕”爲“刖”。今文作“臏”，舉其本名。古文作“刖”，以周法言之也。凡同一書而文駁者，非形聲之異，即義本可通。作“臏”，作“刖”，文異而義合，作“刵”則大相乖舛。今文雖與經傳合，而古文不可通矣。乃僞孔作“刵”，訓爲“截耳”。夫此經五辟及《司刑》五罪皆同，而無耳刑，可見作“刵”之不足信。幸《説文》引《書》“刖、劓、斀、黥”，知孔氏眞古文，本作“刖”“劓”，今改“刵”，而字又倒置。疏引鄭注云：“刵，斷耳。劓，截鼻。”亦“劓”字在下，與《説文》同，疑鄭亦作“刖”，注“斷耳”，本作“斷足”。正義欲扶孔抑鄭，遂順孔以改鄭，如《堯典》“昧谷”，鄭作“戼谷”，而正義因孔改“昧”字，遂云鄭作“昧谷”。經尚如此，而況注乎？

---

① 禮，《清經解》本同，清抄本作“周”，費氏校作“周禮”。按：阮刻《周禮注疏》本亦作“周”。

② 駮，校抄本同，《清經解》本作“駁”。按：“駮”通“駁”。清朱珔《説文叚借義證·馬部》：“駁、駮聲同，形尤近，故駮可爲駁之叚借。”

疏又引鄭注云："大爲此四刑者，言其特深刻[1]，異於皋陶之爲。"是鄭意以苗民用刑特深刻，有異皋陶之明允耳。其五刑之制原同皋陶，皋陶五刑無"刵"，則苗民亦無"刵"也。蓋嘗綜核之，言五刑者，《尚書·呂刑》與《周禮·秋官》各二而無不同。《呂刑》古文曰"刖"，今文曰"臏"，即下文之"剕"也；古文曰"斀"，今文曰"宮"，即下文之"宮"也；古文曰"剠"，今文曰"庶剠"，"庶"讀爲"煮"，見《秋官·庶氏》注。即下文之"墨"也；今文曰"割頭"，古文闕。案：即上"殺戮"。即下文之"大辟"也；"劓"則古、今文與下皆同；《司刑》"墨""劓""宮"與《呂刑》同；"刖"與古文"刖"及今文"臏"同；"殺罪"與今文"割頭"及下"大辟"同；《掌戮》"墨""劓""宮""刖"與《司刑》同。"髡"爲"完體"與"殺"爲"斷體"相反而相當，而爲"臏""剕""刖"而不爲"刵"，諸經更無不同也。近之言《尚書》者，於正義所述古、今文皆倒置之。蓋因鄭注亡闕，無可取證，又未知《縫人》注所引爲今文也。至此篇，鄭注猶存，并有許氏《説文》所引，遂難以古文爲夏侯等《書》，而因疑"臏""宮""劓""割頭""庶剠"是下"墨""辟"，疑赦五節之鄭注、正義誤牽引之，則益違"不知蓋闕"之義。今既證明五刑之異同，而古、今文亦瞭然矣。

宅西曰昧谷

"宅西曰昧谷"，鄭康成《周禮·縫人》注："度西曰柳穀。"蓋古文"宅"字，今文多作"度"。如："五流有宅，五宅三居"[2]，《五帝本紀》作"五流有度，五度三居"。《禹貢》"降丘[3]宅土"，《風俗通·山澤》篇引作"降丘度土"。"三危既宅"，《史記·夏本紀》作"三危既度"。毛《詩·皇矣》"此維與宅"，《論衡·初稟》篇引作"此惟予度"。《文王有聲》"宅是鎬京"，《禮記·坊記》引作"度是鎬京"。毛《詩》，亦古文也。《禮記》是漢儒所傳，爲今文。猶《尚書》之有古、今文也。許書載古文"宅"字，與"度"字形相近，漢人遂俱誤作"度"。禮堂謹案："宅"

---

① 深刻，嚴峻苛刻。《史記·酷吏列傳》："是時趙禹、張湯以深刻爲九卿矣。"唐李翰《蒙求》詩："張湯巧詆，杜周深刻。"

② "五流有宅，五宅三居"，出《尚書·舜典》。

③ 丘，本爲"丘"，因避孔子名諱而造成的缺筆字。下同，不復出校。

"度"二字音相近。"宅""託"俱从"乇"得聲。又"澤""鐸"二字亦可見。惠定宇云:"穀與谷通。《莊子》'臧與穀二人相與牧羊',崔譔本'穀'作'谷'。"案:《爾雅·釋天》:"東風謂之谷風。"《詩》正義引孫炎注云:"谷之言穀。穀,生也。谷風者,生長之風也。"① 蓋伏生今文借"穀"爲"谷",《爾雅》及崔譔本《莊子》,俱借"谷"爲"穀"也。此類,夏侯等三家,不必盡同。

割頭

今文《尚書》"割頭",古文無之。案:經云"惟作五虐之刑"②,不應述四而遺其一,此今文勝於古文者。許叔重引云"刖劓斀黥",鄭康成注云"苗民爲此四刑",是許、鄭所傳,並是四事。顧子明云:"經古文是倒句法,順讀當云'爰始淫爲劓、刵、椓、剠,殺戮無辜',連殺而言,實五。"案:如顧說,今文"割頭"爲贅矣。

命大封

《呂氏春秋·孟夏紀》:"命大封贊傑儁③,遂④賢良,舉長大⑤,行爵出禄,必當其位。"《淮南子·時則訓》依漢制改"大封"爲"大尉",

---

① 谷風,指東風。《詩·邶風·谷風》:"習習谷風,以陰以雨。"《尔雅·释天》:"東風謂之谷風。"邢昺疏引孫炎曰:"谷之言穀。穀,生也;谷風者,生長之風也。"漢焦贛《易林·坤之乾》:"谷風布氣,萬物出生;萌庶長養,華葉茂成。"亦指山谷中的風。《淮南子·天文訓》:"虎嘯而谷風至,龍舉而景雲屬。"

② "惟作五虐之刑",出《尚書·呂刑》。

③ 贊,推舉;推薦。《禮記·月令》:"命太尉,贊桀俊,遂賢良,舉長大。"鄭玄注:"贊,猶出也。"《漢書·東方朔傳》:"上嘗使諸數家射覆,置守宫盂下,射之,皆不能中。朔自贊曰:'臣嘗受《易》,請射之。'"顏師古注:"贊,進也。"傑儁,亦作"傑俊"。才智出衆的人。《呂氏春秋·孟夏》:"命太尉贊傑儁,遂賢良,舉長大。"《淮南子·時則訓》:"命太尉贊傑俊,選賢良,舉孝悌。"

④ 遂,進舉;舉薦。《左傳·哀公二年》:"克敵者,上大夫受縣,下大夫受郡,士田十萬,庶人工商遂,人臣隸圉免。"《禮記·月令》:"(孟夏之月)命太尉,贊桀俊,遂賢良,舉長大。"鄭玄注:"遂,猶進也。"《呂氏春秋·簡選》:"(商湯)遂其賢良,順民所喜,遠近歸之,故王天下。"

⑤ 長大,指體貌高大壯偉的人。《禮記·月令》:"(孟夏之月)命太尉,贊桀俊,遂賢良,舉長大。"孔穎達疏:"經云舉長大者,謂用長大之人。故王肅云:'舉形貌壯大者。'"

漢儒傳《禮記》從之。俗本《呂覽》又同《月令》作“尉”。朱子《儀禮集傳集注》云：“《呂》‘尉’作‘封’，今據此改正。”

案：《管子·五行》篇云：“黃帝得大封，而辯於西方，故使爲司馬。”高氏誘注：“仲冬，命神農將巡功。云昔炎帝殖穀，號爲神農，後世因名其官爲神農。”則此亦因大封治西方，職爲司馬，後世因名司馬爲大封也。考《漢書·百官公卿表》：“大尉，秦官。金印紫綬，掌武事。”武帝建元二年省，元狩四年初置大司馬以冠將軍之號，是“大尉”即漢之“司馬”。《淮南》改《呂覽》以從漢制，不作“司馬”而作“大尉”者，以漢初官制因秦未革，至元狩四年改制，而淮南王以謀反誅在元狩元年，已不及見矣。鄭康成因“大尉，秦官”而以《月令》爲秦制，蓋未考之《呂覽》歟。

又案：《周官》“大司馬之職，進賢興功”，“司勳[①]掌六鄉賞地之法”，司士“以德詔爵，以功詔禄，以能詔事，以久奠食”，諸子“凡國之政事，國子存遊倅[②]，使之脩[③]德學道，春合諸學，秋合諸射，以考其藝而進退之”。及虎賁氏、旅賁氏皆屬於司馬，所謂“贊傑儁，遂賢良，舉長大，行爵出禄”，皆其職也。

伯父寔來余一人嘉之

《禮記·曲禮下》“予一人”，鄭注云：“《覲禮》曰：‘伯父寔來，余一人嘉之’。”“余”“予”，古今字。案：《儀禮·覲禮》“伯父實來，予一人嘉之”，注云：“今文‘實’作‘寔’，‘嘉’作‘賀’。”據此，則《禮記》注所引《覲禮》乃今文十七篇，而非鄭氏挍定之本，故“實来”作“寔来”，“予一人”作“余一人”。惟“嘉之”當作“賀之”，而仍作

① 勳，底本作“勲”，《清經解》本、校抄本同。按：刻本中常見漢字構件移位造成的俗字，“勲”即屬此類俗字。下徑改爲通用正字，不再出校。

② 遊倅，《周禮》謂貴族子弟學而未仕者就閑宴而群聚。倅，通“萃”。《周禮·夏官·諸子》：“凡國之政事，國子存遊倅，使之脩德學道，春合諸學，秋合諸射，以考其藝而進退之。”鄭玄注：“遊倅，倅之未仕者。”孫詒讓《周禮正義》：“此倅亦當讀爲萃。遊即《師氏》所謂貴遊。遊倅，謂貴遊子弟自相與爲部隊也。《國語·齊語》云：‘昔聖王之處士也，使就閒燕。’蓋國子之學而未仕者，就閒燕而羣萃，斯謂之遊倅。”

③ 脩，通“修”。《字彙補·肉部》：“脩，與修通。”《詩·小雅·六月》：“四牡脩廣。”毛傳：“脩，長。”唐封演《封氏聞見記·第宅》：“宰輔及朝士當權者，爭脩第舍。”

“嘉”，恐是後人據鄭注本私改“實”“寔”“予”“余”字。淺學者不顯見其異，因得存其眞也。余弟和貴謂“漢人引《儀禮》多今文”，於此尤信。《易·既濟》“實受其福”，《禮記·坊記》作“寔受其福”，此一證。

一人冕執脱

岳氏珂《九經三傳沿革例》云：《顧命》“一人冕，執脱”，“脱”實“鋭”字也。案：《説文》以爲兵器，今注中釋爲“矛[①]屬”，而陸德明又音“以稅反”，且諸本皆作“鋭[②]”，獨越中《注疏》於正文作“脱”字爾。疏中又皆作“鋭”，今只從衆[③]作“鋭”。

庸案：《書》本作“鋭”，故《釋文》音“以稅反”，諸本皆作“鋭”是也。越中《注疏》正文作“脱”，葢即“鋭”字之譌，《説文》當本作“鋭，侍臣所執兵也，从金，㕣聲。《周書》曰‘一人冕，執鋭。’讀若‘㕣’。”徐鼎臣本“㕣”皆作“允”，音“余準切”。蘇子瞻《書傳》亦據此謂“鋭當作鈗”，後蔡仲默從其説，岳氏所見之《説文》，似尚作“鋭”字。

以炮土之鼓敺[④]之

岳氏《沿革例》又云：“壺涿[⑤]氏掌除水蟲，以炮土之鼓敺之”，注

① 矛，底本作“矛”，爲刻寫俗字。按：漢字構件“マ”在刻本和寫本中常作“コ”，如“予”作“予”，“預”作“預”，“茅”作“茅”等。下徑改爲通用正字，不復出校。

② 鋭，底本作“鋭”，爲“鋭”之刻寫俗字，今正字作“鋭”。按：古典文獻中，“兑”字及其作爲構字部件時常作“兊”，而刻本和抄本中，“兊”字及其作爲漢字構件參與構字時又常寫作“㕣”或“𠫓”，如“悦”作“悦”，“税”作“税”“税”，“鋭”作“鈗”“鋭”等。下徑改爲通用字，不復出校。

③ 衆，底本作“衆”。按：刻本中常見漢字因筆畫小異造成的俗字，如“衆”可見作“衆”“衆”“衆”“眾”等。下徑改爲通用正字，不再出校。

④ 敺，底本作“敺”。按：“敺”爲“敺”之刻寫俗字。敺，又同“驅”。《説文·馬部》：“敺，古文驅。”《周禮·春官·占夢》：“遂令始難敺疫。”《孟子·離婁上》：“故爲淵敺魚者，獺也；爲叢敺爵者，鸇也。”《漢書·賈山傳》：“今方正之士皆在朝廷矣，又選其賢者使爲常侍諸吏，與之馳敺射獵，一日再三出。”顔師古注：“敺，與驅同。”下徑改爲正字，不復出校。

⑤ 涿，“涿”之俗字。卷子本《玉篇·水部》：“涿，豬角反。《山海經》：‘成山，涿水出焉。’《漢書》有涿縣。應劭曰：‘涿水出上谷涿鹿縣。《説文》：流正適涿也。”今《漢書·地理志上》《説文·水部》均作“涿”，《山海經·南山經》作“𨳌”，郭璞注：“音涿。”《龍龕手鑑·水部》：“涿”，“涿”的俗字。

故書‘炮’作‘泡’。杜子春讀‘炮’爲[1]‘苞有苦葉’之‘苞’[2]，元[3]謂‘燔之炮之炮[4]’。以文義觀之，當云‘炮之之炮’，‘炮之’之下逸一‘之’字。既諸本皆然，今不敢添。”

案：謂“逸一‘之’字”，是也。因“炮”下有“之”，或疑爲衍，故删其一。岳見諸本皆然而不添，謹之至也，勝於妄爲删補者多矣。又“故書‘以土泡之’”，杜子春讀“泡”爲“苞”，字从“艹”。鄭康成讀“泡”爲“炮”，字从“火”。此云“杜子春讀‘炮’爲‘苞有苦葉’之‘苞’”，“炮”字誤也。鄭氏始讀从“火”，杜在鄭前，不應已作“炮”字，當改作“泡”無疑。《周禮》中此類甚多。余嘗假得宋雕小字本及王伯厚《玉海》影宋抄《釋文》互相校勘，改正處頗夥[5]。

《拜經日記》卷第三經六千八百二十七字，注一百七十三字。[6]

---

① 讀“炮”爲，《漢讀考》云：“此‘炮’當作‘泡’。”孫校：“蜀石經‘讀炮爲’作‘炮當爲’。”

② “苞有苦葉”之“苞”，孫校：“蜀石經‘苞有’作‘匏有’，‘之苞’，‘苞’亦作‘匏’。”

③ 元，因避諱而改“玄”爲“元”。下同。

④ 炮之炮，阮校：“按‘炮之’下當有‘之’字。毛氏居正、岳氏珂所據本並然。”孫校：“蜀石經‘炮之’下無‘炮’字。”

⑤ 夥，多。《方言》卷一：“凡物盛多謂之寇，齊、宋之郊，楚、魏之際曰夥。”《小爾雅·廣詁》：“夥，多也。”漢司馬相如《上林賦》：“魚鱉讙聲，尤物衆夥。”宋王禹偁《七夕》：“海物雜時味，羅列繁且夥。”

⑥ 此爲底本原有篇目的統計數字，不包括據校抄本增補篇目的文字數。下同，不復出校。

拜經日記第四

武進臧氏學

人莫知其子之惡

《呂氏春秋·去尤》篇云："魯有惡者，其父[①]出，見商咄，反而告其隣曰：'商咄不若吾子矣。'夫商咄至美也。至美而不如至惡，偏[②]於愛也。故知美之惡，知惡之美，然後能知美惡矣。"[③] 高誘注："惡，醜也。"

案：《禮記·大學》："故諺有之曰：'人莫知其子之惡，莫知其苗之碩。'"事當本此。"惡"謂體貌醜惡，非言行之善惡。《孟子》："雖有惡人，齊戒[④]沐浴，則可以事[⑤]上帝。"趙注："惡人，醜類者也。"[⑥] 與此"惡"字正同。蓋子之惡，苗之碩，皆衆目共見，不待察而可知者，故以"莫知"爲偏。若内行之善惡，莫知，益無足怪矣。又"故好而知其惡，惡

---

① 父，底本作"父"，《清經解》本同，校抄本作"父"。按：刻本中，"父"常作增筆俗體"父"。下徑改爲正字，不復出校。

② 偏，不公正，偏袒。《書·洪範》："無偏無陂，遵王之義。"《後漢書·霍諝傳》："不偏不黨，其若是乎？"

③ 今本《呂氏春秋·去尤》作："魯有惡者，其父出而見商咄，反而告其鄰曰：'商咄不若吾子矣。'且其子至惡也，商咄至美也。彼以至美不如至惡，尤乎愛也。故知美之惡，知惡之美，然後能知美惡矣。"

④ 齊，同"齋"。齊戒，即齋戒。古人在祭祀或舉行典禮之前，常沐浴更衣，戒絕嗜欲，使身心潔淨，以示虔敬。《左傳·莊公四年》："楚武王荊尸，授師孑焉，以伐隨。將齊，入告夫人鄧曼曰：'余心蕩。'"楊伯峻注："齊同齋，授兵於太廟，故先須齋戒。"《禮記·曲禮上》："齊戒以告鬼神。"《莊子·天運》："夫芻狗之未陳也，盛以篋衍，巾以文繡，尸祝齊戒以將之。"《漢書·高帝紀》："於是漢王齊戒設壇場，拜信爲大將軍，問以計策。"也指修身自警。《易·繫辭上》："聖人以此齊戒，以神明其德夫。"韓康伯注："洗心曰齊，防患曰戒。"孔穎達疏："聖人以易道自齊自戒，謂照了吉凶，齊戒其身。"

⑤ 事，清阮元校刻《十三經注疏》本《孟子·離婁下》作"祀"。

⑥ 此句注文，《清經解》本同，清抄本作大字正文，費氏校刪"醜類者也"四字。

而知其美"①，即此"知美之惡，知惡之美"二語。

不旲②不敖

《經義雜記》云："《詩·絲衣》：'不旲不敖。'傳：'旲，譁也。'正義云：'人自娛樂，必讙譁③爲聲，故以娛爲譁也。'定本'娛'作'旲'，則今作'旲'，是從唐定本，孔氏本作'不娛'。又《泮水》：'不旲不揚。'箋：'旲，譁也。'正義云：'揚與誤爲類，故爲傷，謂不過誤④、不損傷也。王肅云：言其人德厚美⑤，不過誤有傷者。鄭讀不旲爲不娛。人自娛樂，必讙譁爲聲，故以娛爲譁也。'則正義從王肅說，爲'不誤'。其解鄭義仍同前篇，爲'不娛'。經文前後並同，毛於前篇訓'譁'，於此不當別解，從鄭爲是。"

庸案：陸氏《釋文》：《絲衣》篇本作"不娛"，舊作"旲"。云："舊如字，譁也。《說文》作'旲旲，舊皆作"吴"。大言也。'何承天云：'旲字誤，當爲吴，从口，下大，故魚之大口者名吴，胡化反。此⑥音恐驚俗也，音話。'"《泮水》篇本作"不娛"，舊作"旲"。鄭"如字，譁也"，王音"誤"，作"旲"，又⑦"又"字舊在"譁也"下。音"話"，同。蓋鄭本毛《詩》，前後皆作"不娛"。娛樂必讙譁，故傳云："娛，譁也。"《泮水》文同。毛好簡，無傳。箋云"娛，譁也"，正用毛義。王肅每與鄭殊，見韓、魯及毛本，或有作"旲"者，因改《泮水》爲"旲"，而讀爲"誤"，謂"不過誤有傷"，以異於鄭。其不改《絲衣》而改《泮水》者，《絲衣》傳有明文，而《泮水》則無也。肅既自云"述毛學者多爲所

---

① 故好而知其惡，惡而知其美，語出《禮記·大學》。

② 旲，底本作"𡗗"，爲"旲"之刻寫俗字。下徑改爲正字，不復出校。

③ 讙譁，亦作"讙嘩"。喧嘩；大聲説笑或叫喊。《墨子·號令》："諸以衆彊淩弱少及彊姧人婦女，以讙譁者，皆斷。"南朝宋劉義慶《世説新語·排調》："或淹伊多姿態，或讙譁少智諝。"

④ 誤，底本原作"悮"，《清經解》本同，校抄本則"誤""悮""悞"混用。按："誤"作"悮"概因"旲""娛"等類推所至。下文徑改爲正字，不復出校。

⑤ 言其人德厚美，《拜經堂叢書》本《經義雜記》卷十七《不娛不敖》一文引王肅此句爲"言其人德厚矣"，臧庸此處作"美"，疑爲"矣"字之訛。

⑥ 此，校抄本其上有"作"字。

⑦ 作"旲"，又，校抄本脱"旲又"二字。

惑”，故唐定本前後作“吳”，并肅所未改者亦改之。而陸氏則從六朝舊本作“娛”，故於《絲衣》云“舊如字，《説文》作‘吳’”，於《泮水》云“鄭‘如字’，王作‘吳’”，以別異之。孔氏於《絲衣》，據毛傳爲説，不從定本；於《泮水》，因毛無傳，遂用肅義以釋經，而別爲箋疏，仍是作“娛”，且云“鄭讀‘不吳’爲‘不娛’。”彼以肅本“吳”字爲據，故反以作“娛”爲鄭讀。抑知果經作“吳”，鄭讀“娛”，箋必有“吳讀爲娛”四字矣。

庸因高祖玉林先生之説[①]，而參知鄭、王、陸、孔異同，并挍正《毛詩音義》舊本之譌[②]，自信不誤。辛亥，爲學士盧召弓撰《經典釋文考證》，即用斯説，而學士未盡從。謂鄭讀“吳”爲“娛”，是本不作“娛”字，讀“吳”當作讀“虞”。《史記》引《詩》“不虞不驁”，“虞”“娛”古通用，因改《釋文》“不吳”爲“不虞[③]”，以應合下《説文》作“吳”等云。段若膺又謂：毛《詩》本作“吳”，《釋文》無誤。《絲衣》云“《説文》作‘吳’”者，因下文何承天云“當爲‘吴’”而設也；《泮水》云“作‘吳’”者，因王音“誤”，嫌字不作“吳”，故重申之也。惟訓導劉端臨台拱[④]以余説爲是。[⑤] 段若膺云“舊如字”者，對何氏“開化反”而言也；《説文》作“吳”者，對何氏“从口，下大”而言也；《釋文》作“吳”，正義作“娛”，其本不同；《泮水》云“作‘吴’，音‘話’，同。”[⑥]

吳娛虞

《説文·夨部》：“吳，姓也。又郡也。一曰吳，大言也。从夨、口。”

---

① 庸因高祖玉林先生之説，校抄本作“鏞堂因玉林公之説”。

② 譌，《清經解》本同，校抄本作“僞”。下徑依底本録出，不復出校。

③ 虞，校抄本脱。

④ 訓導劉端臨台拱，校抄本作“丹徒訓導劉端臨”。

⑤ 清抄本此句下原有大字正文：“段先生云‘旧如字’者，對何氏‘開化反’而言也；《説文》作‘吳’者，對何氏‘从口，下大’而言也；《釋（可）［文］》作‘吳’，正義作‘娛’，其本不同。在東所校非也。”此段文字後爲費念慈校刪。

⑥ 校抄本此段注文爲：“叚氏《泮水》之‘作吴，音話，同’，何作‘吳’者，對何氏‘从口，下大’而言也；《釋文》作‘吳’，正義作‘娛’，其本不同。在東所校非也。《泮（之）［水］》之‘作吴，音話，同。’”相較而言，底本注文則是合抄本末原有之正文與此段注文內容後有所刪減而成。

徐鍇曰："大言，故矢口以出聲。《詩》曰：'不吳不揚。'今寫《詩》者，改'吳'作'吴'，又音乎化切。其繆甚矣。"案：《詩釋文》云："不娱，《說文》作'吳吳，大言也'。"是必許叔重於"吳"下引《诗》"不吳不揚"，故陸氏知《說文》作"吳"，若如今本不引《詩》，陸氏不得輒云"《說文》作'吳'"。疑因徐楚金徵《詩》而節許氏所引以避複。鄭本作"娱"，而許作"吳"者，"吳"、"娱"聲相近，兩家所據不必盡同。王肅改經亦難杜撰。余所謂"毛本或有作'吳'"，是也。然毛、鄭云："娱，譁也。"許云："吳，大言也。"娱樂則讙譁大言，許義原與毛、鄭同。惟王肅音"誤"，謂"不過誤有傷"，爲臆說耳。《經義雜記》云：《史記·武帝紀》引《詩》"不虞不鶩"，《封禪書》引《詩》"不吳不鶩"，而《索隱》仍作"虞"字，則《封禪書》乃後人依毛《詩》改耳。洪适《隸釋》八《衛尉衡方碑》云"剋長剋君，不虞不陽"，亦用《詩》"不吳不揚"之文。

庸案："虞""娱"字通，《孟子》"驩娱"字作"虞"，《詩·山其東門》"聊可與娱"，《釋文》云："本亦作虞。"山井鼎《七經孟子考文》載足利本正作"與虞"。以《史記》兩引《絲衣》"不虞"，《衡方碑》一引《泮水》"不虞"，而見前後"娱"字，兩漢諸儒義無不同。乃王肅獨音《泮水》爲"誤"，益足證其謬矣。不特非毛公之義，顯與《毛》悖，且非齊、魯、韓之義也。《史記》、漢碑作"虞"，《說文》、王肅作"吳"，"娱""虞"皆从"吳"聲，故通。《公羊［傳］·定四年》："晉士鞅、衛孔圄帥師伐鮮虞。"《釋文》云："虞本或作吳，音虞。"《東京賦》李善注引劉芳《詩義疏》曰："騶虞或作吾。"《山海經》作"騶吾"。

臧氏文獻考補[①]

《藝文類聚》九十四臧道顔《駃牛賦》曰："若乃豪宗戚肩，公侯王后，乘輕御肥，貂蟬耀首，翟翟華貂，疑誤。鑠鑠雲母。良牸擢足於雙島，名駿疊跡於左右，如貴遊踴躍於絕倫，觀者嗤妍其好醜，遂慕駿駃以相高，精彼奇選之希有，儀體既美，特資高足，名參飛兔，價齊驥騄。"

《太平御覽》九百一臧彥《弔驢文》曰："爰有奇人，西州之驅馳者，句疑有衍字。體質強直，稟性沉難，聰敏寬詳，高音遠暢。真驢疑。氏之名

① 本篇不見於底本與《清經解》本，據校抄本補。篇名爲整理者擬。

駒也。”①

右二則可補入《臧氏文獻考》。

哀公問社於宰我

《論語·八佾》：“哀公問社於宰我。”皇氏《義疏》、陸氏《釋文》皆云：“鄭本作問‘主’。”《春秋·文二年》：“丁丑，作僖公主。”杜元凱注引《論語》，正義曰：“《論語》‘哀公問主於宰我’，古《論語》及孔、鄭皆以爲‘社主’，張、包、周等並爲‘廟主’，故杜所依用。”劉炫②就此③規杜過，未爲得也。

又《公羊·文二年傳》“練主用栗”，何邵公注引《論語》，疏曰：“鄭氏注云‘謂社主’，正以古文《論語》‘哀公問社於宰我’故也，今文《論語》無‘社’字，是以何氏以爲‘廟主’耳。”

又《禮記·祭法》正義引《五經異義》云：“今《春秋公羊》說‘祭有主者，孝子之主繫心，夏后氏以松，殷人以柏，周人以栗。’《周禮》說‘虞主用桑，練主用栗’，無夏后氏以松爲主之事。”許君謹案：“從《周禮》說。《論語》所云‘謂社主’也。”鄭氏無駁，從許義也。

案：《周禮·大司徒》：“設其社稷之壝而樹之田主，各以其野之所宜木。”鄭康成謂：“社稷者，后土田正之神。”田主者，“后土、田正之所依也”。是哀公問社即問后土之主之樹，故注云：“主，田主，謂社也。”見《釋文》、皇侃疏及《初學記》二十八。鄭之所注亦是魯《論》，而不用張侯、苞咸④、周氏“廟主”舊說，更參考古《論》，根據《周禮》，

① 此所録臧彦《弔驢文》，今本《太平御覽》作《笛銲文》。

② 劉炫，各本同。按：本當作“劉炫”。爲避清康熙帝名諱，不僅獨體字“玄”常缺筆作“玄”，且由“玄”作爲構字部件構成的合體字，如“炫”，也要缺筆作“炫”。下同，不復出校。

③ 此，各本皆作“所以”。按：清嘉慶二十年南昌府學重刊宋本《十三經注疏》之杜預《春秋左傳正義》作“此”，故據改。

④ 苞咸，校抄本同，《清經解》本作“包咸”。按：作“包咸”者是。包咸（公元前6—65年），字子良，東漢初會稽曲阿人（今江蘇丹陽），《後漢書》有傳，曾著《論語章句》。江藩《漢學師承記》：“包咸、周氏並爲《章句》，鄭元（即鄭玄）就魯《論》張、包、周之篇章，考之齊、古，爲之注焉。”《廣韻》“包”下云：“包裹，亦姓。楚大夫申包胥之後。後漢有大鴻臚包咸，皇侃作‘苞’，誤矣。”此處作“苞咸”，或爲臧氏從皇侃《論語義疏》，或爲臧氏誤記。《日記》卷十一《鞠躬如也》篇中作“包咸”，是。

以爲“田主”，足徵鄭學之閎通矣。許叔重撰《五經異義》，於“廟主”從《周禮》說。《論語》則從古本，以爲“社主”。是義與鄭同，故鄭氏無駁。何、杜注《春秋》皆用魯《論》，株守一家，罔知古義，學識遠在許、鄭之下。劉光伯規過，當矣。

穿踰

《論語釋文·陽貨》篇云：“穿踰，《說文》作‘窬，穿木户也。’郭璞云：‘門邊小竇，音臾，一音豆。’”[①] 余弟和貴云：“皇侃、邢昺本皆作‘窬’。”《集解》載孔安國注：“窬，窬牆也”。皇氏《義疏》曰：“傳云：‘篳門[②]珪窬[③]。窬，竇也。’”則“穿窬”乃鑿孔小盜，字當从“穴”，音“豆”。《論語·陽貨》《孟子·盡心下》皆當作“穿窬”[④]，俗本往往多誤。今陸氏作“踰”，《經典釋文考證》云“讀爲《孟子》‘踰東家牆’之‘踰’”，非是。

---

① 按：此段文字爲臧氏引《經典釋文》對《論語·陽貨》“穿踰”的釋語，《論語釋文·陽貨》篇，即《論語·陽貨》篇《釋文》。《經典釋文彙校》卷第二十四“穿踰”條作：“音瑜。本又作‘窬’，音同。《說文》作‘穿窬，木户’。郭璞云：‘門邊小竇。音臾，一音豆。’”清盧文弨《經典釋文考證·陽貨第十七》“穿踰”條作：“《說文》作‘窬，穿木户也’，郭璞云：‘門邊小竇。音臾，一音豆。’案：舊本引《說文》作‘穿窬，木户’，今據本書訂正。《唐韻》‘窬，羊朱切’。皇疏引傳云‘篳門珪窬。窬，竇也。’據孔注：‘窬，窬牆也。’陸氏作‘踰’，則當讀爲《孟子》‘踰東家牆’之‘踰’。乃皇、邢本皆作‘窬’，《義疏》《釋文》說多混。”

② 篳門，荊條竹木編的門。又稱柴門。常用以喻指貧户居室。《禮記·儒行》：“儒有一畝之宫，環堵之室，篳門圭窬，蓬户甕牖。”陸德明《釋文》：“鄭云篳門，荆竹織門也。杜預云柴門也。”

③ 篳門珪窬，亦作“篳門圭窬”“篳門閨竇”“篳門圭竇”，或省作“篳竇”。柴門小户。喻指窮人的住處。《左傳·襄公十年》：“篳門閨竇之人，而皆陵其上，其難爲上矣。”杜預注：“篳門，柴門；閨竇，小户，穿壁爲户，上鋭下方，狀如圭也。”清錢謙益《陳府君墓誌銘》：“長身偉衣冠，遇篳門圭竇，傴僂而入。”梁啟超《新民説》：“帝王之瓊樓玉宇，窶民之篳門圭竇，可以同成一燼。”元金涓《贈術士吕公》詩：“短褐垂綸已十載，柴扉篳竇即湖邊。”

④ 穿窬，清阮元校刻《十三經注疏》本《論語·陽貨》作“穿窬”，注疏皆云“窬，窬墻”；《孟子·盡心下》作“穿踰”。

無有乎爾則亦無有乎爾

《孟子·盡心下》："然而無有乎爾，則亦無有乎爾"。宋孫氏奭《音義》云："陸本作'然而無乎爾，則亦有乎爾'，云'孟子意自以當之。無乎爾，有乎爾，疑之也。'此意以況絶筆於獲[1]麟也。"案："乎"訓"於"，"爾"訓"此"。"無乎爾，有乎爾"，謂"無於此，有於此"，正孟子明以自任語。若今本上下句各一衍字，徒作決絶之詞，大非子輿氏平日口吻，是當從陸善經本。趙邠卿《章句》云："然而世謂之無有，此乃天不欲使我行道也，故重言之，知天意之審也。言'則亦'者，非實無者也，則亦當使爲無有也。'乎耳[2]'，嘆而不絶之辭。"則趙所見本與今同。

慍怨也

《詩·柏舟》："憂心悄悄[3]，慍于羣小。"毛傳："慍，怨也。"《釋文》及注疏本皆作"怒也"，非是。幸孔氏正義尚作"怨"字。李善注《文選》張平子《思元[4]賦》引《柏舟詩》注曰："慍，怨也"。《論語》："人不知而不慍。"《釋文》引鄭云"怨也"。江寧教授[5]錢學源塘云："慍，怨，聲蓋俱合，何晏訓作'怒'者，非。"又《說文·心部》本作"慍，怨也"，見《詩·緜》正義及《一切經音義》所引，與毛《詩》傳正合。而徐鼎臣本亦改爲"怒"字，古義湮[6]没。此類不少。趙邠卿《盡心章句下》："'慍于羣小'，怨小人聚而非議賢者也。"亦訓"慍"爲"怨"。

---

① 獲，底本作"䕶"，《清經解》本同。按："䕶"爲"獲"之構件位置變異之刻寫俗字。下徑改爲通用字"獲"，不復出校。

② 乎耳，《清經解》本同，校抄本作"乎爾"。按：上文皆曰"乎爾"，宜改作"乎爾"。

③ 悄悄，底本作"㥃㥃"，爲刻寫俗字。下徑改爲正字，不復出校。悄悄，憂傷貌。蔡邕《司空臨晉侯楊公碑》："憂慍悄悄，形于容色。"

④ 元，《清經解》本同，校抄本作"玄"。按：本當作"玄"，文中爲避清康熙帝名諱而改字作"元"或缺筆作"玄"。下同，不復出校。

⑤ 江寧教授，底本與《清經解》本同作"教授"，兹據校抄本補。

⑥ 湮，底本作"湮"。按：刻本中，漢字"垔"及其作爲構件參與構字時常作"垔"，如"湮"作"湮"、"禋"作"禋"等。"禋"亦爲日本用漢字。下徑改爲正字，不復出校。

冥窈也

《詩・斯干》："噲噲[①]其正，噦噦[②]其冥。"傳："正，長也。冥，幼也。"箋云："噲噲，猶快快，寬貌。噦噦，猶煟煟[③]，明貌。"正義曰："冥，幼"，"本或作'冥，窈'者，《爾雅》亦或作'窈'[④]。孫炎曰：'冥，深闇之窈也。'某氏[⑤]曰：'《詩》曰"噦噦其冥"，爲'冥，窈'，於義實安，但於'正，長'之義不允。故據王注爲毛說。"

案：以廣言之，曰"噲噲其正"；以深言之，曰"噦噦其冥"。毛傳"長也"，當從崔靈恩音"直良反"，謂室之寬長。故箋云："噲噲，寬貌。"王肅音"丁丈反"，非是。傳"幼也"，當從陸、孔所見本作"窈也"。崔音"杳"，謂"室之深窈"。室窈者多闇，而斯室則窈而明，故箋云"噦噦，明貌"。王肅作"幼"，非也。《爾雅》本作"冥，窈也"。漢樊光習三家《詩》，今注"冥，窈"，而引《詩》"噦噦其冥"，是魯、韓義與毛同，以"冥"爲"窈"。孫叔然亦是"窈"字，故云"深闇之窈"。王肅好與鄭難，因改傳以誣毛，謂二句言"宣王之臣長者、少者"。考此章正言宮室，何得忽及其臣？且毛傳之作"窈"，有崔靈恩《集注》可據；《爾雅》之作"窈"，有樊、孫等注可據。而許氏《說文》亦本作"冥，窈"，與《爾雅》、毛傳正合。今作"冥，幽也"，非。乃肅敢輒改作"幼"，誣妄甚矣。晉郭景純鮮通古義，不從樊、孫而從王肅，深可取笑。孔沖遠雖知"冥，窈"實安，而困於未達毛傳"正，長"之旨，因據王

---

① 噲噲，底本作"噲噲"，爲刻寫俗字。下徑改爲正字，不復出校。噲噲，寬敞明亮貌。噲，通"快"。《詩・小雅・斯干》："噲噲其正，噦噦其冥。"鄭玄箋："噲噲，猶快快也。正，晝也。噦噦，猶煟煟也。冥，夜也。言居之晝日則快快然，夜則煟煟然，皆寬明之貌。"馬瑞辰《毛詩傳箋通釋》："噲即'快'字之同音叚借……箋云'噲噲猶快快'者，是狀其室之明。"

② 噦噦，深暗貌。《詩・小雅・斯干》："噲噲其正，噦噦其冥。"馬瑞辰《毛詩傳箋通釋》："噦噦，猶昧昧，是狀其室之深闇。"

③ 煟煟，明亮貌。《詩・小雅・斯干》"噦噦其冥"，漢鄭玄箋："噦噦，猶煟煟也……皆寬明之貌。"

④ 《爾雅》亦或作"窈"，按：《十三經注疏》本《爾雅・釋言》："冥，幼也。"注云："幼稺者冥昧。"疏曰："謂幼少也。"引《小雅・斯干》"噦噦其冥"。

⑤ 某氏，《詩》正義、《爾雅》疏引作"某氏"。按：據竇秀豔《中國雅學史》，臧庸、邵晉涵、盧文弨等均認為"某氏"即樊光。

注爲毛説。雖曰限於“不知”，亦深違“蓋闕”之義矣。

文昌[①]

今人所奉文昌星，乃北宫斗宿六星，而非中宫北斗文昌宫六星。所奉魁星，乃斗宿六星之首二星，而非中宫北斗魁首及西宫奎宿十六星。何以言之？南斗爲廟。古者，賞爵祿於廟。故南斗主進士、薦賢良、授爵禄，又主壽，士類所以尊禮之。文昌宫，天之六府，較南斗爲尊，其職司尤大。六星，一曰上將，建威武；二曰次將，正左右；四曰司命，主災咎；五曰司中，主左理。[②] 是所主與斗宿不同，故斗宿主文而文昌宫主武，今制軍禮[③]祀文昌星正此。又斗宿主壽，而文昌宫司命主災咎亦異。惟“三曰貴相，理文緒；六曰司禄，賞功進士”，與南斗職司相涉，俗人因號斗宿曰“文昌”，以美其名。道家文昌，《孝經》有“南斗文昌”之言，此其明證也。

《書・堯典》“禋[④]于六宗”，《周禮》大宗伯之職，“以槱[⑤]燎祀司中、

① 此篇不見於《清經解》本。

② 文昌宫六星及其職司，詳見《史記・天官書》：“斗魁戴匡六星，曰文昌宫：一曰上將，二曰次將，三曰貴相，四曰司命，五曰司中，六曰司禄。《索隱》引《春秋元命苞》曰：“上將建包曰上威武，次將正左右，貴相理文緒，司禄賞功進士，司命主災咎，司災主左理也。”

③ 軍禮，是古代“吉、凶、軍、賓、嘉”五禮之一，是與戰爭、田獵等有關活動的禮節。

④ 禋，祭名。升煙祭天以求福。《詩・大雅・生民》：“克禋克祀，以弗無子。”鄭玄箋：“乃禋祀上帝於郊禖，以祓除其無子之疾而得其福也。”孔穎達疏：“經傳之中，亦非祭天而稱禋祀者，諸儒遂以禋爲祭之通名……先儒云，凡絜祀曰禋。若絜祀爲禋，不宜別六宗與山川也。凡祭祀無不絜，而不可謂皆精。然則精意以享，宜施燔燎，精誠以假，煙氣之升，以達其誠故也。”《詩・周頌・維清》：“肇禋，迄用有成。維周之禎。”鄭玄箋：“文王受命，始祭天而征伐也。《周禮》：‘以禋祀祀昊天上帝。’”孔穎達疏：“引《周禮》者，《大宗伯》文。引之以證禋爲祭天也。”王國維《觀堂集林・洛誥解》：“《周禮・大宗伯》：‘以禋祀祀昊天上帝，以實柴祀日月星辰，以槱燎祀司中、司命、風師、雨師。’三者互言，皆實牲於柴而燎之，使煙徹於上。禋之言煙也，殷人祀人鬼亦用此禮。”泛指祭祀。《國語・周語上》：“不禋於神而求福焉，神必禍之；不親於民而求用焉，人必違之。精意以享，禋也。”韋昭注：“潔祀曰禋。”

⑤ 槱，《釋文》：“槱，本亦作栖。”阮校：“按《羊人》注作‘栖燎’，《説文・木部》云：‘槱，積火燎之也。从木，从火，酉聲。《周禮》以槱燎祠司中司命。又禉柴祭天神，或从示。’然則此經‘槱’字當以从木，从火爲正。‘栖’者‘禉’之訛體，‘禉’者‘槱’之或字。”孫校：“盧本《釋文》‘栖’作‘楢’，《羊人》注亦作‘楢’，此疑誤。”

司命"，鄭康成注皆以文昌宮第四、第五星當之。① 可知文昌宮乃天神之尊者，古帝王俱爲崇祀②，非列宿可得而擬也。許叔重《說文解字》云："魁，羹斗也，从斗，鬼聲。"鄭注《禮記·檀弓》"不爲魁"云："魁，猶首也。"蓋"魁"字因"斗"成文，其訓爲"首"，故北斗七星之首曰"魁"，南斗六星之首亦曰"魁"，或舍"魁"言"奎"，是未識"魁"字从"斗"，训"首"之旨矣。《史［記］正義》及《晉志》言："南斗六星，南二星爲魁，一名天梁。"③ 文昌，《孝經》言"南斗所屬有魁星"，則今魁星爲南斗之首無疑。若北斗七星，《書》所謂"旋、機、玉衡，以齊七政"。甘氏云："人君號令之主。"④ 且較文昌宮爲尊，而第一名天樞，第二名旋，第三名機，第四名權，又各有本名，無容一魁星而有四名。如以北斗之魁爲今魁星，而屬於文昌，不失其尊卑之次乎？至西方奎宿十六星，此天之武庫，主兵而不主文，有歷代《史志》可據。謂"奎壁爲圖書之府"⑤ 者，文人相傳不經之談，實無所本。顧寧人以"奎"爲文章之府，誤一；不知本當作"魁"，而云改"奎"爲"魁"，誤二；"奎"爲西方白虎七宿之一，而云"奎"爲北方元武⑥七宿之一，誤三；北斗七星第一至第四揔謂之"魁"，而云"魁"爲北斗之第一星，誤四；"首"謂之"魁"。《吕覽》云"魁士名人"⑦，何嘗非佳語？以《僞古文尚書》有"殲厥渠魁"之言，而病其不雅俊，誤五。今采錄經史舊文，作《北斗七星文昌宮六星考》第一，《斗宿及魁星考》第二，《奎宿考》第三，《壁

---

① 鄭注："司中、司命，文昌第五、第四星。"

② 祀，底本作"祀"，爲刻寫俗字，亦爲日本用漢字。下徑改爲通行正字，不復出校。

③ 《史［記］正義》及《晉志》言："南斗六星，南二星爲魁，一名天梁。"按：《史記·天官書》："衡殷南斗，魁枕参首。"《正義》曰："南斗六星爲天廟，丞相、太宰之位，主薦賢良，授爵禄，又主兵，天機。南二星，魁、天梁。"《晉書·天文志》："南斗六星，天廟也，丞相、太宰之位，主褒賢進士，稟授爵禄。又主兵，一曰天機。南二星，魁、天梁也。"

④ 甘氏云："人君號令之主。"按：戰國時期楚人甘德、魏人石申各寫有一部天文學著作，後人將其合稱爲《甘石星經》。有曰："北斗星，謂之七政，天之諸侯，亦爲帝車。魁四星爲璇璣，杓三星爲玉衡，齊七政。斗爲人君號令之主，主號施令，布政天中，臨制四方。"

⑤ 奎壁爲圖書之府，按：《晉書·天文志上》："東壁二星，主文章，天下圖書之秘府也。"

⑥ 元武，即"玄武"。按：清人爲避清康熙帝諱而改"玄"爲"元"，下同。

⑦ 《呂覽》云"魁士名人"，按：《吕覽》即《呂氏春秋》。《呂氏春秋·勸學》："不疾學而能爲魁士名人者，未之嘗有也。"

宿考》第四，而附以顧寧人《日知録》以證余言。①

北斗七星文昌宫六星②

《史記·天官書》："中宫，北斗七星，所謂'旋、璣、玉衡以齊七政'。杓擕③龍角。孟康曰："杓，北斗柄也。龍角，東方宿也。擕，連也。"衡殷南斗，晉灼曰："衡，斗之中央。殷，中也。"魁枕參首。用昏建者杓；杓，自華以西南。孟康曰："傳云：'斗第七星，法大白主，杓，斗之尾也。'尾爲陰，又其用昏，昏，陰位，在西方，故主西南。"夜半建者衡；徐廣曰："第五星"。衡，殷中州河、濟之間。孟康曰："假令杓昏建寅，衡夜半亦建寅。"平旦建者魁；魁，海岱以東北也。孟康曰："傳云：'斗第一星，法於日，主齊也。'魁，斗之首；首，陽也，又其用在明陽與明德，在東方，故主東北齊分。"斗爲帝車，運於中央，臨制四鄉。《漢書》作"海"。分陰陽，建四時，均五行，私④節度，定諸紀，皆繫於斗。斗魁戴匡六星，晉灼曰："似匡，故曰戴匡也。"曰文昌宫：一曰上將，二曰次將，三曰貴相，四曰司命，五曰司中，《漢書》作"司禄"。六曰司禄。《漢書》作"司災"。在斗魁中，貴人之牢。魁下六星，兩兩相比者，名曰三能。蘇林曰："音三台。"⑤ 三能色齊，君臣和；不齊，爲乖戾⑥。""杓端有兩星：一内爲矛，招摇⑦；一外爲盾，天鋒。"孟康曰："近北斗者招摇，爲天矛。"《漢書·天文志》同。

司馬貞《索隱》：《春秋運斗樞》云："斗，第一天樞，第二璇，第三機，第四權，第五衡，第六開陽，第七摇光。第一至第四爲魁，第五至第七爲標，合而爲斗。"《文耀鉤》云："斗者，天之喉舌。玉衡屬杓，魁爲璇、機。"宋均云："殷，當也。"《說文》云："杓，斗柄。音匹遥反，

---

① 而附以顧寧人《日知録》以證余言，此句底本無，據校抄本補。

② 此篇不見於《清經解》本。

③ 擕，同"攜"，今簡體字作"携"。"擕"字見《龍龕手鑑》。

④ 私，中華書局本《史記》和瀧川資言《史記會注考證》均作"移"。

⑤ 音三台，中華書局本《史記》和瀧川資言《史記會注考證》均作"能音台。"

⑥ 乖戾，底本作"乖戾"，爲"乖戾"之刻寫俗字。下徑改爲通行正字，不復出校。

⑦ 摇，底本作"摇"。按：刻本和抄本中，"䍃"字及其作爲漢字構件參與構字時常作"䍃"，如"摇"作"摇"，"遥"作"遥"，"瑶"作"瑶"，"愮"作"愮"等。下徑改爲通行正字，不復出校。招摇，北斗七星的第七星，也稱"摇光""瑶光"。《禮記·曲禮上》："招搖在上，急繕其怒。"鄭玄注："招摇星在北斗杓端主指者。"孔穎達疏："招摇，北斗七星也。"

即招搖也。"[①]《文耀鉤》云："文昌宮爲天府。"《孝經·援神契》云："文者，精所聚；昌者，揚天紀。輔拂並居，以成天象，故曰文昌宮。"《春秋元命苞》曰："上將建威武，次將正左右，貴相理文緒，司禄賞功進士，司命主災咎，司中主左理也。"《漢書·東方朔傳》："願陳泰階六符。"孟康曰："泰階，三台也。台星凡六星。六符，六星之符驗也。"應劭引《黄帝泰階六符經》曰："泰階者，天子之三階：上階，上星爲男主，下星爲女主；中階，上星爲諸侯三公，下星爲卿大夫；下階，上星爲士，下星爲庶人。三階平，則陰陽和，風雨時。"

《甘氏星經上》："北斗七星，謂之七政，天之諸侯，亦爲帝車。魁四星爲璇、璣，杓三星爲玉衡。齊七政。斗爲人君號令之主。出號施令，布政天中，臨制四方。""第一名天樞，第二名璇，第三名璣，第四名權，第五名衡，第六名闓陽[②]，第七名瑶光。""文昌六星如半月形，在北斗魁前，天府，主營計天下事，其六星各有名，色黄光潤，則天下安，萬物成。"

《晉書·天文志上》："中宮'北斗七星在大微北，七政之樞機，陰陽之元本也。故運乎天中，而臨制四方，以建四時，而均五行也。魁四星爲璇、璣，杓三星爲玉衡。'又曰'斗爲人君之象，號令之主也。又爲帝車，取乎運動之義也。'""一至四爲魁，五至七爲杓。樞爲天，璇爲地，璣爲人，權爲時，玉衡爲音，開陽爲律，摇光爲星。石氏云：'第一曰正星，主陽德，天子之象也。二曰法星，主陰刑，女主之位也。三曰令星，主中禍。四曰伐星，主天理，伐無道。五曰殺星，主中央，助四旁，殺有罪。六曰危星，主天倉[③]五穀。七曰部星，亦曰應星，主兵。'又云：'一主天，二主地，三主火，四主水，五主土，六主木，七主金。'又曰：'一主秦，二主楚，三主梁，四主吳，五主燕，六主趙，七主齊。'魁中四星爲貴人之牢，曰天理也。輔星傅乎開陽，所以佐斗成功，丞相之象

① 按：今《説文·木部》作"杓，枓柄也。从木，从勺。"徐鉉音"甫摇切"。臣鉉等曰："今俗作市若切，以爲桮杓之杓。"

② 闓陽，即開陽，北斗七星的第六星。《説文·門部》："闓，開也。"《漢書·匈奴傳上》"今欲與漢闓大關"，顏師古注："闓，讀與開同。""闓"與"開"音近义通，故可通用。《詩·小雅·大東》："維天有漢，監亦有光。"箋云："喻王闓置官司，而無有督察之實。"《释文》："闓音開，字亦作開。"

③ 倉，底本作"倉"，爲"倉"之刻寫俗字。下徑改爲通行正字，不復出校。

也。七政星明，其國昌；輔星明，則臣彊。杓南三星及魁第一星、西三星皆曰三公，主宣德化，調七政，和陰陽之官也。文昌六星，在北斗魁前，天之六府也，主集計天道。一曰上將，大將軍建威武。二曰次將，尚書正左右。三曰貴相，太常理文緒。四曰司禄，司隸賞功進士。五曰司命、司怪，太史主滅咎。六曰司中、司寇，大理佐理寶。”“三台六星，兩兩而居，起文昌，列抵太微。一曰天柱，三公之位也。在人曰三公，在天曰三台，主開德宣符也。西近文昌二星曰上台，爲司命，主壽。次二星曰中台，爲司中，主宗室。東二星曰下台，爲司禄，主兵，所以昭德塞違也。又曰三台爲天階，太一躡以上下。一曰泰階。上階，上星爲天子，下星爲女主；中階，上星爲諸侯三公，下星爲卿大夫；下階，上星爲士，下星爲庶人：所以和陰陽而理萬物也。”

《周禮》：大宗伯之職，“以槱燎祀司中、司命”。注：“鄭司農云：‘司中，三能、三階也。司命，文昌宮星。’元謂：‘司中、司命，文昌第五、第四星，或曰中能、上能也。’”釋曰：“先鄭云‘司中，三能、三階也’者，案《武陵太守星傳》云：‘三台，一名天柱。上台司命爲大尉，中台司中爲司徒，下台司禄爲司空。’云‘司命，文昌宮星’者，亦據《星傳》云：‘文昌宮第四曰司命，第五曰司中。’二文俱有司中、司命，故兩載之。”“後鄭云：‘司中、司命，文昌第五、第四星’者，案《武陵太守星傳》云：‘文昌宮六星，第一曰上將，第二曰次將，第三曰貴相，第四曰司命，第五曰司中，第六曰司禄。’是其本次也。云‘或曰中能、上能’者，亦據《武陵太守星傳》而言。引此以破先鄭也。”

《尚書·堯典》“禋于六宗”，鄭君則以此“星也、辰也、司中也、司命也、風師也、雨師也”六者爲六宗。

《禮記·曲禮》“招摇在上”注：“招摇星在北斗杓端主指者。”正義曰：“《春秋運斗樞》云：‘北斗七星，第七摇光，第一至第四爲魁，第五至第七爲標。’案此‘摇光’則‘招摇’也。在下云‘端’者，明魁以上爲首，‘標’則以下爲端也。”

斗宿魁星①

《史記·天官書》：中宮，“衡殷南斗”，張守節《正義》：“南斗六星

① 此篇不見於《清經解》本。

爲天廟，丞相、大宰[①]之位，主薦賢良，授爵祿，又主兵，當有“一曰”二字。天機。南二星魁、天梁，中央二星天相，北二星天府庭也。占：‘斗星盛明，王道和平，爵祿行。’”又《天官書》：北宮，“南斗爲廟”，《漢書·天文志》同。《正義》：“南斗六星在南也。”

《甘氏星經下》：“斗宿南斗六星，主天子壽命，亦云宰相爵禄之位。”“一名天斧，當作“府”。二名天闕，三名天機。大明，王道和平，將相同心，帝命壽，天下安。”

《晉書·天文志上》：“北方南斗六星，天廟也，丞相太宰之位，主裦[②]賢進士，稟授爵禄。又主兵，一曰天機。南二星魁、天梁也。中央二星，天相也。北二相，天府庭也，亦爲壽命之期也。將有天子之事，占於斗。斗星盛明，王道平和，爵禄行。”

《宋書·天文志一》：“太康八年九月，星孛[③]於南斗。占曰：‘斗主爵禄，國有大憂。’”又《天文志二》：“升平四年九月壬午，太白入南斗口，犯第四星。占曰：‘爲喪，有赦，天下受爵禄。’”

奎宿[④]

《史記·天官書》：“西宮，奎曰封豕，《漢書》作“豨”。爲溝瀆。婁爲聚衆。”《漢書·天文志》同。《正義》：“奎，十六星。婁三星爲降婁，於辰在

---

① 大宰，即“太宰”。大，通“太”。清江沅《説文釋例》：“古只作‘大’，不作‘太。《易》之‘大極’，《春秋》之‘大子’‘大上’，《尚書》之‘大誓’，‘大王王季’，《史》《漢》之‘大上皇’‘大后’，後人皆讀爲太。或徑改本書，作‘太’及‘泰’。”相傳殷置太宰。周稱塚宰，爲天官之長，掌建邦之六典，以佐王治邦國。春秋列國亦多置太宰之官，職權不盡相同。秦、漢、魏皆不置。晉以避司馬師諱，置太宰以代太師。北周文帝依《周禮》建六官，置天官大塚宰卿一人。隋唐均無此官。宋崇寧間，改左僕射爲太宰、右僕射爲少宰，靖康末復故。參閱《周禮·天官·大宰》《宋書·百官志上》《通典·職官二》《文獻通考·職官二》。

② 裦，同“褒（襃）”。《字彙·衣部》：“裦，與褒同。”嘉獎；稱讚。《漢書·藝文志》：“有所襃諱貶損，不可書見，口授弟子，弟子退而異言。”一本作“裦”。漢東方朔《非有先生論》：“襃有德，禄賢能，誅惡亂，揔遠方，壹統類，美風俗。”

③ 孛，彗星的别稱。《春秋·文公十四年》：“秋，七月，有星孛入於北斗。”杜預注：“孛，彗也。”《公羊傳·文公十四年》：“孛者何？彗星也。”亦謂彗星出現時光芒四射的現象。舊以為不祥之兆，預示有兵災悖亂發生。《春秋·哀公十三年》：“冬，十有一月，有星孛于東方。”《新唐書·虞世南傳》：“後星孛虚、危，歷氐，餘百日，帝訪羣臣。”

④ 此篇不見於《清經解》本。

戍，魯之分野。奎，天之府當作“武”。庫，一曰天豕，亦曰封豕，主溝瀆。西南大星，所謂天豕目。占以明爲吉。婁爲苑，牧養犧牲以共郊祀，亦曰聚衆。”《律書》：“奎者，主毒螫殺萬物也，奎而藏之。”徐廣曰：“‘奎’，一作‘圭’。”案：《集韻》：“圭，音奎，蠆也。”① 本此。“圭”，本毒殺之蟲，能殺萬物。奎星之主武，取此名也。《説文》：“奎，兩髀之閒。”故爲溝瀆之象，又爲藏也。

《後漢書·蘇竟傳》：“奎爲毒螫，主兵庫。”李賢注：“《春秋合誠圖》曰：‘奎主武庫之兵也。’”②

《續漢書·天文志中》：“奎主武庫兵。”又《五行志六》同。

《晉書·天文志》：“西方，奎十六星，天之武庫也。一曰天豕，亦曰封豕。主以兵禁暴，又主溝瀆。西南大星，所謂天豕目，亦曰大將，欲其明。婁三星，爲天獄，主苑牧犧牲，供給郊祀。”

《宋書·天文志二》：“元康五年四月，有星孛於奎，占曰：‘奎爲魯，又爲庫兵。’”“咸康二年正月辛巳，彗星夕見西方，在奎。占曰：‘爲兵喪，奎又爲邊③兵。’”

《爾雅·釋天》：“降婁，奎婁也。”李巡注：“降婁，白虎宿也。”見《一切經音義》六，又，九。孫炎注：“降，下也。奎爲溝瀆，故稱降也。”見《春秋正義》四十及邢疏。

《禮記·月令》：“仲春之月，日在奎。”注：“仲春者，日月會於降婁。”正義曰：“降，降也。婁，歛也。言萬物降落而收歛。”

壁宿④

《史記·天官書》：“北宫，其南有衆星，曰羽林天軍。軍西爲壘，或曰鉞。”《漢書·天文志》同，“鉞”作“戉”。正義：“羽林三十五星，三三而聚，散在壘辟南，天軍也。亦天宿衛之兵，壘辟陳十二星，横列在營室南。天軍之垣壘。占之：非故，兵起，將軍死也。”

---

① 圭，《説文·虫部》：“圭，蠆也。从虫，圭聲。”

② 《後漢書》此句，校抄本置於《宋書》句後、《爾雅》句前。

③ 邊，底本作“邉”，爲“邊”之刻寫俗字。下徑改爲通行正字，不復出校。

④ 此篇不見於《清經解》本。

凌穉隆[①]《評林》：“余有丁[②]曰：‘《晉書·天文志》離宫下有東壁二星。案：北宫有壁星，當是。此太史公不載，豈以軍壘壁爲壁邪？’”

《黄帝占》曰：“東壁失色，大小不同，則王者好武，經士不用，圖書隱藏，天下咸愚。”石氏曰：“東壁主文章圖書府，故置壘壁以衛後。”

《甘氏星經下》：壁宿，“東壁二星，主文章圖書也。”《事類賦·天部》：“東壁，上帝之圖書。”注引《星經》曰：“東壁，天子圖書之祕府也。明則圖書集，道術行，小人退，君子入。若不然，天子好武，賤文士，賢人隱，邪曲進。”“羽林軍星四十五星，壘辟十二星，並在室南，主翼衛天子之軍。”[③]

《晉書·天文志》：“北方東壁二星，主文章，天下圖書之祕府[④]也。星明，王者興，道術行，國多君子；星失色，大小不同，王者好武，經士不用，圖書隱。”“星官在二十八宿之外者，羽林四十五星，在營室南，一曰天軍，主軍騎，又主翼王也。壘辟陣十二星，在羽林北，羽林之垣壘也；主軍衛，爲營壅也。”

《爾雅·釋天》“娵觜[⑤]之口，營室、東壁[⑥]也。”李巡注：“營室、東壁，北方宿名。”見《春秋正義》四十。

---

① 穉，底本作“穉”，爲“穉”之刻寫俗字。穉，後作“稚”。《集韻·脂韻》：“穉，幼也。”《列子·天瑞》“純雄其名穉蜂”，張湛注：“穉，古稚字。”凌稚隆（生卒年不詳），字以棟，號磊泉，浙江烏程人。明代學者、雕版印刷家。凌蒙初（1580—1644）即其侄。一生撰纂並刻印了大量書籍，如《萬姓類苑》46卷、《史記評林》130卷、《漢書評林》120卷、《史記纂》24卷及《五車韻端》、《文林綺繡》等，雕制精良，爲後世藏書家所珍視。浙江圖書館現藏有多種萬曆凌刻本。

② 余有丁（1526—1584），字丙仲，號同麓，鄞縣（今浙江寧波）人。1562年進士，歷翰林編修、實録纂修官、國子祭酒等職，謚文敏。辭官回鄉後，於東湖構築“五柳莊”，有“覺是齋”藏書樓，後人稱為“余相書樓”。余有丁生平校書嚴謹，南監本二十一史尚有其校刊之題識，另有《文敏公集》十五卷。

③ 見《甘氏星經》下《羽林》篇。

④ 祕，底本作“祕”，爲“祕”之刻寫俗字。下徑改爲通行正字。祕府，古代稱禁中藏圖書秘記之所。《漢書·藝文志》：“於是建藏書之策，置寫書之官，下及諸子傳説，皆充祕府。”顔師古注引如淳曰：“外則有太常太史博士之藏，内則有延閣廣内祕室之府。”

⑤ 觜，唐石經、雪牕本、注疏本同。《釋文》亦作“觜”，單疏本及元本疏引經作“訾”。阮校：“按《左傳·襄公三十年》作‘娵訾之口’，十二辰之次字作‘訾’，與二十八宿之‘觜’不同。《釋文》及唐石經作‘觜’，蓋用假借字。”娵觜，亦作“娵訾”。星次名，在二十八宿爲室宿和壁宿。其位置相當於現代天文學上黄道十二宫中的雙魚宫。

⑥ 壁，閩、監、毛本同。唐石經、單疏本、雪牕本、元本作“壁”，誤。《釋文》：“辟，本又作壁。”

魁[1]

《日知録》云：今人所奉魁星，不知始自何年，以奎爲文章之府，故立廟祀之。乃不能像奎，而改奎爲“魁”。又不能像魁，而取之字形，爲鬼舉足，而起其斗。不知奎爲北方玄武七宿之一，魁爲北斗之第一星，所主不同，而二字之音亦異。今以文而祀，乃不於奎而於魁，宜乎今之應試而獲中者皆不識字之人與！又今人以榜前五名爲五魁。《漢書·酷吏傳》：“所置皆其魁宿。”《游俠傳》：“閭里之俠，原涉爲魁。”師古曰：“魁者，斗之所用盛而杓之本也。《淮南子》注：“斗第一星至第四爲魁，第五星至第七爲杓。”故言根本者皆云魁。”《說文》：“魁，羹斗也。”趙宧光曰：“斗首曰魁。因借凡首皆謂之魁。”其見於經者，《書·胤征》之“殲厥渠魁”，《［禮］記·曲禮》之“不爲魁，主人能，則執兵而陪其後。”然則五魁之名，豈佳語哉？或曰：里有里魁，市有市魁，皆長帥之意。要非雅俊之目。《呂氏春秋》有魁士名人，此用“魁”字之始。[2] 近時人好以魁命名，亦取五魁之義。古人以魁命名者絕少。《左傳》有酈魁壘、盧蒲就魁，[3]《呂氏春秋》齊王殺燕將張魁。[4]

司中司命

鄭康成注《禮記》“招摇在上”，以“招摇星在北斗杓端”，正本太史公《天官書》。孔沖遠失檢，以“摇光”爲“招摇”，誤甚。大宗伯之職，“以槱燎祀司中、司命”，當從後鄭[5]說，“爲文昌宫第五、第四星”，不得以上台、中台亦有司中、司命之號而岐指之。應仲援《風俗通·祀

---

① 本篇不見於底本和《清經解》本，據校抄本補。篇名爲整理者擬。文乃節録《日知録》卷三十二“魁”。與本卷《文昌》篇末“而附以顧寧人《日知録》以證余言”相照應。底本《文昌》篇末無此句，亦無此篇。

② 此句正文，清黄汝成《日知録集釋》爲小字注。

③ 酈魁壘（？—前463年），戰國時期晉國大夫；盧蒲就魁（？—前589年），戰國時期齊國大臣。

④ 此兩句注文，清黄汝成《日知録集釋》爲大字正文。

⑤ 後鄭，鄭玄的别稱。鄭玄注《周禮》，多引鄭興、鄭衆父子之説，後人因稱鄭玄爲“後鄭”，鄭興父子爲“先鄭”。

典》篇亦同康成說。《天官書》“四曰司命，五曰司中，六曰司禄”，與《武陵太守星傳》同。康成注《周禮》亦“四爲司命，五爲司中”。《春秋元命苞》四爲司禄，在司命、司中之上。《晉志》本之，與《天官書》等微異。《漢書》“四曰司命”，與《天官書》《星傳》《周禮》注俱同，而司禄在第五，六爲司災，而無司中，是不特與《大宗伯》《天官書》等乖舛，且與《元命苞》及《晉志》俱不合。

案：《元命苞》云：“司命主災[①]咎。”則司命即司災。《晉志》“司命”下云“司怪主滅咎”是也。今别出司災而無司中，非是。豈班孟堅學術反在唐人所修《晉書》下乎？此必後人妄改。班《志》文當與《史記》同。《晉志》“一曰司中”，“司中”二字，毛本在“四曰司禄”之下。此因寫者誤看旁行而錯入，兹移正。

奎婁[②]

“奎”“婁”本二宿，以同在西宫而位相次[③]，故連文稱之。一曰“降婁”。“降”謂“奎”也。“奎”爲溝瀆，有降下義，故《爾雅·釋天》、鄭注《月令》皆以“奎婁”爲“降婁”也。北宫辟宿[④]，《天官書》以爲“壁壘”，余有丁之說是也。則壁亦主武，後人誤以屬文，與言奎正同。嘉定錢氏撰《史記考異》，言《天官書》北[⑤]方七宿，不及東壁，葢傳寫失之。然《漢志》與馬《書》[⑥] 文同，亦無東壁。豈俱傳寫之失邪？“壁壘”謂軍營之壘壁也，故東壁主武。此曰“軍西爲壘”，下曰歲星“與營室、東壁晨出”。又曰：“其失次，有應見東壁。”又曰：“太歲在甲寅，鎮星在東壁，故在營室。”又曰：“營室東壁，并州。”異名而同實也。《天文志》亦云“軍西爲壘，或曰戉”，與此文正同也。[⑦] 《星

---

① 災，底本作“烖”，爲“災”之刻寫俗字。下徑改爲正字，不復出校。

② 此篇不見於《清經解》本。

③ 次，底本作“⼎欠”。按：刻本與抄本中，漢字構件“冫”常作“=”，如“茨”作“茨”，“匀”作“匀”等。下徑改爲通行正字，不復出校。

④ 辟，校抄本作“壁”。按：辟，通“壁”。清朱駿聲《説文通訓定聲·解部》：“辟，叚借爲壁。”星名。《爾雅·釋天》：“營室，東壁也。”陸德明《釋文》：“辟，本又作壁。”《禮記·月令》：“仲冬之月，日在斗，昏，東辟中。”

⑤ 北，底本作“北”，爲“北”之刻寫訛俗字。下徑改爲通行正字，不復出校。

⑥ 馬《書》，指司馬遷《史記·天官書》。

⑦ 此段注文，校抄本作大字正文。

經》有“東壁，主文章圖書”，而又有“壘辟[1]十二星”。《晉志》以東壁爲天下圖書之祕府，又有壘壁十二星在二十八宿外，與《史記》《漢書》不合。蓋《晉書》，唐人所修，而《星經》或出後人掇集，殆未足深信。“羽林軍四十五星”，《星經》《晉志》並同，經載星圖亦四十五，而《史［記］正義》作三十五，未詳孰是。因文有連涉，附考及之。

爾雅注多魯詩

唐人義疏引某氏注《爾雅》，即樊光也。其引《詩》多與毛、韓不同，蓋本魯《詩》，今彙録之，而證以毛《詩》。不特樊之異於毛者可見，即毛之不與樊同，而俗本誤同之者亦見矣。

《釋詁》篇：“墳，大也。”注引《詩》云“有賁其首”，此見《書·盤庚》正義，餘俱見《詩》正義。而毛《詩·魚藻》作“有頒其首”。案：《釋文》引韓《詩》亦作“頒”，云“衆貌”，則樊氏所用非韓《詩》。

“妃，媲也。”注引《詩》云“天立厥妃”，而毛《詩·皇矣》“天立厥配[2]”。或以“配”字爲誤，非也。

“亶，厚也。”注引《詩》云“俾爾亶厚”，案：《潛夫論·慎微》篇：“俾爾亶厚，胡福不除。”“亶”字正與此合。又“何福”作“胡福”者，毛《詩·山有樞》“子有酒食，何不日鼓瑟？”《揚之水》：“既見君子，云何不喜。”而《隸釋》、石經魯《詩》作“胡不日鼓瑟”“云胡不喜”，蓋毛《詩》“何”字，魯《詩》多作“胡”，然則《潛夫論》所引，乃魯《詩》也。而毛《詩·天保》作“俾爾單厚”。

“柔，安也。”注引《詩》云“懷柔百神”，而毛《詩·時邁》作“懷濡百神”。《釋文》云：“柔，本作‘濡’。”正義曰：“定本作‘柔’。”《集注》作“濡”。

“呬，息也。”注引《詩》云“民之攸呬”，而毛《詩·泂酌》作“民之攸墍”。

“淈，治也。”注引《詩》云“淈此羣[3]醜”，案：鄭箋云：“屈，治也。”《釋文》引徐仙民云：“鄭，其勿反。”則亦讀爲“淈”，與樊氏音、義皆同。而毛《詩·泮

---

① 壘辟，校抄本作“壘壁”。底本下文亦作“壘壁”。按：此處宜作“壘壁”。

② 配，阮刻《十三經注疏》本作“妃”，正義曰：“妃字音亦爲配。”

③ 羣，同“群”。按：今“群”字通行，而古籍中常作“羣”。《玉篇·羊部》：“群，朋友，衆也。”《五經文字·羊部》：“羣，俗作群。”《夏承碑》：“治《詩》《尚書》，兼覽群藝。”

水》作“屈此羣醜”。案：《釋文》引韓《詩》亦作“屈”，云“收也”，則樊注所用非韓《詩》。

《釋言》篇：“祺，祥也。”注引《詩》云“維周之祺”，而毛《詩·維清》作“維周之禎”。《釋文》云：“祺，本又作‘禎’①。音貞，與崔本同。”正義曰：“定本、《集注》‘祺’字作‘禎’。”

“洵，均也。”注引《詩》云“菀彼桑柔，其下侯洵”，而毛《詩·桑柔》作“菀彼桑柔，其下侯旬”。

《釋訓》篇：“溞溞②，淅也。烰烰③，氣也。”注引《詩》云：“釋之溞溞，烝之烰烰。”《說文·火部》引《詩》“烝之烰烰”。而毛《詩·生民》作“釋之叟叟，烝之浮浮”。

“儵儵、嘒嘒，罹禍毒也。”《爾雅·釋訓》文云“儵儵”，樊本作“攸攸”，引《詩》。注引《詩》云“攸攸我里”，而毛《詩·十月之交》作“悠悠我里”。傳“悠悠，憂也”，義亦不同。

《釋草》篇：“荷，芙蕖。其莖茄。”注引《詩》云“有蒲與茄”，而毛《詩·澤陂》作“有蒲與荷”。

《釋木》篇：“瘣木，苻婁。”注引《詩》云：“譬彼瘣木，疾用無枝。”《說文·疒部》亦引《詩》“譬彼瘣木”。而毛《詩·小弁》作“譬彼壞木，疾用無枝”。毛傳：“壞，瘣也。”

《釋獸》篇：“麋：牡，麔；牝，麎。”注引《詩》云：“瞻彼中原，其麎孔有。”案：鄭箋云：“‘祈’當作‘麎’。麎，麋牝也。”是鄭與樊同。考鄭注《儀禮·士昏禮》《特牲饋食禮》及《禮記·郊特牲》，皆引魯《詩》“素衣朱綃”，而箋毛《詩·揚之水》“繡當爲綃”，箋《皇矣》“侵阮徂共”，以阮、徂、共爲三國。正義引張融謂魯《詩》之義如此。又注《禮記·坊記》所引“先君之思，以畜寡人”，以爲“衛失④人定姜之詩”。《釋文》云此魯《詩》。然則康成雖從張恭祖習韓《詩》，而注三《禮》及箋毛《詩》，所用魯《詩》爲多。《漢志》所謂魯最爲近之，是也。此改“祈”爲“麎”，蓋本魯《詩》。而毛《詩·吉

---

① “本又作‘禎’”，爲《釋文》引徐仙民語。

② 溞溞，底本作“溞溞”，爲刻寫俗字。下徑改爲正字，不復出校。溞溞，象聲詞。《爾雅·釋訓》：“溞溞，淅也。”郝懿行《爾雅義疏》：“溞者，《詩》作‘叟’，毛傳：‘叟叟，聲也。’”

③ 烰烰，熱氣蒸騰貌。《說文·火部》：“烰，烝也。从火，孚聲。《詩》曰：‘烝之烰烰。’”段玉裁《說文解字注》：“烰烰，烝皃。謂火氣上行之皃也。”按：阮刻《十三經注疏》本《詩·大雅·生民》作“浮浮”。《玉篇·火部》：“烰，烰烰，火氣盛也。”

④ 失，《清經解》本作“夫”，校抄本字跡模糊難辨。按：作“夫”者是，底本之“失”，當爲“夫”字之訛。

日》作“瞻彼中林[1]，其祁孔有”。

“鼫[2]鼠”，注引《詩》云“鼫鼠鼫鼠”，而毛《詩·魏風》作“碩鼠碩鼠”。

其文與《毛》同而義異者，不録。

《拜經日記》卷第四經六千六百三十九字，注一千一百五十四字。

① 林，阮刻《十三經注疏》本作“原”。

② 鼫，底本作“鼯”。按：刻本和抄本中常見構件移位造成的俗字，“鼫”作“鼯”即屬此類。下徑改爲正體，不復出校。

拜經日記第五

武進臧氏學

寡人固固焉

《禮[①]記·哀公問》："公曰：'寡人固固焉。句。得聞此言也？'"[②]鄭[③]注："固固，言吾由鄙固故也。"[④] 正義曰："'固固'者，上'固'是鄙固，下'固'，故也。言寡人由鄙固之故，所[⑤]以得聞此言。由其固陋，上"固"。殷重問之，故得聞此言，下"固"。皇氏用王肅之義，二'固'皆爲固陋，上'固'言已之固陋，下'固'言若不鄙固則不問。不問，焉得聞此言哉？"

案："固"與"故"通。學士[⑥]盧召弓云："《周語》'咨於故實'，《魯[⑦]世家》作'固實'。""李善注《文選·兩[⑧]都賦序》引《漢書》'孔安國，射策爲掌固'，六臣注改爲'掌故'。""《唐六典》'尚書省有掌固十四人'，下即引《史記》'文學掌固'爲注，云：'掌固，主故事也。'"故鄭注以上"固"爲"鄙固"，下"固"爲"故"，文義極

---

① 禮，底本作"禮"，《清經解》本、校抄本均作"禮"。按："禮"在刻本和抄本中常作"禮"或"禮"，爲"禮"之俗字，"禮"亦爲日本用漢字。下同，不復出校。

② "公曰：'寡人固固焉。得聞此言也？"按：阮刻《十三經注疏》本《禮記·哀公問》作："公曰：'寡人固。不固，焉得聞此言也？'"鄭注與正義均釋"固，不固"。

③ 鄭，校抄本作"鄭"，爲抄本常見俗字，亦爲日本用漢字。下同，不復出校。

④ 鄭注："固固，言吾由鄙固故也。"按：阮刻《十三經注疏》本鄭注："固，不固，言吾由鄙固故也。"

⑤ 所，校抄本作"所"，爲抄本常見俗字，由此與他本形成諸多異文。下同，不復出校。

⑥ 校抄本"學士"前有"先師侍讀"四字。

⑦ 魯，校抄本作"魯"，爲抄本常見俗字。下同，不復出校。

⑧ 兩，底本作"两"，《清經解》本作"兩"，校抄本作"两"，皆爲"兩"之俗字。下徑改爲正字，不復出校。

爲明顯。王肅好與鄭異[1]，兩“固”字皆作“固陋”解，遂以下“固”爲“不固”焉，讀“於虔反”，改句下屬。皇侃疏鄭，好用肅說，遂誤[2]從之。《祭義》“濟濟者，客也”，皇侃亦從王肅作“客”。此孔《序》所譏爲“既遵鄭氏，時乖鄭學[3]，是木落不歸其本，狐[4]死不首其𠀉[5]”也。肅於《禮記》既改鄭注，復僞撰《家語》以證之。其文[6]見《大婚解》，曰：“寡人實固，不固，安得聞此言乎？”遂覺“不固”之訓、“焉得”之讀，肅言一一與聖人曶[7]合，益可證[8]鄭注之非[9]。陸德明《釋文》喜用皇侃說，故《祭義》篇大書“濟濟者，客也”，云：“口白反，賔[10]客也。下客以遠同。”於此篇大書“焉得”，云“於虔反”。而孔疏皆不從皇說，勝於陸氏遠矣。故《家語》雖有“不固”，而《禮記》仍作“固固”。乃今本惑於皇侃之疏，亂於《家語》之文，作“寡人固，不固”，鄭注亦衍“不”字，幾不可讀。幸孔疏詳明，今爲删正之，讀者當爽[11]然矣。《禮記·曲禮下》：“故輟朝而顧，君子謂之固。”注：“固，謂不達於禮也。”

---

① 異，校抄本作“異”，爲抄本常見俗字。下同，不復出校。

② 誤，底本作“誤”，《清經解》本同，校抄本作“誤”。按：刻本和抄本中常因筆劃稍異造成諸多俗字異文。下徑改爲正字，不一一出校。

③ 學，阮刻《十三經注疏》本《禮記正義序》作“義”。

④ 狐，底本作“狐”，爲刻寫俗字。下徑改爲正字，不復出校。

⑤ 𠀉，底本與《清經解》本同，校抄本作“邱”。按：古代文獻中常因避孔子名諱而將“丘”字缺筆作“𠀉”或改作“邱”字。兹爲保留古代文獻書寫習慣，不予補正。下同，不復出校。

⑥ 校抄本無“其文”二字。

⑦ 曶，“吻”之異體字。明田藝衡《留青日札摘抄·風變》：“故目中原至江南，人皆男女年十二三已上便爲婚嫁，六禮既無，片言即合，其始終遑迫之勢，陶九成紀之，與今曶合。”

⑧ 證，《清經解》本同，校抄本作“証”。按：証，同“證”。《正字通·言部》：“証，與證通。”清段玉裁《説文解字注·言部》：“証，今俗以証爲證驗字。”

⑨ 非，底本作“非”，《清經解》本。按：刻本中，“非”字及其作爲構字部件参與構字時常作“非”，如“匪”作“匪”等。下徑改爲通行正字，不復出校。

⑩ 賔，《清經解》本作“賓”。按：刻本中“賓”與“賔”常通用不别。《字彙·貝部》：“賔，俗賓字。”《吕氏春秋·仲夏》：“律中蕤賔。”《西狹頌》：“遠人賔服。”下同，不復出校。

⑪ 爽，校抄本作“爽”，爲抄本之增筆俗字。下徑改爲正字，不復出校。

正義曰："固，陋也。君子謂此爲固陋，不達禮意也。魯哀公答[1]孔子云'寡人固固'是也。"[2] 今本亦衍"不"字，可彼此互[3]證。

臧讀藏各有義

《説文·臣部》云："臧，善[4]也。从臣，戕聲。"《艸部》無"藏"字。《新附》云："藏，匿也。臣鉉等案：《漢書》通用'臧'字。从艸，後人所加。"

案：《爾雅·釋詁》："臧，善也。"魯公子彄，字子臧。"臧"即古"藏"字，"彄"亦藏也[5]。《内[6]則》"右佩管"，鄭注云："管，筆彄也，言所以藏筆也。"[7] 凡物之善者多珍藏之，藏之則善，故《爾雅》《説文》皆以"臧"爲善。《詩·雄雉》"何用不臧[8]"，《定之方中》"終然[9]允臧"，毛傳皆云："臧，善也。"《隰桑》"中心臧之"，《禮記·表記》《孝經·事君[10]章》皆作"中心藏之"。蓋毛《詩》爲古文，故作"臧"；《禮記》《孝經》皆今文，故作"藏"。毛公無"臧，善"之傳，是毛讀爲

---

① 答，《清經解》本作"荅"。按："荅"爲"答"之刻寫俗字。《五經文字·艸部》："荅，此荅本小豆之一名，對荅之荅本作畣。經典及人間行此荅已久，故不可改。"《廣韻·合韻》："答，當也。亦作荅。"下依底本寫出，不復出校。

② 阮刻《十三經注疏》本此句之正義曰："固，陋也。若身無異事，心無異慮，忽止朝而顧，君子謂此爲固陋，不達禮意也。魯哀公答孔子云'寡人固固'是也。"

③ 互，底本作"互"。按：刻本中常見因筆畫小異造成的俗字，"互"作"互"即其例。下徑改爲正字，不復出校。

④ 善，底本作"善"，校抄本同，爲"善"之俗字。下徑改作正字，不復出校。

⑤ 彄，"摳"之借字。用手挖。《列子·黄帝》"以瓦摳者巧"，殷敬順《釋文》："摳，探也，以手藏物探而取之曰摳，亦曰藏彄。《風土記》云：'臘日飲祭之後，叟嫗兒童爲藏彄之戲。'辛氏《三秦記》云：'漢鉤弋夫人手拳，時人傚之，因名爲藏鉤也。'" 章炳麟《新方言·釋言》："《説文》：'踦區，臧匿也。'或借彄、摳爲之。春秋魯公子彄字子臧是也。引申爲探臧。"

⑥ 内，底本作"內"，《清經解》本同。按："內"爲"内"之刻寫俗字。下徑改爲正字，不復出校。

⑦ 阮刻《十三經注疏》本《禮記·内則》"右佩玦捍管"，鄭玄注："管，筆彄也。"

⑧ 臧，校抄本作"藏"。

⑨ 然，校抄本作"焉"。按："終然允臧"爲魯《詩》，《唐石經》亦作"然"，證其不誤。抄本作"焉"，概爲抄人據毛改。

⑩ 君，校抄本作"事"，誤。

“藏”也。陸德明謂王肅音“才郎反”，甚是。箋云：“臧[①]，善也。我心善[②]此君子。”文義稍[③]不順。《表記》：“子曰：事君欲諫不欲陳。《詩》云：‘心乎愛矣，瑕不謂矣。中心藏之，何日忘之？’”注云：“陳，謂言其過於外也。瑕之言胡也。謂[④]，猶告也。”正義引皇侃云：“人臣中心包藏君惡，不欲嚮人陳之。”《釋文》云：“藏如字。鄭解《詩》作‘臧’，云‘善也’。”據皇、陸兩家，知《禮記》舊本作“藏”，鄭讀如字，故無“臧，善”之訓。乃王肅反改作“臧”，云“善也”。孔沖遠誤從之，言“中心臧之”，“《詩》之本文如此”，“今記人所引與《詩》文同”，以爲“鄭亦然”，而非皇氏。[⑤]則邪說惑人，是非顛倒矣。葢王肅好與鄭異，故《隰桑》鄭作“臧”，肅必作“藏”；《表記》鄭作“藏”，肅必作“臧”。《詩》注之與古文合，因異鄭而偶中耳，意不在申毛也。若鄭氏，則爲“臧”、爲“藏”，各如其書之本文，未嘗以已意参之。《隰桑》經及《禮記》正義皆作“臧”，今本俱作“藏”，此又誤中之誤也。

玼兮玼兮

《詩·君子偕老》“玼兮玼兮”，傳：“玼，鮮盛貎[⑥]。”沈重云：“毛

① 臧，阮刻《十三經注疏》本作“藏”，小字本、相臺本同，唐石經初刻同，後磨改作“臧”。阮校：“案《釋文》云：‘臧之，鄭子郎反，善也，王才郎反。’是唐石經依鄭義磨改也。《郡經音辨·艸部》云：藏，善也，鄭康成讀宋時《釋文》舊本、新本不同，賈所見本字或作‘藏’，故云‘然考鄭訓善，自當不从艸’，而‘藏’字在《説文新附》，即王義亦未必不仍爲‘臧’，有‘艸’者非也。《考文》古本作‘臧’，采《釋文》。”

② 善，各本同。按：《毛詩傳箋通釋》亦作“善”，阮刻《十三經注疏》本作“愛”。

③ 稍，底本作“稍”，《清經解》本同。按：“稍”爲“稍”之刻寫俗字，刻本中“稍”常寫作“稍”。下徑改爲正字，不復出校。

④ 本篇“謂”字以下至下篇《玼兮玼兮》之“互見”以前之內容，《清經解》本無。比勘《拜經堂叢書》本，《清經解》本所無者恰爲其卷五第三頁之內容。由此推測，《清經解》本概據底本而漏刻是頁。

⑤ 阮刻《十三經注疏》本孔氏正義：“‘中心藏之，何日忘之’者，藏，善也。言中心善此君子，何日忘此君子矣。《詩》之本文如此，今記人所引此，云心乎愛此君子矣。瑕之言胡，胡，何也。謂，猶告也。言何不以事告諫於君矣。‘中心藏之’，與《詩》文同。王肅以爲‘藏，善’，鄭亦然也。皇氏以爲人臣中心包藏君惡，不欲鄉人陳之，非其義也。”

⑥ 貎，校抄本作“貌”。按：抄本中，漢字構件“皃”與“兒”常混用。下同，不復出校。

及呂忱並[①]作‘玭’解。王肅云：‘顔[②]色衣服鮮明貌。’本或作‘瑳’，此是後文‘瑳兮’，王肅注‘好美衣服潔[③]白之貌’。若與此同，不容重出。”陸德明云：“今檢王肅本，後不釋，不如沈所言也。然舊本皆前作‘玭’，後作‘瑳’。”

案：“玭”“瑳”聲相近，《説文》“瑳，玉色鮮白”[④]，“玭，玉色鮮也”，義亦同。一篇之中不當前、後殊文。葢[⑤]毛《詩》皆作“玭”，魯、韓《詩》皆作“瑳”，後人改并爲一，而區其先、後，非也。《内司服》疏引此《詩》，獨不引“玭兮玭兮”“瑳兮瑳兮”二句，葢所據本前、後皆作“瑳”，故獨略此句也。《邶風》“新臺有泚”，傳曰：“泚，鮮明貌。”“泚”即“玭”之假借字，傳文彼此互見。《周禮·追師》疏引此傳亦云“鮮明貌”。《説文》“玭”下即引“新臺有玭”爲證，[⑥]“瑳”字傳、箋無説，故知毛《詩》皆作“玭”也。沈引王肅注以明後當作“瑳”，庸[⑦]考之，實非肅注，葢誤以他人之言，加之王氏也。“瑳兮瑳兮，其之展也”，傳曰：“禮有展衣者，以丹縠[⑧]爲衣。”箋云：“后妃六服之次，展衣，宜白。”肅固好與鄭難者，即令傳、箋本同，尚欲另爲毛義，或更私改其文以相

① 並，底本作“並”，校抄本同。按：刻本和抄本中“並”常作“並”，爲“並”之俗字。下同，不復出校。詳見附録之“俗字字表”

② 顔，爲“顏”之舊字形。下同，不復出校。

③ 潔，底本作“潔”，爲刻本筆畫稍異之訛俗字。下同，不復出校。

④ 瑳，《説文·玉部》：“瑳，玉色鮮白。”《集韻·哿韻》：“瑳，玉色。或作玭。”《正字通·玉部》：“瑳，凡物色鮮盛亦曰瑳。”

⑤ 葢，校抄本作“蓋”。按：葢，同“蓋”。《説文·艸部》：“葢，苫也。”邵瑛《群經正字》：“今經典多作蓋。”

⑥ 《説文》“玭”下即引“新臺有玭”爲證，檢《説文·玉部》：“玭，玉色鮮也。从玉，此聲。《詩》曰：‘新臺有玭。’”按：今本《詩·邶風·新臺》作“新臺有泚”，毛傳：“泚，鮮明貌。”丁福保《詁林》：“慧琳《音義》八十卷十五頁‘玭’注引《説文》：‘新色鮮也。’此作‘玉色鮮也’。據《詩》‘玭兮玭兮’、‘新臺有玭’《釋文》引《説文》皆與《音義》同，宜改。”

⑦ 庸，校抄本作“鏞堂”。按：全書凡作者按語或考證語，底本均稱“庸”，校抄本均稱“鏞堂”。據《臧庸年譜》及其《文集》所載，臧庸本名鏞堂，後改名庸。故校抄本所據之本當在《拜經堂叢書》刊刻之前。

⑧ 縠，校抄本作“縠”，爲缺筆俗訛字。縠，縐紗。《戰國策·齊策四》：“王之憂國愛民，不若王愛尺縠也。”吳師道《補正》：“縠，縐紗。”《漢書·江充傳》：“充衣紗縠襌衣。”顔師古注：“紗縠，紡絲而織之也。輕者爲紗，縐者爲縠。”

違異，况“丹”“白”之衣，判[①]然迥别，而肯捨除毛傳，反同鄭箋，言衣服潔白乎？此事之所必無者。陸德明親見肅書，後不再注，明統乎前也。然則王本毛《詩》亦皆作“玼”矣。鄭注《周禮·内司服》引《詩·國風》曰：“玼兮玼兮，其之翟也。”又曰：“瑳兮瑳兮，其之展也。”陸德明大書“玼”字，云“音此”，而劉昌宗音“倉我反”，則爲“瑳”矣。又云：“本亦作‘瑳’，與下‘瑳’字同倉我反。”則陸氏所見鄭注本“玼”亦作“瑳”，與下同爲一字，故陸亦音“倉我反”。康成注《禮》未見毛《詩》，此所引《詩》，葢出魯、韓之經，不同毛氏。昌宗之音、陸所見本均足爲證。淺人以毛《詩》改《禮》注，又據《禮》注改毛《詩》，遂致一書之中“瑳”“玼”互見。沈重、陸德明俱未能審定，葢六朝已來相沿如此，晉、宋古本當不誤也。

因甲于内亂

《尚書·多方》“因甲于内亂”，僞孔傳云：“外不憂民，内不勤[②]德，因甲當作“夾”。於二亂之内。言昏甚。”正義曰：“鄭、王皆以‘甲’爲狎。”鄭康成注云：“習爲鳥獸之行，於内爲淫亂。”

案：《爾雅·釋言》：“甲，狎也。”郭璞注云：“謂習狎[③]。”[④]此鄭、王之所本。《詩·芄蘭》篇毛氏作“能不我甲”，韓氏作“能不我狎”，知古文“狎”字假借爲“甲”。《書》孔氏、《詩》毛氏皆古文也，故俱作“甲”。三家《詩》，今文也，故直爲“狎”。《釋言》及毛傳云“甲，狎也”者，非訓“甲”爲“狎”，言“甲”爲“狎”之同聲假借字耳。《周官·大司馬》：“以九伐之灋正邦[⑤]國。”“外内亂，鳥

① 判，底本作“判”，《清經解》本同。按：刻本和抄本中，“半”字及其作爲漢字構件參與構字時常寫作“⺷”，如“絆”作“絆”、“伴”作“伴”等，由此造成諸多異體俗字。下徑改爲正字，不復出校。

② 勤，底本作“勤”，爲刻寫俗字。下徑改爲正字，不復出校。

③ 習狎，同“狎習”。猶言親近，熟悉。《韓非子·南面》：“狎習於亂而容於治，故鄭人不能歸。”《後漢書·西南夷·傳莋都》：“遠夷之語，辭意難正。草木異種，鳥獸殊類。有犍爲郡掾田恭與之習狎，頗曉其言。”

④ 阮刻《十三經注疏》本《爾雅·釋言》：“甲，狎也。”釋曰：“謂狎習也。”《衛風·芄蘭》云：“能不我甲。”毛傳：“甲，狎也。”陸德明《釋文》：“韓《詩》作狎。”

⑤ 邦，校抄本作“邦”，爲“邦”之俗字。下依底本録出，不復出校。

獸行，則滅之。"[①] 康成注云："《王霸記》曰：'悖人倫，外内無以異於禽獸，不可親百姓，則誅滅去之也。'《曲禮》曰：'夫唯禽獸無禮，故父子聚麀[②]。'"鄭氏《書》注訓與《爾雅》、毛傳同義，與《周官》《戴記》合，於經允協。僞孔以"甲"爲"夾"通假字，以"内亂"爲二亂之内，又以"外不憂民，内不勤德"爲二亂，隨其私意，轉輾增加，核之正經，甚爲無當。王肅云："狎習災異於内外爲禍亂。"果如斯解，經當作"因甲於内外亂"矣，"狎習"之訓雖同鄭注"内外"之說，仍符孔傳，與作僞者正出一手。"狎""夾"之異，蓋故爲參差以免後人之疑耳。究奚[③]逃於明識之士哉？

佊哉

余弟和貴云：《廣韻·五寘》："佊[④]，衺也。《論語》云子西'佊哉'。"[⑤]《佩觿[⑥]》卷下："上聲去聲相對。彼佊，上甫委翻[⑦]，彼此；下甫委、冰義二翻。《論語》子西'佊哉'，今本皆作'彼哉'。"《集解》

---

① 阮刻《十三經注疏》本《周官·大司馬》："以九伐之灋正邦國。……外内亂，鳥獸行，則滅之。"

② 麀，《説文·鹿部》："牝鹿也。从鹿，从牝省。麀，或从幽聲。"段玉裁注："'牝'本从匕聲，讀扶死反，麀音蓋本同。後人以鹿聲呦呦改其音，並改其字作麀耳。"後泛指牝獸。《左傳·襄公四年》："忘其國恤，而思其麀牡。"《禮記·曲禮上》："夫唯禽獸無禮，故父子聚麀。"

③ 奚，底本作"奚"，《清經解》本、校抄本同，爲"奚"之俗字。下徑改爲正字，不復出校。

④ 佊：歪邪，不端正。《廣雅·釋詁二》："佊，衺也。"王念孫《疏證》："《玉篇》音陂髮切。《廣韻》又音彼，引《埤蒼》云：佊，邪也。又引《論語》'子西佊哉'。今《論語》作彼。馬融注云：'彼哉彼哉，言無足稱也。'……案，彼字讀偏佊之佊，於義爲長。"章炳麟《新方言·釋言》："今人呼邪人爲佊子，俗誤書痞。"

⑤ 子西佊哉，阮刻《十三經注疏》本《論語·憲問》："問子西。曰'彼哉彼哉！'"

⑥ 觿，底本作"觽"。按："觿"亦作"觹"。刻本中又常作"觽"，爲刻寫俗字。下徑改爲正字，不復出校。觿，古代解結的用具。形如錐，用象骨製成。也用作佩飾。《詩·衛風·芄蘭》："芄蘭之支，童子佩觿。"朱熹《集傳》："觿，錐也，以象骨爲之，所以解結。"《禮記·内則》："左佩紛帨、刀、礪、小觿、金燧。"鄭玄注："觿，貌如錐，以象骨爲之。"《佩觿》是宋初郭忠恕所撰寫的一部字書，是魏晉以來辨形字書的總結，對於規範漢字以及研究漢字的形體演變規律有重要的參考價值。

⑦ 翻，底本作"翻"，校抄本同，爲"翻"之缺筆俗字。下徑改爲正字，不復出校。

載馬融注云："彼哉彼哉[①]，言無足稱也。"皇侃《義疏》："'彼哉彼哉'者，又答或人，言人自是彼人耳，無别行可稱也。"則馬季長本作"彼"字。何晏《集解序》云："古《論》至順帝時，馬融爲之訓説。"然則古《論語》作"彼哉"，《廣韻》引作"佊哉"，葢魯《論》耳。《説文》無"佊"字。《玉篇・人部》："佊，陂髮切，邪也。"[②]

庸案：顧野王所見經書，皆六朝舊本，《玉篇》中往往引有異文，至隋、唐間已尟[③]。《廣韻》此條，葢本之《玉篇》，而今本《玉篇》反無文。

樲棗[④]

《齊民要術》卷四"孟子嘗[⑤]曰'樲棗'"，樲棗者，"遵，實小而且圓，紫黑色，俗呼'羊矢棗'"。[⑥]《爾雅・釋木》"樲，酸棗"，注："樹小實酢；《孟子》曰：'養其樲棗。'"[⑦] 諸本皆作"樲棘[⑧]"，惟元刻雪牕[⑨]書院本、明刻明[⑩]深本作"樲棗"。

---

① 彼哉彼哉：對人表示鄙視之詞。《論語・憲問》："或問子産。子曰：'惠人也。'問子西。曰：'彼哉彼哉！'"何晏《集解》引馬融曰："彼哉彼哉，言無足稱也。"

② 據《清儒學案》所録《拜經日記・録和貴遺説》，"庸案"之前均當爲臧禮堂（和貴）所言。

③ 尟，同"鮮"。少。《説文・是部》："尟，是少也。"段玉裁注："《易・繫辭》：'故君子之道鮮矣。'鄭本作'尟'，云：少也。又'尟不及矣'，本亦作'鮮'。又《釋詁》：鮮，善也。本或作'尠'。尠者，尟之俗。"

④ 棗，底本作"枣"，爲刻寫俗字。下徑改爲正字，不復出校。

⑤ 嘗，底本作"甞"，爲刻寫俗字。下徑改爲正字，不復出校。

⑥ 此處所引《齊民要術》語，校抄本置於文末"《説文》：'樲，酸棗也。'"之前。

⑦ 阮刻《十三經注疏》本《爾雅・釋木》曰："樲，酸棗；楊徹，齊棗；遵，羊棗。"郭璞注曰："樲，樹小實酢。《孟子》曰：'養其樲棗。'遵，實小而員，紫黑色，俗呼'羊矢棗'。"

⑧ 棘，底本作"𣗥"，爲刻寫俗字。下徑改爲正字，不復出校。

⑨ 牕，《清經解》本作"窗"，校抄本作"牎"。按："牕"與"牎"皆爲"窗（囱）"之異體字。《玉篇・片部》："牕，牕牖也。"《集韻・江韻》："囱，或作窗、牕。"《洪武正韻・陽韻》："牎，通孔也。亦作囱。"下徑改爲通行正字，不復出校。

⑩ 明，《清經解》本同，校抄本作"陳"。按：疑作"陳"者是。據《四庫全書總目》載，明陳深，字子淵，長興人。嘉靖乙酉舉人，官至雷州府推官。曾批點諸多經籍，著有《十三經解詁》五十六卷、《周禮訓雋》二十卷、《諸子品節》《諸史品節》等。其《十三經解詁》有明萬曆間刻本。

案：今本《孟子》皆誤作“養其樲棘”，趙邠卿[①]《告子章句》亦[②]云：“樲棗，小棗，諸本皆作“樲棘，小棘”，今從宋板《爾雅》疏，俗本《爾雅》疏并脱“小棗”二字。所謂酸棗也。”《盡心下》“曾[③]皙嗜羊棗”，《章句》：“羊棗，棗名也。”正義曰：“蓋‘樲’與‘棗’一物也，然而有二名，是‘樲’小而‘棗’大，‘樲’酸而‘棗’甘耳。云‘羊棗’，則‘羊棗’之爲大棗甘者矣，其類則‘樲棗’之屬也。”據[④]正義知北宋初本尚作“樲棗”，不知何時始誤作“棘”字。趙邠卿正本《爾雅》。宋板《爾雅》疏云：“注‘《孟子》曰：養其樲棗’者，釋曰：案《孟子》曰：‘今有塲師[⑤]，舍其梧檟，養其樲棗，則爲賤塲師焉。’趙岐注云：‘樲棗，小棗，所謂酸棗也。’”俗本疏“棗”皆作“棘”。許氏《説文》：“樲，酸棗也。”《玉篇》：“樲，如至切，酸棗。《孟子》云‘樲棗’是也。”此本袁又愷説，余爲之考證如此。[⑥]

行或尼之

《釋詁》：“尼，止也。”郭注引《孟子》曰：“行或尼之。”正義曰：“《孟子》：‘行或使之，止或尼之。’此云‘行或尼之’，所見本異，或傳寫誤。”案：趙氏《章句》“尼，止也”，正本《釋詁》文，與郭景純義同。人欲行而天止之，人欲止而天使之，故曰：“行止非人所能，吾之不

① 卿，底本作“𨞶”，校抄本作“卿”。按：“𨞶”與“卿”皆爲“卿”之俗字。下徑改爲正字，不復出校。

② 亦，校抄本作“上”。

③ 曾，底本、《清經解》本均作“曾”，校抄本作“曽”。按：“曾”與“曽”皆爲“曾”之俗字，“曽”亦爲日本用漢字。《中華字海·日部》：“曽，同‘曾’。”下徑改作正字，不復出校。

④ 據，校抄本作“摢”。按：摢，同“據”。《越絕書·外傳記吳王占夢》：“饑餓足行乏糧，視瞻不明摢地，飲水持籠稻而飡之。”下同，不復出校。

⑤ 塲，《清經解》本作“場”，校抄本作“埸”。按：“塲”同“場”，爲“場”之俗寫異體字。《字彙·土部》：“塲，同場。”《字彙補·土部》：“與場字通者，如《王褒頌》‘恬淡無爲之塲’，乃其假借之音也。”唐張説《賽江文》：“既暵既穫，既塲既庾。”“埸”則爲“場”之缺筆訛字。下同，不復出校。塲師，即場師。古代園藝匠師之稱。

⑥ “此本袁又愷説，余爲之考證如此”一句，據校抄本補。

遇魯侯①，天也。”蓋本作“行或尼之，止或使之”，今本互倒，當從郭氏所引。趙注云《孟子》之意以爲魯侯欲行，天使之矣云云，似後人據誤本竄改，非其本真。

子夏易傳

《釋文叙②録》：“子夏《易傳》三卷。卜商，字子夏，衛③人，孔子弟子，魏文侯師。《七略》云：‘漢興，韓嬰傳。’《中經簿録》云：‘丁寬所作’，張璠④云：‘或馯臂子弓所作，薛虞⑤《記》。虞，不詳何許人。’”《文苑英華》載唐司馬貞《議》云：“王儉《七志》引劉向《七略》云：‘《易傳》子夏，韓氏嬰也。’今題不稱韓氏而載薛虞《記》，又今祕⑥閣有子夏傳薛虞《記》。”又劉子元《議》云：“《漢書・藝文志》，《易》有十二家，而無子夏作傳者。至梁阮氏《七録》，始有子夏《易》六卷。或云韓嬰作，或云丁寬作。然據《漢書・藝文志》，韓《易》有十案：《漢志》“韓氏二篇”，脱“十”字，當補。二篇，丁《易》有八篇，求其符會⑦，則事殊隳⑧刺者矣。”⑨《隋書・經籍志》：“《周易》二卷。魏文侯師卜子夏傳，殘缺⑩，梁六卷。”

---

① 侯，底本作“矦”，《清經解》本作“矦”。按：“矦”爲“侯”之刻寫俗字。“矦”爲“侯”之異體字。《字彙・矢部》：“矦，古侯字。”下徑依底本，不復出校。

② 叙，《清經解》本、校抄本均作“敘”。按：古籍中，“叙”爲“敘”之刻寫俗字，今“叙”字通行。《字彙・又部》：“叙，敘本从文，俗字从又。”《正字通・又部》：“叙，俗敘字。”三國魏曹丕《與吳質書》：“東望於邑，裁書叙心。”

③ 衛，《清經解》本作“衞”，校抄本作“衞”，皆爲“衛”之俗訛字。下徑改爲正字，不復出校。

④ 璠，底本作“璠”，爲刻寫缺筆俗字。下徑改爲正字，不復出校。

⑤ 虞，各本均作“虞”，爲“虞”之俗字。下徑改爲正字，不復出校。

⑥ 祕，底本作“祕”，《清經解》本、校抄本均作“秘”。按：“祕”爲“祕”之刻寫俗字，“祕”爲“秘”之異體字。《説文・示部》：“祕，神也。从示，必聲。”今通行作“秘”。

⑦ 符會：符合。劉知幾《史通・古今正史》：“其篇所載年月，不與序相符會。”《宋史・律曆志一》：“古聖設法，先立尺寸作爲律吕，三分損益，上下相生……但以尺寸長短，非書可傳，故累秬黍求爲準的，後代試之，或不符會。”

⑧ 隳，底本作“隳”，爲刻寫俗字。下徑改爲正字，不復出校。

⑨ 劉氏與司馬氏之《議》，見宋李昉《文苑英華》卷七百六十六、七百六十七。

⑩ 缺，底本作“缺”，爲刻寫俗字。下徑改爲正字，不復出校。

庸案：考校是非，大較以最初者爲主，雖千百世之下可定也。《七略》，劉子駿作，班孟堅據之以撰《藝文志》。《七略》既云是漢興子夏韓氏嬰傳，便可知非孔子弟子卜子夏矣。《漢書·儒林傳》云："韓嬰，燕人也，孝文時爲博士，景帝時至常山太傅。嬰推詩人之意而作《内［傳］》《外傳》數萬言。亦以《易》授人，推《易》意而爲之傳。燕、趙間好《詩》，故其《易》微，唯韓氏自傳之。孝宣時，涿郡韓生，其後也。吕[①]《易》徵，待詔殿中。曰：'所受《易》即先太傅所傳也。嘗受韓《詩》，不如韓氏《易》深，故專傳之。'司隸校尉蓋寛[②]饒，本受《易》於孟喜，見涿韓生說《易》而好之，即更從受焉。"[③]此尤爲韓嬰作《易傳》之明證。嬰爲幼孩，故名嬰，字子夏。夏，大也。《漢志》："《易傳》韓氏二篇，名嬰"，與劉《略》合，但孟堅於《志》傳皆衹書其名，而不載其字，所以滋後人之疑。王儉、陸德明所引《七略》，可補班書所未備。其卷數多寡，第因分并殘缺之由，不足憑，故《漢志》二卷，梁分六卷，至《釋文》三卷，《隋［志］》《唐志》二卷，又漸爲殘亡之徵也。《中經簿録》係晉荀朂[④]所爲，不知何以始誤爲丁寛。案《漢志》，寛，字子襄，非子夏。宋王儉《七志》、梁阮孝緒《七録》俱載異人之說，而不能定。至《隋［志］》《唐志》更專屬之卜子夏，益爲誣矣。

---

① 吕，《清經解》本作"以"。按："吕"爲"以"之異體字。《玉篇·巳部》："吕，今作以。"《正字通·己部》："吕，以本字。"曹操《鶡雞賦序》："今人吕鶡爲冠，象此也。"

② 寛，《清經解》本同。按："寛"爲"寬"之俗寫異體字。《正字通·宀部》："寛，俗作寛。"下同，不復出校。

③ 此段所引《漢書·儒林傳》有節略。

④ 朂，《清經解》本、校抄本均作"勗"。按："朂"和"勗"皆爲"勖"之異體字。《改併四聲篇海·力部》引《玉篇》："朂，勉也。《書》曰'朂哉夫子'也。"《篇海類編·身體類·力部》："朂，詳勖。"《玉篇·力部》："勗，勉也。《書》曰'勗哉夫子'。"《字彙·力部》："勗，同勖。俗字。"《說文·力部》："勖，勉也。"據中華書局本《晉書·荀勖傳》，荀勖，字公曾，潁川潁陰人。領秘書監。及得汲郡冢中古文竹書，詔勖撰次之，以爲《中經》，列在祕書。

崔嵬砠矣

《詩·卷耳》“陟彼崔嵬①”，傳：“崔嵬，土山之戴石者。”“陟彼砠矣”，傳：“石山戴土曰砠。”正義曰：“《釋山》云：‘石戴土謂之崔嵬。’孫炎曰：‘石山上有土者。’又［云］：‘土戴石爲砠。’孫炎云：‘土山上有石者。’此及下傳云‘石山戴土曰砠’，與《爾雅》正反者，或傳寫誤也。”

庸案：此當從毛《詩》傳，孫、郭本《爾雅》誤也。郭璞此注襲用叔然。本是土山，而石載其巔，故形崔嵬，然崔嵬，目上石也。且，薦也。砠从且，石在下，若且薦土然，故曰“砠”，“砠”目下石也。葢山以石爲君②，故二山皆主石言之。《說文·山部》：“岨，石戴土也。从山，且聲。《詩》曰：‘陟彼岨矣。’”《釋名·釋山》：“石載土曰岨。岨，臚然也。土載石曰崔嵬。因形名之也。”皆與毛傳同。引之案：此條確甚。鄙意“崔嵬”字、“岨”字，當以《說文》《釋名》正《爾雅》之訛。“岵”“屺”當以《說文》《釋名》正毛傳之訛。③ 江叔澐聲云“寫《爾雅》者誤”，是也。戴東原撰一書名爲《毛鄭詩考正》，反從《爾雅》，言“高山其下多石爲之基，故石戴土謂之崔嵬”“‘砠’字从‘石’，以石上見也，故土戴石爲岨”。④ 此曲說不足辯矣。焦循案：《小雅》“漸漸之石，維其卒矣”，毛傳：“漸漸，山石高峻。”箋云：“卒者，崔嵬也。謂山巔之末也。”此爲“戴石”之證，以《小雅》爲《國風》之注，則毛是而《爾雅》非矣。

岵兮屺兮

《陟岵》“陟彼岵兮”，傳：“山無草木曰岵。”“陟彼屺兮”，傳：“山

① 崔巍，同“崔嵬”。阮刻《十三經注疏》本《詩經·卷耳》：“陟彼崔嵬，我马虺隤。”注疏均釋“崔嵬”。高峻，高大雄偉。《楚辭》東方朔《七諫·初放》：“高山崔巍兮，水流湯湯。”王逸注：“崔巍，高貌。”

② 君，主體。《老子》：“言有宗，事有君。”王弼注：“君，萬物之主也。”宋秦觀《浩氣傳》：“人以心爲君，以志爲主帥。”

③ 此段王引之案語，校抄本置於正文末、焦循案語前。

④ 戴震《毛鄭詩考正》卷一《卷耳》二章傳：“崔嵬，土山之戴石者。”震按：“此及下傳疑轉寫互譌。崔嵬，高貌也。凡高山其下多石爲之基，故《爾雅》‘石戴土謂之崔嵬’。”四章傳：“石山戴土曰砠。”震按：“‘砠’字从‘石’，以石上見也，故《爾雅》‘土戴石爲砠’。”

有草木曰屺。"《釋文》:"《陟岵》此傳及解'屺'共《爾雅》不同,王肅依《爾雅》。"正義曰:"傳言'無草木曰岵',下云'有草木曰屺',與《爾雅》正反,當是傳寫誤也,定本亦然。"《爾雅·釋山》:"多草木,岵;無草木,峐。"注:"皆見《詩》。"《釋文》:"峐[①],《三蒼》《字林》《聲類》並云'猶屺字'。"《說文》:"岵,山有草木也。""屺,山無草木也。"

庸案:此亦當從毛《詩》傳,《爾雅》誤也。"屺""峐"不同,是古、今文之異。《爾雅》傳於漢世,爲今文之學,與毛氏古文不同,蓋韓、魯之經必有作"陟彼峐兮"者,故注云"皆見《詩》"。《三蒼》《聲類》並有"峐"字,知漢、魏以來相傳舊本如是,與"屺"字聲亦相近,《六書音均表》已聲、亥聲同在第一部。《說文》:"亥,荄也。"有草木爲"峐",義取諸此。金壇[②]段若膺云"岵之言瓠落也","屺之言荄,滋也",得之。王肅依《爾雅》者,何也?好與鄭異也。鄭箋本毛傳,必與《爾雅》不同。故肅反從《爾雅》,據以難鄭,可斥鄭本之誤。唐人定本往往爲肅所誤,而此獨不從肅改,亦可見肅依《爾雅》之非矣。《說文》作"屺",義與《爾雅》同,必係後人私改。許叔重多用毛傳,如"岨"字之不從《爾雅》,而從毛傳,亦可證。《釋名·釋山》云:"山有草木曰岵。岵[③],怙也。人所怙取,以爲事用也。山無草木曰屺[④]。屺,圮[⑤]也。無所出生也。"蓋已據誤本《爾雅》。戴東原《毛鄭詩考正》取其說而疑《詩》傳轉寫互譌。引之案:箋但云登岵山、屺山而已,其所見毛傳本同、不同,未可知也。《釋文》、正義所據毛傳本在後,《說文》《釋名》所據毛傳本在前。《釋名》作"屺"不作"峐",似據毛《詩》,非據《爾雅》。竊謂戴庶

---

① 峐,唐石經、單疏本、雪牕本同。阮校:"按毛《詩》傳則此經當作'無草木,岵;多草木,峐'。毛《詩》傳不誤,《爾雅》誤也。王肅解依《爾雅》,蓋以鄭箋本爲誤耳。《釋名》云'山有草木曰岵,山無草木曰屺',蓋所據《爾雅》本亦誤。"段玉裁云:"岵之言瓠落也,有陽道,故以言父;屺之言荄,滋也,有陰道,故以言母。"

② 金壇,《清經解》本同,校抄本作"巫山知縣"。下同,不復出校。

③ 岵,《釋名匯校》云:丁山曰:"岵,《御覽》音户。"

④ 屺,疏證本、吳志忠本同,《釋名匯校》作"岊"。疏證本校:"屺,《北堂書鈔》《初學記》《太平御覽》皆引作'峐',是因《爾雅》'無草木,峐'之文而誤也。'峐'字《說文》所無,'垓'則誼別。《說文》云:'屺,山無草木也。从山,己聲。《詩》曰:陟彼屺兮'。"吳騫校:"何可改《爾疋》以就《說文》!"張步瀛校作"垓"。

⑤ 圮,段玉裁、疏證本、吳志忠校本同。《釋名匯校》作"圯"。

常之說未必非。

不我能慉

《谷風》："不我能慉，反以我爲讎。"傳："慉，養也。"① 箋云："慉，驕也。君子不能以恩驕樂我，反憎惡我。"《釋文》："能慉，許六反。毛'興也'，鄭'驕也'，王肅'養也'，《說文》'起也'。"正義釋經云："毛以爲，婦人云，君子假不能以善道養我，何故反以我爲讎乎？"又釋傳、箋云："徧②檢諸本，皆云'慉，養'。孫毓引傳云：'慉，興。'非也。《爾雅》不訓'慉'爲驕，由養之以至於驕，故箋訓爲'驕'。"

案：《釋文序録》云："晉豫州刺史孫毓爲《詩評》，評毛、鄭、王肅三家同異。"今孫引傳云"慉，興"，是毛公不訓"養"矣。陸德明謂"毛'興也'，王肅'養也'"，最有區别，與孫所引傳正合。《說文·心部》云："慉，起也。"引《詩》"能不我慉"，《蓼莪》"拊我畜我"，箋亦云："畜，起也。"嘗綜論之，毛傳爲"興"，《說文》爲"起"，鄭箋爲"驕"，其義相通而互足，"驕樂"正"興起"之誼。《甫田》"維莠驕驕"，"驕"亦興起貌。箋申毛非改毛也，王肅好與鄭難，因改訓爲"養"以異鄭，而又恐學者致疑，復僞作毛傳以證之，使不知者見此，必以爲王得毛旨，箋失傳義矣。故今注疏本傳作"養"，孔氏正義據肅說爲毛義，且云："徧檢諸本，皆云'慉，養'。"是可知崔靈恩《集注》本、俗行本、官定本皆作"養"字，孔氏據此三本以作正義。故孔氏反斥"慉，興"爲非。肅之流毒經傳，不既酷乎？幸有孫、陸兩家所引，藉以考正，學者亦可知擇所從矣。

---

① 傳："慉，養也。"按：小字本、相臺本同。阮校："案正義云：'徧檢諸本，皆云：慉，養。孫毓引傳云：慉，興。非也。'《釋文》云：'毛興也，鄭驕也，王肅養也，《說文》起也。'據此則'養也'是王肅本也。段玉裁云：'《說文》起即興，正義从養，非。'"

② 徧，底本作"偏"，《清經解》本同，校抄本作"徧"。按："偏"爲"徧"之刻寫俗字。徧，同"遍"。《說文·彳部》："徧，帀也。"朱駿聲《說文通訓定聲·坤部》："徧，字亦作遍。"《玉篇·彳部》："徧，周帀也。"《廣韻·線韻》："徧，周也。"下同，不復出校。

耿耿不寐

《邶[①]·柏舟》毛《詩》："耿耿[②]不寐，如有隱憂。"李善注《文選》引韓《詩》作"耿耿不寐，如有殷憂"，二句衹一字異耳。更有一本作"炯炯[③]不寐，如有殷憂"，其下句與韓《詩》同，上句與毛、韓皆不同。以意推之，當是魯《詩》。《楚辭·遠遊》"夜耿耿而不寐兮"，王逸《章句》曰："憂以愁戚，目不眠也。耿耿，猶儆儆[④]，不寐貌也。《詩》云'耿耿不寐'，'耿'一作'炯'。"又嚴夫子《哀時命》："夜炯炯而不寐兮，懷[⑤]隱憂而歷茲。"《章句》曰："言已中心愁怛，目爲炯炯而不能眠，如遭大憂，常懷[⑥]戚戚，經歷年歲，以至於此也。'隱'一作'殷'。"

案：《遠遊》當亦本作"夜炯炯而不寐"，注云"目不眠"正釋"炯"字義，而即引《詩》"炯炯不寐"證之。舊挍云"耿一作炯"，可驗今注作"耿耿"，乃後人據毛《詩》所改。"耿耿猶儆儆"句亦毛傳竄入者，非王注本文。葢既據毛《詩》以改注，不得不復據注以改正文矣，《哀時命》作"炯炯不寐"可證。"耿"與"炯"聲相近，故文異。段氏《六書音均表》"耿"聲、"冂"[⑦]聲同在第十一部。洪興祖《補注》云：

---

① 邶，底本作"邶"，爲"邶"之刻寫俗字。下徑改爲正字，不復出校。

② 耿耿，煩躁不安，心事重重。阮刻《十三經注疏》本《詩·邶風·柏舟》："耿耿不寐，如有隱憂。"《楚辭·遠遊》："夜耿耿而不寐兮，魂煢煢而至曙。"洪興祖《補注》："耿耿，不安也。"

③ 炯炯，雙目不閉貌。多形容有心事而徹夜不寐。《楚辭·哀時命》："夜炯炯而不寐兮，懷隱憂而歷茲。"王逸注："言已中心愁怛，目爲炯炯而不能眠。"漢王粲《傷夭賦》："晝忽忽其若昏，夜炯炯而至明。"

④ 儆儆：不安貌；戒懼貌。《詩·邶風·柏舟》："耿耿不寐，如有隱憂。"毛傳："耿耿，猶儆儆也。"孔穎達疏："仁人既與小人並列，恐其害於己，故夜儆儆然不能寐，如人有痛疾之憂，言憂之甚也。"明張居正《苑田紀》："然乃抑畏自將，稼穡爲念，日儆儆焉無淫於觀、於逸、於遊、於田，以奉厥邦常，祗若明命。"

⑤ 懷，底本作"懐"。《宋元以來俗字譜》："懷"，《太平樂府》、《白袍記》、《東牕記》作"懐"。按，亦爲"懷"的日本用簡體漢字。下徑改爲正字，不復出校。

⑥ 懷，底本作"懐"，爲"懷"之刻寫俗字。下徑改爲正字，不復出校。

⑦ 冂：遠遠的郊野。《說文·冂部》："冂，邑外謂之郊，郊外謂之野，野外謂之林，林外謂之冂，象遠界也。回，古文冂。从口，象國邑。坰，回或从土。"《集韻·青韻》："冂，遠也。楊樹達《積微居小學述林·釋冂》："冂，乃扃之初文……左右二畫象門左右柱，橫畫象門扃之形。"

"隱，痛也。殷，大也。注云'大憂'，疑作'殷'者是。"案《補注》說是也。毛《詩》作"如有隱憂"，故毛傳曰："隱，痛也。"《文選》顏延年《登巴陵城樓》詩"炯介在明淑"，注："'耿'與'炯'同。"

死贈生賻

《儀禮·既夕禮》："知死者贈，知生者賻[①]。"據《公羊》注疏本作"知生者賵[②]"，今本作"賻"，係淺人所改。今録《公羊》原文可考而知也。《隱［公］元年》："天王使宰咺來歸惠公仲子之賵。"傳："車馬曰賵，貨財曰賻，衣被曰襚。"何注："賵，猶覆也。賻，猶助也。皆助生送死之禮。襚，猶遺也。遺是助死之禮。知生者賵賻，知死者賵[③]舊作"贈"，據《穀梁》疏所引校改。襚。"疏："問曰：案《既夕禮》云'知死者贈，知生者賻'，當作"賵"。鄭注云'各主於所知'，以此言之，'賵'專施於生者何？此因《儀禮》作"知生者賵"，"賵"專主於知生，而何注知生、知死皆言"賵"，故設難以問之。荅曰：'賵'專施於生，'襚'專施於死。'賵'實生死兩施，故何氏注知生、知死皆言'賵'矣。此可證何注作"賵襚"，而不作"贈襚"。而《既夕禮》專言知生者，對'贈'言之故也。"言《既夕禮》對知死者言"贈"，故"賵"專主知生者言。

案：《荀子·大略》篇："貨財曰賻，輿馬曰賵，衣服曰襚，玩好曰贈。賻賵所以左[④]生也，贈襚所以送死也。"此亦"知生者賵"之證。

---

① 賻，送給喪家的布帛、錢財等。《春秋·隱公三年》："秋，武氏子來求賻。"《漢書·何並傳》："吾生素餐日久，死雖當得法賻，勿受。"顏師古注："贈終者布帛曰賻。"亦指贈送財物助人治喪。《禮記·檀弓上》："孔子之衛，遇舊館人之喪，入而哭之哀，出，使子貢説驂而賻之。"

② 賵，以車馬等物助喪家送葬。《儀禮·既夕禮》："公賵，玄纁束，馬兩。"鄭玄注："賵，所以助主人送葬也。"賈公彦疏："'賵，所以助主人送葬'者，案兩小傳皆云車馬曰賵，施于生及送死者，故云助主人送葬者也。"亦指送給喪家助葬的車馬等物。《公羊傳·隱公元年》："喪事有賵。賵者蓋以馬，以乘馬束帛。車馬曰賵，財貨曰賻。"

③ 賵，各本同。按：原作"贈"。阮校："諸本同，誤也。《穀梁》疏引此作'知死者賵襚'，當據以訂正。疏云'何氏注知生短死皆言賵矣'可證。"

④ 左，校抄本同，《清經解》本作"佐"。按：左，輔佐，後作"佐"。《説文·左部》："左，手相左助也。从𠂇、工。"段玉裁《説文解字注》："左者，今之佐字。《説文》無佐也。𠂇者，今之左字。"《玉篇·左部》："左，助也。"《易·泰》："輔相天地之宜，以左右民。"孔穎達疏："左右，助也。"

《既夕禮》“公賵”，注：“賵，所以助主人送葬者也。”疏曰：“兩小傳皆云：車馬曰賵，施於生及送死者，故云‘助主人送葬者也’。是以下注云‘賵奠於死生两施’是也。”又“兄弟，賵、奠可也。”注：“兄弟，有服親者，可且賵且奠，許其厚也。賵奠於死生《公羊》疏引作“生死”。两施。”疏曰：“以下經云‘知死者贈，知生者賻’，注云：‘各主於所知。’此賵奠不偏言所主，明於生死與《公羊》疏合，今本作“死生”，誤倒。两施也。”又“書賵於方”，注：“方，板也。書賵、奠、賻、贈之人名與其物於板。”皆可爲何邵公“賵實生死两施”之證，與先師鄭氏義同。

萬物之所說

杭人丁希曾傳老年篤學，嘗謂庸曰：“《易·說卦》傳：‘兊，正秋也，萬物之所說也。’‘說’當音‘脫’。秋，金行，義斷主殺，萬物所愁苦，安得云萬物喜悅乎？蓋至秋，物皆成實脫落，故曰‘萬物之所說’，音脫。或以改字爲嫌。”①

案：“脫”“說”同“兊”聲，古“脫”字多作“說”，即《易·睽》“上九：後說之弧②”。可見“兊”“悅”本訓自不可易，而丁說爲漢人改讀之例，亦得備一義也。

說文形聲③

段若膺致江叔澐書曰：尊意以《說文敘目》作“諧聲”勝於“形聲”，然古今諸本無作“諧［聲］”者。《周禮》［疏］、《儀禮》疏、《晉書·衛恒傳》《魏書·江式傳》《漢書·藝文志》注、《封氏聞見記》皆引《說文》作“形聲”。鄭仲師作“諧聲”，許作“形聲”，《周禮》疏最明析。

按：形聲者，即班固之“象聲”也。“指事”“象形”者，形其形；

---

① 見清錢林《文獻徵存録》卷九。

② 弧，石經、岳本、閩、監、毛本同。《釋文》：“弧”本亦作“壺”，京、馬、鄭、王肅、翟子玄作“壺”。

③ 本篇據校抄本補，篇名爲整理者擬。

“形聲”者，不特形其形，且形其聲。此許意。又，言“形聲”則該括①，言“諧聲”，但説其半而已，故斷以作“形聲”爲是。

六典正史記

李林甫《唐六典》、杜佑《通典》皆載七十子從祀者。今取二書相較，《六典》全本《史記·弟②子傳》七十有七人，所見本脱一“羔柴”。有“秦冉”，而無“琴牢、琴張”；有“申黨”，而無“申棖”；有“原亢籍”，而無“陳亢”。《通典》則依《文翁圖》有“蘧瑗、林放、申棖”，依《家語》有“陳亢、琴牢”。又據《孟子》增“琴張”，共八十有三人。然“蘧、林”皆非弟子，“申棖”即“申黨”，“陳亢”即“原亢”，“琴牢、琴張”即“秦冉”，皆增所不當增也。《史記》“顔幸”，《六典》作“顔辛”，宋本《家語》亦作“顔辛”。《史記》“公西輿如”，《六典》作“與如”，《通典》同。《家語》亦作“與如”。宋本《家語》：曾參，字子與。《史記》“漆③雕徒父”，《六典》作“桼④雕”。此類皆可據《六典》以正《史記》者。

段干木

《廣韻·二十九換》：“段姓，出武威，本自鄭共叔段之後，《風俗通》云段干木之後。”《史記·老子韓非列傳》：“老子之子名宗，宗爲魏將軍，

① 該括，包羅；概括。南朝梁沈約《内典序》：“該括羣流，集成兹典，事以例分，義隨理合。”

② 弟，底本作“𢎩”，爲“弟”之刻寫俗字。下徑改爲正字，不復出校。

③ 漆，校抄本同。按：漆，同“漆”。《龍龕手鑑·水部》：“漆，音七。水名。又黑漆，又姓。”

④ 桼，底本作“㯃”。按：“㯃”爲“桼”之刻寫俗字。刻本和抄本中，漢字“桼”及其作爲構件參與構字時常作“㯃”。如“漆”作“漆”等。下徑改爲正字，不復出校。桼，同“漆”。《説文·桼部》：“桼，木汁，可以髹物。”段玉裁注：“桼，木汁名桼，因名其木曰桼。”《玉篇·木部》：“桼，木汁，可以髹物，今爲漆。”《周禮·春官·巾車》“漆車”鄭玄注：“漆車，黑車也。”阮元《校勘記》：“岳本漆作桼，《漢讀考》云：‘漢人用桼字，經文作漆者正同。’”《墨子·非儒下》：“桼雕刑殘。”孫詒讓《閒詁》：“桼，正字。經典多叚漆爲之。”

封於段干。”[①]《集解》：“此云‘封於段干’，‘段干’應是魏邑名也。而《魏世家》有段干木、段干子，《田完世家》有段干朋。《索隱》十三云：“段干，姓；朋，名也。《戰國策》作‘段干綸’。”疑[②]此三人是姓段干也。本蓋因邑爲姓，《左傳》所謂‘邑亦如之’是也。《風俗通·氏姓》注云‘姓段，名干木’，恐或失之矣。天下自别有段姓，何必段干木邪？”

庸考之《風俗通·十反》云：“干木息偃以藩魏，包胥重璽而存郢。”亦以干木爲名。左太冲《魏都賦》：“千乘爲之軾廬，諸侯爲之止戈。則干木之德自解紛也。”劉淵林注：“《呂氏春秋》曰：‘段干木者，魏文侯敬之，過其廬而軾之。其僕曰：干木，布衣耳，而君軾其廬，不亦過乎？文侯曰：干木不趨俗役，懷君子之道，隱處窮巷，聲馳千里之外，未肯以巳易寡人也。寡人光乎勢，干木富於義。’”[③]見《開春論·期賢》篇，與今本異。此先秦古書，非漢、魏以後文人割裂之辭可擬。而首連舉其姓，次獨稱其名，與應氏合。酈道元注《水經·河水四》云：“有段干木塚[④]，干木，晉[⑤]之賢人也。”亦以爲姓段，名干木。《顔氏家訓·音辭》篇：“梁世有一侯，嘗對元帝飲謔，自陳‘癡鈍’，乃成‘颸段’。元帝答之云：‘颸異涼風，段非干木。’”以“段”姓惟“干木”爲最著也。《劉子·文武》篇：“干木在魏，身不下堂。”袁孝政注云：“魏之隱士，姓段，名干木。魏文侯往其家，與共言，坐語終日，文侯脚朓而不敢伸，謂左右曰：‘寡人富於財，干木富於德，吾脚朓而不敢伸，秦聞魏有干木，罷兵不敢攻魏。’”蓋段干氏出老子後，段氏出“干木”後，其“段干子、段干朋”，俱係老子後，與“干木”譜[⑥]系無涉，且鄭共叔段之後爲段氏，是“干木”之前先有段氏，魏亦何妨並有段氏、段干氏乎？

---

① 中華書局本《史記·老子韓非列傳》：“老子之子名宗，宗爲魏將，封於段干。”

② 疑，底本作“疑”，爲“疑”之刻寫俗字。下徑改爲正字，不復出校。

③ 《呂氏春秋·開春論·期賢》：“魏文侯過段干木之閭而軾之，其僕曰：‘君胡爲軾？’曰：‘此非段干木之閭歟？段干木蓋賢者也，吾安敢不軾？且吾聞段干木未嘗肯以己易寡人也，吾安敢驕之？段干木光乎德，寡人光乎地；段干木富乎義，寡人富乎財。’”

④ 塚，底本作“塚”，《清經解》本同。按：刻本或抄本中，漢字構件“豕”常省作“豕”，如“涿”作“涿”等。《龍龕手鑑·水部》：“涿”，“涿”的俗字。

⑤ 晉，底本作“晋”。按：“晋”爲“晉”之俗字，亦爲日本用漢字。《改併四聲篇海·日部》引《龍龕手鑑》：“晋，音晋，義同。”明田藝蘅《留青日札·甘露》：“晋《中興書》曰，甘露降，耆老得敬，則松柏受之。”下徑改爲正字，不復出校。

⑥ 譜，底本作“譜”，爲“譜”之刻寫俗字。下徑改爲正字，不復出校。

應仲援[①]身處漢世，所據皆先秦古書，如無的見，不得定言“姓段，名干木”。裴氏知有“段干”一姓，與“干木”名適合，便欲追議“干木”不姓“段”，亦過矣。

公叔禺人

《檀弓下》“公叔禺人”，注：“《春秋傳》曰：‘公叔務人。’”《左氏[傳]·哀十一年》。高郵王伯申引之[②]《周秦名字解故[③]》云：“魯公子務人，字爲，務亦爲也。”[④]《禮記》作“公叔禺人”，假借字。余亡友處士錢廣伯馥云：《說文》“爲，母猴也”，“禺，母猴屬”。“禺人”當是其本字，“務人”假借字耳。

顔高

《史記·仲尼弟子列傳》：“顔高，字子驕。”《周秦名字解詁》以“高”爲“克”字之誤，故《漢書》《家語》作“顔刻”。《論語》“克、

① 應仲援，當作“應仲瑗”。應劭（約153—196年），東漢學者，字仲瑗，汝南郡南頓縣（今河南項城市）人。應劭博學多識，平生著作十一種、一百三十六卷，現存《漢官儀》《風俗通義》等。《劉寬碑陰故吏名》作“仲援”“仲遠”者，或因字形相近，或因語音相近而致歧。

② 高郵王伯申引之，《清經解》本同，校抄本作“孝廉王引之”。

③ 故，通“詁”。按：古籍中“故”與“詁”在解釋古語、訓釋故言意義上常通用，常見詁訓、故訓、訓詁、訓故通用者。清朱駿聲《説文通訓定聲·豫部》：“故，借爲詁。”《漢書·藝文志》：“《魯故》二十五卷。”顔師古注：“故者，通其指義也。”又《楚元王傳》：“初《左氏傳》多古字古言，學者傳訓故而已。”《説文·言部》：“詁，訓古言也。”《後漢書·桓譚傳》：“博學多通，徧習《五經》，皆詁訓大義，不爲章句。”本篇中王引之《周秦名字解故》，至《顔高》篇中則作《周秦名字解詁》。

④ 清王引之《經義述聞》第二十二：“魯公子務人，字爲（昭二十九年《左傳》），務亦爲也。《繫辭》傳：‘唯幾也，故能成天下之務。’虞翻注曰：‘務，事也。’（見李鼎祚《周易集解》）韓子《喻老篇》曰：‘事，爲也。務人猶言爲人。春秋時宋有向爲人。’（見成十五年《左傳》）是也。務人，《檀弓》作‘禺人’。正義曰：‘禺、務，聲相近，聲轉字異也。或曰：《説文》禺，母猴屬。爲，母猴也。故禺人字爲。案：禺若爲母猴屬，則與人字意義不倫。豈有上言獸，而下言人者乎？或説非是。文十八年《左傳》有公冉務人，與此同名，則務字不誤。”

伐、怨、欲”，馬融曰：“克，好勝人也。”① 意與“驕”相近。錢廣伯云：“名高而字子驕，意正相近。”《春秋》定公十五年《左傳》：“邾子執玉高，其容仰。子貢曰：‘高仰，驕也。’”②《孔子世家》：“過匡，顔刻爲僕。”是《史記》亦作“刻”也。《曲禮・子貢問》：“郕人因顔克而問禮於孔子。”③ 是《家語》正作“克”也。

臣瓚④

《漢書序例》⑤ 曰：“臣瓚，不知何姓。”⑥ 裴駰《集解序》云“莫知氏姓”，韋稜《續訓》又言“未詳”，而劉孝標《類苑》以爲“于瓚”，酈元注《水經》以爲“薛瓚”。姚察《訓纂》云：“案《庾翼集》，于瓚爲翼主簿、兵曹參軍，後爲建威將軍。”［于瓚］乃是東晉人，年代了不相會，此瓚非于，足可知矣。案《穆天子傳》目録云：祕書校書郎中傅瓚校古文《穆天子傳》曰：記《穆天子傳》者，汲縣人不準盜發古塚所得書。今《漢書音義》臣瓚所案，多引《汲書》以駁衆家訓義，此瓚疑

---

① 此句阮元刻《十三經注疏》本《論語・憲問》作“克、伐、怨、欲不行焉”，馬融注曰：“克，好勝人。伐，自伐其功。怨，忌小怨。欲，貪欲也。”

② 此段文字蓋有意節略原文。

③ 《孔子家語》卷十《曲禮子貢問》：“郕人以同母異父之昆弟死，將爲之服，因顔克而問禮於孔子。”

④ 此篇不見於《清經解》本。

⑤ 《漢書序例》，中華書局本作《漢書敘例》。

⑥ “臣瓚，不知何姓”，中華書局本及《四庫全書》本《漢書敘例》作“臣瓚，不詳姓氏及郡縣。”《四庫全書》本此句下王先謙注與此篇内容相近，録此以資參閲。“宋祁曰：景祐余靖校本云：臣瓚，不知何姓。案裴駰《史記序》云“莫知姓氏”，韋稜《續訓》又言“未詳”，而劉孝標《類苑》以爲“于瓚”，酈元注《水經》以爲“薛瓚”。姚察《訓纂》云：案《庾翼集》，于瓚爲翼主簿、兵曹參軍，後爲建威將軍。晉《中興書》云：翼病卒，而大將于瓚等作亂，翼長史江虨誅之。于瓚乃是翼將，不載有注解《漢書》。然瓚所采衆家音義，自服虔、孟康以外，並因晉亂湮滅，不傳江左。而高紀中瓚案《茂陵書》，文紀中案《漢祿秩令》，此二書亦復亡失，不得過江。明此瓚是晉中朝人，未喪亂之前，故得具其先輩音義及《茂陵書》《漢令》等耳。蔡謨之江左，以瓚二十四卷散入《漢書》，今之注也。若謂爲于瓚，乃是東晉人，年代前後了不相會，此瓚非于，足可知矣。又案《穆天子傳》目録云，祕書校書郎中傅瓚校古文《穆天子傳》曰：記《穆天子傳》者，汲縣人不準盜發古塚所得書。今《漢書音義》臣瓚所案，多引汲書以駁衆家訓義。此瓚疑是傅瓚。瓚時職典校書，故稱臣也。顔師古曰：後人斟酌瓚姓，附之傅族耳。既無明文，未足取信。”

是傅瓚。瓚時職典校書，故稱臣也。

又司馬貞《索隱》曰：據何法盛《晉書》，于瓚以穆帝時爲大將軍，誅死，不言有注《漢書》之事。又其注《漢書》有引《禄秩令》及《茂陵書》，彼二書亡於西晉，非于所見。知是傅瓚者。案《穆天子傳》目録云：傅瓚爲校書郎，與荀勗同校定《穆天子傳》，即當西晉之朝，尚見《茂陵》等書。又稱臣者，以其職典祕書故也。

庸案：臣瓚之姓，當以姚氏及小司馬說爲定，是西晉人，故得具見諸家音義及《禄秩令》等書，年代相合，一證也；典校秘書，故稱“臣”，有《穆天子傳》目録可據，二證也；時汲冢初發，瓚喜引其書，故《漢書音義》每稱“汲郡古文”，三證也。既非于瓚，以爲薛瓚，更無佐証，則捨傅瓚無人也。顔師古，一無學識人耳，故云“學者斟酌瓚姓，附著安施，或云傅族。既無明文，未[1]足取信”[2]。余謂非不足取信，欲師古信，實難耳。《春秋正義・哀九年》亦云：“有‘臣瓚’者，不知其姓，或云姓傅，作《漢書音義》。”

庶子服[3]

《通典》九十五《凶禮》十七《繼君母黨服議》：“晋[4]車胤問臧燾曰：‘今此妾子既服先嫡之黨，又服繼嫡母之黨否？’燾答曰：‘庶子以賤，不敢不從服耳。既服前嫡母黨，則後嫡母黨無以異。疑於三四邪？’燾又問徐藻，藻答曰：‘庶子若及先嫡母，則服其黨；若不及，則服後嫡母黨。外服無二，此之謂也。’”

鏞堂按：嫡母之黨因相及而爲之服，不論後先。使及先嫡母，既服其黨矣，又及後嫡母之黨，能不服乎？吾家光祿《議》是，徐藻“外服無二”之說非也。《通典》四十一《禮揔序》載歷[5]代議《禮》諸人名氏，臧燾與宋傅亮、徐廣、裴松之同列。

---

① 未，底本原作“末”，當爲“未”字之訛，因改正。

② 《漢書序例》：“顔師古曰：‘後人斟酌瓚姓，附之傅族耳。既無明文，［未］足取信。’”

③ 本篇不見於底本和《清經解》本，據校抄本補。篇名爲整理者擬。

④ 晋，古籍中常與“晉”混用。今“晋”字通行。下同，不復出校。

⑤ 歷，爲“歷”之抄本俗字。下同，不復出校。

石城樂[①]

《通典》一百四十五《樂》五：“《石城樂》，宋臧質所作也。石城，當重一“城”字。名在竟陵。質嘗爲竟陵郡，於城上眺矚羣少歌謡遒暢，因作此曲。云：‘生長石門下，開門對城樓。《玉臺新詠》卷十《近代西曲歌五首》無作者名氏，第一首《石城樂》“開門”一作“開窻”。樓中美少年，出入見依投。’”

按：此可備入《臧氏文獻考》。李林甫等《唐六典》云：“《石城樂》，宋臧質作。”

臧壽[②]

《晋書·儒林傳》：“徐邈，東莞姑幕人也。祖澄之爲州治中，屬永嘉之亂，遂與鄉人臧琨等，率子弟并閭里士庶千餘家，南渡[③]，家於京口。”“邈姿性端雅，勤行勵學，博涉多聞，以慎密自居。少與鄉人臧壽齊名，下帷讀書，不游城邑。”

鏞堂按：臧壽，蓋琨之族裔，自東莞徙家京口者，與宋之臧燾別是一人，非由字誤。燾祖名汪，父名儁，見《宋書·武敬臧皇后傳》。少與徐邈齊名，蓋亦勤行勵學之人，惜惟名姓可考也。今鎮江臧氏，其琨之後裔與？

周易卷數[④]

《唐書·藝文志》載李鼎祚集注《周易》十七卷[⑤]。明嘉靖丁巳睦氏㮚[⑥]校梓。《跋》稱得自李中麓氏，係宋季槧本，人間希有。據鼎祚《自序》云“十卷”，而首尾俱全，初無亡失，《崇文總目》及《邯鄲圖書

---

① 此篇不見於底本和《清經解》本，據校抄本補。篇名爲整理者擬。

② 此篇不見於底本和《清經解》本，據校抄本補。篇名爲整理者擬。

③ 南渡，中華書局本作“南渡江”。

④ 此篇不見於底本和《清經解》本，據校抄本補。篇名爲整理者擬。

⑤ 中央編譯出版社 2011 年出版有唐李鼎祚撰集之《周易集解》，可參看。

⑥ 睦氏㮚，疑即明朱睦㮚（1518—1587），字灌甫，號西亭，學稱西亭先生。明宗室。安徽休寧人。精《易》學、《春秋》，藏書極富，藏書堂號“萬卷堂”。著有《易學拾遺》《春秋諸傳辨異》《五經稽疑》《史漢古字》《授經圖》《西亭中尉志》《皇朝中州人物志》等。

志》亦稱“七篇逸”，則自北宋以來本皆止有十卷。蓋《周易》多以《彖》《象》附上下經爲六卷，《繫辭》上下爲八卷，合《文言》《說卦》四篇爲九卷，加以《序錄》成十卷。或分《文言》等四篇爲四卷，亦止有十二卷。況李氏以《文言》《序》《卦》附經，則不別爲卷，明矣。而有十七卷者，何也？考李氏《自序》云：“别撰《索隱》，錯綜根萌，音義兩存，詳之明矣。其王氏《略例》，得失相參。采葑采菲，無以下體。仍附經末，式廣未聞。”則李氏原書，《集解》之外，尚有《索隱》《音》《義》及王氏《略例》等，故合爲十七卷。若依經立解，即十卷亦爲完書，而今汲古閣、雅雨堂本皆十七卷，是後人誤依《唐志》所分。李《序》又云“十八卷”，更誤矣。鼎祚，資州人。仕唐爲祕閣學士，以經學稱於時。嘗進《平胡論》，預察胡人叛亡日時，無毫髮爽。象數精深，蓋如此。及閱《唐［書］·列傳》與《蜀志》，俱不見其人，豈遺之邪？抑别有所載邪？上皆睦氏之《跋》云爾，未詳睦氏何所據。附識以俟考。

靖①言庸違

《漢書·王尊傳》：“靖言庸違②，象龔③滔天。”師古曰：“違，僻也。實用違僻。”宋景文挍本云：“浙本作‘庸韋’。注云：韋，違也。”又“靖言庸違，反殛之刑也”。宋祁云：“違，當依前注改作韋。”

案：《說文》：“韋，相背也。从舛，口聲。獸皮之韋，可以束枉戾相韋背，故借㠯爲皮韋。”然④則“韋”爲違背本字，故今文《尚書》“違”作“韋”，《漢書》原文必是“靖言庸韋”，當從浙本爲正。據宋景文所見本，下“靖言庸違，放殛之刑也”，尚作“庸韋”，故宋云“韋，當依前注改作違”。後人依注改正文，復依正文改注，致宋語反與前相背。

① 靖，底本作“竫”，爲“靖”之刻寫俗字，亦爲日本用漢字。下徑改爲正字，不復出校。

② 庸違，用意邪僻。《書·堯典》：“帝曰：‘疇咨，若予采？’驩兜曰：‘都！共工方鳩僝功。’帝曰：‘吁！静言庸違，象恭滔天。’”按：《史記·五帝本紀》作：“堯又曰：‘誰可者？’讙兜曰：‘共工旁聚布功，可用。’堯曰：‘共工善言，其用僻，似恭漫天，不可。’”張守節《正義》：“共工善爲言語，用意邪僻也。”唐元稹《論教本書》：“回佞庸違之説固吾之所積懼也。詔之者有以辨焉。”

③ 龔，通“恭”。恭敬。清朱駿聲《説文通訓定聲·豐部》：“龔，叚借爲恭。”《睡虎地秦墓竹簡·爲吏之道》：“吏有五善：一曰中（忠）信敬上……五曰龔敬多讓。”

④ 然，底本作“GREEN”，爲“然”之刻寫俗字。下徑改爲正字，不復出校。

學學半

《禮記·學記》："《兑命》曰：'學學半。'"《釋文》："學學，上胡孝反，下如字。"《尚書·説命下》"惟斆學半"，傳："斆，教也。教然後知所困，是學之半。"《羣經音辨》二："學，教也。音效。《書》'惟學學半'。"據此知《尚書》"學學"字本之《禮記》，必不改上"學"爲"斆"。《説命音義》必大書"學學"二字，注云"上户孝反，下如字"，與《禮記音義》同。北宋時賈氏所見《釋文》尚如此，故引《書》作"學學"，其"學，教[①]也"三字即本《説命》孔傳。今《釋文》作"斆"，蓋開寶中所改。《盤庚上》"盤庚斆于民"，傳"斆，教也"，亦必本作"學"字。正義引《文王世子》云："小學[②]正斆干，大胥贊之。籥師斆戈，籥師丞贊之。"今《禮記》作"學干""學戈"。《釋文》："《盤庚》斆，户教反，下如字。"今《釋文》脱此三字，葉鈔及注疏本皆有。先師學士盧召弓云："下文無'斆'字，'下如字'，當改爲'又如字'。"案：陸先音"戸教反"，則讀爲"斆"，復云"又如字"，則依字讀爲"學"也，此蓋馬、鄭、王等説，非孔義。

孟子受業子思之門人[③]

《史記·孟子荀卿列傳》："孟軻，騶人也。受業子思之門人。"《索隱》云："王劭以'人'爲衍字。"按：《漢書·藝文志》云：孟子，"名軻，鄒人。子思弟子。"[④] 王説蓋本此。然孟子自言私淑[⑤]諸人，屢論子思逸事，而未嘗稱師，則必非親受業者。太史公不誤，班孟堅誤耳。論世即子思百有餘歲，孟子尚未能受業。

《拜經日記》卷第五經六千七百九十八字，注六百九十七字。

---

① 教，同"教"。《正字通·攴部》："教，俗作教。"按：今以"教"爲正字。

② 學，阮刻《十三經注疏》本作"樂"。按：作"樂"者是，作"學"概爲形近而誤。

③ 此篇不見於底本和《清經解》本，據校抄本補。篇名爲整理者擬。

④ 師古曰："《聖證論》云軻字子車，而此《志》無字，未詳其所得。"

⑤ 私淑，私自敬仰而未得到直接的傳授。《孟子·離婁下》："予未得爲孔子徒也，予私淑諸人也。"趙岐注："淑，善也。我私善之於賢人耳，蓋恨其不得學於大聖也。"

拜經日記第六

武進臧氏學

内閣學士阮伯元補箋毛《詩》，督學山左時，節録下問，郵寄[①]至楚，來書自言“語多武斷，質之同志，不以爲謬，則當編[②]録付梓”。鏞堂直抒鄙見，質之閣學，自定焉。兹節記要語，以自省覽。[③]

蒙[④]伐有苑

“蒙伐有苑”[⑤]，《補箋》曰：“伐讀爲瞂[⑥]。《釋文》‘伐，或作戩[⑦]’，戩即瞂之譌。”按：《玉篇·盾部》：“瞂，盾也。《詩》曰‘蒙瞂有菀[⑧]’，

① 寄，底本作“寄”，校抄本同。按：刻本和抄本中，“寄”常見作“寄”者，爲“寄”之俗字。下徑改爲正字，不復出校。

② 編，底本作“編”，爲“編”之刻寫俗字，亦爲日本用漢字。下徑改爲正字，不復出校。

③ 此段文字，校抄本同，《清經解》本極簡略，爲：“内閣學士阮伯元補箋毛《詩》，節録下問，庸因直抒鄙見，質之閣學，自定焉。”

④ 蒙，底本作“蒙”，校抄本同。按：刻本和抄本中，“蒙”常作“蒙”或“蒙”，爲“蒙”之刻寫俗字。下徑改爲正字，不復出校。

⑤ “蒙伐有苑”，出《詩·秦風·小戎》。《釋文》云：“伐，如字，本或作‘戩’。”

⑥ 瞂，《説文·盾部》：“盾也。从盾，犮聲。”《方言》卷九：“盾，自關而東，或謂之瞂，或謂之干。關西謂之盾。”

⑦ 戩，同“盾”。《可洪音義》卷二十六《集沙門不應拜俗等事》第五卷音義：“矛戩，下食尹反。”鄧福禄、韓小荊《字典考正》：“今《大正藏》對應經文作‘進退矛楯，去取自乖，請即編之恒憲，何所見之短乎？”“‘楯’即‘盾’的增旁字。‘矛盾’之‘盾’或增‘木’作‘楯’，或增‘戈’作‘戩’。”

⑧ 菀，《清經解》本同，校抄本作“苑”。按：“菀”通“苑”。刻本和抄本中，常見將“苑”寫作“菀”者。清朱駿聲《説文通訓定聲·乾部》：“菀，叚借爲苑。”《漢書·王嘉傳》：“詔書罷菀，而以賜（董）賢二千餘頃，均田之制從此墮壞。”顔師古注：“菀，古苑字。”《文

本亦作‘伐’。又‘戫’，同上。”足證“戫”爲“瞂”之譌也。箋云“畫雜羽之文曰[①]伐”，不云“羽飾”。

周道倭遲

“周道倭遲[②]”，《補箋》曰：“韓《詩》作‘禕隋[③]’，《漢志》‘郁夷’，師古以爲韓《詩》。[④]”按：《羔羊釋文》云“委蛇”，韓《詩》作“逶迤”。此真韓《詩》也。《衡方碑》有“禕隋在公”之文，洪适臆云“出《韓詩内傳》”，王伯厚誤信之，采入《詩考》。《羔羊》篇“郁夷”，亦非韓《詩》。辨見玉林先生《經義雜記》。

皇父卿[⑤]士

“皇父卿士”[⑥]，《補箋》從毛以爲幽王時詩，[⑦]又自謂：“即《常武》之‘皇父’‘卿士’，[⑧]司徒下六人俱良臣，王不用，退居於向，詩人責之。”

按：孔仲達云：“或皇氏父字，傳世稱之。”見《常武》正義。《常武》與此必是兩人。如厲王時有家伯，幽王時有家父，春秋時亦有家父；宣王

心雕龍·辨騷》：“故才高者菀其鴻裁，中巧者獵其艷辭。”楊明照《文心雕龍校注拾遺》：“菀，唐寫本作‘苑’……按：苑字是。菀與苑古雖通，但本書則全用苑字。《詮賦》篇：‘夫京殿苑獵。’以‘苑獵’連文，與此以苑、獵對舉，其比正同。”

① 曰，阮刻《十三經注疏》本作“於”。

② 倭遲，紆回歷遠貌。《詩·小雅·四牡》：“四牡騑騑，周道倭遲。”毛傳：“倭遲，歷遠之貌。”朱熹《集傳》：“倭遲，回遠之貌。

③ 禕隋，同“倭遲”。逶迤。

④ 中華書局本《漢書·地理志上》：“郁夷，《詩》‘周道郁夷。’”顏師古曰：“《小雅·四牡》之詩曰‘四牡騑騑，周道倭遲’。《韓詩》作‘郁夷’字，言使臣乘馬行於此道。”宋王應麟《詩地理考》卷五“周道郁夷”：“《地理志》‘右扶風郁夷縣’注：《詩》‘周道郁夷’，顏氏曰《四牡》詩‘周道倭遲’，韓《詩》作‘郁夷’，言使臣乘馬於此道。”

⑤ 卿，同“卿”。字見《直音篇》。下同，不復出校。

⑥ “皇父卿士”，出《詩·小雅·四牡》，

⑦ 正義曰：“毛以爲當刺幽王。時皇父爲卿士之官，謂卿之有事，兼擅羣職也。”

⑧ 《常武》，《詩·大雅·蕩之什》的一篇。全詩六章，每章八句。第一章：“赫赫明明。王命卿士，南仲大祖，大師皇父。”

時有仍叔，春秋時亦有仍叔。家、仍，皆氏；伯、叔、父，並字。皇父既是妻黨，王奔彘[①]後當即屏黜[②]，共和執政，更擢其族類之賢者，後宣王征淮、徐，命之爲將也，因作都而之向，遂將其屬臣盡去，工畢當仍反[③]於朝，非爲退老計。幽王時尹氏爲太師，故箋不從毛傳。正義曰："王官列職，皇父欲矜刑勢[④]，盡將往向。"此可見其專權、擅恣，老成[⑤]亦畏懼之，心不願而強以去也。厲王有利臣榮夷公，幽王有讒佞臣虢石父暴公，俱非妻黨，故不在七人之列。"徹我牆屋，田卒汙萊[⑥]，曰：'予不戕[⑦]，禮則然矣。'"讀此而酷虐、驕很[⑧]之情形口角[⑨]，恍如目見耳聞，而皇父之罪狀定矣。又況蓄斂臣，遷富民，逼脅老成，空王邑以實其私都，經有明文，賢臣豈若是乎？舉一皇父之罪，而六人之罪統此矣。若以"徹牆屋，田汙萊"爲事王之禮，則自古絕無，經傳不見，且何可以爲訓？段若膺云："田以祭祖，豈可聽其盡汙萊？"向既是皇父之采邑，豈有王之三公共往居之？至《雨無正》"正大夫離居"云云，則箋以爲厲王流彘，後事不可易也。[⑩]《［漢書］·古今人表》以皇父等七人，同幽王、褒姒列於下下，

---

① 彘，底本、校抄本、《清經解》本均作"彘"。爲刻本和抄本常見俗字。下徑改爲正字，不復出校。

② 黜，底本、校抄本、《清經解》本均作"黜"。爲刻寫俗字。下徑改爲正字，不復出校。

③ 反，"返"之古字。

④ 刑，通"形"。《墨子·經上》："生，刑與知處也。"畢沅注："刑，同形，言人處世，惟形體與知識。"刑勢，即"形勢"。權勢，權位。

⑤ 老成，指年高有德的人。宋俞文豹《吹劍四録》："恐數十年後老成彫喪，後生小子，不知根柢，耳濡目染，日變而不復還。"《醒世姻緣傳》第二六回："不料那些前輩的老成，漸漸的死去；那些忠厚遺風漸漸的澆漓。"亦指舊臣，老臣。宋黄庭堅《司馬文正公挽詞》之一："元祐開皇極，功歸用老成。"

⑥ 汙萊，謂田地荒廢。《詩·小雅·十月之交》："徹我牆屋，田卒汙萊。"毛傳："下則汙，高則萊。"王先謙《詩三家義集疏》："卒，盡也。田不治則下者汙而水穢，高者萊而草穢。"

⑦ 戕，唐石經、小字本、相臺本同。阮校："案《釋文》云'戕，在良反，殘也。王本作臧。臧，善也。孫毓《評》以鄭爲改字'。惠棟云王肅改字反誚康成，是也。"

⑧ 很，險惡；兇暴。後作"狠"。《廣韻·很韻》："很，很戾也。"驕很，同"驕狠"。驕横狠戾。《南史·顔延之傳》："驕佷傲慢，禍之始也。"

⑨ 口角，言語；口氣。清張岱《陶庵夢憶·柳敬亭説書》："柳麻子貌奇醜，然其口角波俏，眼目流利。"清蒲松齡《聊齋志異·詩讞》："向避雨南郭，見題壁詩與箑頭之作，口角相類，故妄度李生，果因是而得真盜。"

⑩ "正大夫離居"，箋云："正，長也。長官之大夫，於王流於彘而皆散處，無復知我民之見罷勞也。"

與毛傳同。鄭注《序》云："當爲刺厲王。作《詁訓傳》時移其篇第，因改之耳。"此《序》本作"刺厲王篇"，在《六月》上，爲毛公移改之明文。使毛無此事，鄭不得誣加之。劉向《封事》曰："幽、厲之際，朝廷不和。"引《詩·角弓》《小旻》《十月之交》《正月》四篇爲證，而下云："此後殃禍並作，厲王奔彘，幽王見殺。"則劉子政亦以《角弓》《正月》爲刺幽王，《十月之交》《小旻》爲刺厲王。故上下皆幽、厲並舉。

《［漢書］·五行志下下》劉歆曰："於《詩·十月之交》則著卿士、司徒，下至趣馬、師氏，咸非其材。"師古注引《詩》"艷妻煽方處[①]"，云："'艷'或作'閻'，嬪[②]妾姓也。"《［漢書］·谷永[③]傳》曰："昔褒姒用國，宗周𠩺喪；閻妻驕扇，日𠩺不臧。"師古曰："魯《詩·小雅·十月之交》篇曰'閻妻煽方處'，言厲王無道，内寵熾甚。"此必本舊注，故得見魯《詩》。又曰："貴者不得嫉妬專寵，以絕驕嫚[④]之端，抑褒、閻之亂。"又曰："後宮親屬饒之𠩺財，勿與政事，𠩺遠皇父之類，損妻黨之權。"又《［漢書］·外戚傳》："哀褒、閻之爲郵。"然則鄭以此詩爲刺厲王，本魯《詩》之經，劉向父子皆然，非據緯候之文。特緯候出於漢世，與魯《詩》說同耳。《漢書》注云"閻，嬪妾姓"，《中候》曰"剡以配姬"，是厲王嬖妻乃閻氏女與幽王後。后姒姓不同，當從魯《詩》作"閻"爲正。毛《詩》作"艷"，《中候》作"剡"，並聲近假借字。王肅、皇甫謐，"六經"之蟊賊也，其言多不足據。即以此四篇爲刺幽王，名雖[⑤]從毛，實欲異鄭耳。書名《補箋》，似不當舍鄭而從王肅也。

曰予不臧

"曰'予不戕'"，《補箋》從王肅作"臧"。案："徹我牆屋，田卒

① 處，唐石經、小字本、相臺本同。阮校："案《釋文》云'處，一本作熾'。考傳、箋，一本誤也。又此以'處'與'馬'爲韻。"

② 嬪，底本作"嬪"，爲刻寫俗字。下徑改爲正字，不復出校。

③ 永，底本作"汞"，爲刻寫俗字。下徑改爲正字，不復出校。

④ 嫚，通"慢"。懈怠；遲緩。《淮南子·主術》："是以器械不苦，而職事不嫚。"高誘注："嫚，讀慢緩之慢。"驕嫚，即"驕慢"。驕傲怠慢。《漢書·五行志中之上》："與騶奴宰人游居娛戲，驕嫚不敬。"《漢書·五行志上》："劉向以爲時宋愍公驕慢，睹災不改。"

⑤ 雖，底本作"雖"，爲刻寫俗字。下徑改爲正字，不復出校。

汙萊"，此"戕"殘之，實肅改作"臧"，猶上文"豈曰不時"也。然此經無"豈"字，則文實不順。凡鄭改字皆具於箋，尊鄭學者不宜反刪削之。陸德明云：孫毓朋於王。既黨於王，故不言王改而反以爲鄭改。《釋文》別之，云"王作'臧'"，[1] 是陸氏不從王也。正義述毛說亦作"戕"，蓋俱以作"臧"爲肅所私改。

伐木掎[2]矣

"伐木掎矣"[3]，傳："伐木者掎其巔，析薪者隨其理。"箋云："掎其巔者，不欲妄踣[4]之。杝[5]，謂觀其理也。必隨其理者，不欲妄挫折[6]之。以言今王之遇太子，不如伐木析薪也。"《補箋》用《豳風》傳，以此傳、箋爲非。

案：《左傳・襄十四年》言晉之伐秦，晉禦其上，戎亢其下。譬如捕鹿，晉人角之，諸戎掎之，與晉踣之。杜云："掎其足［也］。踣，僵也。"是禦其上謂之角，當其下謂之掎。皆先約束而後踣之。對文則上下殊制，散舉則"角""掎"通言，故《七月》傳云"角而束之曰掎"，不分上下。此傳云"掎其巔"，是上亦可言"掎"也，與《七月》傳本無異。經先言伐木析薪，後言"掎矣""杝矣"。玩兩"矣"字神情，知傳、箋說頗精細。伐木之欲其踣，猶捕鹿之欲其踣也。角掎而後踣之，是不妄踣也。伐木曰"掎"，析薪曰"杝"，義有不容假借

---

① 《釋文》云："戕，在良反，王作'臧'。臧，善也。孫毓評以鄭爲改字。"

② 掎，底本、校抄本、《清經解》本均作"掎"，爲刻寫俗字。下徑改爲正字，不復出校。

③ 《詩・小雅・小弁》："伐木掎矣，析薪杝矣。"

④ 踣，底本作"踣"，爲刻寫俗字。下徑改爲正字，不復出校。踣，向前仆倒。《左傳・襄公十四年》："譬如捕鹿，晉人角之，諸戎掎之，與晉踣之。"杜預注："踣，僵也。"孔穎達疏："前覆謂之踣。"洪邁《夷堅乙志・臨川巫》："巫知必死，正付囑後事，忽如人擊其背，即踣於地，涎凝喉中，頃之死。"

⑤ 《詩・小雅・小弁》："伐木掎矣，析薪杝矣。"杝，原作"扡"，阮校："唐石經'扡'作'杝'。案惠棟云《玉篇》在木部，是也。《五經文字・木部》云'杝，又音榹，見《詩・小雅》'，即謂此字也。《釋文》'杝'與唐石經同，或誤'扡'，今正，詳後考證。十行本正義中字不誤。"杝，意謂順著紋理劈開。

⑥ 折，《十三經注疏》本原作"析"。阮校："小字本、相臺本'析'作'折'，閩本、明監本同。案'折'字是也。《釋文》以'挫折'作音，可證。"

者，若祇言喻被讒如木遭伐、析，則兩事并爲一矣。孫炎注《爾雅》云："斯，析之離也。"《詩·墓門》"斧以斯之"，是析薪者必隨木之理。《七月》正義引《襄十四年傳》，知經本作"掎"，"彼女桑"，毛傳"角而束之曰掎"，正用《左氏［傳］》。今本作"猗[①]"，字之譌也。[②]

秩秩大猷

"秩秩大猷"，傳："秩秩，進知也。"《補箋》議其疎。《書》"平秩東作"，《史記》"秩"作"程"。

案："程"有"進"義。又《說文》凡云"讀若"者，擬其音，非釋其義。然音同者，義亦相近。如此經"秩秩"與"大猷"連文，"秩秩"自當有"大"義。故《說文》"戴[③]"字，訓"大"而音與"秩"同，是"秩"有"大"義之證也。引之案："秩秩"訓"進"必有意義，然終不若訓"大"之長。《說文》"趪[④]"字，訓"走"而音與"秩"同，是"秩"有"走"義之證也。"呈[⑤]""失"聲近義同，故"程""秩"字皆有"走""進"之義。即次第，亦進也。毛傳云："進智者，謂智者進其謀，而聖

① 猗，底本作"猗"，爲刻寫俗字。下徑改爲正字，不復出校。

② 《十三經注疏》本《詩·七月》"猗彼女桑"，傳曰："角而束之曰猗。"按：唐石經、小字本、相臺本同。阮校："正義云'襄十四年《左傳》云：譬如捕鹿，晋人角之，諸戎掎之。然掎、角皆遮截束縛之名也。故云角而束之曰掎'。考此是説傳'角'字之義，又以爲'猗'之言'掎'也，故並説之，非正義本經傳皆作'掎'也。末'曰掎'仍當作'曰猗'，乃不知者改之耳。或因正義中字譌，遂並疑此經當作'掎'者，非也。正義上文云'猗束彼女桑而采之'，又云'以繩猗束而采之也'，皆作'猗'，不作'掎'。'掎'字在《小弁》經，正義不引，亦其證。"

③ 戴，底本作"戴"。按：刻本和抄本中，漢字構件"大"常作"立"，如"奇"作"竒"、"騎"作"騎"等。"戴"爲"戴"之刻寫俗字。戴，盛，大。後作"秩"。《説文·大部》："戴，大也……讀若《詩》'戴戴大猷'。"段玉裁注："此謂秩秩然之大也。《小雅·巧言》文。'戴戴'當作'秩秩'，今《詩》正作'秩秩'。"

④ 趪，同"趪"。《正字通·走部》："趪，《説文》：'走也。'篆作趪。"

⑤ 呈，底本作"呈"。按："呈"爲"呈"之刻寫俗字。刻本和抄本中，漢字構件"王"常作"壬"，如"呈"作"呈"，"程"作"程"等。下徑改爲正字，不復出校。

人定之。”[1]《釋詁》：“猷，謀也。”“莫[2]，定也。”又毛傳本文當云“秩秩大猷，進知也”，後人以經傳傳，遂删改全句，衹以“秩秩”兩字舉之，因覺迂疏難[3]通。

春秋經傳源流考

《史記·三代世表》：“孔子因史文次《春秋》，紀元年，正時日月，蓋其詳哉。至於序《尚書》則略，無年月；或頗有，然多闕，不可録。故疑則傳疑，蓋其慎也。”

《十二諸侯年表［序］》：“孔子明王道，於七十二君[4]，莫能用。故西觀周室，論史記舊聞，興於魯而次《春秋》，上記隱，下至哀之獲麟，約其辭文，去其煩重，[5] 以制義法，王道備，人事浹。七十子之徒，口受其傳指，爲有所刺譏、褒諱[6]、挹損[7]之文辭不可以書見也。魯君子左丘明懼弟子人人異端，各安其意，失其眞，故因孔子史記具論其語，成《左氏春秋》。鐸椒爲楚威王傅，爲王不能盡觀《春秋》，采取成敗，卒四十章，爲《鐸氏微》。[8] 趙孝成王時，其上[9]相虞卿，上采《春秋》，下觀近世[10]，亦著八篇，爲《虞氏春秋》。[11] 呂不韋者，秦莊襄王相，亦上觀尚古，删拾《春秋》，集六國時事，以爲八覽、六論、十二紀，爲《呂氏

① 毛傳此句，今《十三經注疏》本無。

② 莫，今《十三經注疏》本《爾雅·釋詁下》作“嘆”。“莫”與“嘆”音義同。《詩·大雅·皇矣》“求民之莫”，鄭箋：云：“求民之定。”

③ 難，底本作“難”，爲刻寫俗字。下徑改爲正字，不復出校。

④ 七十二君，中華書局本作“七十餘君”，《日記》下文言《儒林列傳》亦云“七十餘君”。

⑤ 《史記索隱》曰：“言約史記脩《春秋》，去其重复之文也。”

⑥ 褒諱，亦作“褒諱”。揚善隱惡。《史記·十二諸侯年表序》：“七十子之徒口受其傳指，爲有所刺譏、褒諱、挹損之文辭不可以書見也。”唐劉知幾《史通·疑古》：“至於遠古則不然，夫其所録也，略舉綱維，務存褒諱，尋其終始，隱没者多。”

⑦ 挹損，貶抑。《明史·宦官傳二·馮保》：“保屬居正草帝罪己手詔，令頒示閣臣。詞過挹損，帝年已十八，覽之内慚。”

⑧ 《史記索隱》曰：“名《鐸氏微》者，《春秋》有微婉之詞故也。”

⑨ 上，中華書局本無此字。

⑩ 世，中華書局本作“勢”。

⑪ 《史記正義》曰：“案：其文八篇，《藝文志》云十五篇，虞卿撰。”

春秋》。及如荀卿、孟子、公孫固、韓非之徒，各往往捃摭《春秋》之文以著書，不可勝紀。[1] 漢相張蒼厤譜五德[2]，上大夫董仲舒推《春秋》義，頗著文焉。"《索隱》曰："宋有公孫固，無所述。蓋齊人轅固，傳《詩》者。"庸案：太史公以公孫固與荀、孟、韓非同列，便可知爲六國時人矣。乃以漢之轅固當之，妄甚。《漢志》有公孫固一篇，與齊閔王同時。

《孔子世家》：魯哀公十四年春，狩大野。[3] 叔孫氏車子鉏商[4]獲獸，以爲不祥。仲尼視之，曰："麟也。"取之。[5] 曰："河不出圖，雒[6]不出書，吾已矣夫！"[7] 十三字，何本《公羊傳》無。顔淵死，孔子曰："天喪予！"[8] 何本《公羊》有"子路死，子曰'天祝予。'"及西狩見麟，曰："吾道窮矣！"[9]

子曰："弗乎弗乎，君子病没世而名不稱焉。吾道不行矣，吾何以自見於後世哉？"乃因史記作《春秋》，上至隱公，下訖哀公十四年，十二

① 《史記索隱》曰："荀況、孟軻、韓非皆著書，自稱'子'。宋有公孫固，無所述。此固，蓋齊人韓固，傳《詩》者也。"

② 漢相張蒼厤譜五德，《史記索隱》曰："按：張蒼著《終始五德傳》也。"厤，中華書局本作"曆"。按：厤，同"曆"。《玉篇·日部》："曆，古本作厤。"《易·革》："君子以治厤明時。"孔穎達疏："天時變改，故須厤數，所以君子觀茲《革》象，脩治厤數，以明天時也。"

③ 《史記集解》引服虔曰："大野，藪名，魯田圃之常處，蓋今鉅野是也。"《史記正義》曰：《括地志》云："獲麟堆在鄆州鉅野縣東十二里。《春秋》哀十四年經云'西狩獲麟'。《國都城記》云'鉅野故城東十里澤中有土臺，廣輪四五十步，俗云獲麟堆，去魯城可三百餘里'。"

④ 《史記集解》引服虔曰："車子，微者也；鉏商，名也。"《史記索隱》曰："《春秋傳》及《家語》並云'車子鉏商'，而服虔以'子'爲姓，非也。今以車子爲主車車士，微者之人也。人微故略其姓，則'子'非姓也。"

⑤ 《史記集解》引服虔曰："麟非時所常見，故怪之，以爲不祥也。仲尼名之曰'麟'，然後魯人乃取之也。明麟爲仲尼至也。"

⑥ 雒，水名。雒水，即今河南省洛河。《左傳·昭公十七年》："晉侯使屠蒯如周，請有事於雒與三塗。"杜預注："雒，雒水也。"楊伯峻注："今作洛水。"

⑦ 《史記集解》引孔安國曰："聖人受命，則河出圖，今無此瑞。吾已矣夫者，［傷］不得見［也］。河圖，八卦是也。"

⑧ 《史記集解》引何休曰："予，我也。天生顔淵爲夫子輔佐，死者是天將亡夫子之證者也。"

⑨ 《史記集解》引何休曰："麟者，太平之獸，聖人之類也。時得而死，此天亦告夫子將殁之證，故云爾。"

公。據魯，親周，[①] 故殷，[②] 案：《春秋繁露·三代改制質文》篇亦云“黜夏，親周，故宋”，史公正本董生之言。《公羊·宣十六年傳》“新周”，惠定宇謂當作“親周”，是也。殷，宋也。張守節以“殷”字下屬，訓爲“中”，失其義矣。運之三代。約其文辭而指博。故吳楚之君自稱王，而《春秋》貶之曰“子”；踐土之會實召周天子，而《春秋》諱之曰“天王狩于河陽”；推此類以繩當世。貶損之義，後有王者舉而開之。《春秋》之義行，則天下亂臣賊子懼焉。

孔子在位聽訟，文辭有可與人共者，弗獨有也。至於爲《春秋》，筆則筆，削則削，子夏之徒不能贊一辭。弟子受《春秋》，孔子曰：“後世知丘[③]者以《春秋》，而罪丘者亦以《春秋》。”[④]

《儒林列傳》：仲尼於七十餘君無所遇，[⑤] 曰“苟有用我者，期月而已矣”。西狩獲麟，曰“吾道窮矣”。故因史記作《春秋》，以當王法，以辭微而指博，後世學者多録焉。徐廣曰：“録，一作‘繆’。”案：作“繆”是。

自孔子卒後，七十子之徒散游諸侯，大者爲師傅卿相[⑥]，小者友教士大夫，或隱而不見。故子路居衛，[⑦] 案：此孔子未卒時事，揔敘弟子散游，故及之。子張居陳，澹臺子羽居楚，子夏居西河，子貢終於齊。如田子方、段干木、吳起、禽滑釐之屬，皆受業於子夏之倫，爲王者師。是時獨魏文侯好學。後陵遲[⑧]以至於始皇，天下並爭於戰國，儒術既絀焉，然齊、魯之間學者獨不廢也。於威、宣之際，孟子、荀卿之列，咸遵夫子

① 《史記索隐》曰：“言夫子修《春秋》，以魯爲主，故云據魯。親周，蓋孔子之時周雖微，而親周王者，以見天下之有宗主也。”

② 《史記正義》曰：“殷，中也。又中運夏、殷、周之事也。”

③ 丘，校抄本同，《清經解》本作“某”，下句同。按：《史記》原作“丘”，《日記》爲避孔子名諱或缺筆或改字。此即其例。

④ 《史記集解》引劉熙曰：“知者，行堯舜之道者也。罪者，在王公之位，見貶絕者。”

⑤ 《史記索隱》曰：“後之記者失辭也。案：《家語》等説，云孔子歷聘諸國，莫能用，謂周、鄭、齊、宋、曹、衛、陳、楚、杞、莒、匡等。縱歷小國，亦無七十餘國也。”

⑥ 《史記索隱》曰：“案：子夏爲魏文侯師。子貢爲齊、魯聘吳、越，蓋亦卿也。而宰予亦仕齊為卿。餘未聞也。”

⑦ 《史記集解》：“案：《仲尼弟子列傳》子路死于衛，時孔子尚存也。”

⑧ 陵遲：敗壞；衰敗。《詩·王風·大車序》：“《大車》，刺周大夫也。禮義陵遲，男女淫奔，故陳古以刺今。”孔穎達疏：“陵遲，猶陂阤，言禮義廢壞之意也。”《史記·張釋之馮唐列傳》：“以故不聞其過，陵遲而至於二世，天下土崩。”

之業而潤色[①]之，以學顯於當世。

今上即位，招方正賢良文學之士。自是之後，言《春秋》於齊、魯自胡毋生，於趙自董仲舒。而公孫弘[②]以《春秋》白衣爲天子三公[③]，封以平津侯。天下之學士靡然向風[④]矣。

董仲舒，廣川人也。以[⑤]治《春秋》，孝景時爲博士。下帷講誦，弟子傳以久次[⑥]相受業，或莫見其面。公孫弘治《春秋》不如董仲舒，而弘希世[⑦]用事，位至公卿。董仲舒居家至卒，終不治産業，以修學著書爲事。故漢興至於五世之間，唯董仲舒名爲明於《春秋》，其傳公羊氏也。

胡毋生，齊人也。孝景時爲博士，以老歸教授。齊之言《春秋》者多受胡毋生，公孫弘亦頗受焉。

瑕丘江生爲穀[⑧]梁《春秋》。自公孫弘得用，嘗集比其義，卒用董仲舒。

仲舒弟子遂者：蘭陵褚大，廣川殷忠，徐廣曰："殷，一作'段'，又作'瑕'也。"案：《漢書》作"段仲"。溫吕步舒。褚大至梁相。步舒至長史，持節使决淮南獄，於諸侯擅專斷，不報，以《春秋》之義正之，天子皆以爲是。

---

① 潤色，本指修飾文字，使有文采。《論語・憲問》："爲命，裨諶草創之，世叔討論之，行人子羽修飾之，東里子産潤色之。"後亦指使增加光彩。《漢書・終軍傳》："夫天命初定，萬事草創，及臻六合同風，九州共貫，必待明聖潤色，祖業傳於無窮。"

② 弘，校抄本同，《清經解》本作"宏"。按：弘，本作"弘"，清人著述因避清帝弘曆名諱，或缺筆作"弘"，或改字作"宏"。下同，不復出校。

③ "白衣为天子三公"，《史記集解》：徐廣曰："一云'自齊爲天子三公'。"白衣：古代平民服。因即指平民。亦指無功名或無官職的士人。三公：朝中最高的三個官位，漢代指丞相、太尉和御史大夫。

④ 靡然向風，亦作"靡然鄉風""靡然嚮風"。謂群起效尤而成風氣。《晉書・儒林傳序》："故搢紳之士靡然嚮風，餘芳遺烈，焕乎可紀者也。"南朝梁陸倕《石闕銘》："乃正六樂，治五禮……於是天下學士，靡然向風，人識廉隅，家知禮讓。

⑤ 以，各本同，中華書局本作"少"。

⑥ 久次：指年資長短。

⑦ 希世：迎合世俗。《莊子・讓王》："原憲笑曰：'夫希世而行，比周而友……憲不忍爲也。'"陸德明《釋文》引司馬彪云："希，望也。所行常顧世譽而動，故曰希世而行。"

⑧ 穀，底本作"穀"，爲刻寫俗訛字。下徑改爲正字，不復出校。

弟子通者至於命大夫，爲郎、謁者、掌固①者以百數。而董仲舒子及孫皆以學至大官。

《平津侯主父列傳》：丞相公孫弘者，齊菑川國薛縣人也，年四十餘，乃學《春秋》雜說。建元元年，天子初即位，招賢良文學之士。是時弘年六十，徵以賢良爲博士。

《太史公自序》：上大夫壷②遂曰："昔孔子何爲而作《春秋》哉?"太史公曰："余聞董生③曰：'周道衰微④，孔子爲魯司寇，諸侯害之，大夫壅之。孔子知言之不用、道之不行也，是非⑤二百四十二年之中，以爲天下儀表，貶天子，退諸侯，封大夫，以達王事而已矣。'子曰：'我欲載之空言,⑥ 不如見之於行事之深切著明也。⑦' 夫《春秋》，上明三王之道，下辨人事之紀，別嫌疑，明是非，定猶豫，善善惡惡,⑧ 賢賢賤不肖，存亡國，繼絕世，補敝⑨起廢，王道之大者也。《春秋》以道義。撥亂世反之正，莫近於《春秋》。《春秋》文成數萬，其指數千。⑩ 萬物之

---

① 掌固，中華書局本作"掌故"。按："掌固"本爲《周禮》官名。《周禮·夏官·掌固》："掌固，掌脩城郭溝池樹渠之固。"漢代以後用以指太常屬官，掌管禮樂制度等的故實，二者常通用。《史記·儒林列傳》："是時伏生年九十餘，老，不能行，於是乃詔太常使掌故朝錯往受之。"《漢書·司馬相如傳下》："宜命掌故悉奏其儀而覽焉。"南朝宋鮑照《論國制啟》："伏見彭城國舊制，猶有數卷，雖多殊革，大綱可依，愚謂宜令掌固刊而撰之。"

② 壷，《清經解》本、校抄本作"壺"。按："壷"爲"壺"之刻寫俗字，亦爲日本用漢字。《類篇·壷部》："壷，昆吾圜器也。"《字彙·士部》："壺"，同"壷"。下同，不復出校。

③ 董生，《史記集解》：服虔曰："仲舒也。"

④ 微，各本同，中華書局本作"廢"。

⑤ 《史記索隱》曰："案：是非謂褒貶諸侯之得失也。"

⑥ 《史記索隱》曰："案：孔子之言見《春秋緯》，太史公引之以成說也。空言，謂褒貶是非也。空立此文，而亂臣賊子懼也。"

⑦ 《史記索隱》曰："案：孔子言我徒欲立空言，設褒貶，則不如附見於當時所因之事。人臣有僭侈篡逆，因就此筆削以褒貶，深切著明而書之，以爲將來之誡者也。"

⑧ 善善惡惡，《史記索隱》曰：《公羊傳》曰"善善及子孫，惡惡止其身"也。

⑨ 敝，底本作"敞"，爲刻寫俗字，亦爲日本用漢字。下徑改爲正字，不復出校。

⑩ 《史記集解》："張晏曰：'《春秋》萬八千字，當言減，而云成數，字誤也。'駰謂太史公此辭是述董生之言。董仲舒自治《公羊春秋》，《公羊》經傳凡有四萬四千餘字，故云'文成數萬'也。不得如張議，但論經萬八千字，便謂之誤。"《史記索隱》曰："案：張晏曰：'《春秋》萬八千字，此云文成數萬，字誤也。'裴駰以遷述仲舒所論《公羊經傳》，凡四萬四千，故云數萬，又非也。小顏云：'史遷豈以《公羊傳》爲《春秋》乎?'又《春秋》經一萬八千，亦足稱數萬，非字之誤也。"

散聚，皆在《春秋》。《春秋》之中，弑君三十六，亡國五十二，諸侯奔走不得保其社稷者不可勝數。察其所以，皆失其本已。① 故《易》曰‘失之毫釐，差以千里’②。故曰‘臣弑君，子弑父，非一旦一夕之故也，其漸久矣’。故有國者不可以不知《春秋》，前有讒而弗見，後有賊而不知。爲人臣者不可以不知《春秋》，守經事而不知其宜，遭變事而不知其權。爲人君父而不通於《春秋》之義者，必蒙首惡之名。爲人臣子而不通於《春秋》之義者，必陷③篡弑之誅，死罪之名。其實皆以爲善，爲之不知其義，④ 被之空言而不敢辭。⑤ 夫不通禮義之吉⑥，至於君不君，臣不臣，父不父，子不子。君不君則犯，⑦ 臣不臣則誅，父不父則無道，子不子則不孝。此四行者，天下之大過也。以天下之大過予之，則受而弗敢辭。故《春秋》者，禮義之大宗也。夫禮禁未然之前，法施已然之後；法之所爲用者易見，而禮之所爲禁者難知。”

《漢書・藝文志》：

《春秋古經》十二篇，《經》十一卷。公羊、穀梁二家。

《左氏傳》三十卷。左丘明，魯太史。

《公羊傳》十一卷。公羊子，齊人。

《穀梁傳》十一卷。穀梁子，魯人。

《鄒氏傳》十一卷 。

《夾氏傳》十一卷。有録無書。

《左氏微》二篇。

《鐸氏微》三篇。楚太傅鐸椒［也］。

---

① 《史記索隱》曰：“案：弑君亡國及奔走者，皆是失仁義之道本耳。已者，語終之辭也。”

② 《史記集解》引徐廣曰：“一云‘差以毫釐’，一云‘謬以千里’。”駰案：今《易》無此語，《易緯》有之。

③ 陷，底本作“陷”，校抄本同，《清經解》本作“陷”。按：“陷”爲“陷”之刻寫俗字。陷，同“陷”。《龍龕手鑑・阜部》：“陷”，同“陷”。《孝經・諫爭》：“父有爭子，則身不陷於不義。”阮元《校勘記》：“岳本、監本、毛本作‘陷’是也。”

④ 《史記正義》曰：“其心實善，爲之不知其義理，則陷於罪咎。”

⑤ 《史記集解》引張晏曰：“趙盾不知討賊，而不敢辭其罪也夫。”

⑥ 吉，《清經解》本作“旨”。按：吉，同“旨”。《宋元以來俗字譜》：“旨”，《目連記》作“吉”。

⑦ 《史記正義》引顔云：“爲臣下所干犯也。一云違犯禮義。”

《張氏微》十篇。案：蓋張蒼說。

《虞氏微傳》二篇。趙相虞卿。案："傳" 字疑衍。

《公羊外傳》五十篇。

《穀梁外傳》二十篇。

《公羊章句》三十八篇。

《穀梁章句》三十三篇。

《公羊雜記》八十三篇。

《公羊顏氏記》十一篇。

《公羊董仲舒治獄》十六篇。

附儒家：

《孟子》十一篇。名軻，鄒人，子思弟子，有《列傳》。

《孫卿子》三十三篇。名況，趙人，爲齊稷下祭酒，有《列傳》。

《公孫固》一篇。十八章，齊閔王失國，問之，固因爲陳古今成敗也。

《虞氏春秋》十五篇。虞卿 [也]。

《董仲舒》百二十三篇。

法家：

《韓子》五十五篇。名非。

雜家：

《呂氏春秋》二十六篇。秦相呂不韋輯，智略士作。案：上七家，太史公言及，故附録之。

古之王者世有史官，君舉必書，所以愼言行，昭法戒[1] [也]。舊作"式"，和貴據《春秋正義》一所引改也。左史記言，右史記事，事爲《春秋》，言爲《尚書》。案：先師《六藝論》本此，與《玉藻》"動則左史書之，言則右史書之" 不同。周室既衰[2]，載籍殘缺，仲尼思存前聖之業，乃稱曰："夏[3]禮吾能言之，杞不足徵也；殷禮吾能言之，宋不足徵也。文獻不足故也，足則吾能徵之矣。"[4] 以魯周公之國，禮文備物，史官有法，故與左丘明觀其史記，據行事，仍[5]人道，因興以立功，就敗以成罰，假日月以定厤數，藉朝聘以

① 戒，中華書局本作 "式"。

② 衰，中華書局本《漢書·藝文志》作 "微"。

③ 夏，底本作 "夏"，爲刻寫俗字。下徑改爲正字，不復出校。

④ 顏師古曰："《論語》載孔子之言也。徵，成也。獻，賢也。孔子自謂能言夏、殷之禮，而杞、宋之君文章賢材不足以成之，故我不得成此禮也。"

⑤ 顏師古曰："仍，亦因也。"

正禮樂。有所褒諱貶損，不可書見，口授弟子，弟子退而異言，① 丘明恐弟子各安其意，以失其眞，案：《春秋繁露·俞序》篇云：《史記》十二公之間，皆衰世之事，故門人惑。孔子曰："吾因其行事而加吾王心焉，以爲見之空言不如行事博深切明。故子貢、閔子、公肩②子言其切而爲國家資也。" 故衛子夏言 "有國家者不可不學春秋"。又故曾子子石盛美齊侯，安諸侯，尊天子。又故子夏言："《春秋》重人。" 又故子池言："魯莊築臺，丹楹刻桷，晉厲之刑刻意者，皆不得以壽終。" 然則七十子言《春秋》，蓋人人殊矣。閔子即子騫，其言不概見。公肩子，弟子傳名定，字子中，《古今人表》亦稱公肩子。子石，公孫龍字也。鄭康成云："楚人子池疑當作子游。"《史記》《家語》弟子無字子池者。孔子作《春秋》，游、夏不能贊一辭，此篇兩言 "子夏" 而無 "子游"。故論本書③而作傳，明夫子不以空言說經也。《春秋》所貶損大人當世君臣，有威權埶④力，其事實皆形于傳，是以隱其書而不宣，所以免時難也。及末世口說流行，故有《公羊》《穀梁》《鄒》《夾》之傳。四家之中，《公羊》《穀梁》立於學官，《鄒氏》無師，《夾氏》未有書。案：《王吉傳》云："吉兼通五經"，能爲《騶氏春秋》。"

《楚元王傳》：楚元王交字游，高祖同父少弟也。⑤ 少時嘗與魯穆生、白生、申公俱受《詩》於浮丘伯。⑥ 服虔曰：白生，魯國奄里人。浮丘伯，秦時博士。伯者，孫卿⑦門人也。及秦焚書，各別去。案：《儒林傳》云：申公卒㠯《詩》《春秋》授，而瑕丘江公盡能傳之，徒衆最盛。

宣帝時，詔向受《穀梁春秋》，十餘年，大明習。及歆校秘書，見古文《春秋左氏傳》，歆大好之。時丞相史尹咸㠯能治《左氏》，與歆共校經傳。歆略從咸及丞相翟方進受，質問⑧大義。初《左氏春秋》⑨ 多古字

---

① 顏師古曰："謂人執所見，各不同也。"

② 肩，底本作 "肎"，爲刻寫俗字。下徑改爲正字，不復出校。

③ 書，中華書局本作 "事"。

④ 埶，底本作 "㙯"。按："㙯" 爲 "埶" 之刻寫俗字。下徑改爲正字，不復出校。埶，"勢" 的古字，同 "勢"。《荀子·解蔽》："申子蔽於埶而不知知。" 楊倞注："其說但賢得權埶，以刑法馭下。"

⑤ 顏師古曰："言同父，知其異母。"

⑥ 服虔曰："白生，魯國奄里人。浮丘伯，秦時儒生。"

⑦ 顏師古曰："孫卿，姓荀名況，爲楚蘭陵令，漢以避宣帝諱，改之曰孫。"

⑧ 質，顏師古注："質，正也。" 質問，詢問以正其是非。宋陸遊《數日不出門偶賦》詩之三："稚子挾書勤質問，鄰翁釋耒聞過從。" 清俞樾《春在堂隨筆》卷九："子德喜談世務，及從余游，改而治經。嘗以《毛詩》義質問，余隨筆答之。"

⑨ 《左氏春秋》，中華書局本作 "《左氏傳》"。

古言，學者傳訓故[①]而已，及歆治《左氏》，引傳文以解經，轉相發明，由是章句義理備焉。歆以爲左丘明好惡與聖人同，[②] 親見夫子，而《公羊》《穀梁》在七十子後，[③] 傳聞之與親見之，其詳略不同。［歆］數以難向，向不能非間也，然猶自持其《穀梁》義。

《儒林傳》：胡毋[④]生字子都，齊人也。治《公羊春秋》，爲景帝博士。與董仲舒同業，仲舒著書稱其德。年老，歸教於齊，齊之言《春秋》者宗事之，公孫弘亦頗受焉。而董生爲江都相，自有傳。弟子遂[⑤]之者，蘭陵褚大、東平嬴公、廣川段仲、溫呂步舒。大至梁相，步舒丞相長史，唯嬴公守學不失師法，爲昭帝諫大夫，授東海孟卿、魯眭孟。孟爲符節令。

嚴彭祖字公子，東海下邳人也。與顏安樂俱事眭孟。孟弟子百餘人，唯彭祖、安樂爲明，質問疑誼[⑥]，各持所見。孟曰："《春秋》之意，在二子矣！"孟死，彭祖、安樂各顓門[⑦]教授。由是《公羊春秋》有嚴、顏之學。[⑧] 彭祖授瑯琊[⑨]王中，中授同郡公孫文、東門雲。

---

① 顏師古曰："故，謂指趣也。"

② 顏師古曰："《論語》載孔子曰：'巧言令色足恭，左丘明恥之，丘亦恥之；匿怨而友其人，左丘明恥之，丘亦恥之。'"

③ 顏師古曰："七十子是孔子弟子也，實七十二人，指其（言成數）［成數言］也。"

④ 毋，中華書局校點本作"母"。按：容庚《金文編》："毋與母爲一字。"毋、母古本一字，後分化爲禁止之詞，乃加一畫以别之。《説文・毋部》："毋，止之也。"《玉篇・毋部》："毋，莫也。今作無。"

⑤ 遂，顏師古注："遂，謂名位成達者。"

⑥ 誼，同"義"。正確的含義或道理。《説文・言部》："誼，人所宜也。"段玉裁注："誼、義，古今字。周時作誼，漢時作義，皆仁義字也。"《玉篇・言部》："誼，理也，人所宜也。"《廣韻・寘韻》："誼，善也。"《楚辭・九章・惜誦》："吾誼先君而後身兮，羌衆人之所仇。"洪興祖《補注》："誼與義同。"

⑦ 顓，顏師古注："顓，與專同。專門，言各自名家。"顓門，即專門。謂獨立門戶，自成一家。顓，通"專"。專擅。《篇海類編・身體類・頁部》："顓，通作專。"《漢書・夏侯勝傳》："勝非之曰：'建所謂章句小儒，破碎大道。'建亦非勝爲學疏略，難以應敵。建卒自顓門名經。"顏師古注："顓，與專同。專門者，自别爲一家之學。"

⑧ 嚴、顏之學，《清經解》本、校抄本皆同。按：中華書局本《漢書・儒林傳》作"顏、嚴之學"。《後漢書・儒林傳下》："齊胡母子都傳《公羊春秋》，授東平嬴公，嬴公授東海孟卿，孟卿授魯人眭孟，眭孟授東海嚴彭祖、魯人顏安樂。彭祖爲《春秋》嚴氏學，安樂爲《春秋》顏氏學。"

⑨ 瑯琊，亦作"琅琊"，亦作"琅邪"、"瑯瑘"、"瑯邪"等。郡名。秦置。舊治在今山東膠南市境。《字彙・玉部》："琊，琅琊，即琅邪。地名。揚雄《徐州牧箴》：'降周任姜，鎮于瑯琊。'"《玉篇・玉部》："瑯，瑯琊，郡名。正作琅。"《高僧傳》卷十："瑯琊王奂、王肅並共師焉。"

顔安樂字公孫，魯國薛人，眭孟姊子也。授淮陽泠豐次君、淄川任公。由是顔家有泠、任之學。始貢禹事嬴公，成於眭孟。疎廣字[①]孟卿，廣授瑯邪筦[②]路，禹授潁川堂谿[③]惠，惠授泰山冥都，都與路又事顔安樂，故顔氏復有筦、冥之學。路授孫寶，豐授馬宮、琅邪左咸。

瑕丘江公受《穀梁春秋》及《詩》於魯申公，傳子至孫爲博士。武帝時，江公與董仲舒並。仲舒通“五經”，能持論，善屬文。江公吶[④]於口，使與仲舒議，不如仲舒。其後浸微[⑤]，唯魯榮廣王孫、皓星公二人受焉。案：影宋抄本《釋文》“皓”作“浩”。《廣韻·三十二晧》“浩”下星引浩公。[⑥] 廣盡能傳其《詩》《春秋》，高材敏疾[⑦]，與《公羊》大師睦孟等論，數困之，[⑧] 故好學者頗復受《穀梁》。沛蔡千秋少君、梁周慶幼君、丁姓子孫

---

① 字，中華書局本作“事”。

② 筦，姓。字同“管”。顔師古注：“筦亦管字也。”《姓觿·旱韻》：“筦，字同管。《千家姓》有筦姓，亦云‘平昌族’。《史記》楚有筦蘇，《漢書》有筦路。”《廣韻·緩韻》：“筦”，同“管”。《漢書·顔安樂傳》：“廣授琅琊筦路。”顔師古注曰：“筦亦管字也。路爲御史中丞。”

③ 谿，同“溪”。《集韻·齊韻》：“谿，《説文》：‘山瀆無所通也。’或从水。”《廣韻·齊韻》：“谿，《爾雅》曰：‘水注川曰谿。’溪、谿同。”

④ 顔師古注：“吶，古訥字。”按：吶，同“訥”。語言遲鈍。《玉篇·口部》：“訥，遲鈍也。或作吶。”《荀子·非相》：“其辯不若其吶也。”楊倞注：“吶，與訥同。”《漢書·李廣傳》：“廣吶口少言。”《史記·李將軍列傳》作“訥”。

⑤ 浸微，校抄本同，《清經解》本作“寖微”。按：寖，同“浸”。《廣雅·釋詁一》：“寖，積也。”王念孫《疏證》：“浸與寖同。”《周禮·夏官·職方氏》：“其川三江，其浸五湖。”陸德明《釋文》：“浸，本又作寖。”《漢書·溝洫志》：“泉流灌寖，所以育五穀也。”顔師古注：“寖，古浸字。”浸微，即“寖微”。逐渐衰微。《漢書·董仲舒傳》：“故朕垂問乎天人之應，上嘉唐虞，下悼桀紂，寖微寖滅、寖明寖昌之道，虚心以改。”宋秦觀《賀蘇禮部啟》：“竊以大儒之出處，實爲當世之重輕。三仁去而 商寖微，二老歸而周始大。”

⑥ 《廣韻·三十二晧》“浩”下星引浩公，《清經解》本同，校抄本作“《廣韻·三十二晧》‘浩’下引‘浩星公’”。按：據張士俊重刊之澤存堂本《廣韻》，第三十二韻爲“晧”，作：“‘浩’下引‘浩星公’。”底本、《清經解》本所引，皆誤將“星”字置“引”字前。另：晧，同“皓”。《説文·日部》：“晧，日出皃。”段玉裁注：“晧，謂光明之皃也。天下惟潔白者冣光明，故引申爲凡白之稱，又改其字从白作皓矣。”

⑦ 敏疾，中華書局本作“捷敏”。按：“敏疾”與“捷敏”義同爲敏捷。《吕氏春秋·誣徒》：“〔弟子〕聞識疏達，就學敏疾，本業幾終者，則從而抑之。”《韓非子·難言》：“捷敏辯給，繁於文采，則見以爲史。”

⑧ 數困之，顔師古注：“孟等窮屈也。”

師古曰："姓丁，名姓，字子孫。"皆從廣受。宣帝即位，聞衛大子[①]好《穀梁春秋》，目問丞相韋賢、長信少府夏侯勝及侍中樂陵侯史高，皆魯人也，言穀梁子本魯學，公羊氏迺齊學也，宜興《穀梁》。上善《穀梁》說，以千秋爲郎中户將，選郎十人從受。會千秋病死，徵江公孫爲博士。劉向目故諫大夫通達待詔，受《穀梁》，欲令助之。江博士復死，迺徵周慶、丁姓待詔保宮，使卒授十人。姓至中山太傅，授楚申章昌曼君，李奇曰："姓申章，名昌，字曼君。"案：當從晉灼作"由章"，見蕭該《音義》。爲博士，至長沙太傅，徒衆尤盛。尹更始爲諫大夫、長樂户將，又受《左氏傳》，取其變理合者目爲章句，傳子咸及翟方進、琅[①]邪房鳳。咸至大司農，方進丞相，自有傳。

房鳳字子元，不其[②]人也。時光禄勳王龔目外屬内卿，與奉車都尉劉歆共校書，三人皆侍中。歆白《左氏春秋》可立，哀帝内[③]之，目問諸儒，皆不對。歆於是數見丞相孔光，爲言《左氏》以求助，光卒不肯。唯鳳、龔許歆，遂共移書責讓太常博士，語在《歆傳》。大司空師丹奏歆非毀先帝所立，上於是出龔等補吏。始江博士授胡常，常授梁蕭秉君房，王莽時爲講學大夫。由是《穀梁春秋》有尹、胡、申章、房氏之學。

漢興，北平侯張蒼及梁太傅賈誼、京兆尹張敞、太中大夫劉公子皆修《春秋左氏傳》。誼爲《左氏傳》訓故，授趙人貫公，爲河間獻王博士，子長卿爲蕩陰令，授清河張禹長子。禹與蕭望之同時爲御史，數爲望之言《左氏》，望之善之，上書數目稱說。後望之爲大子大傅，薦禹於宣帝，徵禹待詔，未及問，會疾死。授尹更始，更始傳子咸及翟方進、胡常。常授黎陽賈護[④]季君，哀帝時待詔爲郎，授蒼梧陳欽子佚[⑤]，目《左氏》授

① 大子，《清經解》本同，校抄本作"太子"。按：中華書局本作"太子"。大，通"太"。清江沅《說文釋例》："古只作'大'，不作'太'。《易》之'大極'，《春秋》之'大子''大上'，《尚書》之'大誓'，'大王王季'，《史》《漢》之'大上皇''大后'，後人皆讀爲太。或徑改本書，作'太'及'泰'。"大子，即"太子"。《周禮·夏官·諸子》："國有大事，則帥國子而致於大子。"《左傳·隱西元年》："惠公之薨也，有宋師，大子少，葬故有闕。"《莊子·人間世》："顔闔將傅衛靈公大子。"成玄英疏："大子，蒯聵也。"

① 琅，底本作"瑯"，爲"琅"之刻寫俗字。下徑改爲正字，不一一出校。

② 不其，顔師古曰："琅邪之縣也。其，音基。"

③ 内，"納"之古字。中華書局本作"納"。

④ 護，底本作"䕶"。按："䕶"爲"護"刻寫俗字。下徑改爲正字，不一一出校。

⑤ 佚，《清經解》本、校抄本皆作"秩"。按：佚，通"秩"。《荀子·性惡》："若佚之以繩，是士君子之知也。"王先謙《集解》引俞樾曰："佚當讀爲秩，秩之言次也，序也。"

王莽，至將軍。而劉歆從尹咸及翟方進受。由是言《左氏》者，本之賈護、劉歆。

《論語·公冶長》：子曰："巧言令色足恭①。左丘明恥之，丘亦恥之；匿怨②而友其人，左丘明恥之，丘亦恥之。"《集解》孔安國曰："左丘明，魯大史。"

劉向《別録》云："左丘明授曾申，申授吳起，案：《太史公》言："吳起之屬，受業於子夏之倫。"起授其子期，期授楚人鐸椒。鐸椒作《抄撮》八卷，授虞卿。虞卿作《抄撮》九卷，授荀卿。③荀卿授張蒼。"《春秋序》正義。

《釋文序録》：孔子應聘不遇，自衛而歸，西狩獲麟，傷其虛應，乃與魯君子左丘明觀書於大④史氏，因魯史記而作《春秋》。上遵周公遺制，下明將來之法，褒善黜惡，勒成十二公之經，以授弟子。弟子退而異言，丘明恐弟子各安其意，以失其眞，故論本事而爲之傳，明夫子不以空言說經也。《春秋》所貶損［大］人當世君臣，其事實皆形於傳，故隱其書而不宣，所以免時難也。案："弟子退而異言"以下見《漢志》。又左丘明作傳以授曾申，申傳衛人吳起，起傳其子期，期傳楚人鐸椒，椒傳趙人虞卿，卿傳同郡荀卿名況，況傳武威張蒼，蒼傳洛陽賈誼，誼傳至其孫嘉，嘉傳趙人貫公，貫公傳其少子長卿，長卿傳京兆尹張敞及侍御史張禹。禹數爲御史大夫蕭望之言《左氏》，望之善之，薦禹徵待詔，未及問，會病死。禹傳尹更始，始傳其子咸及翟方進、胡常，常授黎陽賈護，護授蒼梧陳欽。案：此蓋本劉氏《別録》。

《說文解字序》：宣王太史籀著《大篆》十五篇，與古文或異。⑤至孔子書"六經"，左丘明述《春秋傳》，皆以古文。

古文，孔子壁中書也。魯恭王壞孔子宅，而得《禮記》《尚書》《春秋》《論語》《孝經》。又北平侯張倉⑥獻《左氏春秋傳》。郡國亦往往於

① 恭，《清經解》本、校抄本皆作"恭"。按：恭，同"恭"，字見《字彙·心部》。又作"恭"。《廣韻·鍾韻》："恭，《說文》本作恭。"

② 匿怨，對人懷恨在心而不表現出來。

③ 《別録》的兩種《抄撮》，即《史記》《漢書》所載之《鐸氏微》和《虞氏春秋》。

④ 大，《清經解》本、校抄本均作"太"。下同，不復出校。

⑤ 段玉裁《說文解字注》云："《大篆》十五篇，亦曰《史籀篇》，亦曰《史篇》。"

⑥ 倉，校抄本同，《清經解》本作"蒼"。按：底本上文述及張蒼皆作"蒼"。古籍中二字常相通用。清朱駿聲《說文通訓定聲·壯部》："倉，叚借爲蒼。"《詩·王風·黍離》"悠悠蒼天"唐陸德明《釋文》："蒼，本亦作倉。"爲保留底本原貌，此處"倉"不改作"蒼"。

山川得鬲彝，其銘即前代之古文，皆自相似。雖[1]叵復見遠流，其詳可得略說也。

《嚴氏春秋》引《觀周》篇云："孔子將脩[2]《春秋》，與左丘明乘如周，觀書於周史，歸而脩《春秋》之經，丘明爲之傳，共爲表裏。"《春秋序》正義。案：《觀周》，《孔子家語》第十一篇名也。今本云：南宫敬叔言於魯君曰："孔子將適周君，盍以乘資之臣請與往？"公曰："諾。"與孔子車一乘，馬二匹。豎子侍御，敬叔與俱。至周，問禮於老聃，訪樂於萇宏，歷郊社之所，考明堂之則，察廟朝之度，而無與左丘明如周觀書於周史事。蓋《漢志》本有《家語》二十七卷，顏師古謂"非今所有《家語》"。《嚴氏春秋》所稱，必與劉、班所見同。今本係王肅僞作，故無其文。此條必眞出孔氏家言，爲王肅竄改以前之原本，亟爲標著之。

説者以仲尼自衛反魯，修《春秋》，立素王，丘明爲素臣。杜預《經傳集解序》。

桓譚《新論》曰："《左氏》傳世後百餘年，魯穀梁赤爲《春秋》，殘亡多所遺失。又有齊人公羊高，緣經文作傳，彌離其本事矣。《左氏》經之與傳，猶衣之表裏[3]，相持而成。經而無傳，使聖人閉門思之，十年不能知也。"《御覽》六百十。案：《釋文序録》引云："《左氏傳》遭戰國寖微，後百餘年，魯人穀梁赤作《春秋》，殘略多有遺文。又有齊人公羊高，緣經文作傳，彌失本事。"

《廣韻·十八尤》："丘亦姓。《風俗通》曰：'魯左丘明之後。'"案：《廣韻》"丘"字注載漢複姓凡四十四，而"左丘"不與焉。可知傳《春秋》者姓丘，而非姓左丘矣。蓋姓丘名明，故多稱丘明。左其官也。古有左史、右史，或言姓左及左丘，似皆非。

楊士勛曰："穀梁子，名淑，字元始，一名赤。《漢志》無名字，桓譚云："名赤。"受經於子夏，爲經作傳，傳孫卿，孫卿傳魯人申公，申公傳博士江翁。"《穀梁序》疏。案：楊氏言受授源流，亦必有本。

鄭康成釋"廢疾"曰："四時皆田，夏殷之禮。"《詩》云："之子于苗，選徒囂囂。"夏田明矣。孔子雖有聖德，不敢顯然改先王之法，以教授於世。若其所欲改，其陰書於緯，藏之以傳後王。《穀梁》"四時田"者，近孔子故也。《公羊》正當六國之亡，纖緯見讀而傳爲"三時田"。作傳有先後，雖異不足以斷《穀梁》也。《禮記》正義十二《王制》。案：先師亦

---

① 雖，底本作"雖"。按："雖"爲"雖"之刻寫俗字。《正字通·隹部》："雖，俗作雖。"下徑改爲通行正字，不復出校。

② 脩，同"修"。編纂，撰寫。劉歆《移書讓太常博士》："及《春秋》，左氏丘明所脩。"杜預《春秋左氏傳序》："其發凡以言例，皆經國之常制，周公之垂法，史書之舊章，仲尼從而脩之，以成一經之通體。"

③ 裏，底本作"裏"。按："裏"爲"裏"之刻寫俗字。下徑改爲正字，不復出校。

以《穀梁》在《公羊》之前。與桓譚說同。

《廣韻·十陽》："［穀］梁，複姓。魯有穀梁赤，治《春秋》。"

《釋文序録》："穀梁，名赤。魯人糜信云'與秦孝公同時'，《七録》云'名俶'，案："俶"字舊作"淑"，《孝經序》正義引《七録》作"俶"，茲據改。字元始'，《風俗通》云'子夏門人'。"

閔因《叙》云："昔孔子受端門之命，制《春秋》之義，使子夏等十四人求周史記，得百二十國寶書，九月經立。《感精符》《考異郵》《說題辭》具有其文。"《公羊》疏一。

《說題辭》云："傳我書者，公羊高也。"《公羊序》疏。

戴宏[①]《序》云："子夏傳與公羊高，高傳與其子平，平傳與其子地，地傳與其子敢，敢傳與其子壽。至漢景帝時，壽乃共弟子齊人胡毋子都著於竹帛，與董仲舒皆見於圖讖。"《公羊序》疏。

《隱二年》："紀子伯，莒子，盟于密。"傳："紀子伯者何？無聞焉爾。"何休注云："言無聞者，《春秋》有改周受命之制，孔子畏時遠害，又知秦將燔《詩》《書》，其說口授相傳，至漢公羊氏及弟子胡毋生等乃始記於竹帛，故有所失也。"

何邵公《公羊經傳解詁序》："往者略依胡毋生《條例》，多得其正。"疏云"胡毋生本雖以《公羊》經傳傳授董氏，猶自別作《條例》，故何氏取之。"

鄭康成《六藝論》云："治《公羊》者，胡毋生、董仲舒。董仲舒弟子嬴公，嬴公弟子眭孟，眭孟弟子莊彭祖《漢書·儒林傳》避諱作"嚴彭祖"。及顔安樂，安樂弟子陰豐、《儒林傳》作"泠豐"。劉向、《儒林傳》無。《楚元王傳》云："宣帝詔向受《穀梁春秋》。"王彦。"案："王"當作"壬"。《儒林傳》作"任公"。《公羊序》疏。

《釋文》："公羊名高，齊人，子夏弟子。受經于子夏。"

《廣韻·一東》："公［羊］，複姓。子夏門人，齊人公羊高作《春秋傳》。"

《六藝論》云："《春秋》者，右[②]史所記之制，動作之事也。右史記事，左史記言。《禮記》正義二十九，《公羊》疏一，《御覽》六百八。孔子既西狩獲麟，自號素王，爲後世受命之君制明王之法。"《春秋》正義一。

《左氏》善於禮，《公羊》善於讖，《穀梁》善於經。《公羊》疏一。

---

① 宏，校抄本同，《清經解》本作"宏"。按："宏"當爲"宏"之避諱缺筆字。下同，不復出校。

② 右，《清經解》本同，校抄本作"左"。按：疑抄本誤。

右輯漢以前言《春秋》者，作《春秋經傳源流考》。考《春秋》者，或有取於斯，當不以抄襲陳言見哂也。

公羊傳經表①。近有作《通經表》者，以董生所授《公羊》學盡屬之胡毋生，遂依班書作《公羊表》以正之。後檢范蔚宗《後漢書》已誤，爲有所承襲然也，不料六朝人亦粗疏至此。若太史公書、鄭氏《六藝論》，皆與班書合。

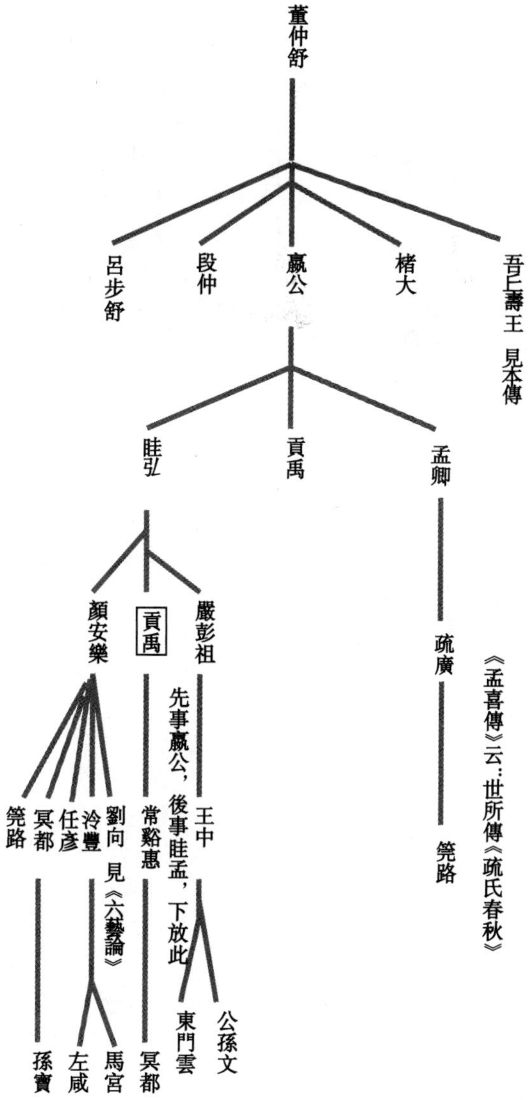

① 公羊傳經表，《清經解》本同，校抄本無。

穀梁傳經表①

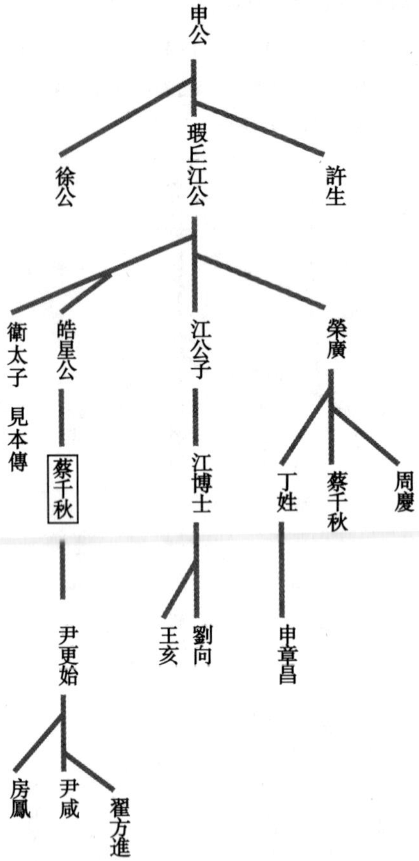

《拜經日記》卷第六經六千四百六十六字，注一千四百八十七字。

① 穀梁傳經表，《清經解》本同，校抄本作“穀梁表”。

拜經日記第七

武進臧氏學

應侯愼德

侍御史孫詒穀著《家語疏證》，刻既成，屬庸以挍讐之役，因爲補證若干條。玆據[①]《弟子行》引《詩》“應侯愼德”。

案：《詩》毛氏古文作“順德”[②]，三家《詩》今文作“愼德”，據《淮南·謬稱訓[③]》。《易》古文費氏作“愼德”，京氏今文作“順德”。[④]鄭君先通京氏《易》，箋《詩》引用之《易》即京氏本，故作“順”字。王弼注亦費氏《易》，當與康成同作“愼”字。《釋文》大書“以順德”，注云：“本又作‘愼’，師同。”是他本作“愼德”。陸氏不從，而陸氏之師則同作“愼德”矣。朱子《本義》云：“王肅‘順’作‘愼’。”此誤讀《釋文》也。《釋文》云：“以順德，如字。王肅同。”是王肅作“順”字。據德明師作“愼”，知王弼本作“愼”；據王弼本作“愼”，知鄭本作“愼”。許叔重偁《易》孟氏爲古文，而虞翻五世傳孟氏《易》亦作“愼”字，與費氏古文正合。李鼎祚《集解》載虞注云：“二之五艮爲愼，故愼德。”王肅注《詩》自云：“述毛其《詩》必作‘愼’字。”唐定本作“愼德”，即爲王肅所誤也。先師好古學，故於《詩》

---

① 據，《清經解》本同，校抄本作“自記二則”。按：校抄本無篇目，本篇與下篇皆爲考證《家語》事，故云“自記二則”。底本與《清經解》本分爲兩篇，並各有篇名，故將“自記二則”删去。據此可推測校抄本或其所據本當在兩種刻本刊刻之前。

② 《十三經注疏》本《詩·大雅·下武》作“順德”。

③ 謬稱訓，《清經解》本、校抄本同。按：檢各本《淮南子》皆作“繆稱訓”。古籍中常見“謬”與“繆”通者。清朱駿聲《説文通訓定聲·孚部》：“繆，叚借爲謬。”

④ 《十三經注疏》本《易·升卦·象辭》作“順德”。石經、岳本、閩、監、毛本同。《釋文》：“順，本又作愼，姚本德作得。”

從毛氏作“順”；於《易》從費氏作“愼”。王肅好異鄭，故鄭《詩》作“順德”，王肅必改爲“愼德”；鄭《易》作“愼德”，王肅必改爲“順德”。既改《詩》作“愼德”，恐人以鄭《箋》本難之，因僞撰於《家語》，託聖人之書以爲證。甚矣，王肅爲”六經”之蟊賊，先師之罪人也！

申繢

七十弟子申繢，字子周。蕭山徐北溟鯤曰：“《史記索隱》引《家語》作‘繚’。據‘字周’義，疑‘繚’爲得之。”

庸案：徐説是也。《索隱》於“公伯繚，字周”下云：“《家語》無公伯繚，而有申子周。”案：當作“申繚，字周”。又於“申堂，字周”下云：“《家語》有申繚，字周。”又《史記正義》於“公伯僚，字周”下云：“《家語》有申繚子周。”然則司馬貞、張守節所見《家語》並作“申繚”。葢《家語》無公伯繚及申堂。王肅僞造申繚一人，以當申堂、公伯繚二人。上一字取申堂，下一字取公伯繚。因二人名姓雖異，而“字周”則同，爲足以相混也。《論語音義》引《家語》作“申繢”，乃“繚”字形近之譌。《困學紀聞》卷七載《釋文》亦同。則宋本已誤，王伯厚所見本作“績”，今本作“繢”，此又“繢”字之轉誤。“堂”與“棖”聲相近，故《論語》作“申棖”，《史記》作“申堂”。毛《詩》著“俟我乎堂兮”，鄭《箋》云“堂當爲棖”，可證。《論語音義》引鄭云：“葢孔子弟子申繢。”此“繢”字乃後人據誤本《家語》所改，《困學紀聞》已引作“繢”。當本作“申堂”，鄭注《論語》正據《仲尼弟子列傳》也。鄭注《禮記·檀弓》遇仲尼弟子姓名，多據太史公《列傳》。《索隱》曰：“申堂，字周。《論語》有‘申棖’，鄭元云：‘申棖，魯人弟子也。’葢‘申堂’是‘棖’不疑。句。以‘棖’‘堂’聲相近。”案：小司馬此言正據鄭《注》，《論語》以“申棖”爲“申堂”，故云然也。《論語集解》載馬融注云：“伯寮，魯人弟子也。”季長亦據《史記列傳》。庸述《鄭注論語》，知康成往往用其師說，“公伯僚”之注，鄭義雖亾，知必與馬同以爲弟子。《隸續》載魯《峻石壁殘畫像》，以子服景伯亦在七十子之列，益可證公伯僚爲弟子矣。王肅好與鄭難，因愬[①]子路一事得間[②]，遂於《家語》削去公伯僚，古本《家語》當有公伯僚。其注《論語》必不以僚爲弟子。《索隱》引譙周云："疑公伯繚是讒愬[③]之人，孔子不責，而云'其如命何'，非弟子之流。"太史公誤。此正王肅所得間，以難鄭者也。

總角卝兮

《詩》："婉兮孌兮，總角卝兮。"[④] 毛傳："總角，聚兩髦也。卝，幼穉也。"《箋》云："少自脩飾，卝然而穉。"《說文》："萑[⑤]，鴟屬。从隹，从𦫳，有毛角。读若和。""𦫳，羊角也。象形。讀若菲。""𥄕，目不正也。从𦫳，从目，讀若末。""芉，祥也。从𦫳，象頭角足尾之形。"《五經文字》："𦫳，工瓦[⑥]反，羊角也。象形。俗呼古患反，作卝，無中丨。""卝，古患反。見《詩風》。《字林》不見。又古猛反，見《周禮》。《說文》以爲古丱[⑦]字。"

案："卝"即角，象形也。故經曰"總角卝兮"。張參謂"俗作卝，

① 愬，誹謗。《論語·憲問》："公伯寮愬子路於季孫。"何晏《集解》引馬融曰："愬，譖也。"

② 得間，亦作"得閒"。有隙可乘；得到機會。《管子·幼官》："障塞不審，不過八日，而外賊得閒。"

③ 讒愬，讒毁，誹謗。《漢書·劉向傳》："君子獨處守正，不橈衆枉，勉彊以從王事則反見憎毒讒愬。"《周書·蕭大圜傳》："大圜以世多故，恐讒愬生焉，乃屏絶人事。"

④ 此句阮刻《十三經注疏》本《詩·齊風·甫田》作："婉兮孌兮，緫角丱兮。"緫，同"總"。《字彙·糸部》："緫，俗總字。"丱，舊時兒童束髮如兩角之貌。《廣韻·諫韻》："丱，鬆角也。"《字彙·丨部》："丱，束髮如兩角貌。"《詩·齊風·甫田》"緫角丱兮"，朱熹注："丱，兩角貌。"引伸指年幼。《廣韻·諫韻》："丱，幼稚也。"《晉書·會稽文孝王道子傳》："元顯以童丱之年，受棟梁之寄。"丱又同"卝"。《正字通·丨部》："丱，同卝。"《集韻·諫韻》"卝，束髮也。"《詩·齊風·甫田》"緫角丱兮"，阮校："唐石經丱作卝。案：各本皆誤，唐石經是也。見《五經文字·𦫳部》。"

⑤ 萑，"萑"之舊字形。

⑥ 瓦，底本作"㼐"，爲"瓦"之刻寫俗字。下徑改爲正字，不復出校。

⑦ 丱，《清經解》本作"卵"，但同篇下文兩處作"丱"，清抄本作"卵"，費氏校改作"丱"。按：刻本和抄本中，常有"丱""卵"混用者。"丱"同"鯤"。《爾雅·釋魚》"鯤，魚子"郝懿行《義疏》引《禮記·內則》："濡魚，卵醬實蓼。"《禮記》此文鄭玄注："卵，讀爲鯤。鯤，魚子。"字作"卵"。

無中丨"，與《甫田》正合，是也。雈有毛角，故从卝。𦫳爲羊角，象其形也。羊頭从卝，象其角也。無中丨者，是。有者，葢因"𦫳"字而衍。今《說文·石部》"磺[①]"下載"卝"字云："古文磺[②]。《周禮》：'有卝人。'"此當是後人所改，疑本作"《周禮》作卝，古文以爲'丱'字。"張參所見本尚未誤，故據之。《說文》既以爲古"丱"字，則音"古患反"，是也。

氾氿兩義

《左傳》《史》《漢》之"氾水"，音"祀"，在成皋。如淳、劉昭以襄城之"南氾"當之，張晏又以濟陰之"氾水"當之，陸德明亦出"祀""凡"兩音，深滋學者之惑矣。宋王觀國撰《學林》，知"氾水"當音"祀"，音"凡"非，而不知"南氾"本音"凡"。王氏又以中牟之"氾澤"、共縣之"汎城"相混，則理絲而益之亂矣。余弟和貴知其說之有誤，家書來楚館，請爲考定，因作《氾水考》一，《氾城考》二，《氾澤考》三，《汎城考》四，《氾水之陽考》五，《左氏傳》"氾祭"連文，而鄭有兩祭，故《祭城考》第六，作竟以詒和貴。審此而地理之學易易矣。

氾水

氾水。在成皐。《左傳·成四年》："晉以救許伐鄭，取氾[③]、祭。"杜注："氾、祭，鄭地。成皐縣東有氾水。"《釋文》："氾，音凡，注同，或音祀。"正義曰："既爲晉之[④]所取，當是鄭之西北界，即今之氾水也。《字書》水旁[⑤]巳爲氾，水旁㔾爲氾，字相亂也。《漢書音義》亦爲氾。

① 磺，同"礦"。《說文·石部》："磺，銅鐵樸石也。"段玉裁注："銅鐵樸者，在石與銅鐵之間，可爲銅鐵而未成者也。不言金玉者，舉觕以該精也。"《集韻·梗韻》："磺，或作礦。"

② 磺，底本作"磺"，爲刻寫俗字，亦爲日本用漢字。下徑改爲正字，不復出校。

③ 氾，岳本、纂圖本、毛本作"氾"。

④ 之，《清經解》本、校抄本皆同，阮刻《十三經注疏》本作"人"。

⑤ 旁，校抄本同，《清經解》本作"㫄"。按：㫄，同"旁"。《類篇·方部》："㫄，隸作旁。"《韓非子·內儲說下》："文王資費仲而游於紂之㫄。"下徑改爲"旁"，不復出校。

今汜水上源爲汜谷。”案：正義辨證甚是，勝於《釋文》多矣。

《史記·秦本紀》：“韓獻成臯、鞏。”《正義》曰：“《括地志》云：‘洛州汜水縣，古之虢國，亦鄭之制邑，又名虎牢，漢之成臯。’”

《漢書·高帝紀》：“漢果數挑成臯戰，楚軍不出，使人辱之數日，大司馬咎怒，渡兵汜水。”張晏曰：“汜水在濟陰界。”如淳曰：“汜音凡。案：舊作‘祀’，後人據師古注改作如氏本音也，今改正。《左傳》曰：‘鄙在鄭地汜。’”臣瓚曰：“高祖攻曹咎於成臯，咎渡汜水而戰。今成臯城東汜水是也。”師古曰：“瓚說得之。此水不在濟陰也。‘鄙在鄭地汜’，釋者又云在襄城，則非此也。此水舊讀音凡，今彼鄉人呼之音祀。”案：舊讀謂如淳、張晏等也，鄉音自古相沿最眞[①]。

《地理志》：“河南郡有成臯縣。”

《續漢［書］·郡國志》：“河南郡成臯縣有汜水。”劉昭注：“《左傳》曰：周襄王處鄭地汜。”

《說文》：“汜，水別復入也。从水，巳聲。《詩》曰：‘江有汜。’詳里切。”

《爾雅·釋水》：“決復入爲汜。”郭注：“水出去復還。”案：郭景純葢音“巳”。巳，止也。水出復入止也。《釋文》：“汜音似。”

《詩·召南》“江有汜”，毛傳：“決復入爲汜。”案：蓋喻媵亦得歸入也。箋云：“興者，喻江水大，汜水小，然得並流[②]。似嫡媵宜俱行。”《釋文》：“汜音祀。”

氾城

氾城。在襄城。《左傳·僖公二十四年》：“王出適鄭，處於[③]氾[④]。”杜注：“鄭南氾也。在襄城縣南。”《釋文》：“氾音凡，後皆同。”正義曰：

---

① 眞，底本作“眞”，爲“眞”之刻寫俗字。下徑改爲通行“眞”字，不复出校。

② 然得並流，《清經解》本、校抄本同。按：阮刻《十三經注疏》本作“然而竝流”。得，閩本、明監本、毛本同，小字本、相臺本、考文古本作“而”。阮校：“案正義云‘言江之有汜，得並流’，此正義自爲文，不當據改。”

③ 於，《清經解》本同，校抄本作“于”。按：阮刻《十三經注疏》本作“于”。《春秋左氏傳》爲古文，“於”皆作“于”。《日記》“於”“于”共現。下同，不復出校。

④ 氾，岳本及《釋文》同，石經作“汜”。盧文弨曰：“當從《釋文》，下同。”

“鄭之西南之竟，南近於楚，西近於周，故王處於氾。及楚伐鄭，師于氾，皆以爲南氾。”

《成七年》：“秋，楚子重伐鄭，師于氾①。”注：“氾，鄭地。在襄城縣南。”《釋文》：“氾，音凡。”

《襄二十六年》：“涉于氾而歸。”注：“於氾城下涉汝水南歸。”《釋文》：“氾，音凡，徐扶嚴反。”正義曰：“《釋例·土地名》云：‘楚伐鄭師于氾，襄城縣南氾城是也。汝水出南陽魯縣東南經襄城。’是知於氾城下涉汝水而南歸也。”

京相璠曰：“周襄王居之，故曰襄城也。今置關於其下。”《水經注·汝水》。

《昭五年》：“鄭伯勞子蕩於氾②。”注：“氾，鄭地。”《釋文》：“氾，徐扶嚴反。”

《國語》十《晉語四》：“襄王避昭叔之難，居於鄭地氾。”韋解：“氾，地名。”

《漢書·匈奴列傳》：“襄王出奔于鄭之氾邑。”蘇林曰：“氾，音凡。今潁川襄城是也。”師古曰：“以襄王嘗處之，因號襄城。’”案：此注襲京氏《春秋土地名》。

《地理志》：“潁川郡有襄城縣。”

《續漢書·郡國志》：“潁川郡襄城縣有氾城。”劉昭注引杜預曰：“在縣南，周襄王所處。”

《説文》：“浮，氾也。”“氾，濫也。从水，㔾聲。孚梵切。”“汎，浮貌。从水，凡聲。孚梵切。”

氾澤

氾澤。在中牟。《左傳·僖公三十年》：“晉侯、秦伯圍鄭，秦軍氾南。”注：“此東氾也。在熒陽中牟縣③。”《釋文》：“氾，音凡。”正義曰：“劉

---

① 氾，原作“氾”，據《四部叢刊》本、《春秋經傳集解》改。下同。

② 氾，原作“氾”。阮校：“石經、宋本作‘氾’，岳本、閩本作‘氾’，是也。”

③ 在熒陽中牟縣，阮刻《十三經注疏》本作“在熒陽中牟縣南”。閩、監、毛本脱“南”字，“熒”誤作“榮”，宋本作“滎”。阮校：“按宋本最善，不應亦作‘滎’，蓋慶元重刻時淺人所改也。”熒陽，校抄本同，《清經解》本作“滎陽”。下同。按：今之“滎陽”古作“熒

炫云：二十四年‘王出適鄭，處於氾’，注云‘鄭南氾也’，《釋例・土地名》：僖二十四年‘氾’下云‘此南氾也’。周王出居于氾，楚伐鄭師於氾，襄城縣南氾城是也。此年‘氾’下云‘此東氾也’。秦軍氾南，晉伐鄭師於氾，熒陽中牟縣南氾澤是也。杜考校既精，當不徒爾。尋討傳文①，未見杜意。”

《襄九年》：“諸侯伐鄭。甲戌，師於氾②。”注：“衆軍還③聚氾。氾，鄭地，東氾。”《釋文》：“氾，音凡。”

《爾雅・釋地》：“鄭有圃田。”郭注：“今熒④陽中牟縣西圃田澤是也。”

《詩・車攻》：“東有圃草。”箋云：“圃草者，圃田之草也。鄭有圃田。”

《周禮・職方氏》：“河南曰豫州，其澤藪曰圃田。”注云：“圃田在中牟。”

《左傳・僖公三十三年》：“鄭之有原圃，猶秦之有具囿⑤也。吾子取其麋鹿，以間⑥敝邑，若何？”注：“熒陽中牟縣西有圃田澤。”

《漢書・地理志》：“河南郡中牟圃田澤在西豫州藪。”臣瓚案：“河南中牟，春秋之時在鄭之疆内。”《春秋正義》哀九年，《史記集解・趙世家》

《續漢書・郡國志》：“中牟縣有圃田澤。”

案：杜元凱以鄭有南氾、東氾，劉元卿云“尋討傳文未見”，今考杜

陽”。《集韻・清韻》：“熒，水名。同滎。”段玉裁《説文解字注・焱部》：“熒澤、熒陽古無作滎者。《尚書・禹貢》釋文經宋開寶中妄改熒爲滎，而經典《史記》《漢書》《水經注》皆爲淺人任意竄易，以爲水名當作滎，不知水名熒，自有本義，於絕小水之義無涉也。”《周禮・夏官・職方氏》：“河南曰豫州……其川熒、雒。”《左傳・宣公十二年》：“及熒澤，見六麋。”杜預注：“熒澤在熒陽縣東。”

① 文，閩、監、毛本作“云”，非。段玉裁云：“此疏有脱誤。”

② 氾，閩、監本同。注同。石經作“氾”，非。

③ 還，底本作“還”。按：“還”爲“還”之刻寫俗字。下徑改爲正字，不一一出校。

④ 熒，單疏本、《釋文》同，雪牕本、舊本、監本作“滎”，閩、毛本作“榮”，皆誤。

⑤ 具囿，山井鼎云：“宋本‘囿’作‘圃’。《考文》所謂宋本即此本也。此本初刊似作‘圃’，後改從‘囿’。”盧文弨《鍾山札記》云：“宋時本是‘具圃’，今本作‘具囿’。引《初學記》《水經注》高誘《呂氏春秋》注並作‘具圃’爲是。”阮校：“案唐石經、宋本淳熙本、岳本及諸刻本皆作‘囿’。”

⑥ 間，阮校所引作“閒”，並曰：“石經初刻‘閒’誤‘間’，重勘正。”按：《釋文》亦作“閒”，疑傳文刻誤，當以“閒”爲是。

注，東氾及圃田皆云在滎陽中牟縣，兩《漢志》中牟皆有圃田澤，而無氾澤，疑氾澤即圃田澤。“圃”“巳”，一聲之轉耳。毛《詩·車攻》傳云：“圃，大也。”“氾”亦廣博汎大之意。傳曰：“原圃，亦大也。”識此以俟考。

汎城

汎城。在共縣。《春秋經·隱七年》：“冬，天王使凡伯來聘。”注：“凡伯，周卿士。凡，國；伯，爵也。汲郡共縣東南有汎[①]城。”案：舊作“凡城”，今據《釋文》改正。《釋文》汎城，“音凡”。[②]

《左傳·昭二十二年》：“王師軍于氾，于解，次于任人。”注：“王師分在三邑。洛陽西南有大解、小解。”《釋文》：“氾，音凡。”

《漢書·地理志》：“河内郡有共縣。”

《續漢［書］·郡國志》：“河内郡共縣有汎亭。”劉昭注：“凡伯邑。”

案：杜注未言“氾”爲何邑。今考河内周地，凡伯，周卿士，食采汎城。此“氾”蓋即“汎”，非鄭邑也。“氾”“汎”，音義並同，見《説文》。

氾水之陽

氾水之陽。在濟陰。《史記·高祖本紀》：“五年，還至定陶，乃即皇帝位氾水之陽。”《正義》曰：“氾，音敷劒反。《括地志》云：‘高祖即位壇在曹州濟陰縣界。’”

《漢書·高帝本紀》：“漢王即皇帝位於氾水之陽。”張晏曰：“在濟陰界，取其氾愛宏[③]大而潤下也。”師古曰：“據《叔孫通傳》曰‘爲皇帝於定陶’，則此水在濟陰是也。音敷劒反。”

---

① 汎，《十三經注疏》本作“凡”，《釋文》作“汎”。《續漢書·郡國志》：“河内郡共縣有汎亭，周凡伯國。”

② 《釋文》：“凡，字本作汎，音凡。”

③ “宏”，《清經解》本同，校抄本原作“弘”，費氏校改作“宏”。按：張晏注原作“弘”，文中爲避清乾隆帝名諱而缺筆作“弘”，或改字作“宏”。下同，不復出校。

《地理志》:“濟陰郡定陶,故曹國,周武王弟叔振鐸所封。”

《禹貢》:“陶𠀉①,在西南陶𠀉亭。”

《續漢[書]·郡國志》:“濟陰郡定陶,本曹國古陶,堯所居。”

祭城

祭城。一在河南滎陽,一在陳留長垣。《春秋經·隱元年》“祭伯來”,注:“祭伯,[諸侯有]爲王卿士者。祭,國;伯,爵也。”

《左傳·僖公二十四年》:“凡、蔣、邢、茅、胙、祭,周公之胤也。”正義曰:“凡、祭,闕。”

《釋例》云:“祭城在河南,上有敖倉,周公後所封也。”《史記正義·周本紀》。

《成四年》:晉伐鄭,“取氾、祭”,注:“氾、祭,鄭地,成皋縣東有氾水。”

《國語·周語》:“祭公謀父。”韋昭注:“祭,畿内之國,周公之後[也],爲王卿士。謀父,字也。《傳》曰:‘凡、蔣、邢、茅、胙、祭,周公之胤也。’”

《史記·高祖本紀》:“漢王軍熒陽南,築甬道②屬之河,以取敖倉。”③《正義》曰:“《括地志》云:‘敖倉在鄭州熒陽縣西一十五里。今鄭州東北一十五里有祭城。’”又引《太康地理記》曰:“秦建敖倉於成皋。”

《漢書·高帝本紀》:漢“與楚戰熒陽南京、索間,破之。築甬道漢④河,目取敖倉粟。”應劭曰:“京,縣名。今有大索、小索亭。”孟康曰:

① “𠀉”,校抄本同,《清經解》本作“邱”。按:本當作“丘”,文中爲避先圣孔丘名諱而缺筆作“𠀉”或改字作“邱”。下同,不復出校。

② 甬道,張守節《史記正義》引韋昭云:“起土筑墻,中間爲道。”應劭曰:“恐敵抄輜重,故筑垣墻如街巷。”甬道:兩旁有牆或其他障蔽物的馳道或通道。《史記·秦始皇本紀》:“自極廟道通酈山,作甘泉前殿。築甬道,自咸陽屬之。”張守節《正義》引應劭曰:“謂於馳道外築牆,天子於中行,外人不見。”《三國志·魏志·武帝紀》:“連車樹柵,爲甬道而南。”裴松之注:“今魏武不築垣牆,但連車樹柵以扞兩面。”

③ 《史記正義》引孟康云:“敖,地名,在滎陽西北,山上臨河有大倉。”《太康地理志》云:“秦建敖倉於成皋。”

④ 漢,中華書局本《漢書·高帝本紀》作“屬”,顏師古曰:“屬,聯也,音之欲反。”

“敖，地名，在熒陽西北，山上臨河有大倉。”

《地理志》：河南郡有熒陽，有“成皋，故虎牢[1]。或曰制”。

《續漢書·郡國志》：河南尹熒陽有敖亭，劉昭注：“周宣王狩於敖。《左傳·宣十二年》‘晉師在敖、鎬[2]之間’。秦立爲敖倉。”

《詩·車攻》：“搏獸于敖。”傳：“敖，地名。”箋云：“敖，鄭地，今近熒陽。”以上爲河南之祭城。

《左傳·桓十一年》：“祭封人[3]仲足。”注：“祭，鄭地，陳留長垣縣東北有祭城。封人，守封疆者，因以所守爲氏。”

《漢書·地理志》：陳留郡有長垣縣。

《續漢書·郡國志》：陳留郡長垣有祭城，劉昭注：“杜預曰：‘鄭祭封人仲邑。’”

案：杜注《成四年傳》衹云“祭，鄭地”，而不詳何邑。《釋例》云：“祭城在河南，上有敖倉。”《括地志》云“敖倉在鄭州熒陽縣西，今東北有祭城”，則祭城在熒陽矣。《左氏傳》氾、祭連文，邑當接壤。班《志》熒陽、成皋並隸河南太康。《地志》以敖倉在成皋，蓋漢、晉建置微異也。鄭康成云“敖近熒陽”，孟公休云“敖在熒陽”，司馬紹統云“熒陽有敖亭”，與《釋例》所謂“祭城，上有敖倉”可互相證。此爲周公胤之本國，陳留之祭，則鄭之邊邑也。以上爲陳留長垣之祭城。

王度記

《王度記》，《大戴禮》篇名也。本孔冲遠說。以其不列學官，故梁劉昭稱此篇爲《逸禮》。劉向《別録》云：“《王度記》，似齊宣王時淳于髡等所說也。”見《禮記》疏四十三。

---

① 顏師古曰：“《穆天子傳》云：‘七萃之士生捕獸，即獻天子，天子畜之東虢，號曰獸牢。’”

② 鎬，《清經解》本、校抄本均同。按：阮刻《十三經注疏》本作“鄗”。古籍中“鎬”常與“鄗”通。《説文·金部》：“鎬，武王所都，在長安西上林苑中。”《古今韻會舉要·皓韻》：“鎬，地名。通作鄗。”

③ 封人：古官名。《周禮》地官司徒的屬官，掌守帝王社壇及京畿的疆界。《周禮·地官·封人》：“封人掌設王之社壝，爲畿封而樹之。”春秋時爲典守封疆之官。《左傳·隱公元年》：“潁考叔爲潁谷封人。”杜預注：“封人，典封疆者。”

案：《史記·田完世家》："宣王喜文學［游説之士］，［自如］騶衍、淳于髡、田駢、接子①、慎到、環②淵之徒七十六人，皆賜列第，爲上大夫，不治而議論。是以齊稷下學士復盛，且數百千人。"《集解》引劉向《别録》曰："齊有稷門，城門也。談説之士期會於稷下［也］。"③ 然則《王度記》與《孟子》同時，今《小戴記·王制》又在《孟子》之後。存亡固有幸不幸歟？《周禮》六官之長皆卿爲之，而以冢宰一人，如天子之大夫，則與《周禮》不合。毛《詩》説"天子至大夫同駕四"，而以天子駕六，大夫駕三，則與毛《詩》不合。然究爲秦以前古書，或雜異代之禮，不可遽以周制難之。東漢作《白虎通》，唐初撰《禮正義》，往往據以爲説。玉林先生《困學鈔·逸經》中有《王度記》，兹敬述之。

天子冢宰一人，爵禄如天子之大夫。《白虎通》上《爵》篇。子男三卿，一卿命於天子。《白虎通》上《封公侯》篇。臣致仕於君者，養之以其禄之半。《白虎通》上《致仕》篇。百户爲里，里一尹，其禄如庶人在官者。《禮記·王制》注。案：《王制》："夫若無族，則里尹主之。"注云："里尹閭胥里宰之屬。"又引此《記》以證。玉者，有象君子之德：燥不輕，濕不重，薄不澆，廉不傷，疵不掩，是以人君寶之。天子之純玉，尺有二寸。公、侯九寸，四玉一石也。伯、子、男，俱三玉二石也。《白虎通》下《文質》篇④。《玉海》卷五十七《藝文》云："《三禮義宗》《王度記》云：'玉者，象君子之德。'"大夫俟放於郊，三年得環乃還，得玦乃去。《禮記》正義四《曲禮下》。案：《白虎通》上《諫諍》篇曰："賜之環則反，賜之玦則去，明君子重恥也。"《王度記》曰："反之以玦。"引《王度記》有脱文，當作

① 接子，中華書局本《史記·田完世家》作"接予"。《史記正義》云："齊人。《藝文志》云《接予》二篇，在道家流。"又中華書局本《史記·孟子荀卿列傳》作"接子"，《史記正義》云："《接子》二篇。《田子》二十五篇……接、田二人，道家。"疑接子名予。

② 環，底本作"環"，爲刻寫俗字。下徑改爲正字，不復出校。

③ 《史記索隱》引劉向《别録》曰："齊有稷門，齊城門也。談説之士期會於其下。"《齊地記》曰："齊城西門側，系水左右有講室，趾往往存焉"。蓋因側系水出，故曰稷門，古側、稷音相近耳。又虞喜曰"齊有稷山，立館其下以待遊士"，亦異説也。《春秋傳》曰："莒子如齊，盟於稷門"。

④ 《文質》篇，中華書局本作"《瑞贄》"，注曰："舊作'文質'，孫志祖曰：'當即《説苑·修文》反質名篇之義。'莊述祖云：'《文質》自在下《三正》篇内具見，此當爲《瑞贄》。'盧云：'文質所賅者廣，不僅當篇，故從莊所改。'今仍之。"

"反之以環，去之以玦。"天子以鬯，諸侯以薰，大夫以蘭芝，士以蕭[1]，庶人以艾。《周禮》十九《鬱人》。《鬯人》疏引《王度記》云："天子以鬯，諸侯以薰。"《禮記》正義十二《王制》引《王度記》云："天子以鬯，諸侯以薰。"案：《白虎通》下《考黜》篇引《王度記》曰："天子鬯，諸侯薰，大夫芑蘭，士蒹，庶人艾。"天子諸侯一娶九女。《白虎通》下《嫁娶》篇。天子駕六，諸侯與卿同駕四，大夫駕三，士駕二，庶人駕一。《詩》正義三之二《干旄》引《異義》。《續漢書》注二十九《輿服志上》引《王度記》曰："天子駕六馬，諸侯駕四，大夫三，士二，庶人一。"《書》正義五《五子之歌》云："案：《王度記》'天子駕六'。"《公羊傳·隱六年》疏《異義》引《王度記》云："天子駕六龍，諸侯與卿駕四，大夫駕三。"

王制

《禮記》正義引盧植[2]云："漢孝文皇帝令博士諸生作此《王制》之書。"

案：《史記·封禪書》言：文帝召魯人公孫臣，"拜爲博士，與諸生草改厤服色事"。明年，"使博士諸生刺'六經'作《王制》，[3]謀議巡狩封禪事"。又見《漢書·郊祀志》。上盧尚書之言，葢本此。《三禮目録》云："名曰《王制》者，以其記先王班爵、祭祀、養老之法度。"此於《别録》屬制度，則先師仍以此篇爲記先王之法，不從盧君說爲漢制。

又案：劉向《别録》云："文帝時所造書，有《本制》《兵制》《服制》篇。"見《史記索隱》。而《禮記·王制》祇有班爵、祭祀、養老之文，並無言《服制》《兵制》者，則此非漢文時書，審矣。且鄭《目録》云"此於《别録》屬制度"，則劉向《别録》《禮記》本有《王制》，與漢文所造兩列而不容混一。故先師《駁五經異義》云："《周禮》是周公之制，《王制》是孔子之後大賢讀。所記先王之事。"《禮記》正義十三《王制》。又《答臨孝存周禮難》云："孟子當赧王之際，《王制》之作復在其後。"見

---

① 蕭，底本作"蕭"，爲刻寫俗字。蕭，蒿類植物的一種。《詩·王風·采葛》："彼采蕭兮，一日不見，如三秋兮。"陸璣疏："今人所謂荻蒿者是也。或云牛尾蒿，似白蒿。白葉，莖麤，科生，多者數十莖。"古人常以"蕭艾"比喻品質不好的人。《楚辭·離騷》："何昔日之芳草兮，今直爲此蕭艾也！"

② 植，底本作"植"，爲刻寫俗字。下徑改爲正字，不復出校。

③ 《史記索隱》引小顏云："刺謂採取之也。"劉向《七録》云："文帝所造書有《本制》《兵制》《服制》篇。"

《禮記》正義十一《王制》。是可知《王制》在孔、孟之後，六國之時，與《王度記》相後先。蓋秦猶未焚書，故先王之制尚存梗概，必非漢人公孫臣輩所爲也。

臯澤也

《詩·緜》："迺立臯門，臯門有伉。"毛傳："王之郭門曰臯門。伉，高貌。"正義曰："《襄十七年傳》宋人稱'臯門之晳'，諸侯有臯門也。諸侯法有臯，應，大王自爲諸侯之制，非作天子之門矣。"

《春秋左傳·襄十七年》："築者謳曰：'澤門之晳[①]，實興我役。邑中之黔[②]，實慰我心。'"杜注："澤門，宋東城南門也。皇國父白晳而居近澤門；子罕黑色而居邑中。"《釋文》"澤門，本或作'臯門'者，誤也。"

案：《詩·鶴鳴》："鶴鳴于九臯。"毛傳："臯，澤也。"《釋文》引韓《詩》云"九臯，九折之澤"，蓋以"臯"爲古"澤"字。毛、韓義同也。鄭箋云："臯，澤中水溢出所爲坎。"義小異。《左氏傳》爲古文，故"澤門"字亦作"臯門"。《詩》正義所據必賈、服古本。玩杜注知正文竟作"澤"字，理雖不乖而文則非其舊。陸德明所見本猶有作"臯門"者，與《詩》正義正合，是可證古本之當從矣。袛緣所據杜書是"澤"字，故反斥爲誤耳。

楚辭章句多魯詩説

王叔師《楚辭章句》所引《詩》或與韓、毛不同，而與《爾雅》及《列女傳》有合者，蓋魯義也。其詁訓亦往往有異於毛、鄭，而較毛、鄭爲長者。玆纂録叔師之說，附以傳、箋及《爾雅》諸書參訂之，讀《詩》

① 晳，纂圖本、閩、監、毛本作"晳"，注同。阮校："案晳乃明晳之晳，从日，折聲，與此从白、析聲異也。石經及各本作'澤門'，《釋文》云'本或作臯者，誤'。案《詩·大明》《緜》正義引作'臯門之晳'。惠棟云：古'臯''澤'字相同，《孫叔敖碑》云'收九罣之利'，《上林賦》云'亭臯十里'，服虔注云'臯，澤也'，《詩》'鶴鳴于九臯'，王仲任、薛夫子皆以爲'九折之澤'，諸侯本有臯門，何獨宋不然也？"

② 黔，底本作"黚"，爲刻寫俗字。下徑改爲正字，不復出校。

者或有考於斯。

卷一《離騷》"朕皇考曰伯庸"，注："父死稱考。《詩》曰'既右烈考'。"《雍》①。傳："烈考，武王也。"《曲禮下》："死曰考。""忽奔走以先後兮，及前王之踵武"，注："武，跡也。《詩》曰'履帝武敏歆'。《生民》傳："武，迹。"《爾雅·釋訓》："履帝武敏。武，迹也。"奔走先後，四輔之職也。《詩》曰'予聿有奔走，予聿有先後'，② 是之謂也。"《緜》"聿"皆作"曰"，"奔走"作"奔奏"。《傳》："率下親上曰疏附，相道前後曰先後，喻德宣譽曰奔奏，武功③折衝曰禦侮。"案：《七月》"曰爲改歲"，《食貨志》作"聿爲改歲"。《角弓》"見晛曰消"，《楚元王傳》劉向引作"見晛聿消"，韓《詩》亦作"聿"字。《抑》"曰喪厥國"，韓《詩》作"聿喪"。《漢書》，魯《詩》爲多。劉子政亦習魯《詩》，是毛《詩》古文作"曰"，韓、魯《詩》今文作"聿"也。《文王》"聿脩厥德"，毛傳："聿，述（也）。"正義曰："聿，述。"《釋詁》文、《抑》正義亦言《爾雅》訓"聿"爲"述"。葢"曰"爲"述"，言二字音義並同。此經似作"聿"，訓"述"較順。箋云："我念之曰，是作如字讀。""謇朝誶而夕替"，注："誶，諫也。《詩》曰'誶予不顧'。"《墓門》"歌以訊之"④，傳："訊，告也。"箋云："既作，又使工歌之，是謂之告。"《釋文》"訊，又作誶。"韓《詩》："誶，諫也。"案：《爾雅》："誶，告也。"《說文》："誶，讓也。"爲"告"爲"諫"，並當作"誶"。今《詩》作"訊"，譌。賴此正之。此與韓《詩》義同。"怨靈脩之浩蕩兮"，注："浩，猶浩浩。蕩，

---

① 《雍》，《十三經注疏》本作《雝》。按：雝，同"雍"。《爾雅·釋地》："河西曰雝州。"《書·禹貢》《周禮·夏官·職方氏》均作"雍州"。《説文·隹部》："雝，雝䳾也。"段玉裁注："雝，經典多用爲雝和、辟雝。隸作雍。"《詩·小雅·無將》："無將大車，維塵雍兮。"相臺本作"雝"。

② 此句《十三經注疏》本毛《詩》作"予曰有先後，予曰有奔奏。"奔奏，唐石經、小字本、相臺本同。阮校："案《釋文》云：'本音奔，本亦作奔，注同。奏如字，本又作走，音同，注同。'正義云'我念之曰，亦由有奔走之臣'，又云'奔走者云云，令天下皆奔走而歸趍之，故曰奔走也'，又云'《書》傳説有疏附、奔走'，又云'是非奔走與'，又云'疏附、奔走'，是正義本作'奔走'也。依此唐石經以下各本乃上字合正義，下字合《釋文》，當即《釋文》所云亦作本耳。"

③ 功，《十三經注疏》本毛《詩》作"臣"。

④ 歌以訊之，唐石經、小字本、相臺本同。訊，底本作"訙"，爲刻寫訛俗字。下徑改爲正字，不復出校。阮校："案正義標起止云'傳：訊，告也'。《釋文》云'訊，本又作誶，音信，告也'。《詩經小學》云：誶、訊義别，誶多譌作訊。如《爾雅》'誶，告也'，《釋文》云'本作訊，音信'。《詩》'歌以誶止''誶予不顧'傳'誶，告也'；'莫肯用誶'，箋'誶，告也'，正用《釋詁》文，而《釋文》誤作'訊'，以音'信'爲正。王逸《楚辭注》引'誶予不顧'，《廣韻六》'至誶'下引'歌以誶止'，可正其誤。《毛鄭詩考正》云'止'譌作'之'。"

猶蕩蕩。無思慮貌也。《詩》曰‘子之蕩兮’。”《宛丘》作“湯”，傳：“湯，蕩也。”箋云：“游蕩無所不爲。”案：叔師說較箋義爲長。玉林公言三家《詩》，每以詁訓代正經。如毛傳“湯，蕩也”，而此正文直作“子之蕩兮”，可證。“衆女嫉余之蛾眉兮”，注：“蛾眉，好貌。蛾，一作娥。”段若膺說《詩》“蛾眉”字本作“娥眉”，《離騷》及《招魂》注並云：“娥，一作蛾，今俗本倒易之。”案：《外戚列傳上》“連流視而娥揚”，師古曰：“娥揚，揚其娥眉。”尙正作“娥眉”字。“延佇乎吾將反”，注：“佇，立貌。《詩》曰‘佇立以泣’。”案：又見《大司命》注。《燕燕》傳：“佇立，久立也。”“步余馬於蘭皋兮”，注：“澤曲曰皋。《詩》云‘鶴鳴于九皋’。”《鶴鳴》傳：“皋，澤也。”《釋文》：“韓《詩》云：‘九皋，九折之澤。’”此與韓《詩》義同。“薋菉葹以盈室兮”，注：“薋，蒺藜也。菉，王芻也。葹，枲耳也。《詩》曰‘楚楚者薋’，又曰‘終朝采菉’。三者皆惡草，以喻讒[①]佞盈滿[②]於側者也。”毛《詩》“薋”作“茨”，傳：“薋，蒺藜也。”“菉”，作“緑”。箋云：“緑，王芻也。”“菉”，正字。“緑”，假借字。“夫何煢[③]獨而不余聽”，注：“煢，孤也。《詩》曰‘哀此煢獨’。”《正月》“煢”作“惸[④]”。傳：“獨，單也。”“澆身被服强圉兮”，注：“强圉，多力也。”《蕩》“曾是彊禦”，傳：“彊禦，彊梁禦善也。”《漢書·敘傳下》：“曾是强圉”，師古注引《詩》同。“望瑶臺之偃蹇兮”，注：“石次玉曰瑶。《詩》曰‘報之以瓊瑶’。”《木瓜》傳：“瓊瑶，美玉。”[⑤]《釋文》引《說文》云“美石”。首章正義曰：“下傳曰‘瓊瑶，美石’，又曰‘瑶言美石，玖言玉名’，明此三者皆玉石雜也”。是孔本傳作“美石”與此合。“見有娀之佚女”，注：“有娀，國名。佚，美也。謂帝嚳之妃，契母簡狄也。配聖帝，生賢子，以喻貞賢也。《詩》曰‘有

---

① 讒，底本作“讒”，爲刻寫俗字。下徑改爲正字，不復出校。

② 滿，底本作“滿”，爲刻寫俗字。下徑改爲正字，不復出校。

③ 煢，底本、《清經解》本、校抄本均作“𤇾”。按：“𤇾”爲“煢”之刻寫俗字。刻本中，“煢”之俗字異體較多，主要有“茕”“儝”“𤇾”“傥”“𤇾”等。下徑改爲正字，不復出校。煢，孤獨無依。《小爾雅·廣義》：“凡無妻無夫通謂之寡，寡夫曰煢。”《玉篇·卂部》：“煢，單也，無兄弟也，無所依也。”曹丕《大牆上蒿行》：“中心獨立一何煢。”

④ 惸，指無兄弟的人。引申爲孤獨無依的人。《周禮·秋官·大司寇》：“凡遠近惸獨老幼之欲有復於上而其長弗達者，立於肺石，三日。”鄭玄注：“無兄弟曰惸，無子孫曰獨。”《玉篇·卂部》：“煢，憂思也。或作惸。”

⑤ 瓊瑶，美玉。小字本、相臺本同。阮校：“案《釋文》‘瑤’下云‘美玉也，《說文》云美石’，正義作‘美石’。段玉裁云：‘正義是也。《說文》琨、珉、瑤皆石之美者，玉爵、瑤爵爲等差，在《周禮》《禮記》。’”

娀方將，帝立子生商’。”《元鳥》① 傳：“有娀，契母也。將，大也。契生商也。”箋云：“有娀氏之國亦始廣大。有女簡狄，吞鳦𡖊而生契，堯封之於商，後湯王，因以爲有天下號，故云‘帝立子生商’。”“精瓊靡以爲粻”，注：“粻②，糧也。《詩》曰③‘乃裹餱糧’。”《公劉》作“迺裹餱糧”。案：《爾雅·釋言》：“粻，糧也。”叔師本此，訓“粻”爲“糧”，而引《詩》以證，則《詩》當作“乃裹餱粻”矣。《論語》“在陳絕糧”，鄭本作“粻”，注云：“粻，糧也。”與此注可互證。《釋文》：“糧，本亦作粮，［音良，］餱也。”疑本作“本亦作粻，糧也。”

卷二《九歌·東皇太一》“璆鏘鳴兮琳琅”，注：“鏘，佩聲也。《詩》曰‘佩玉鏘鏘’。”《有女同車》作“將將”，傳：“將將，鳴玉而後行。”正義作“鏘鏘”。“瑶席兮玉瑱④”，注：“瑶，石之次玉者。《詩》曰‘報之以瓊瑶’。”見上。

《雲中君》“極勞心兮慅慅⑤”，注：“慅慅，憂心貌。”《草蟲》“憂心忡忡”，傳：“忡忡，猶衝衝也。”三家《詩》必有作“憂心慅慅”者。《廣雅》六《釋訓》：“慅慅，憂也。”正釋《詩》，與叔師合。

《湘君》“聊逍⑥遥兮容與”，注：“逍遥，遊戲也。《詩》曰‘狐裘逍遥’。”“羔裘逍遥”，傳：“羔裘以遊燕。”此作“狐裘”，蓋涉下文而誤。

《大司命》“乘龍兮轔轔”，注：“轔轔，車聲。《詩》云‘有車轔轔’也。”《車鄰》傳：“鄰鄰，衆車聲也。”《釋文》：“鄰，本又作轔。”“結桂枝兮延竚”，注：“竚⑦，立也。《詩》曰‘竚立以泣’。”見上。

《少司命》“晞女髮兮陽之阿”，注：“晞，乾也。《詩》曰‘匪陽不晞’。”《湛露》傳：“晞，乾也。”

《山鬼》“子慕予兮善窈窕”，注：“窈窕，好貌。《詩》曰‘窈窕淑女’。”《關雎》傳：“窈窕，幽閒也。”《釋文》引王肅、正義引揚雄皆云“善心曰窈，善容曰

---

① 元，本作“玄”，因避清帝名諱而改“玄”作“元”。按：此篇當爲《詩·商頌·長發》，誤作《玄鳥》。

② 粻，米糧。《爾雅·釋言》：“粻，糧也。”《説文新附·米部》：“粻，食米也。”《詩·大雅·崧高》：“以峙其粻，式遄其行。”鄭玄《箋》：“粻，糧。”《禮記·王制》：“五十異粻。六十宿肉。”孔穎達疏：“粻，糧也。五十始衰，糧宜自異，不可與少壯者同也。”

③ 曰，《清經解》本、校抄本同，汲古閣本作“云”。

④ 瑱，底本作“瑱”，爲刻寫俗字。下徑改爲通行正字，不復出校。

⑤ 慅，同“忡”。《集韻·東韻》：“忡，《説文》：‘憂也。’引《詩》：‘憂心忡忡。’《楚辭》作慅。”《楚辭·九歌·雲中君》：“思夫君兮太息，極勞心兮慅慅。”舊注：“慅，一作忡。”

⑥ 逍，底本作“逍”，爲刻寫俗字，亦爲日本用漢字。下徑改爲通行正字，不復出校。

⑦ 竚，同“佇”。《玉篇·立部》：“竚，今作佇。”《集韻·語韻》：“佇，或作竚。”

窕"，與此合。"東風飄兮神靈雨"，注："飄，風貌。《詩》曰'匪風飄兮'。"《匪風》傳："迴風爲飄。""霾兩輪兮縶四馬"，注："縶，絆[①]也。《詩》曰'縶之維之'。"《有客》[②] 箋："縶，絆也。"

卷三《天問》"何繁鳥萃棘，負子肆情[③]"，注："言解居父聘吳，過陳之墓門，見婦人負其子，欲與之淫泆，肆其情欲。婦人則引《詩》刺之曰：'墓門有棘，有鴞萃止。'故曰'繁鳥萃棘'也。言墓門有棘，雖無人，棘上猶有鴞，汝獨不愧也？"《墓門》，刺陳佗也。陳佗無良師傅，以至於不義，惡加於萬民焉？"墓門有梅，有鴞萃止"，傳："梅，枏也。"與此文、義皆異。《列女傳》八："辯女者，陳國采桑之女也。晉大夫解居甫使於宋，道過陳，遇采桑之女，止而戲之，曰：'女爲我歌，我將舍女。'采桑女乃爲之歌。"與此合。但采桑負子，使宋聘吳，又互異。"蒼鳥羣飛，孰使萃之"，注："蒼鳥，鷹也。萃，集也。言武王伐紂，將帥勇猛，如鷹鳥羣飛。誰使武王集聚之者乎？《詩》曰：'惟師尚父，時惟鷹揚'也。"《大明》"維師尚父，時維鷹揚"，箋云："鷹，鷙鳥也。"案：《詩》古文作"維"，今文作"惟"。"投之於冰上，鳥何燠之"，注："投，弃也。燠，温也。言姜嫄以后稷無父而生，弃之於冰上，有鳥以翼覆薦温之，以爲神，乃取而養之。《詩》曰'誕寘之寒冰，鳥覆翼之'。"《生民》傳："大鳥來，一翼覆之，一翼藉之。"正義曰："《異義》：《詩》齊、魯、韓、［《春秋公羊》］說：'聖人皆無父，感天而生。'"

卷四《九章·惜誦》"固煩言不可結詒兮"，注："詒，遺也。《詩》曰'詒我德音'也。"《子衿》"子寧不嗣音"，《釋文》："嗣音，韓《詩》作詒。詒，寄也。曾不寄問也。"此所引蓋誤。"魂中道而無杭"，注："杭，度也。《詩》曰'一葦杭之'，杭一作航。"《河廣》傳："杭，渡也。"案：《藝文類聚》《初學記》《白氏六帖》《太平御覽》引《詩》皆作"航"。此注必本作"一葦航之"，"杭""航"皆後人改。"播江離與滋菊兮"，注："播，種也。《詩》曰'播厥百穀'。"《載芟》箋："播猶種也。

《哀郢》"登大墳以遠望兮"，注："水中高者爲墳。《詩》曰'遵彼汝墳'。"《汝墳》傳："墳，大防也。"箋云："伐薪於汝水之側。"正義曰："墳，大防。《釋丘》文。"李巡曰："墳謂厓岸，狀如墳墓，名大防也。"故《常武》傳曰："墳，厓。"《大司

---

① 絆，底本作"絆"，爲刻寫俗字，亦爲日本用漢字。下徑改爲通行正字，不復出校。
② 《有客》誤，當作《白駒》。
③ 情，底本作"情"，爲刻寫俗字。下徑改爲通行正字，不復出校。

徒》注云："水厓曰墳。"案：《爾雅·釋水》"汝爲墳①"，注："《詩》曰：'遵彼汝墳②。'皆大水溢出，別爲小水之名。"此郭景純私改之本，非《釋水》原文。《說文·水部》："涓③，小流也。"《爾雅》曰："汝爲涓。"《釋文》："濆，符云反。"《字林》作"涓"，工元反。衆《爾雅》本亦作"涓"。是可知舍人、樊光、李巡、孫炎等本皆作"汝爲涓"，故《說文》《字林》皆於"涓"下引《爾雅》。涓滴是小流所以爲大水溢出之名，與《釋丘》之"墳，大防"逈④異。乃郭惑於《汝墳》之歌，改《爾雅》"涓"爲"濆"，又改《詩》"墳"爲"濆"，謬甚矣。叔師云："水中高者爲墳。"似亦同郭作"濆"字，而義則與古合也。"曾不知夏之爲丘兮"，注："夏，大殿也。《詩》云'於我乎！夏屋渠渠'。"又見《招魂》注。《權輿》傳："夏，大也。"

《懷沙》"孔靜⑤幽默⑥"，注："孔，甚也。《詩》曰'亦孔之將'。"《破斧》箋云："其德亦甚大［也］。""矇⑦瞍謂之不章"，注："矇，盲者也。《詩》云'矇瞍奏工'。"《靈臺》"工"作"公"。傳："有眸子而無見曰矇，無眸子曰瞍。公，事也。""瞽以爲無明"，注："瞽，盲者也。《詩》云'有瞽有瞽'。"《有瞽》傳："瞽，樂官也。"箋云："瞽，矇也。""明告君子，吾將以爲類兮"，注："類，法也。《詩》云'永錫爾類'。"《既醉》傳："類，善也。"箋云："長以與女之族類，謂廣之以教道天下也。"《春秋傳》曰："潁考叔，純孝也，施及莊公。"案：傳、箋不同叔師，與毛公義近。

《悲回風》"孰能思而不隱兮"，注："隱，憂也。《詩》曰'如有隱憂'。"《柏舟》傳："隱，痛也。""吸湛露之浮源兮"，注："湛，厚也。《詩》

① 墳，《十三經注疏》本作"濆"。唐石經、單疏本、雪牕本同作"濆"。《釋文》："濆，符云反，下同。《字林》作'涓'，工玄反。衆《爾雅》本亦作'涓'。"阮校："按《說文》：'涓，小流也。从水，肙聲。《爾雅》曰：汝爲涓。'注云：'皆大水溢出，別爲小水之名。'則從涓義長。郭本作'濆'，注引《汝墳》詩可證。"

② 墳，單疏本、雪牕本同，注疏本作"濆"。阮校："按《詩》'遵彼汝墳'。正義引《釋文》云'郭氏曰：《詩》云遵彼汝墳。則郭意以此汝墳爲濆汝所分之處有美地，因謂之濆。'然則此注本以墳爲濆，亦經、注異字之證。注疏本依經改'濆'，非也。"

③ 涓，《清經解》本、校抄本皆作"涓"。按：涓，同"涓"。《玉篇·水部》："涓，古玄切。小流皃。"《字彙·水部》："涓，俗涓字。"

④ 逈，校抄本同，《清經解》本作"迥"。按：逈，同"迥"。唐慧琳《一切經音義》卷一："迥，古文作冋。象國邑，从門……今俗从向者。"《漢書·司馬相如傳》："爾陿游原，逈闊泳末。"顔師古注："逈，遠也。"

⑤ 靜，底本作"靜"，爲刻寫俗字。下徑改爲正字，不復出校。

⑥ 默，底本作"黙"，爲刻寫俗字。下徑改爲正字，不復出校。

⑦ 矇，底本作"曚"，《清經解》本、校抄本同。按："曚"爲"矇"之刻寫俗字。下徑改爲正字，不復出校。

曰‘湛湛露斯’。”《湛露》傳：“湛湛，露茂盛貌。”

卷五《遠遊》“夜耿耿而不寐兮”，注：“耿耿，猶儆儆，不寐貌也。《詩》云‘耿耿不寐’。”又見《哀時命》注，別有詳考。“耀靈曄[①]而西征”，注：“靈曄，電貌。《詩》云‘曄曄震電’。”《十月之交》“曄”作“爗[②]”，傳：“爗爗，震電貌。”“順凱風以從游兮”，注：“南風曰凱風。《詩》曰‘凱風自南’。”《凱風》傳：“南風謂之凱風。”

卷八《九辯》“時亹亹而過中兮”，注：“亹亹，進貌。《詩》云‘亹亹文王’。”《文王》傳：“亹亹，勉也。”案：《文選注·吳都賦》引韓《詩》云：“亹，水流進貌。”是“亹”有進義也。《繫辭上》“成天下之亹亹者”，虞翻注：“亹亹，進也”。“竊悲夫蕙華之曾敷兮，紛旖旎乎都房”，注：“旖旎，盛貌。《詩》云‘旖旎其華’。”又見《九懷·惜賢》注。“隰有萇楚，猗儺其枝”，傳：“猗儺，柔順也。”“慕詩人之遺風兮，願託志乎素餐”，注：“《詩》云‘彼君子兮，不素餐兮’。謂居位食禄，無有功德，名曰‘素餐’也。”《伐檀》傳：“素，空也。”箋云：“仕有功乃肯受禄。”“願皓日之顯行兮”，注：“日以喻君。《詩》云‘杲杲出日’。”《伯兮》。“計專專之不可化兮”，注：“我心匪石，不可轉也。”《邶·柏舟》。

卷九《招魂》“豺狼從目，往來侁侁些”，注：“侁侁，往來聲也。《詩》曰‘侁侁征夫’，一作‘莘’。”《皇華》[③]“駪駪征夫”，傳：“駪駪，衆多之貌。”案：《玉篇》《廣韻》引作“侁”，《國語》、韓《詩》《說苑》《說文》皆引作“莘”。“冬有突夏[④]”，注：“厦[⑤]，大屋也。《詩》云‘於我乎夏屋渠渠”。厦，一作夏。”見上。“朱塵筵些”，注：“筵，席也。《詩》云‘肆筵設机’。”《行葦》傳：“（肆筵）設席，重席也。”案：“几”字涉下文而誤。“砥室翠翹”，注：

---

① 曄，同“曅”。閃光貌。《楚辭·遠游》：“恐天時之代序兮，耀靈曄而西征。”一本作“曅”。洪興祖《補　注》：“曄，音饁，光也。”朱熹《集注》：“耀靈，日也。曅，閃光貌。”

② 爗，底本作“爆”，爲刻寫俗字。下徑改爲正字，不復出校。爗，同“燁”。明亮，燦爛。《詩·小雅·十月之交》：“爗爗震電，不寧不令，百川沸騰。”

③ 《皇華》即《詩·小雅·皇皇者華》。

④ 突夏，《清經解》本、校抄本同。按：突夏，即“突廈”。結構重深的大屋。清鄭珍《說文新附考》卷四：“古止作‘夏’……蓋‘夏’有大義，故大屋謂之夏屋。俗加‘广’，以別‘華夏’字。”《楚辭·招魂》：“冬有突廈，夏室寒些。”王逸注：“突，複室也。廈，大屋也。”《文選》宋玉《招魂》作“突夏”。

⑤ 厦，《清經解》本、校抄本同。按：厦，同“廈”。《正字通·厂部》：“厦，俗廈字。”古籍中多作“廈”，今“厦”字通行。刻本中二字常混用。下同，不復出校。

"砥，石也。《詩》曰'其平如砥'①。"《大東》傳："如砥，貢賦平均也。""射遞代些"，注："射，猒②也。《詩》云'服之無射'。"《葛覃》作"斁"，傳："斁，厭也。"案：《禮記·緇衣》引《詩》'服之無射'。《爾雅·釋詁》："豫、射，猒③也。"郭注："《詩》曰'服之無射④'。"今《爾雅》注作"無斁"，是後人依毛《詩》改。《釋文》"射"字又作"斁"，可證。蓋毛《詩》作"斁"，正字，三家《詩》作"射"，假借字。《禮記》《爾雅》皆今文之學，故俱作"射"字。"被文服纖麗而不奇些"，注："不奇，奇也。猶《詩》云'不顯文王'，不顯，顯也。"《維天之命》："於乎不顯，文王之德之純！"箋云："於乎！不光明與，文王之施德教之無倦已。"與此異讀。"娭酒不廢沈日夜些"，注："或曰'娭酒不發'，發，旦也。《詩》云'明發不寐'。《小宛》傳："明發，發夕至明。"案：《載驅》"齊子發夕"，傳："發夕，自夕發至旦。"《釋文》引韓《詩》云："發，旦也。"。《長發》："元王桓撥"，《釋文》云："撥，韓《詩》作發。發，明也。"是可證"發"爲"旦明"之義也。又曰'和樂且湛'。"《常棣》。《釋文》云："湛，韓《詩》作耽。"此作"沈"。"湛"，蓋後人所改。"菉蘋齊葉兮白芷生"，注："據時所見，自傷哀也。猶《詩》云'昔我往矣，楊柳⑤依依'也。《采薇》。

卷十《大招》"蜮傷躬只"，注："蜮，短狐也。《詩》云'爲鬼爲蜮'。"《何人斯》傳："蜮，短狐也。"《御覽》引《韓詩内傳》："短狐，水神也。""吳酸蒿蔞"，注："蔞，香草也。《詩》曰'言采其蔞'也。"《漢廣》"言刈其蔞"，傳："蔞，草中之翹翹然。"《廣韻·十九侯》引作"采"。案：木言刈，草言采。"以娭昔只"，注："昔，夜也。《詩》云'樂酒今昔'，言可以終夜自娭樂也。昔，一作夕。"《頍弁》："樂酒今夕。""雜鶖⑥鶬只"，注："鶖鶬，鴰鶖也。《詩》云'有鶖在梁'。"《白華》傳："鶖，秃鶖也。""田邑千畛"，注："畛，

① 其平如砥，《十三經注疏》本毛《詩》作"周道如砥，其平如矢"。

② 猒，校抄本同，《清經解》本作"厭"。按：猒，同"厭"。《説文·甘部》："猒，飽也。"段玉裁注："'猒'、'厭'古今字。"

③ 猒，唐石經、單疏本、元本同，雪牕本、閩、監、毛本、《釋文》作"厭"。

④ 射，單疏本、雪牕本作"斁"。阮校："案《禮記·緇衣》、王逸《楚辭注》引《詩》皆作'射'"。

⑤ 柳，校抄本作"栁"，《清經解》本作"柳"。按："柳"與"栁"皆爲"柳"之異體俗字。《中華大字典·木部》："柳，柳俗字。見《字學舉隅》'卯'字注。"在刻本和抄本中，漢字構件"卩"和"阝"常混用，如"柳"與"栁"、"卿"與"郷"等。下依底本録出，不復出校。

⑥ 鶖，《清經解》本同，校抄本作"鵚"。按："鶖"與"鵚"是構件位置不同形成的異體俗字。

田上道也。《詩》云‘徂隰徂畛’。”《載芟》傳：“畛，埸也。”箋云：“畛謂舊田有徑路者。”

卷十三《七諫·沈江》：“偃王行其仁義兮，荊文寤而徐亡。”注：“徐，偃王國名也，周宣王之舅申伯所封也。《詩》曰‘申伯畨畨[1]，既入于徐’。”《崧高》作“既入于謝”，“于邑于謝”，傳：“謝，周之南國也。”“怨世何周道之平易兮”，注：“詩曰‘周道如砥，其直如矢’。”見上。“西施媞媞而不得見兮”，注：“媞媞，好貌也。《詩》曰‘好人媞媞’也。”《葛屨》“好人提提”，傳：“提提，安諦也。”《爾雅·釋訓》：“媞媞，安也。”注：“好人安詳之容。”案：《爾雅》釋《詩》，叔師引經正合。“自悲微霜降之蒙蒙”，注：“蒙蒙，盛貌。《詩》云‘零雨其蒙’。”《東山》“零雨其濛”，傳：“濛，雨貌。”《洪範》正義亦引作“蒙”。“謬諫飛鳥號其羣兮，鹿鳴求其友”，注：“《詩》曰‘嚶其鳴矣，求其友聲’。《伐木》。又曰‘呦呦鹿鳴，食野之苹’。”《鹿鳴》。

卷十四《哀時命》“夫何予生之不遘時”，注：“遘，遇也。《詩》云‘遘閔既多’。閔，一作愍。”《邶·柏舟》“覯閔既多”，傳：“閔，病也。”案：《叙傳下》亦作“遘閔”，當本作“愍”。“左袪挂於槫桑”，注：“袪，袖也。《詩》云‘羔裘豹袪’。”《羔裘》傳：“袪，袂也。”

卷十五《九懷·通路》“假寐兮愍斯”，注：“不脫冠帶而卧曰假寐。《詩》云‘假寐永歎’。”《小弁》箋：“不脱冠衣而寐曰假寐。”

《陶壅》“羨余術兮可夷”，注：“詩云‘既見君子，我心則夷’。夷，喜也。”《草蟲》“亦既覯止，我心則夷”，傳：“夷，平也。”《風雨》“既見君子，云胡不夷”，傳：“夷，說也。”

卷十六《九嘆·逢紛》“讒夫藹藹而漫著兮”，注：“藹藹，盛多貌也。《詩》云‘藹藹王多吉士’。”《卷阿》傳：“藹藹，猶濟濟也。”“徑淫曀而道壅[2]”，注：“淫曀，闇昧也。《詩》云‘不日有曀’。”《終風》傳：“陰而風曰曀。”“離世執組者不能制兮”，注：“執組，猶織組也。織組者，動之於此而成文於彼。善御者，亦動之於手而盡馬力也。《詩》云‘執轡如組’。”《簡兮》傳：“組，織組也。‘御衆有文章’，言能治衆，動於近，成於遠也。”“魂眷眷而獨逝”，注：“眷眷，

① 畨，校抄本同，《清經解》本作“番”。按：畨，同“番”。《五經文字·米部》：“番、畨，上《説文》，下經典相承隸省。”

② 壅，同“壅”。《正字通·土部》：“壅、壅、擁、壅，並同。”

顧貌。《詩》云‘眷眷[①]懷顧’。”《小明》箋云：“睠睠，有往仕之志。”

《怨思》“征夫勞於周行兮”，注：“行，道也。《詩》云‘苕苕公子，行彼周道’。”《大東》“佻佻公子，行彼周行”，傳：“佻佻，獨行貌。”箋云：“周行，周之列位也。”案：“道”與“疚”亦韻。然叔師訓“行”爲“道”，而引《詩》以證，則本作“行”可知。《釋文》：“佻佻，韓《詩》作嬥嬥，往來貌。”《廣雅·釋訓》：“嬥嬥，好也。”蓋魯、韓同作“嬥嬥”而義別，叔師以“嬥嬥”爲“苕苕”，亦爲“好貌”，與《廣雅》皆魯說也。“若青蠅之僞質兮”，注：“僞，猶變也。青蠅變白使黑，變黑成白，以喻讒佞。《詩》云‘營營青蠅’。”《青蠅》箋云：“興者，蠅之爲蟲，汙白使黑，汙黑使白，喻佞人變亂善惡也。“山中檻檻”，注：“檻檻，車聲也。《詩》云‘大車檻檻’。”《大車》傳：“檻檻，車行聲也。”“遠逝志隱隱而鬱怫[②]兮”，注：“隱隱，憂也。《詩》云‘憂心殷殷’，一作隱隱。”《北門》“憂心殷殷”，箋云：“心爲之憂，殷殷然。”《釋文》：“殷，又音隱。《爾雅》云‘憂也’。”又，《桑柔》“憂心慇慇”，《釋文》：“樊光，於謹反。《爾雅》云憂也。”案：《爾雅·釋訓》：“殷殷，憂也。”《釋文》：“殷，樊光，於謹反。”蓋《爾雅》是魯《詩》之學，樊本必作“隱隱，憂也”，而引《詩》云“憂心隱隱”，叔師此注亦與《爾雅》同，皆後人據毛《詩》改之。舊校云“一作隱隱”，可證也。《悲回風》注：“隱，憂也。”“情慨慨而長懷兮”，注：“慨慨，歎貌也。《詩》云‘慨我寤歎’。”《下泉》“慨”作“愾”，箋云：“愾，歎息之意。”《文選》注引作“慨”。“訊九魁[③]與六神”，注：“訊，問也。《詩》云‘執訊[④]獲醜’。”《采芑》箋亦以“訊”爲“問”。“霧宵晦以紛紛”，注：“宵，夜也。《詩》云‘肅肅宵征’。”《小星》傳：“宵，夜。”“欲酌醴以娛憂兮”，注：“醴，醴酒也。《詩》云‘爲酒爲醴’。”《豐年》。

《惜賢》“夷蠢蠢之溷濁”，注：“蠢蠢，無禮義貌也。《詩》云‘蠢爾蠻荊’。”《采芑》傳：“蠢，動也。”“覽芷圃之蠡蠡”，注：“圃，野樹也。

---

① 眷眷，《十三經注疏》本毛《詩》作“睠睠”，箋同。按：睠，同“眷”。《玉篇·目部》：“睠，同眷。”《集韻·綫韻》：“眷，《説文》：‘顧也。’引《詩》‘乃眷西顧’。或从卷。”

② 怫，悒鬱，心情不舒暢。《説文·心部》：“怫，鬱也。”

③ 九魁，王逸注：“謂北斗九星也。”洪興祖《補注》：“北斗七星，輔一星在第六星旁。又招摇一星在北斗杓端。”

④ 執訊，本謂對所獲敵人加以訊問。《詩·小雅·出車》：“執訊獲醜，薄言還歸。”鄭玄箋：“執其可言問所獲之衆。”陳奐《傳疏》：“謂所生得敵人，而聽斷其辭也。”後以爲稱美戰功之典。《三國志·吴志·諸葛恪傳》：“雖《詩》美執訊，《易》嘉折首，周之方召，漢之衛霍，豈足以談？功軼古人，勳超前世。”也指古時掌通訊的官吏。《左傳·文公十七年》：“鄭子家使執訊而與之書，以告趙宣子。”杜預注：“執訊，通訊問之官。”訊，底本作“訙”，爲刻寫俗字。下徑改爲正字，不復出校。

《詩》云‘東有圃草’。”《車攻》今作“甫草”，《唐石經》元刻是“圃”字。傳：“甫，大也。”箋云：“甫草者，甫田之草也。”鄭有“圃田”，與叔師義異。“結桂樹之旖旎兮”，注：“旖旎，盛貌。《詩》云‘旖旎其華’。”見上。“時遲遲其日進兮”，注：“遲遲，行貌。《诗》云‘行道遲遲’。”《谷風》傳：“遲遲，舒行貌。”“軌契契而委棟兮”，注：“契契，憂貌也。《詩》云‘契契寤歎’，契，一作挈。”《大東》傳：“契契，憂苦也。”案：《廣雅》六《釋訓》：“栔栔，憂也。”曹憲音“契”爲“挈”，疑與正文互易。“栔”本作“契”。蓋毛《詩》作“契”，三家《詩》作“挈”，《廣雅》據三家《詩》本作“挈”。“挈，憂也”，與師叔引《詩》正合。此注亦後人所改，有舊校可證。“江湘油油”，注：“油油，流貌也。《詩》云‘河水油油’。”《竹竿》“淇水滺滺”，傳：“滺滺，流貌。”《廣雅·釋訓》：“油油，流也。”王氏《疏證》“油油”爲“滺滺”之異文。“憂心展轉”，注：“展轉，不寐貌。《詩》云‘展轉反側’。”《關雎》箋云：“卧①而不周曰輾。”案：“輾”，俗字，當從此作“展”。“憂苦登巑岏②以長企兮”，注：“企，立貌。《詩》云‘企③予望之’。”《河廣》箋云：“我跂足則可以望見之。”“願假簧以舒憂兮”，注：“笙中有舌曰簧。《詩》云‘吹笙鼓簧’。”《鹿鳴》傳：“簧，笙也。”“葛藟虆於桂樹兮”，注：“藟，巨荒也。虆，緑也。《詩》曰‘葛藟虆之’。”《樛木》。《釋文》引《草木疏》云：“一名巨荒。”蓋陸元恪正用三家《詩》說，故與叔師合也。今《釋文》、正義俱誤作“巨苽”。宋槧傳、箋本載《釋文》及《葉鈔》皆作“荒”，與此合。“爨土鬵於中宇”，注：“爨，炊竈也。《詩》云‘執爨踖踖’。《楚茨》傳：“爨，饔爨、廩爨也。踖踖，言爨竈有容也。”鬵，釜也。《詩》云‘溉之釜鬵’。”《匪風》傳：“鬵，釜屬。”“泣下漣漣”，注：“漣漣，流貌也。《詩》云‘泣涕漣漣’。”《氓》。“菀彼青青”，注：“菀，盛貌也。《詩》云‘有菀者柳’。菀，一作苑。”《有菀》④傳：“菀，茂木⑤也。”“愍命耘藜，藋與蘘荷”，注：“耘，耔也。《詩》云‘千耦

① 卧，校抄本同，《清經解》本作“臥”。按：卧，同“臥”。《正字通·臣部》：“臥，《同文舉要》作卧，俗作卧。”臥，今作“卧”。

② 巑岏，高峻的山峰。《楚辭》劉向《九嘆》：“登巑岏以長企兮，望南郢而窺之。”王逸注：“巑岏，銳山也。”巑，底本作“巑”，爲刻寫俗字。下徑改爲正字，不復出校。

③ 企，《十三經注疏》本作“跂”，箋同。

④ 《有菀》誤，當作《菀柳》。

⑤ 茂木，小字本、相臺本同。阮校：“案《釋文》‘菀柳’下云‘木茂也’，是其本作‘木茂’。正義本今無可考。”

其耘'。"《載芟》。"懷椒聊①之蔎蔎兮",注:"椒聊,香草也。《詩》曰'椒聊且'。"傳:"椒聊,椒也。"箋云:"椒之性,芬香而可食②。""思古躬劬勞而瘏瘁",注:"劬,亦勞也。《詩》云'劬勞於野'。《鴻雁》傳:'劬勞,病苦也。'《釋文》引韓《詩》云'數也'。瘏,病也。《詩》云'我馬瘏矣'。"《卷耳》傳:"瘏,病也。""甘棠枯於豐草兮",注:"甘棠,杜也。《詩》云'蔽芾甘棠'。"傳:"甘棠,杜也。"本《釋木》。"沼水深兮",注:"沼,池也。《詩》云'王在靈沼'。"《靈臺》傳:"沼,池也。"

《遠遊》"服覺皓以殊俗兮",注:"覺,較也。《詩》云'有覺德行'。"《抑》傳:"覺,直也。"箋云:"有大德行。"正義曰:"《釋詁》云:'梏、較,直也。'"與"覺"字異音同。案:叔師以"覺"爲"較",字與毛公合。鄭箋以"覺"爲"大"。"立長庚以繼日",注:"長庚,星名也。《詩》云'西有長庚'。"《大東》傳:"日旦出謂明星爲啟明,日既入謂明星爲長庚。庚,續也。""濟楊舟於會稽兮",注:"楊,木名也。《詩》云'汎汎楊舟'。"《采菽》箋云:"楊木之舟。"

《拜經日記》卷第七經六千七百三十三字,注三千三百八十九字。

① 聊,底本作"聊"。按:"聊"爲"聊"之刻寫俗字。漢字"卯"及其作爲漢字構件參與構字時常作"夘"。《古今韻會舉要·巧韻》:"卯,俗作夘。"另如"柳"作"栁"、"茆"作"茒"等。下徑改爲正字,不復出校。

② 可食,《十三經注疏》本作"少實"。

拜經日記第八

武進臧氏學

石經孟子

宋高宗御書石經有《孟子》，可補唐開成石刻之闕。余弟和貴嘗取石本與今板本勘對，可據是正者頗多。今正書石本，附書板本，以訂正焉。若與注、疏相同，衹爲《集註》誤者，不列。

《梁惠王下》："今之樂，猶古之樂也。"今本"猶"作"由"。"百姓聞王鍾鼓之聲。"下亦作"鍾"。案："鐘鼓"字，經典通用"鍾"，今本皆作"鐘"，是後人强爲區别耳。"文王事混夷①。"今本作"昆夷"，孫宣公《音義》作"混夷"，云"丁音昆"。案：趙注引《詩》亦當作"混"。"召大師，曰"今本作"太師"。案：古皆作"大"。"古公亶甫②"今本作"亶父"。案：《毛詩音義》云："父，本亦作'甫'。"蓋毛《詩》古文必作"父"。《孟子》今文之學，必作"甫"。今本係依毛《詩》所改。明德堂本《四書》作"古公亶甫"。"簞食壷漿，以迎王師。"下亦作"壷漿"，今本作"壺"，不成字。"傒我后。"今本作"徯"。案：《玉篇·人部》："傒""俟"二同户禮切，待也。《彳部》亦有"徯"字。"鄒與魯閧。"今本作"鬨"。案：《音義》引張鎰云："從門下者，下降切，義與"巷"同。此字從"鬥"，丁豆切，與"門"不同。又《廣韻·一送》："閧，兵鬭也。又，下降切，俗作鬨。"《四緜》："閧，《説文》云：鬭也。《孟子》'鄒與魯閧'。③ 俗作鬨。"知唐以前本皆從"門"，作"閧"矣。

《公孫丑上》："自有生民以來，未有能濟者也。"今本作"自生民以來"，無"有"字。和貴云："石刻此句模糊④，細審之，則有'有'字。"案：正義引經而釋之云：

---

① 今作"昆夷"，殷周時我國西北部族名，泛指西北方少數民族。

② 今作"古公亶父"，即周太王。上古周族的傑出領袖，西伯君主，周文王祖父，周王朝的奠基人。

③ 今本《説文》有"鬨"，無"閧"。《鬥部》云："鬨，鬭也。《孟子》曰：'鄒與魯鬨.'"

④ 模糊，即"模糊"。不清楚；不分明。宋蘇軾《鳳翔八觀·石鼓》詩："古器縱横猶識鼎，衆星錯落僅名斗，模糊半已似瘢胝，詰曲猶能辨跟肘。"《紅樓夢》第一百一十六回："我此時心里模糊，且不管他。"

“‘自有生民以來，未有能濟者也’者，言自有生民以來，而至於今未有能濟成其欲者也。”可證上句有“有”字。

《公孫丑下》：“凶年飢歲。”今本作“饑歲”。案：亦經典通用，後人區别所改。

《滕文公上》：“其命惟新。”今本作“維新”，依毛《詩》所改。《詩》古文作“維”，今文作“惟”。《禮記·大學》亦作“其命惟新”。“井地不鈞。”今本作“均”。案：《告子下》：“鈞是人也。”“均”同，字亦從“金”作“鈞”。“許子必織布然後衣乎？”今本同上作“而後”。案：正義亦上作“而後”，此作“然後”。“有大人之事，有小民之事。”今本作“小人”，注、疏無考。案：大人、小民相對，“民”字是。“長幼有叙[①]。”今本作“序”。案：正義曰：“長幼有等敘。”知舊作“敘”字。“狐貍食之。”今本作“狐狸”。案：《詩·七月》“取彼狐狸”，《釋文》及唐石經皆作“貍”。

《萬章上》：“歸絜其身而已矣。”今本作“潔”。俗字古皆作“絜”。

《萬章下》：“遲遲吾行也。”今本作“遲遲”。《説文》載籀[②]文从“犀”。“非王公尊賢也。”今本作“非王公之尊賢也”。和貴云。案：正義曰：“是士者之尊賢矣，非所謂王公大人尊賢者也。”是解經上句有“之”，下句本無“之”也。“孔子奚取焉哉。”今本無“哉”字，和貴以爲脱誤，宜據此補正。案：注、疏無考。《滕文公下》“孔子奚取焉”，石經亦無“哉”字。

《告子上》：“或相倍蓰，而無筭者。”今本作“算”。案：唐石經“算數”字皆作“筭”。

《盡心上》：“有荅問者。”下“若在所禮而不荅”，“皆所不荅也”，同。今本皆作“答”，非。

《盡心下》：“粢盛既絜。”今本作“潔”。“遲遲吾行也。”今本作“遲遲”。

矜[③]

唐沙門慧苑《華嚴經音義》卷上：“特垂矜[④]念[⑤]，毛《詩》傳：

① 叙，同“敘（敍）”。《字彙·又部》：“叙，敘本从文［攴］，俗字从又。”《正字通·又部》：“叙，俗敘字。”按：古籍中多作“敘”，今“叙”字通行。

② 籀，底本作“籒”，《清經解》本、校抄本作“籀”。按：“籒”爲“籀”之刻寫俗字。下徑改爲正字，不復出校。

③ 矜，底本作“矜”，爲刻寫俗訛字。下徑改爲正字，不復出校。矜，同“矜”。《後漢書·明帝紀論》：“内外無倖曲之私，在上無矜大之色。”

④ 矜，底本作“矜”，爲刻寫俗字。按：“令”字及其作爲構字部件時，刻本中常作“令”。下徑改爲正字，不復出校。

⑤ 念，底本作“念”，爲刻寫俗字。下徑改爲正字，不復出校。

‘矜，憐也。’謂偏獨憂憐也。案：《說文》《字統》：‘矜，怜[1]也。’《廣韻·一先》云：‘怜，俗憐字。’皆從‘矛’‘令’。若從‘今[2]’者，音巨斤反，矛柄也。案：《玉篇》二字皆從‘矛’‘令’，無‘矛’‘今’者也。”以上皆慧苑書。

案：《爾雅·釋言》：“滷、矜[3]、鹹，苦也。”郭注：“滷，苦地也。可矜憐[4]者亦辛苦。苦即大鹹。”《釋文》：“鹶，音矜。本又作矜。”蓋“矜苦”字本作“鹶苦”，即大鹹，故字从“鹵”。陸德明作“鹶”，爲正字，《玉篇·鹵部》“鹶，苦也”，本《釋言》文。《廣雅》字亦作“鹶”。唐石經及今本作“矜”，爲同聲假借字。《說文·矛部》：“矜，矛柄也。从矛，今聲。”《廣韻·十六蒸》云“‘矜’本矛柄也，《字樣》借爲‘矜憐’字。案：當作“矜憐”字。二字並當爲‘令’聲。”

《爾雅·釋訓》：“矜憐，撫掩之也。”“矜憐”爲叠韻。《詩·鴻鴈[5]》：“爰及矜人。”傳：“矜，憐也。”箋云：“王曰：‘當及此可憐之人。謂貧窮者，欲令賙餼之。’”及《說文》《字統》訓“矜”爲“憐”，皆取聲韻相同也。《書·泰誓上》“天矜於民”，傳：“矜，憐也。”段氏《六書音均表》“令”聲，“粦”聲同第十二部。“鹶”字見《爾雅》《廣雅》《玉篇》，而《說文》不載。據慧苑所引，知唐本《說文·矛部》“矜”下有“憐也”一訓，而今本止有“矛柄”之義。後世字書、韻學混淆，致改《玉篇》，誤从“今”。唐以來，字書遂無有作“矜”者矣，猶幸慧苑書引毛《詩》傳及《說文》《字統》《玉篇》，皆可藉以考正。而慧苑又分“矜”“矜”二字，當由習見作“矜”，故强爲區别耳。宋板《爾雅疏·釋言》“矜，苦也”，釋曰：“郭云‘可矜憐者亦辛苦’者，《小雅·鴻鴈》云：‘爰及

---

① 怜，同“憐”。底本作“怜”，爲刻寫俗字。

② 今，底本作“今”，爲刻寫俗字。按：“今”字及其作爲構字部件時，刻本中常作“今”。下徑改爲正字，不復出校。

③ 矜，唐石經、雪牕本、注疏本同，單疏本作“矜”。《釋文》：‘鹶，音矜，本又作‘矜’。”阮校：“按《廣雅·釋詁一》：‘鹶，哀也。’《玉篇·鹵部》：‘鹶，苦也。’皆本此經。舊經作‘鹶’，注作‘矜’，後人轉寫亂之。”

④ 憐，單疏本、雪牕本同。《釋文》：“粦，力田反，本今作‘憐’，同。”阮校：“按‘今’當作‘又’。”

⑤ 鴈，底本作“鴈”，《清經解》本同，校抄本作“雁”。按：“鴈”爲“鴈”之刻寫俗字，“鴈”爲“雁”之異體字。段玉裁《說文解字注·鳥部》：“鴈，鴈與雁各字……許意《隹部》雁爲鴻雁，《鳥部》鴈爲鵝……今字雁、鴈不分久矣。”

矝人。'"又《釋訓》："矝、此仍誤从"令"。憐，撫掩之也。"釋曰："《小雅·鴻鴈》云：'爰及矝人。'"明道本《國語》卷七《晉語一》商銘曰："嗛嗛之德，不足就也。不可以矝，而衹取憂也。"韋解："矝，大也。"又卷八《晉語二》驪姬曰："今矝敵之善，其志益廣。"韋解："矝，大也。善，善用衆。"案：此皆"誇矝、自大"之意，字並从"令"。

鈕匪石云：婁氏《漢隸字源·二十八山》"矝"字注引《唐君頌》"不侮矝寡"，《詩》"至于矝寡"，《鴻鴈序》。《史記》"有矝在民間，曰虞舜"。此采自碑板，知漢時故作"矝"字。汪文盛本《後漢書·史弼傳論》曰："仁以矝物，義以退身。"亦从"令"。毛《詩·采苓》，"令"聲與"顛""信"韻，[①]《車鄰》"令"聲與"鄰""顛"韻。[②]故"矝"爲"哀憐"，或借爲"鰥[③]寡"字，聲亦相近。若"令"聲，則與"顛""鰥"等韻相去遠矣。

庸考"令"聲：《詩·簡兮》"苓"韻"榛""人"[④]；《定之方中》"零"韻"人""田""淵""千"[⑤]；《東方未明》"令"韻"顛"[⑥]；《盧令》"令"韻"仁"[⑦]；《采苓》"苓"韻"巔""信"[⑧]；《車鄰》"令"韻"顛""鄰"[⑨]；《節南山》"令"韻"騁"[⑩]；《十月之交》"令"韻"寧"[⑪]；《小宛》"令"韻"鳴""征""生"[⑫]；《桑扈》"領"韻"屏"[⑬]；《菀柳》"矝"韻"天""臻"[⑭]；《何草不黃》"矝"韻"元""民"[⑮]；《桑柔》

① 采苓采苓，首陽之巔。人之爲言，苟亦無信。

② 有車鄰鄰，有馬白顛。未見君子，寺人之令。

③ 鰥，底本作"鱞"。按："鱞"爲"鰥"之刻寫俗字。下徑改爲正字，不復出校。

④ 阮刻《十三經注疏》本《詩·簡兮》："山有榛，隰有苓。云誰之思？西方美人。彼美人兮，西方之人兮。"下列《詩經》韻句同爲阮刻《十三經注疏》本。

⑤ 靈雨既零，命彼倌人。星言夙駕，說于桑田。匪直也人，秉心塞淵。騋牝三千。

⑥ 東方未晞，顛倒裳衣。倒之顛之，自公令之。

⑦ 盧令令，其人美且仁。

⑧ 采苓采苓，首陽之巔。人之爲言，苟亦無信。舍旃舍旃，苟亦無然。人之爲言，胡得焉？

⑨ 有車鄰鄰，有馬白顛。未見君子，寺人之令。

⑩ 駕彼四牡，四牡項領。我瞻四方，蹙蹙靡所騁。

⑪ 爗爗震電，不寧不令。

⑫ 題彼脊令，載飛載鳴。我日斯邁，而月斯征。夙興夜寐，毋忝爾所生。

⑬ 交交桑扈，有鶯其領。君子樂胥，萬邦之屏。

⑭ 有鳥高飛，亦傅于天。彼人之心，于何其臻。曷予靖之，居以凶矝？

⑮ 何草不玄？何人不矝？哀我征夫，獨爲匪民。

"矜"韻"旬""民""塡""天"[①]；《士冠禮》"令"韻"正"[②]；《左傳·襄五年》"令"韻"定"。[③]

"今"聲：《詩·標[④]有梅》"今"韻"三"[⑤]；《子衿》"衿"韻"心""音"[⑥]；《鹿鳴》"芩""琴"韻"湛""心"[⑦]；《常棣》"琴"韻"湛"[⑧]；《鼓鍾》"琴"韻"欽""音""南""僭"[⑨]；《車舝[⑩]》"琴"韻"心"[⑪]；《生民》"今"韻"歆"；《瞻仰》[⑫]"今"韻"深"[⑬]。一爲"清""真[⑭]"類，一爲"侵""蒸"類，二類畫然，絶不相通假。據《鴻鴈傳》作"矜"，知《菀柳》《何草不黃》《桑柔》三篇經皆作"矜"，審矣。引之案："矜"之从"令"聲，證以"三百篇"用韻，至確矣。[⑮]

《方言一》："陵、憮、矜、悼、憐，哀也。"《廣雅》一《釋詁[⑯]》："陵、憮、齡、悼、憐[⑰]、悪[⑱]，哀也。"《詩·巷伯》："矜此勞人。"正義曰："矜哀此勞人。"《論語·子張》："則哀矜而勿喜。"袁又愷云：《漢原·十六蒸》載隸字。《論語》殘碑石經"矜"字从"令"。葢人辛苦即哀傷，"哀""憐"

---

① 菀彼桑柔，其下侯旬，捋采其劉，瘼此下民。不殄心憂，倉兄填兮。倬彼昊天，寧不我矜？

② 以歲之正，以月之令，咸加爾服。

③ 《詩》曰："周道挺挺，我心扃扃。講事不令，集人來定。"

④ 標，校抄本同，《清經解》本作"摽"。按：刻本和抄本中，構件"扌"和"木"常混用。今本作"摽"。

⑤ 摽有梅，其實三兮！求我庶士，迨其今兮！

⑥ 青青子衿，悠悠我心。縱我不往，子寧不嗣音？

⑦ 呦呦鹿鳴，食野之芩。我有嘉賓，鼓瑟鼓琴。鼓瑟鼓琴，和樂且湛。我有旨酒，以燕樂嘉賓之心。

⑧ 妻子好合，如鼓瑟琴。兄弟既翕，和樂且湛。

⑨ 鼓钟欽欽，鼓瑟鼓琴，笙磬同音。以雅以南，以籥不僭。

⑩ 舝，各本同作"舝"，爲"舝"之刻寫俗字。下徑改爲"舝"，不復出校。

⑪ 高山仰止，景行行止。四牡騑騑，六轡如琴。覯爾新昏，以慰我心。

⑫ 《瞻仰》，《十三經注疏》本作《瞻卬》。按：《説文》："仰，舉也。从人，从卬。"桂馥《義證》："仰即卬之分别文。"

⑬ 觱沸檻泉，維其深矣。心之憂矣，寧自今矣？

⑭ 真，底本作"眞"，爲刻寫俗字。下徑改爲正字，不復出校。

⑮ 王引之此按語，校抄本在本篇正文末、"循按"之前。

⑯ 詁，底本作"詁"，爲刻寫訛字。下徑改爲正字，不復出校。

⑰ 憐，底本作"憐"，爲刻寫俗字。下徑改爲正字，不復出校。

⑱ 悪，憂也。《玉篇·心部》："悪，憂也。"《集韻·隱韻》："悪，憂病也。"底本作"悪"，爲刻寫俗字。下徑改爲正字，不復出校。

義通故又訓“哀”。又《廣雅》：“幾、矜、隉、厲、阽、刖，危也。”《詩·菀柳》：“［曷予靖之，］居以凶矜？”傳：“矜，危也。”箋云：“［王何爲使我謀之，隨而罪我、］居我以凶危之地？謂四裔也。”葢人哀苦則危殆，居凶危之地，亦可憐惜者也，故又訓“危”。又《小爾雅·廣言》：“矜，惜也。”《書·旅獒》：“不矜細行。”正義曰：“不矜惜細行。”葢誇矜亦自憐惜之意，故又訓“惜”。

又《方言二》：“茫、矜、奄，遽也。”郭注：“謂遽矜也。”《廣雅》：“蓢、趣、矜，遽也。”又“疾、䆛、迫、遒、蹙[①]、矜、亟、緊，急也。”葢茫遽、急蹙之時，多自矜惜，故又訓“急”“遽”也。循案：“矜”从“令”聲，足補正《说文》及唐宋以来字書之訛舛逸[②]失者。

居德則忌

宋工觀國《學林一》云：《夬卦·大象》曰：“澤上于天，夬。君子以施禄及下，居德則忌。”王弼注：“夬者，明法而決斷之象也。忌，禁也。法明斷嚴，不可以慢，故居德以明禁也。”弼乃以“則”字爲“明”字。考《夬》之義，則“明禁”之義爲多也。

案：正義曰：“其在身居德，復須明其禁令。”葢王輔嗣本作“明忌”。考唐石經是“則”字甚明晰。又李鼎祚《集解》載虞翻注云：“乾爲德，艮爲居，故居德則忌。陽極陰生，謂陽忌陰。”則似本作“則”字。葢二字形相近，故易溷。《禮記·禮運》：“故百姓則君以自治也。”注[③]云：“‘則’當爲‘明’。”可證。

棘子成

《論語·顔淵》“棘子成”，《漢書·古今人表》作“革子成”，列下上。《三國志·秦宓傳》：“以僕之愚，猶恥革子成之誤。”“臣松之案：今

---

① 蹙，底本作“戚”，《清經解》本、校抄本作“蹙”。按：“戚”爲“蹙”之刻寫俗字。下徑改作正字，不復出校。

② 逸，各本同。按：逸，同“逸”。清畢沅《經典文字辨證書》：“逸，正；逸，省。”漢韋孟《諷諫》：“我邦既絕，厥政斯逸。”

③ 注，底本作“注”，爲刻寫俗訛字。下徑改作正字，不復出校。

《論語》作棘子成。”

案：何晏《集解》載鄭注云：“棘子成，衛大夫。”蓋古《論語》作“棘”，魯《論語》作“革”，漢世通行魯《論》，鄭校周本以齊、古讀正也。故毛《詩·文王有聲》“匪棘其欲”，《禮記·禮器》作“匪革”。其猶毛《詩》爲古文，《禮記》爲今文，可證。《史記索隱·高祖功臣侯者年表》云“煮棗端侯棘朱”，《漢表》作“端侯革朱”。見《漢書·高惠高后孝文功臣表》。“革”音“棘”。棘姓，蓋子成之後也。

案：太史公親見孔氏古文是棘子成，故《年表》定從“棘”字，至孟堅時魯《論》盛行，故隨之作“革”，所據各異也。漢人蓋讀“棘”如“革”。

是月禫徙月樂

《檀弓上》：“祥而縞，是月禫，徙月樂。”鄭注云：“言禫明月可以用樂。”蓋“是月”之文對下“徙月”立義，而非蒙上“祥縞”之文乃書。正義八《説命中》引王肅此注云：“是祥之月而禫，禫之明月，可以樂矣。”以“是月”連上爲義，蓋欲創爲二十五月而禫之説以難鄭，故注上“孟獻子禫，縣而不樂”云：“二十五月大祥，其月爲禫。”與此注首尾相合。孔仲達嘗正其説云：“謂大祥者縞冠。謂是此禫月而禫。二者各自爲義，事不相干。《論語》：‘子於是日哭，則不歌。’文無所繼，亦云‘是日’。”

案：孔氏引《論語》“是日”之文以證“是月”義，至允協。

寘于叢棘

《易·坎》上六“繫用徽纆，寘于叢棘”，《周禮·朝士》注鄭司農引作“係用徽纆，示于叢棘”。今本作“寘于”。兹據《釋文》。

案：古文作“寘”，是正字；今文作“示”，是聲近假借字。毛《詩》，古文也。《卷耳》“寘彼周行”，《伐檀》“寘之河之干兮”，與《鹿鳴》“示我周行”，《敬之》“示我顯德行”，“寘”“示”二字畫然有別。毛《傳》皆云“寘，置也。”《鹿鳴》傳以“周”

“行”爲“至”“道”,① 箋破之云“示”當作“寘”，疑非是。魯《論》《禮記》，皆今文也，故“寘”字作“示”。《八佾》：“知其說者之於天下也，其如示諸斯乎！”《宋書·周朗傳》云：“昔仲尼有言，治天下若寘諸掌。”此當本鄭注。《中庸》：“治國，其如示諸掌乎？”注：“示，讀如‘寘諸河干’之寘。”鄭《易》本費氏古文，雖王弼書亦然，故俱作“寘”字。《周禮》注所用蓋今文京氏《易》，故作“示”。仲師好古，雖傳②費《易》，要功令所班，誦習之本，必京氏學也。《釋文》謂劉表注亦作“示”。

熙熙切切節節

《常棣》“雖有兄弟，不如友生”，傳：“兄弟尚恩怡怡然③，朋友以義切切然④。”案：正義本作“兄弟尚恩熙熙然，朋友以義切切節節然”，《釋文》亦作“切切節節然”，云：“本作切切偲偲然。”今《釋文》作“切切然”，云：“定本作切切偲偲然。”此後人刪改也。正義曰：“兄弟之多則尚恩，其聚集則熙熙然，不能相勵以道。朋友之交則以義，其聚集切切節節然，相勸競以道德。切切節節者，相切磋勉勵之貌。《論語》云：‘朋友切切偲偲，兄弟怡怡。’此‘熙熙’當彼‘怡怡’，‘節節’當彼‘偲偲’也。定本‘熙熙’作‘怡怡’，‘切切’作‘偲偲’。依《論語》，則俗本誤。”

案：毛公據古文《論語》作“朋友切切節節，兄弟熙熙”，今《論語》作“朋友切切偲偲，兄弟怡怡”，蓋魯學也。“節”與“偲”聲相近，故文異。毛《詩》“不可休息”，韓《詩》作“不可休思”。《樂記》

---

① 傳：“周，至。行，道也。”

② 傳，校抄本作“傅”，疑爲形近而訛。下同，不復出校。

③ 怡怡然，小字本、相臺本同。阮校：“案此定本也。正義云‘兄弟之多則尚恩，其聚焦則熙熙然’，正義本作‘熙熙’也。”

④ 切切然，小字本、相臺本同。阮校：“案此《釋文》本也。《釋文》云‘切切然，定本作切切偲偲然’，正義云‘朋友之交則以義，其聚集切切節節然’，又云‘《論語》云：朋友切切偲偲，兄弟怡怡，注云：切切，勤競貌。怡怡，謙順貌。此熙熙當彼怡怡，節節當彼偲偲也。定本熙熙作怡怡，切切作偲偲。依《論語》，則俗本誤。’考此當是毛所據《論語》自作‘熙熙’‘節節’耳。定本乃改之以合於其時行世之《論語》，非也。‘切切節節然’又見《伐木》正義。”

“論而不息”，《荀子·樂論》作“辨而不諰”。又《大戴禮記·曾子立事》篇：“兄弟憘憘，朋友切切。”“憘”“熙”意義並同，與古《論》正合。唐定本最劣，往往竄改舊文。今注疏本又刪去“偲偲”二字，益離其本矣。惟正義依俗本，爲得其眞。又陸氏撰《釋文》時，無所謂定本者，此言“定本作切切偲偲然”，當亦後人依孔疏竄改也。

孔子家語[①]

《孔子家語》不足爲準。海内古義日興，承學之士稍知所依歸矣，而冬烘村學究[②]之徒，猶復堅持僞書，奉爲聖經賢傳。此劉子駿移讓太常博士所謂“挾恐[③]見破之私意，而無從善服義之公心”[④] 也。余窃[⑤]爲痛恨，嘗欲作《王肅小人》一書，如閻百詩《古文尚書疏證》，以盡攻肅之謬。近見孔檢討廣森《大戴禮記補注·序録》辨《家語》一條，斯助我張目者，亟録鄭君同志焉。

《序録》云：《家語》者，先儒馬昭之徒以爲王肅增加。肅横詆鄭君，自爲《聖證論》，其說不見經據，皆借證於《家語》，大抵抄撮二《記》[⑥]，采集諸子，而古文奥解悉潤色之，使易通俗讀，唯《問郊》《五帝》之等傳、《記》所無者，斯與肅說若合符券。其爲依託，不言已公。《公冠》篇述孝昭冠辭，云“陛下”者，謂昭帝也；“文、武”者，謂漢文帝、武帝也。而肅窃其文，遂并列爲《成王冠頌》。是尚不能尋章摘

---

① 本篇不見於底本與《清經解》本，據校抄本補。篇名爲整理者擬。

② 冬烘，迂腐，淺陋。語出五代王定保《唐摭言·誤放》。其文載：唐鄭薰主持考試，誤認顔標爲魯公（顔真卿）後代，將他取爲狀元。當時有無名氏作詩嘲諷：“主司頭腦太冬烘，錯認顔標作魯公。”宋范成大《冬日田園雜興》詩之十：“長官頭腦冬烘甚，乞汝青錢買酒廻。”後亦常以“冬烘先生”指塾師，含譏誚其迂腐淺陋之意。村學究，舊時稱鄉村塾師。亦以譏學識淺陋的讀書人。宋無名氏《道山清話》：“予頃時於陝府道間，舍於逆旅，因步行田間，有村學究教授二三小兒，閒與小語，言皆無倫次。”清袁枚《隨園詩話》卷八：“或戲村學究云：‘漆黑茅柴屋半間，豬窩牛圈浴鍋連。牧童八九縱横坐，天地玄黄喊一年。’”

③ 恐，同“恐”。《宋元以來俗字譜·心部》：“恐”，《嬌紅記》《嶺南逸事》作“恐”。

④ 語出漢劉歆《移書讓太常博士書》。原文爲：“猶欲保殘守缺，挾恐見破之私意，而亡從善服義之公心。”成語“抱殘守缺”即出此語。

⑤ 窃，“竊”之抄本俗字。按：古籍中“竊”爲正字，“窃”爲俗字，現代漢語通行簡體之“窃”字。

⑥ 二《記》，即大、小戴《禮記》。

句。舉此一隅，謬陋彌顯。況①以“禮是鄭學”② 無取，妄滋異端，故於《家語》殊文別讀，獨置而弗論也。

私改周易集解

惠定宇氏，經學之巨師也。觀戴東原所爲《毛鄭詩考正》，好逞臆說以奪舊學，謬誤頗多，益覺惠氏之遵守古義而發明之，其功爲不可及。引之以爲《毛鄭詩考正》中多精確之解，未可痛斥。定宇先生好學而不能深思，似出戴庶常之下。③ 而好用古字，頓改前人面目，以致疑惑來者，亦非小失。伊所挍刻李鼎祚《易集解》，其經與開成石刻、孔氏正義往往互異。初以爲有本，後乃疑之，何其與古多合？近在吳門，得一明刻板勘對，始知《雅雨堂叢書》不足據，李《易》本與今本不殊，其異者，皆惠所私改。向爲所欺，至今斯覺。意當世必有同受病者，不敢不爲一告也。茲正書舊本，以惠改附訂焉。

《敘》曰：“元氣氤氳。惠作“絪缊”，今本同。案：《釋文》云：“絪缊，本又作氤氳。”與李《序》正合，獨改从今本，亦非。作結繩而爲罔④罟⑤。惠“罔”作“网”，此經典絕無之體。蓋取諸離。惠作“离”，通書並同。惠云：“《說文》‘離’爲倉庚⑥，與八卦之‘离’，全不相通。”宋本《乾鑿度》皆作“离”，《廣韻》尚分“離”“离”，以“离”爲卦名。案：《字書》即有“离”字，究不得盡改經典之文也。故聖人見天下之賾。”惠作“嘖”，通書並同。案：《釋文》云：“賾，京作嘖。”惠據此改。《九經古義》云：“凡賾字皆當作嘖。”可證。

《周易集解》卷第一。餘卷放此。惠改題《易傳》，而下復署云：“李鼎祚《集解》”。是一書兩名矣。考李氏《自序》云，“集虞翻、荀爽三十餘家”，而並無《易傳》之稱。

---

① 況，校抄本原作“况”。按：《玉篇·冫部》：“况，俗況字。”古籍中多作“況”，今“况”字通行。

② 禮是鄭學，出孔穎達《禮記正義》。

③ 此段注文係據校抄本補。

④ 罔，同“網”。《廣韻·養韻》：“罔”，同“网”（網）。《資治通鑑·漢成帝元延三年》：“南毆漢中，張羅罔罝罘，捕熊羆禽獸。”胡三省注：“罔，與網同。”

⑤ 罟，底本作“𦊓”，爲刻寫俗字。下徑改爲正字，不復出校。

⑥ 離，《說文·隹部》：“離，黃倉庚也。鳴則蠶生。从隹，离聲。”

此正名之所必當先者。《乾·文言》："不易乎世，不成乎名[①]。"惠本删兩"乎"字，云：唐以後本"不易乎世，不成乎名。"案："不易乎世"，王弼注云："不爲世俗所移易也。"是本有"乎"字。《釋文》云："不成名，一本作不成乎名。"則陸本亦衹此句無"乎"字耳。惠據《釋文》下句之本，而并删上句之經，識雖大而心不小也。"知至至之，可與[②]幾也。"惠作"可與言幾也"，妄增經字，又無所本。"乾始，能以美利利天下。"惠"能"作"而"，云："今本'而'爲'能'，古文通。"案：《屯彖》："宜建侯而不寧。"《釋文》云："而不寧，鄭讀而曰能。"惠據彼因改此"能"爲"而"，然安知鄭注此不讀"能"爲如字邪？

《坤·文言》："爲其嫌於无陽也。"[③]惠作"爲其兼于陽也"，注："陰陽合居故曰嫌陽，亦改作兼陽。"案：《釋文》云："嫌，荀、虞、陸、董作兼。"影宋抄本如是。惠據此改。又，鄭、王注本皆無"无"字，今本有者係衍文，惠改此條尚合理，而"於"字改作"于"字，則非也。凡經作"于"，傳、注皆作"於"。

《屯》："雷雨之動滿盈。"惠作"形"，云："今本'形'訛'盈'。"案：正義引周氏云："言雷雨二氣初相交動，以生養萬物，故得滿盈。"又周氏、褚氏云："萬物盈滿則亨通也。"是王弼本作"盈"也。《集解》載虞翻注云："震雷坎雨，坤爲盈，謂雷動雨施，品物流形也。"是虞本作"形"也。段氏《六書音均表》"盈"聲、"开"聲，同第十一部。"君子以經綸[④]。"惠作"論"。案：《釋文》作"經論"，云："音倫，本亦作綸。"惠據此改。

《訟》："終朝三褫之。"惠作"拕"。案：《釋文》："褫，鄭本作拕，徒可反。"惠據此改，詳《九經古義》。案：《集解》："侯果曰：'褫，解也。'"此"褫"字，惠改之未盡，猶存其舊。

《比》："王用三驅。"惠作"毆"。案：《釋文》引徐云："鄭作毆。《說文》以毆爲古文驅。""邑人不誡，吉。"惠改"戒"，無所本。

《小畜》："車說輻。"[⑤]惠改"輹"。案：《釋文》："輻，本亦作輹。""尚德載。"惠本作"得"，云："今本'得'作'德'。"案：吕氏《音訓》云："德，晁氏曰：子夏《傳》作得。"《象傳》："德積載也。"惠亦改"得"。

"履虎尾，不咥人，亨。"惠下有"利貞"，云："今本脱'利貞'二字。"案：《集

① 不成乎名，石經、岳本、閩、監、毛本同。《釋文》出"不成名"，云"一本作不成乎名"。阮校："按疏云'不成亦於令名'，以'於'字釋經文'乎'字，則本義本與石經合。"

② "與"下古本、足利本有"言"字，石經、岳本、閩、監、毛本同底本，無"言"字。

③ 嫌于無陽，石經、岳本、閩、監、毛本同。《釋文》："嫌"，鄭作"謙"，荀、虞、陸、董作"嗛"。阮校："按'鄭作謙'當云'鄭作溓'，説詳《釋文》。"

④ 綸，岳本、閩、監、毛本同。《釋文》出"經論"，云："音倫，本亦作綸。"

⑤ 車説輻，《十三經注疏》本作"輿説輻"，石經、岳本、閩、監、毛本同。《釋文》："輻，本亦作輹。"

解》引荀爽曰："二五无應，故无[1]元。以乾履兑，故有通。六三履二非和正，故云'利貞'也。"惠以"故云利貞"，因增此二字也。庸以"云"字必"无"字之誤，猶上云"故无元"。而惠氏增經，妄也。"六三，眇能視，跛能履。"惠"能"作"而"，云："今本'而'爲'能'。"案：虞翻注"能"爲"而"，《集解》又引侯果曰："雖能視，眇目者也。雖能履，跛足者也。"故曰"眇能視，不足以有明。跛能履，不足以與行。"亦可證。遽改經字，必有所不合者矣。"上九，視履考祥。"[2] 惠改作"詳"。案：《釋文》："考祥，本亦作詳。"《古易音訓》晁氏曰："荀作詳，審也。"然虞翻云："祥，善也。"改爲"詳"，反不合。

《泰》："包荒。"惠作"巟"。案：《釋文》云："荒，本亦作巟。"《象》曰："无往不復。"惠作"《象》曰：'无平不陂。'"案：《釋文》作"《象》曰：'无平不陂。'"云："一本作'无往不復。'"

《否》："不可榮以禄。"惠"榮"作"營"。案：《集解》云："營，或作榮。"又引孔穎達曰："不可榮華其身。"是即有作"營"之本，究不得徑改經字"榮"爲"營"也。

《同人》："乘其墉。"惠作"庸"。案：《釋文》："其墉，鄭作庸。"

《大有》："大車以載。"惠作"大轝"，下同。惟注中盧氏說尚作車字，亦改之未盡者。案：《釋文》作"大車"，云"蜀才作輿"。"匪其彭。"惠作"尪"。案：虞云："尪或爲彭，作旁聲，字之誤。"《釋文》："彭，子夏作旁，虞作尪。""明辯晳也。"惠作"折"。案：《釋文》："晳，虞作折。""自天祐之。"惠作"右"，以爲古"祐"字。見《九經古義》。

《謙》："君子以裒多益寡。"惠作"捊"。案：《釋文》云："裒，鄭、荀、董、蜀才作捊。"

《豫》："朋盍簪。"惠作"戠"。案：《釋文》云："簪，虞作戠。"

《觀》："聖人以神道設教，而天下服矣。"惠刪"以"，云："今本聖人下有以字。"案：虞翻注云："以神明其德教。"則本有"以"字。

《噬嗑》："先王以明罰敕法。"今《釋文》、正義皆作"勑"，惠改從之。案：毛居正《六經正誤》云："勑法，監本誤作敕，舊作勑。紹興府注疏本、建安余氏本皆作勑。"又《五經文字》下攴部："敕，丑力反，古勑字。今相承皆作勑，唯整字從此敕。"據此則舊本《集解》作"敕"，與宋監本及《五經文字》合，《九經古義》以"敕"亦非古字，故反改從今本也。"噬腊肉。"惠改"昔"，據《說文》。

《剥》："六三，剥之无咎。"惠刪"之"。案：《釋文》作"六三，剥无咎"，云："一本作剥之无咎，非。""君子得輿。"惠改"德車"。案：《釋文》云："得輿，京作德輿，董作德車。"然據《集解》引侯果云："坤爲輿，君子居此，萬姓賴安，若得乘其車輿也。"則改

---

[1] 无，同"無"。本篇引《易》均作"无"。按：《説文·亡部》："無，亡也。无，奇字无。"徐鍇《繫傳》："無者，虛無也。無者對有之稱，自有而無，无謂萬物之始。"《易·无妄》："六三，无妄之災。"无，今爲"無"之簡化字。

[2] 以上三句出《周易·履卦》。

之不合。又前改“車”爲“轝”，此改“輿”爲“車”，聖經可若是任意乎？

《无妄》：“天命不祐。”惠改“右”。案：《釋文》云：“佑，馬作右，下放此。”

《大畜》：“輝光日新。”惠作“煇”。案：《釋文》作“煇光”，云：“音輝。”“君子以多識前言往行。”惠依虞改“志”。案：《釋文》云：“多識，劉作志。”“輿說輹。”惠改“腹”。案：虞翻云：“腹，或作輹。”“童牛之牿 。”惠改“告”。案：《釋文》云：“牿，九家作告。《說文》同。”

《頤》：“虎視眈眈。”惠改“視”爲“眎”。《易》無此本。

《大過》：“有他吝。”惠從唐石經及今本作“它”。

《坎》：“王公设險以守其國。”惠作“邦”。“樽酒簋。”惠改“尊”。“納約自牖。”惠改“内”。但喜作古字耳，皆無所本也。“祇既平。”惠改“禔”。案：《釋文》云：“祇，京作禔。《說文》同。”

《離》：“百穀草木麗乎土。”虞翻曰：“坤爲土。”惠俱改作“地”。案：《釋文》云：“乎土，王肅本作地。”“日昃之離。”惠改“日吳①之离”。案：《釋文》作“日吳”。“突如其來如。”惠依《說文》改作“㐬”，云：“今本㐬訛突。”又見《九經古義》及所輯鄭《易》。案：經典皆隸書，何嘗盡依《說文》？而惠必欲改從古體，反失漢以來相傳之舊矣。

《咸》：“騰口說也。”陸、孔皆作“滕”，惠改作“媵”，《釋文》云：“虞作媵。”正義云：“鄭作媵。”

《恒》：“振恒，凶②。”惠作“震”，《釋文》：“振恒，張作震。”

《大壯》：“壯于大輿之輹。”惠作“壯于大轝之腹”。“轝”，从二車，俗字。“不祥也。”惠作“詳”。《釋文》作“不詳”，云：“詳，審也。鄭、王肅作祥。祥，善也。”案：唐石經及注疏本皆同《釋文》作“詳”，正義單本作“祥”，云：“祥者，善也。”宋板及錢孫保影抄並同，古足利亦作“不祥也”，皆與《集解》舊本合。惠必欲改爲“詳審”字，以爲古文“祥”，謬極。《集解》引虞翻曰：“乾善爲祥。”知本不作“詳”。

《晉》：“晉如鼫鼠。”惠改“碩”，《釋文》：“鼫，子夏《傳》作碩。”“維用伐邑。”惠改“惟”。

《睽》：“其牛掣。”惠改“觢”。案：《釋文》云：“掣，鄭作犎，《說文》作觢，子夏作契，荀作觭。”並無有作“觢”者，即《字書》亦無“觢”字。《玉篇·角部》：“觢，又作𧣾。”惠以“折”與“制”通，遂僞造“觢”字。說見《九經古義》。

《蹇》：“宜待也。”虞翻曰：“艮爲時。”惠據此增“時”字。《釋文》云：“宜待也，鄭本作‘宜待時也’。”

《解》：“雷雨作而百果草木皆甲坼。”惠改“甲宅”，云：“今本宅作坼，從古

---

① 吳，同“昃”。《玉篇·日部》：“吳”，同“昃”。

② 凶，底本作“㐫”，爲刻寫俗訛字。下徑改爲正字，不復出校。

文宅而訛。”案：《釋文》作“坼”，馬、陸作“宅”。“解而拇。”惠改“母”。《釋文》云：“拇，荀作母。”

《損》：“君子以懲忿窒欲。”惠作“徵忿”，據《釋文》改。“尙合志也。”惠“尙”作“上”。

《益》：“利用爲依遷國。”惠作“邦”。

《夬》：“其行趦[①]趄。”惠作“次且”。案：《釋文》：“次，本亦作趀[②]。且，本亦作趄。”葢舊本如是。惠好古字，故改“次且”。

《姤》：“勿用娶女。”惠作“取”，與唐石經及今本同。案：《釋文》：“用娶，本亦作取。”“羸豕孚蹢躅。”惠作“蹢𨇨”。案：《釋文》言“古文作蹢𨇨”，惠據此改。

“萃，亨。”虞翻曰：“體、觀、亨、祀故通。”惠以《釋文》云：“亨，王肅本同，馬、鄭、陸、虞等並無此字。”因删经“亨”字，删注“故通”二字以求合其說。庸案：注云“故通”，是虞有“亨”字矣。又引鄭注云：“有事而和通，故曰‘萃亨’也。”是鄭有“亨”字矣，疑《釋文》誤倒，葢本作“馬、鄭、陸、虞等並同，王肅本無此字”，幸有舊本可考，得以正惠氏删改經、注之失。“齎咨涕洟。”[③]惠從虞作“資”，晁氏謂陸希聲作“資”。

《升》：“君子以順德。”惠作“愼”。《釋文》云：“順，本又作愼。”

“困，剛揜也。”《釋文》云：“揜，虞作弇。”故惠從改。“來徐徐。”[④]虞翻曰：“徐徐，舒遲也。”惠以《釋文》云“子夏《傳》作荼荼”，因改從古字。

《震》：“躋于九陵。”惠“于”誤作“於”。

《歸妹》：“未當也。”惠據虞注作“位未當也”。案：正義曰：“未當其時。”知本無“位”字。

《旅》：“喪牛于易，終莫之聞也。”《釋文》云：“喪牛之凶，本亦作喪牛于易。”惠據此改爲“喪牛之凶”。

《節》：“則嗟若。”惠作“差”。案：《離》：“大耋之嗟。”《釋文》謂：“荀作差。”惠據彼因欲盡改“嗟”字爲“差”。

《既濟》：“婦喪其茀。”惠作“髴”。《釋文》云：“茀，子夏作髴。”《古易音訓》：“晁氏曰孟、虞作茀。”

《繫辭》：“八卦相盪。”《釋文》云：“盪，衆家作蕩。”惠因改“蕩”。“而成位

---

① 趦，《清經解》本、校抄本均作“趦”。按：趦，當爲“趦”之刻寫俗字。張涌泉《漢語俗字叢考》：“此字當是‘趑’字之訛。”

② 趀，《清經解》本同，校抄本作“赼”。按：“趀”當爲“赼”之訛俗字。赼，同“趑”。《龍龕手鑑·走部》：“赼，赼趄，不進也。”《字彙·走部》：“赼，同趑。按：此字从次爲正。”《直音篇·走部》：“趑，趑趄，行不進。赼，同趑。”

③ 以上兩句出《周易·萃卦》。

④ 以上兩句出《周易·困卦》。

乎其中矣。”荀爽云：“故曰成位乎其中也。”惠“成位”上增“易”字，云：“今本脱易字。”又改荀注“故曰”作“故易”。《釋文》：“而成位乎其中，馬、王肅作‘而易成位乎其中’。”“居則觀其象而玩其辭。”《釋文》云：“玩，鄭作翫。”惠據此改爲“翫”。“故能彌綸天地之道。”惠作“天下”，云：“今本‘天下’爲‘天地’。”《釋文》：“天下之道，一本作天地。”“故君子之道鮮矣。”《釋文》云：“鮮，鄭作尟。”惠因改作“尟”。“分而爲二以象兩。”惠本脱“而”字。“乾之策。”惠作“冊”，下同。“聖人以此洗心。”惠改作“先心”，云：“先，韓康伯讀爲洗。”案：《集解》載韓注云：“洗濯萬物之心。”知李氏之經亦同陸、孔作“洗”矣。“成天下之亹亹者，莫大乎蓍龜。”惠“亹亹”作“娓娓”，“大”作“善”。案：《釋文》作“莫善”，云“本亦作莫大。”“化而裁之存乎變。”《釋文》云：“裁，本又作財。”惠據此改爲“財”。

《繫辭下》：“刳①木爲舟，剡木爲檝。”惠作“挎②木爲舟，剡木爲楫”，皆見《釋文》。“重門擊柝，以待暴客。”《釋文》云：“柝，《説文》作欜。暴，鄭作虣。”惠从此改。“掘地爲臼。”惠作“闕地爲臼”。“往者屈也。惠改“詘”。“入于其宫。”惠“于”誤“於”。“小懲而大誡。”惠作“小徵而大戒”。“知小而謀大。”虞翻曰：“兑爲小。”知“乾”爲“大謀”。案：“小”“大”對文，惠改作“知少”，云：“今本少作小。”非是，唐石經亦作“小”。“天地絪緼③。”惠作“壹④壼⑤”。此段氏所斥爲“妖魔障礙”者，而實自惠氏啓之。“復小而辯於物。”作“辯”與《釋文》合，惠反同今本作“辨”。“初率其辭。”惠作“帥”，然載侯果注仍作“率”。

《説卦傳》：“爲矯輮。”案：《釋文》云：“輮，馬、鄭、陸、王肅本作此，宋衷、王廙作揉。”《集解》載宋衷説，惠因改“輮”爲“揉”也。“其於木也，爲科上槁。”《釋文》云：“科，虞作折。槁，鄭作槀。”《集解》載虞注，故惠改“科”爲“折”。然《集解》又載宋衷注仍作“科”，訓爲“空”，則與宋又不合矣，故當各仍其舊也。

《序卦傳》：“故受之以履。”惠下增“履者，禮也”，云：“今本‘履者，禮也’

---

① 刳，底本作“刳”，爲“刳”之刻寫俗字。下徑改爲正字，不復出校。

② 挎，通“刳”。挖。《周易·繫辭下》“刳木爲舟”，陸德明《釋文》作“挎”。

③ 絪緼，古代指天地陰陽二氣交互作用的狀態。《易·繫辭下》：“天地絪緼，萬物化醇；男女構精，萬物化生。”孔穎達疏：“絪緼，相附著之義，言天地無心，自然得一，唯二氣絪緼，共相和會，萬物感之，變化而精醇也。”高亨注：“絪緼借爲氤氳，陰陽二氣交融也……天之陽氣與地之陰氣交融，則萬物之化均徧。”《漢書·揚雄傳上》：“絪緼玄黄，將紹厥後。”顔師古注：“絪緼，天地合氣也。”亦作“絪氳”“壹壼”等。

④ 壹，同“壹”。《説文·壹部》：“壹，專壹也。从壺，吉聲。”

⑤ 壼，同“壼”，亦寫作“壺”“壼”“壼”。《説文·壺部》：“壼，壹壺也。从凶，从壺。不得泄凶也。《易》曰：‘天地壹壼。’於云切。”

四字入注。”“履而泰，然後安。”惠刪“而泰”二字，以爲衍文。案：《泰卦》載此《序》同，有“而泰”二字。“有大者不可以盈。”惠作“有大有”。此皆依《古易音訓》，晁氏引鄭注本改。“有无妄，然後可畜。”“有无妄”下惠依鄭本增“物”字，見《古易音訓》。“物不可以久居其所。”惠依鄭本作“終久於其所”。案：《遯卦》載此《序》亦作“久居其所”。

《雜卦傳》：“盛衰之始也。”《音訓》引陸氏曰：“鄭、虞作衰盛。”惠依改。

顏子短命

《論語·雍也》：“哀公問：‘弟子孰爲好學？’孔子對：‘有顏回者好學，不幸短命死矣。’”《集注》：“短命者，顏子三十二而卒也。”《家語·七十弟子解》：“顏回少孔子三十歲，年二十九髮白，三十一而死。”王肅注：“校其年，則顏回死時，孔子年六十一。然則伯魚年五十，先孔子卒。卒時孔子且七十矣。今此爲顏回先伯魚死，而《論語》曰：顏回死，顏路請子之車。子曰：‘鯉也①死，有棺而無椁。’或爲設事之辭。”

案：《史記·仲尼弟子列傳》但云“顏回少孔子三十歲，年二十九髮盡白，蚤死”，並不著卒之年歲。夫五十以上而卒，皆可謂之“蚤②”。“三十一”之文，不知所本，必係王肅僞撰。《公羊傳·哀十四年》：顏淵死，子曰：“噫，天喪予。”子路死，子曰：“噫，天祝予。”西狩獲麟，孔子曰：“吾道窮矣。”何休注：“天生顏淵、子路爲輔佐，皆死者，天將亡夫子證。時得麟而死，此亦天告夫子將没之徵。”孔叢伯《公羊通義》③曰：“子路死事在哀十五年。顏淵死年，諸書乖互。推泗水侯之没，先聖年七十，而《論語》有‘有棺無椁’之言，則淵卒又少在後，蓋亦當哀十二三年間也。比年三見傷悼，故子深痛之，傳亦連述之矣。”

又《史記·孔子世家》：“河不出圖，雒不出書，吾已矣夫！”顏淵

---

① 也，高麗本無。

② 蚤，底本與校抄本作“蚤”，《清經解》本作“蚤”，皆爲“蚤”之俗訛字。“蚤”爲“早”之通假字。

③ 孔叢伯《公羊通義》，《清經解》本同，校抄本作“曲阜孔氏《公羊通義》”。按：叢伯是孔广林（1746—約1814）的字，而《公羊通義》是孔廣森（1751—1786）所著。孔廣林是孔廣森兄。臧庸（1767—1811）與孔氏兄弟生活時代相近，概不致誤記，疑此處之誤或爲《日記》刊刻時刻工之誤。

死，孔子曰："天喪予。"及西狩見麟，曰："吾道窮矣。"夫曰"天喪予"，曰"天祝予"，曰"吾道窮"，曰"吾已矣"者，是皆孔子將没之年所言，故《公羊春秋》及《弟子傳》皆連言之。則顔子之死，必與獲麟、子路死、夫子卒相後先。孔子年七十一獲麟，七十二子路死，七十三孔子卒。顔子少孔子三十歲，孔子七十，顔子已四十也。

又《史記·世家》云："伯魚年五十，先孔子卒。"以核《家語》"孔子年二十而生伯魚"之說，尚不甚遠。則伯魚卒時，孔子年六十九。據《論語》顔子死在伯魚之後，則孔子年七十時，顔子正四十也。江慎修《孔子年譜》云："哀公十三年，孔子七十一歲，顔子卒。"說與余合。江氏從《公》《穀》，故以爲時孔子七十一。魯哀、季康之問，皆在哀十一年孔子反魯之後，反魯年六十八。時顔子新卒，故聖人述之有餘痛焉。

《論語·先進》篇叠書顔淵死者四，而首冠以季康子問，明其爲一時事也。若王肅說孔子年六十一顔子死，此正孔子自陳還蔡之年，猶未反魯，哀公、康子何從問詢？且此時去困阨陳、蔡首尾三載，孔子六十三阨陳、蔡。如六十一顔子已死，孔子思從難諸賢，何以首及顔子？展轉究覈，便可知王肅《家語》削奪先賢年齒以求勝其私說，爲獲罪聖門，死不容誅矣。禮堂案：《淮南子·精神訓》云："顔淵夭死。"高誘注："顔淵十八而卒，孔子曰：'回不幸短命死矣。'故曰夭也。"此說更不足據。

又鄭康成《駮五經異義》云："《論語》：'鯉也死，有棺而無椁。'是實死未葬已前也。"見《禮記》正義四《曲禮下》。則鄭以顔子死在伯魚之後，而《異義》以爲稱"鯉也死"，時實未死，假言死耳，則以顔子爲先伯魚死。王肅喜其與鄭說異，與《家語》年數可溷合，因用其說以稱鯉死爲假設之辭。案：鄭駮許慎云："設言死，凡人於恩猶不然，況聖賢乎？"可即以駮許慎之說駮王肅也。

亶如

《經義雜記》以《說文·辵部》無"邅"① 字，《易·屯卦》"屯如邅

① 邅，《集韻·仙韻》："邅，屯邅，難行不進皃。"《易·屯》："屯如邅如"，陸德明《釋文》："馬云：'難行不進之皃。'"又險惡，艱難。《六書故·人九》："邅，艱蹇也。"

如”，从《說文》作“驙[1]如”，今《易》作“邅”，爲誤。庸嘗見葉林宗影宋鈔《釋文》作“亶[2]如”，明監板、汲古閣、通志堂、雅雨堂皆从“辶”作“邅”。此淺人據注疏本妄改也。吕氏《音訓》曰：“亶，今本作邅。陸氏曰：張連反，亦作邅。”與葉鈔正合。似伯恭所見《釋文》正書“亶”字，而有注云“亦作邅”，今本無之，葢脱。《漢書·敘傳上·幽通賦》曰：“紛屯亶與蹇連兮，何艱多而智寡。”師古曰：“《易屯卦》六二《爻辭》曰‘屯如亶如’，謂險難之時也。亶，音竹延反。”然則漢、唐舊本皆作“亶如”，許書作“驙”爲古文，世所不用，經典文省作“亶”，今本因誤作“邅”。新刻抱經堂《釋文》未及改正，姑附識此。

變則通衍文

《繫辭下》：“《易》窮則變，變則通，通則久。”《釋文》云：“一本作‘《易》窮則變，通則久’。”案：“變則通”三字當衍。經本以“窮”“通”相對，無須“變則通”三字在中爲過渡聯綴之文，猶《檀弓下》：“人喜則斯陶，陶斯咏，咏斯猶，猶斯舞，[舞斯慍，][3] 慍斯戚，戚斯歎，歎斯辟，辟斯踊矣。”《記》本以“喜”“慍”相對，而不必有“舞斯慍”一句爲中間嬋接之文也。李氏《集解·雜卦傳》引干寶曰：“化而裁之，存乎變，是以終之以《夬》，言能決斷其中，唯陽德之主也。故曰‘《易》窮則變，通則久’。”又唐趙蕤[4]《長短經·是非》篇：“是曰‘君子固窮，小人窮斯濫矣’[5]，非曰‘《易》曰窮則變，通則久’，是以‘自天祐

---

① 驙，《説文·馬部》：“驙，駗驙也。《易》曰：‘乘馬驙如。’” 桂馥《義證》：“駗驙也者，猶趁亶也。”《廣雅》：“‘驙，難也。’《易》曰‘乘馬驙如’者，《屯卦》文，彼作‘屯如邅如，乘馬班如。’馬融作‘驙’，云：‘驙如，難行不進之皃。震爲馬馵足，故驙如也。’”《廣韻·仙韻》：“驙，馬載重行難。”

② 亶，通“邅”。難行貌。惠棟《周易述·周易上經》引《易·屯》：“屯如亶如。”今本《易·屯》“亶”作“邅”。《漢書·敘傳上》：“有子曰固，弱冠而孤，作《幽通》之賦，以致命遂志。其辭曰：‘……紛屯亶與蹇連兮，何艱多而智寡！’”《文選》班固《幽通賦》“亶”作“邅”。

③ 阮元刻《十三經注疏》本“慍”前有“舞斯慍”一句。

④ 蕤，各本皆作“䅑”。按：刻本和抄本中，常見有漢字筆畫位置發生變異而造成的俗字異寫，“蕤”作“䅑”，即屬此類，下徑改爲正字。

⑤ 語出《論語·衛靈公》。

之，吉無不利'[1]。”此兩引皆與陸氏所言合，可證晉、唐善本皆無“變則通”三字。

騶虞

毛《詩》“于嗟乎騶虞”，傳：“騶虞，義獸也。白虎黑文，不食生物，有至信之德則應之。”戴氏震《毛鄭詩考正》曰：“騶虞之爲獸名，既不見於《爾雅》，說者或以爲囿名，或以爲馬名，皆不足據。”許叔重《五經異義》載韓、魯說云：“騶虞，天子掌鳥獸官。於《射義》所謂‘樂官備’也。”義似明切。葢騶，趣馬也。虞，虞人也。又引《月令》：“命僕及七騶咸駕。”《春秋傳》：“程鄭爲乘馬御，六騶屬焉，使訓羣騶知禮。”[2] 又豐點爲孟氏之御騶，[3]《周官·山虞》《澤虞》“大田獵，則萊山田澤野”[4] 爲證，而云：“舉騶虞，則騶之知禮、虞之供職可知，而騶虞已上之官，大遠乎騶虞之微者，尤可知。”

庸案：此皆謬說也。《詩》正義曰：《鄭志》張逸問：“傳曰‘白虎黑文’。”荅曰：“白虎黑文，《周史[5]·王會》云：陸璣云‘騶虞，白虎黑文，尾長於軀[6]，不食生物，不履生草，應信[7]而至者也。’”《周禮·鍾師》：“凡射，王奏《騶虞》，諸侯奏《貍首》。”鄭司農云：“騶虞，聖獸。”賈疏曰：“案《異義》，古毛《詩》說，《周南》終《麟趾[8]》，《召南》終《騶虞》，俱稱嗟嘆之，皆獸名。謹謹，葢避‘愼’字諱。案：《古山海經》《鄒書》疑即《周書》之誤。云‘騶虞，獸名’，與毛《詩》同。”然則騶虞之爲獸，雖《爾雅》未載，然見《山海經》《海内北經》。《周書》，

---

① 語出《易·繫辭上》。

② 語出《左傳·成公十八年》。

③ 《左傳·襄公二十三年》：“孟氏之御騶豐點，好羯也。”

④ 《周禮·地官司徒·山虞》：“若大田獵，則萊山田之野。”《澤虞》：“若大田獵，則萊澤野。”

⑤ 史，《毛詩傳箋通釋》作“書”。

⑥ 軀，原作“驅”。阮校：“毛本‘驅’作‘軀’。案‘軀’字是也。”

⑦ 信，閩本、明監本、毛本同。阮校：“案此不誤。浦鏜云‘德’誤‘信’，非也。陸機即用毛説，謂‘信’爲‘母’，‘義’爲‘子’，應者脩而致之。”

⑧ 趾，閩、監、毛本同，阮刻《十三經注疏》本作“止”。阮校：“按‘足趾’字，古作‘足止’，‘止’乃正字。”

《王會》。皆先秦古書，自足爲證，不必孤求《釋獸》文。故伏生撰《書大傳》，鄭仲師注《周禮》，並以爲獸，且《序》云："騶虞，鵲巢之應也。"又云："仁如騶虞，則王道成［也］。"《鍾師》"騶虞""貍首"皆獸屬，"采蘋""采蘩"皆草屬。核之聖經賢《序》，知毛傳確不可易，而戴氏專喜苟駁前師，自出新說，究之皆誤。

韓、魯說以"騶虞"爲"掌鳥獸官"者，此因"騶虞"連文，遂統言之耳。細分之，則"騶"與"虞"不同。韓、魯以"虞"爲"掌鳥獸官"，不以"騶"亦爲"掌鳥獸官"也。《文選》班孟堅《東都賦》："發蘋藻以潛魚，豐圃草以毓獸。制同乎梁鄒，誼合乎靈囿。"李善注："魯《詩》傳曰'古有梁鄒'。梁鄒者，天子之田也。"又見《後漢書》注《班固傳下》。

又左太冲《魏都賦》："顯文武之壯觀，邁梁騶之所著。"劉淵林注："魯《詩》傳曰'古有梁騶'。梁騶者，天子獵之田曲也。"又賈誼《新書·禮》篇引《詩》"吁嗟乎騶虞"，云："騶者，天子之囿也。虞者，囿之司獸者也。虞人翼五豝以待一發，所以復中也。"是可證"虞人"爲司獸之官，而"梁""騶"皆地名，爲天子田獵之囿之所在矣。毛《詩》"騶虞"爲獸名，故"騶"字从馬。韓、魯《詩》"鄒"爲天子田獵之地名，故"鄒"字从邑。當從《文選·東都賦》作"鄒"爲正。李善注《古詩十九首》引《琴操》亦作"鄒虞"。或作"騶"者，涉毛《詩》文，亂以韓、魯說。而考之《新書·禮》篇，知"鄒"與"虞"分說，固屬有本。然核之正經及《序》說、《周禮》《周書》等，終以毛傳爲長。而戴氏遽欲以韓、魯改毛，又不能深知韓、魯之義，而誤以"騶"爲"趣馬"。此後學之不能不爲辨正也。

逸周書騶虞①

毛《詩》傳："騶虞，義獸也。白虎黑文，不食生物。"《鄭志》：答張逸問曰："白虎黑文，《周史·王會》云"。曲阜孔叢伯廣林以《王會》無"騶虞"，疑今本之脱。案：《山海經·海内北經》："林氏國有珍獸，大若虎，五采畢，其尾長于身，名曰騶吾，乘之日行千里。"郭璞注引

① 本篇及以下《包犧》《致遠以利天下》兩篇，校抄本置于卷六末。

《周書》曰："夾林酋[①]耳，酋耳若虎，尾參於身，相謹案：《詩》正義[②]引《周書·王會》《草木疏》云：'尾長於身，不履生草。'又引《大傳》云：'尾倍於身。'皆爲'騶虞'之證。[③] 食虎豹。《大傳》謂之侄獸，'吾'宜作'虞'也。"

庸謂："酋耳"即"騶虞"，"酋"與"騶"聲相近。段氏《六書音均表》"酋"聲第三部，"芻"聲第四部。畢校《山海經》依俗本《周書》改爲"尊"，非是。"耳"當爲"吾"字之誤也。莊葆琛云："耳當爲牙，即吾字。"此條校勘極精確。[④] 毛傳"白虎"疑從《周書》作"若虎"，《山海經》亦云"大若虎"。且《詩》傳既云"騶虞，義獸也"，而復云"白虎"，則文意煩複。《周書》無"黑文"，盧學士以爲今《王會》脱此二字，是也。又騶虞"食自死之肉"，《鍾師》疏、《異義》引《說文》[⑤] 說。而《周書》云"食虎豹"，此三字當因上文"兹白，鋸牙，食虎豹"而誤衍。《山海經》注已如是。又今本《周書》多所誤衍，惟"夾林"從本書作"央林"爲是，餘宜悉據郭景純所引挍正。

包犧

《周易·繫辭下》："古者包犧氏之王天下也。"《釋文》："包，本又作庖，白交反。鄭云：取也。孟、京作伏。"

庸謂：鄭康成、王弼本爲古文《易》，兩漢人所引今文《易》爲多。古文則費氏是也，今文則京氏等是也。《風俗通·三皇》篇云："《易》稱'古者伏羲氏之王天下也'。"正同京氏《易》作"伏"，此其明證。下引"包犧氏没"，亦作"伏羲氏没"，而鄭、王等古文《易》則作"包"。

---

① 酋，底本作"酋"，爲刻寫俗字，亦爲日本用漢字。下徑改爲通行正字，不復出校。

② 正義，底本原作"釋文"。按：檢《釋文》無此語，蓋作者誤記，據正義改。

③ 臧相按語，校抄本無。

④ 此條注文，校抄本作：莊葆琛先生云："此條校勘極精確。耳當爲牙，即吾字。已録入拙校本矣。"

⑤ 《說文》，底本原作"毛《詩》"。按：毛《詩》無此語，蓋作者誤記，據《說文》改。《說文·虍部》："虞，騶虞也。白虎黑文，尾長於身。仁獸，食自死之肉。从虍，吳聲。《詩》曰：'于嗟乎，騶虞。'"

致遠以利天下

“刳木爲舟，剡木爲楫。舟楫之利，以濟不通，致遠以利天下。”《釋文》：“致遠以利天下，一本無此句。”又“服牛乘馬，引重致遠，以利天下，蓋取諸[1]《隨》。”《釋文》：“以利天下，蓋取諸《隨》，一本無‘以利天下’一句。”

案：“服牛乘馬，引重致遠，以利天下”，此“馬”“下”爲韻。“舟楫之利，以濟不通”，辭義俱足。不通之所，尚得相濟，其爲致遠，不言可知。又既言“舟楫之利，以濟不通”，無煩更言“致遠以利天下”。此六字蓋因下文誤衍。陸氏云“一本無此句”，是也。或因此處誤衍，而反删去《隨卦》“以利天下”，則大誤矣。

爲羊

《易·說卦》傳：“兑，爲妾，爲羊。”《釋文》：“爲羊，虞作羔。”李鼎祚《集解》、經注皆作“羔”。

案：虞翻云：“兑爲羊。”已見上，此爲再出，非孔子意也。若作“羔”，爲小羊，亦無殊異。考虞解“爲妾”云：“三少女位賤，故爲妾。”又注“爲羔”云：“羔，女使皆取位賤，故爲羔。”又鄭康成本作“爲陽”，注云：“此陽爲養，無家女行賃炊爨，今時有之，賤於妾也。”見《古易音訓》引晁氏。然則“羔”字並當作“養”。故仲翔云“女使皆取位賤”，與康成正合。《史記·張耳陳餘列傳》“有厮養卒”，裴駰《集解》如淳曰：“厮，賤者也。”《公羊傳》曰：“厮，役扈養。”韋昭曰：“析薪爲厮，炊烹爲養。”此其證矣。作“羊”，作“陽”，皆“養”字聲相近亂之，今《釋文》《集解》作“羔”，乃“養”字誤脱其半耳。

---

① 諸，底本作“訝”，《清經解》本、《續四庫》本、校抄本均作“諸”，下文同句亦作“諸”，故據改。

古易音訓

《古易音訓·豫》："朋盍簪[①]。"晁氏曰："簪，舊讀作撍[②]、作宗。"《释文》云："京作撍，荀作宗。"陰弘道案：張揖《古今字詁》："庢作撍。"《埤蒼》云："撍，疾也。撍與簪同。"陸希聲云："撍，今捷字。"說之案：撍，簪同音一字。王原叔謂："即《詩》不寁字。祖感反。"

又《姤》："繫于金柅。"晁氏曰："陰云：'《蒼頡篇》柅作檷，柎檷也。許氏《說文》、吕氏《字林》曰：檷，《釋文》引作"絡絲趺"也。此脫"絡"字。今《說文》亦有"絡"。絲趺也。字或作鑈。《釋文》云："子夏作鑈。"吕女指反。案：絡絲之器，今關西謂之絡垛，音憧。梁、益之間謂之絲登，其下柎即柅也。'"以上皆陰語。說之案：尼，古文。《釋文》云："蜀才作尼，止也。"

案：《唐書·藝文志》：陰弘道《周易新傳疏》十卷，顥子，臨渙令。又陸希聲《周易傳》二卷。陰氏係唐初人，故得見《蒼頡篇》、張揖《古今字詁》、《埤蒼》及吕忱《字林》等。至唐末而諸書並亡矣。晁以道，北宋人。於陰氏《易疏》，葢猶見其遺文逸說，故著《古周易》徵引之。後晁氏書亡，藉吕伯恭《音訓》以存晁說。今吕書又亡，所藉本晁說以考陰《疏》者，又賴元董氏《周易會通》矣。古籍展轉消亡，反恃末流以存梗概，而世或未之貴重，不深可慨歟？任主事幼植[③]著《字林考逸》，孫觀察淵如[④]輯《蒼頡篇》，於陰氏所引，皆未及采入，故特爲著之。

六藝論衍文

《釋文序録》云："景帝時，河間獻王好古，得古《禮》獻之。"注引鄭《六藝論》云："後得孔氏壁中河間獻王古文《禮》五十六篇，

---

① 簪，底本作"簮"，爲刻寫俗字，亦作"簮"。《龍龕手鑑·竹部》："簮"，"簪"的俗字。下徑改爲正字，不復出校。

② 撍，底本作"揝"，爲刻寫俗字。下徑改爲正字，不復出校。撍，用同"簪"。插。《晉書·張昌傳》："旬月之間，衆至三萬，皆以絳科頭，撍之以毛。"

③ 任主事幼植，《清經解》本同，校抄本作"禮部主事任幼植"。

④ 孫觀察淵如，《清經解》本同，校抄本作"兖沂漕濟道孫淵如"。

《記》百三十一篇，《周禮》六篇。其十七篇與高堂生所傳同，而字多異。”

案：《漢書・河間獻王傳》曰：“所得皆古文，先秦舊書《周官》《尚書》《禮》《禮記》。”《釋文》之言本此，若《藝論》則以爲得自孔壁，與河間獻王不相涉也。《禮記》正義卷首及《奔喪》篇兩引《六藝論》，皆云“後得孔子壁中古文《禮》凡五十六一作七。篇”，而無“河間獻王”四字。此四字因正文有之，遂誤衍入注耳，當删正。葉林宗影宋鈔亦衍此。

原亢

《史記・仲尼弟子列傳》有原亢籍，無陳亢。葢原亢即陳亢也。鄭注《論語》《檀弓》俱以陳亢爲孔子弟子，當是名亢，字籍，一字子禽。籍，禽也。故韓籍，字禽。否則亢言三見《論語》，弟子書必無不載，太史公亦斷無不録。《家語》既有原抗，字籍，不當復有陳亢子禽矣，明係王肅竄入。如削去公伯寮，可證也。原、陳之所以不同，何也？葢原氏出於陳，原、陳同氏也。《詩・陳風》：“東方之原。”① 毛傳曰：“原，大夫氏。”《春秋・莊［公］二十七年》：“公子友如陳，葬原仲。”杜預注《左傳》云：“原仲，陳大夫，原是“氏”字之誤。仲字也。”范甯②注《穀梁》云：“原仲，陳大夫。原氏，仲字。”則原亢之爲陳亢，信矣。《漢書・古今人表中中》分陳亢、陳子禽二人，與魯太師、公明賈、子服景伯、林放、陳司敗、陽膚、尾生高、申棖、師免同列，又以陳子亢隸下上，與陳弃疾、工尹商陽、齊禽敖、餓者同列，分爲三人，與申棖皆不以爲弟子。此不足據。

《拜經日記》卷第八經六千六百三十七字，注三千三百四十八字。

---

① 阮元刻《十三經注疏》本《詩・陳風・東門之枌》作“南方之原”。

② 甯，底本作“寗”，《清經解》本同，校抄本作“甯”，皆爲“甯”之刻寫俗訛字。

拜經日記第九

武進臧氏學

樂記篇目①

《禮·樂記》十一篇：《樂本》第一，《樂論》第二，《樂禮》第三，《樂施》第四，《樂言》第五，《樂象》第六，《樂情》第七，《魏文侯》第八，《賓牟賈》第九，《樂化》第十，《師乙》第十一。

《史記·樂記》十三篇：《樂本》第一，《樂論》第二，《樂禮》第三，《史記正義》作《禮樂》。《樂施》第四，"皆以禮終"下接"樂也者，施也"，至"則所以贈諸侯也"。《樂情》第五，"然後可以有制於天下也"，下接"樂也者，聖人之所樂也"三十一字。《樂言》第六，《樂象》第七，《樂化》第八，《魏文侯》第九，《賓牟賈》第十，《師乙》第十一，《奏樂》第十二，《樂義》第十三。

《别録·樂記》二十三篇：《樂本》第一，《樂論》第二，《樂施》第三，《樂言》第四，《樂禮》第五，《樂情》第六，《樂化》第七，《樂象》第八，《史記正義》引作《象法》。《賓牟賈》第九，《史記》《禮記》正義皆作《賓牟賈問》。《師乙》第十，《魏文侯》第十一，《奏樂》第十二，《樂器》第十三，《樂作》第十四，《意始》第十五，按："意"爲"音"字之訛。《樂穆》第十六，《説律》第十七，《季札》第十八，《樂道》第十九，《樂義》第二十，《昭本》第二十一，《招頌》第二十二，《竇公》第二十三。

《樂禮》篇，孔氏《禮記》正義作《樂禮》，張氏《史記正義》作《禮樂》。故《禮記》正義曰："此章是《樂記》第三章，名曰《樂禮》章也。章中明王者爲治，必制禮作樂，故名《樂禮》章。鄭《目録》云：

---

① 《禮記》《史記》《别録》所載之《樂記》篇數與具體篇目，底本與《清經解》本同，校抄本所録各書之次序稍異，爲《史記·樂書·樂記》《禮記·樂記》《别録·樂記》。

第三是《樂施》，第四是《樂言》，第五是《樂禮》。今記者以《樂禮》爲第三。"《史記正義》曰："此第三章，名《禮樂》章，言明王爲治，制禮作樂，故名《禮樂》章。其中有三段：一明禮樂齊，其用必對；二明禮樂法天地之事；三明天應禮樂也。"今本《史記》引目仍作《樂禮》，蓋失其舊。近荆溪任氏啟運著《禮記章句》，有云："劉向《别録》作《樂理》，熊安生作《樂體》。"今細考孔氏、張氏及陸氏《釋文》，並無此說，係欺人之談，附正於此。

《樂象》篇，張守節作《象法》，《樂書》第二下引《别録》云："有《象法》。"又於《樂施》篇云："此第六段，《樂此字當衍。象法》章第五段，不以次第而亂升在此。"按：此《象法》章上"樂"字係後人竄入，張氏本無，故《樂象》章正義曰："此第六章，名《象法》也。"可證。蓋皆後人據孔本所改。

孔氏述《别録》稱《賓牟賈》，張氏述稱《賓牟》，并脱"賈"字。然按孔氏於本篇曰："此一經，《别録》是《賓牟賈問》章，自此以下至'不亦宜乎'，摠是賓牟賈與夫子相問荅之事。"又張氏於本篇曰："此第九章，名《賓牟賈問》者，蓋孔子之問本爲牟賈而設，故云《牟賈問》也。"據此二《正義》，知此目本名《賓牟賈問》，當是《别録》如此，後來述目者脱"問"字耳。

《子貢見師乙而問》章，依《魏文侯》《賓牟賈問》之例，當從本《記》標目，稱《子貢問》爲是，《别録》題"師乙"，非也。

《史記正義》曰："《樂記》者，公孫尼子次撰也。"按：此語當本《别録》。又曰："劉向《别録》篇次與鄭《目録》同，而《樂記》篇次又不依鄭《目》，今此又篇次顛倒者，以褚先生升降，故今亂也。"按：鄭氏《目録》本依劉向之次，今本不同者，蓋疏家亂之。至《史記·樂書》所載，《樂記》共十三篇。"夫樂，不可妄興也"，爲《奏樂》篇結句。"夫上古明王舉樂者"，爲《樂義》篇起句。中有"太史公曰"四字，係後人妄加，當删正。其先後之序，必原本如是，非後人所能升降也。

爲陳侯周臣

《孟子·萬章上》："孔子不悦於魯、衛，遭宋桓司馬，將要而殺之，微服而過宋。是時孔子當阨，主司城貞[1]子，爲陳侯周臣。”趙注：“司城貞子，宋卿也，雖非大賢，亦無諂[2]惡之罪，故謚爲‘貞子’。陳侯周，陳懷公子也，爲楚所滅，故無謚，但曰‘陳侯周’。是時孔子主阨難，不暇擇大賢臣，而主貞子，爲陳侯周臣也。”

《史記·陳世家》：懷公四年，如吳，留[3]之，因卒吳。陳乃立懷公之子越，是爲湣公。湣公六年，孔子適陳。吳王夫差伐陳，取三邑而去。十三年，吳復來伐陳，楚昭王來救，時孔子在陳。十六年，吳召陳侯，陳侯如楚[4]，楚伐陳。二十四年，楚惠王伐，殺陳湣公，遂滅陳而有之。是歲，孔子卒。《索隱》曰：“按《左傳》，湣公名周，是史官記不同。”

按：陳湣公八年，孔子適陳；十一年，自陳還蔡。在陳首尾三年。至十三年吳伐陳時，孔子在陳、蔡間矣。《年表》：“陳湣公越八年，吳伐我。”《世家》作“六年”，字誤也。《孔子世家》：“孔子至陳，主司城貞子家。有隼集於陳廷而死，楛矢貫之。陳湣公使使問仲尼。”然則司城貞子雖宋卿，時實仕於陳，當如趙注言，孔子爲陳湣公臣。否則孔子無事居陳三年，但主貞子，不應如是之久。《集注》無明文，若以“爲陳侯周臣”即指“司城貞子”，文法太繁拙矣。或言“何不書‘陳司城貞子’？”按：主貞子而爲陳侯臣，則貞子爲陳臣自見。若單言“主陳司城貞子”，則孔子之臣陳侯，其事反隱而不彰。陳，舜之後，故孔子爲其臣，特吳、楚更伐，數被兵，仕陳當不久。

褚少孫補史記十篇[5]

《漢書·藝文志》：“《春秋》家，《太史公》百三十篇，十篇有録無書。”又“馮商所續《太史公》七篇”。師古曰：“《七略》云：‘商與孟柳俱待詔，

① 貞，石經避諱作“正”。

② 諂，隱諱。《晏子春秋·問下二六》：“和于兄弟，信于朋友，不諂過，不責得。”吳則虞《集釋》引孫星衍曰：“杜預注《左傳》：‘諂，藏也。’”

③ 留，校抄本同，《清經解》本作“畱”。按：畱，同“留”。《説文·田部》：“畱，止也。”《類篇·田部》：“留，或作畱。”

④ 陳侯如楚，《史記》原作“陳侯恐，如吳”，作“如楚”者，疑爲臧庸誤記。

⑤ 《清經解》本無此篇。

頗序《列傳》，未卒，病死。《司馬遷傳》[①]："十篇缺，有録無書。"張晏曰："遷没之後，亡《景紀》《武紀》《禮書》《樂書》《兵書》《漢興已來將相年表》《三王世家》《日者列傳》此注及《史記集解》俱《日者》在《三王》之前，今據《索隱》所引移正。《龜策列傳》《傅靳［蒯列傳］》。《索隱》有"等"字。元成之間，褚先生補缺，作《武帝紀》《三王世家》《龜策》《日者傳》，言辭鄙[②]陋，非遷本意也。"師古曰："《序目》本無《兵書》，張云'亡失'，此說非也。"

按：《兵書》即《律書》也。《太史公》本是《兵書》，今本《史記》："《書》曰七政，二十八舍。[③] 律厤[④]，天所以通五行八正之氣。"以下蓋後人以《律書》補之。張晏之言《漢書》注及《索隱》皆作《兵書》，《史記集解》作《律書》，淺人妄改也。師古蓋不知《兵書》即《律書》，故以爲本無。

《史記·太史公自序》《索隱》曰："按《景紀》取班書補之，《武紀》專取《封禪書》，《禮書》取荀卿《禮論》，《樂》取《禮樂記》，《兵書》亡，不補。略述律而言兵，遂分厤述以次之。《三王系家》空取其策文以緝此篇，何率略且重，非當也。《日者》不能記諸國之同異，而論司馬季主。《龜策》直太史[⑤]所得占龜兆雜說，而無筆削之功，何蕪鄙也！"按：小司馬以《厤書》爲《律書》之所分，然未盡委之褚補也。較之《漢書》注、《史正義》，多《厤書》，而無《年表》《傅蒯[⑥]傳》，故九篇。"太史"當從《史記集解》作"太卜"。

《龜策列傳》《正義》曰："《史記》至元成間十篇，有録無書，而褚少孫補《景［紀］》《武紀》《將相年表》《禮書》《樂書》《律書》《三王世家》《蒯成侯》《日者》《龜策列傳》。《日者》《龜策》言辭最鄙陋，

---

① 據《史記·太史公自序》之《史記集解》，《司馬遷傳》當爲《漢書音義》之誤。

② 鄙，底本作"鄙"，校抄本同，爲刻寫俗字。下徑改爲正字，不復出校。

③ 《史記索隱》："七正，日、月、五星。七者可以正天時。又孔安國曰：'七正，日月五星各異政'也。二十八宿，（七正）之所舍也。舍，止也。宿，次也。言日月五星運行，或舍於二十八次之分也。"

④ 厤，中華書局本《史記》作"曆"。按：厤，同"曆"。《玉篇·日部》："曆，古本作厤。"《易·革》："君子以治厤明時。"孔穎達疏："天時變改，故須厤數，所以君子觀茲《革》象，脩漢厤數，以明天時也。"

⑤ 太史，中華書局本作"太卜"。

⑥ 蒯，底本作"蒯"，爲刻寫俗字。下徑改爲正字，不復出校。

非太史公之本意也。”按：晋[①]張晏説褚少孫補《史記》四篇，張守節以十篇皆褚所補，未知何據。

張晏説褚補史記四篇[②]

一《武帝本紀》《集解》云：《太史公自序》曰“作《今上本紀》”，［又］其定[③]事皆云“今上”“今天子”。或言“孝武皇帝”者，悉後人所定也。張晏曰：“《武紀》，褚先生補作也。”《索隱》曰：“褚先生補《史記》，合集武帝事以編年，今止取《封禪書》補之，信其才之薄也。”

按：今取《孝武本紀》與《封禪書》契勘，知《武紀》直録《封禪書》，無一字之異。今本間有異同，乃傳寫之故耳。惟篇首云：“孝武皇帝者，孝景中子也。母曰王太后。孝景四年，以皇子爲膠東王。孝景七年，栗大子廢爲臨江王，以膠東王爲太子。孝景十六年崩，太子即位，爲孝武皇帝。”以上文鈔《景紀》，以下全録《封禪書》矣。篇末“太史公曰：余從巡察[④]天地諸神名山川”云云，亦即《封禪書贊》也。疑褚氏既補《武紀》，不應祇鈔《封禪》舊書，或是褚以後人所爲。此篇無“褚先生曰”，亦一證。《封禪書》前言三皇、二帝、三代、秦始皇、漢高帝、文帝等事，故不采。自“今天子初即位，尤敬鬼神之祀”采起，至贊語止，而改“今天子初即位”爲“孝武皇帝初即位”。

二《三王世家》按：《世家》，褚先生曰：“臣幸得以文學爲侍郎，好觀覽太史公之《列傳》。《列傳》中稱《三王世家》文辭可觀，求其世家終不能得。竊從長老好故事者取其《封策書》，編列其事而傳之。”此爲褚補之明證，不當復稱“太史公曰”。今本“古人有言曰”上有“太史公曰”四字，後人妄加也。褚言太史公《列傳》，“稱《三王世家》文辭可觀”者，此指《史記自序》“三子之王，文辭可觀。作《三王世家》”而云也。

三《日者列傳》按：此《傳》有《序》有《贊》，《贊》後載褚少孫

① 晋，校抄本作“晉”。按：晋，同“晉”。《改併四聲篇海·日部》引《龍龕手鑑》：“晋，音晋，義同。”

② 《清經解》本無此篇。

③ 定，中華書局本作“述”。

④ 察，底本與校抄本同，中華書局本《史記·孝武本紀》作“祭”。

《論》。初疑本史公文而褚加《論贊》，後考《自序》云："齊、楚、秦、趙爲日者，各有俗所用。欲循觀其大旨，作《日者列傳》。"則非今本徒記司馬季主一事已也。《傳》云："太史公曰：'古者卜人所以不載者，多不見於篇。及至司馬季主，余志而著之。'褚先生曰：'臣爲郎時，游觀長安中，見卜筮之賢大夫。'"又"夫司馬季主者，楚賢大夫，游學長安，通《易經》，術黃帝、老子，博聞遠見。觀其對二大夫貴人之談言"云云，則司馬季主事，爲褚補，信矣。上文"太史公曰"四字，必後人妄加。

四《龜策列傳》按：此《傳》有《序》，稱："太史公曰：自古聖王將建國受命，興動事業"，發端中述孝文、孝景，又"至今上即位"，"余至江南，問其長老"云云，皆史公語。然則所謂"有錄無書"者，謂但有《序錄》耳，非全篇無一語也。下云"褚先生曰：臣以通經術，受業博士，治《春秋》，以高第爲郎，幸得宿衛，出入宮殿中十有餘年。竊好太史公《傳》。太史公之《傳》曰：'《三王》不同龜，四夷各異卜，然各以決吉凶。略窺其要，故作《龜策列傳》。'臣往來長安中，求《龜策列傳》不能得，故之大卜官，問掌故、文學、長老習事者，寫取龜策卜事，編于下方。"則此以下皆褚補也。

索隱正義說褚補史記十篇四篇已見張晏說者，不論。①

一《孝景本紀》《索隱》曰："《景紀》取班書補之。"按：取班書勘之，迥不同。《史記》首云"孝文之中子也"，而班書改云"文帝大子也"，已失其事實。《史記》云：孝文在代時，前后有三男，及竇大后得幸，前后死，及三子更死，故孝景得立。序孝景得立之由甚明晰，而班書删之。元年四月乙夘，赦天下；乙巳，賜民爵一級。而班删"乙夘""乙巳"四字。匈奴入代與約和親，而班書但云遣御②史大夫青、翟至代，下則匈奴入代事不明了。又改元，則書中元年、中二年、後元年、後二年。而班書省言元年、二年，亦失旨。《史記》於天災及王侯封爵、官制改建，皆詳言之。而班書多簡省不載，殊失《本紀》之體，徒增入詔書，

---

① 《清經解》本無此篇。

② 御，底本作"御"，校抄本作"御"，皆爲"御"之刻寫俗字。下徑改爲通行正字，不復出校。

竊以爲遠不逮《史記》，乃反謂取之班書，不檢甚矣。史勝於班者，隨在皆是，學者讀之自見。惟篇末書“大子即位，是爲孝武皇帝”，當是後人竄改，應稱“今皇帝”或“今天子”也。

一《將相名臣年表》《表》題太始元年，《集解》曰：“班固云：‘司馬遷紀事，訖于天漢，自此以下後人所續。’”按：《表》至孝成鴻嘉元年，故裴以爲後人所續。《索隱》曰：“即褚先生所補。後史所記又無異呼，故今不討論也。”小司馬雖以爲褚補，但史無明文，故置之不論也。

一《禮書》按：此篇爲褚補，無明文也。《索隱》云：“‘太史公曰：至矣哉！’已下亦是太史公取荀卿《禮論》之意，極言禮之損益，以結《禮書》之論［也］。”又云：“此文皆荀卿《禮論》［也］。”則《索隱》於此篇不以爲褚補也。張守節[①]《正義》曰：“此書是褚先生［取］荀卿《禮論》兼爲之。”

一《樂書》《索隱》於本篇不言褚補。《正義》曰：“《樂記》篇次［又］不依鄭目，今此（又）［文］篇次顛倒者，以褚先生升降，故今亂也。［令逐舊次第隨段記之，使後略知也。］以後文出褚意耳。”按：張氏所指“以後”，謂《禮記》十一篇之外，《奏樂》第十二以下文也。以此下不見今《禮記》，故疑出褚意，而不知《樂書》之取《樂記》本十三篇也。《奏樂》篇本出《韓非子》。然則凡輕斥爲褚補者，特出一己臆度之見，非有所本也。

一《律書》按此篇本名《兵書》。太史公《自序》云：“非兵不彊，非德不昌。”本篇云：“六律爲萬事根本焉，其於兵械尤所重。”又“兵者，聖人所以討彊暴，平亂世，夷險阻，救危殆，中述黃帝、顓頊、成湯，及王子、孫武等，并桀、紂、秦二世之興亡，故名《兵書》。今作《律書》，後人改也。”特此篇爲褚補，無明文。《索隱》《正義》於本篇皆不云褚補。

一《傅靳蒯成列傳》　考之《本傳》，并《集解》《索隱》《正義》，俱無爲褚補之證，不知《龜策》《正義》《自序》《索隱》何所據而云然。

---

① 節，底本作“節”，爲“節”之刻寫俗字。下同，不復出校。

新考褚續史記六篇[①]

一《三代世表》篇末附褚先生與張夫子論詩一段。《索隱》曰："褚先生蓋腐儒也。末引蜀王、霍光，竟欲證何事？言之不經，蕪穢正史。輒云'豈不偉哉'，一何誣也！"按：褚少孫蓋諂諛之人，假文學以自飾者。"霍子孟亦黃帝後世也"云云，豈非媚大將軍乎？此語直當削之。

二《建元以來侯者年表》後進好事儒者褚先生曰："太史公記事盡於孝武之事，故復脩記孝昭以來功臣侯者，編於左方。"《索隱·十表述贊》云："七十二國，太史公舊；四十五國，褚先生補也。"按：太史公《表》七十三國，"二"當爲"三"字之誤也。"當塗"以下皆褚補。今有四十六國，末陽平國，蓋又褚以後人所附益。

三《厤書》"端蒙涒漢[②]四年"，《索隱》曰："四年。已後自太始、征和以下訖篇末，並褚先生所續。"《正義》曰："自（古）[右]《厤書》已下，小餘又非是年名，復不周備，恐褚先生及後人所加。"[③]按：史公記事訖於天漢四年，故知以下皆後人所續。

四《外戚世家》自褚先生曰"臣爲郎時，問習漢家故事者"以下皆褚補。"衞王后，字子夫"，《傳》猶史公文。故云"上弗説"，"上望見"，"上還坐"，"上憐之"，"初上爲大子"，"時上之得爲嗣"，"上愈怒"，"上既夷李氏"，皆稱武帝爲"上"也。篇首"武帝初即位"當爲"今上初即位"。其"武帝祓霸上還"，"武帝起更衣"，"武帝擇宮人不中用者"，"數讓武帝"，蓋皆淺人竄改。又自"姊平陽公主曰"至"平陽公主"，凡三十一字，當爲衍文。

五《張丞[④]相列傳》太史公《贊》後復云："孝武時，丞相多甚，不記，莫録其行，起居狀略，且紀征和以來。有車丞相，長陵人也。卒而有韋丞相代。"《索隱》曰："自車千秋已下，皆褚先生等所記。"又《索隱》大書"太史公曰深惟"六字，而云："按此論匡衡以來事，則後人所

① 此篇不見於《清經解》本。

② 涒漢，中華書局本《史記》作"赤奮若"。按：《史記索隱》："端蒙，乙也。汭漢，丑也。《天官書》作'赤奮若'，與《爾雅》同。"

③ 《史記正義》此文，未見於中華書局本。

④ 丞，底本作"丞"，爲刻寫俗字。下徑改爲正字，不一一出校。

述也。而亦稱大史公，［其］序述淺陋，一何誣也!”按：今本《匡衡傳》：“以十年之間不出長安城門而至丞相，豈非遇時而命也哉!”此下無“太史公曰”，即接“深惟士之游宦所以至封侯者，微甚”云云。蓋因《索隱》詆其淺誣，而後人遂删此四字，亦非也。然據此可知，《史記》中爲淺人妄加“太史公曰”者正多也。

六《滑稽列傳》褚先生曰：“臣幸得以經術爲郎，而好讀外家傳語。竊不遜讓，復作故事滑稽之語六章，編之左方①。可以覽觀揚意，以示後世好事者讀之，以游心駭耳，以附益上方太史公之三章。”按：大史公三章，一淳于髡②，二優孟，三優旃是也。褚補六章者，一郭舍人，二東方朔，三東郭先生，四淳于髡③，五王先生，六西門豹。此皆褚氏自言續附者。司馬、張氏等，何以反不舉？

楚元王傳詩表

《史記・儒林傳》：“申公者，魯人也。高祖過魯，申公以弟子從師入見高祖于魯南宫。按：申公之師，即浮丘伯也。吕大后時，申公遊學長安，與劉郢同師。已而，郢爲楚王，令申公傅其太子戊。戊不好學，疾申公。及郢王卒，戊立爲楚王，胥靡申公。申公恥之，歸魯，退居家教，終身不出門，復謝絶賓客，獨王命召之乃往。弟子自遠方至受業者百餘人，申公獨以《詩》經爲訓以教，無傳［疑］，疑者則闕不傳。”

《漢書・楚元王傳》：“楚元王交字游，高祖同父少弟也。《史記・楚元王世家》云：“高祖之同母少弟也。”《索隱》曰：“《漢書》作‘同父’，言同父以明異母也。蓋《史記》本作‘異母’。《漢書・荆燕吴傳》云：‘庶弟元王，王楚四十城。’可證‘同父’字非誤，特同父弟之稱不雅耳。好書，多材藝。少時嘗與魯穆生、白生、申公俱受《詩》於浮丘伯。服虔曰：“白生，魯國奄里人。浮丘伯，秦時儒生。”伯者，孫卿門人也。及秦焚書，各别去。”

高祖既爲沛公，交與蕭、曹等俱從。至霸上，交爲文信君，從入蜀

---

① 編之左方，中華書局本作“編之於左”。

② 髡，底本作“髨”，爲刻寫俗字。下徑改爲正字，不一一出校。

③ 髡，《清經解》本、校抄本同。按：髡，同“髡”。《急就篇》：“鬼薪白粲鉗鈦髡。”顔師古注：“鬍髮曰髡。”《康熙字典・髟部》引《韻會》：“髡，俗髡字。”

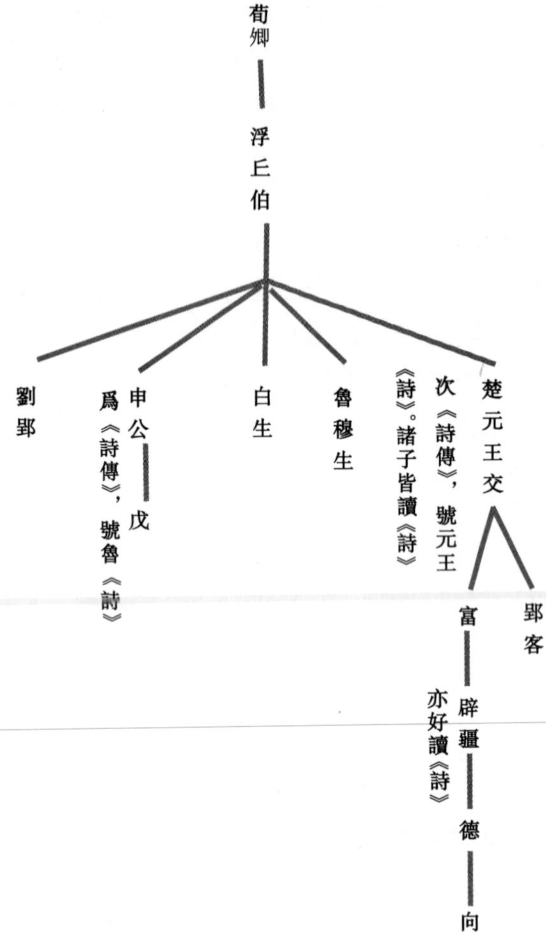

漢，還定三秦，誅項籍。即帝位，交與盧綰常侍上，出入臥[①]內，傳言語諸内事隱謀。六年，立交爲楚王，王薛郡、東海、彭城三十六縣[②]，先有功也。元王既至楚，以穆生、白生、申公爲中大夫。高后時，浮丘伯在長安，元王遣子郢客與申公俱卒業。文帝時，聞申公爲《詩》最精，㠯爲博士。元王好《詩》，諸子皆讀《詩》，申公始爲《詩傳》，號“魯《詩》”。元王亦次之《詩》傳，號曰“元王《詩》”，世或有之。元王薨，文帝以郢客嗣。申公爲博士，失官，隨[③]郢客歸，復以爲中大夫。及

① 臥，底本作“卧”，爲刻寫俗字。下徑改爲正字，不復出校。

② 縣，底本作“縣”，爲刻寫俗字。下徑改爲正字，不一一出校。

③ 隨，底本作“隨”，爲刻寫俗字。下徑改爲正字，不一一出校。

王戊即位，穆生謝病去，申公、白生獨留。戊與吳通謀，二人諫，不聽，胥靡之，衣之赭衣，使杵臼雅舂於市。

《韋賢傳》："其先韋孟，家本彭城，爲楚元王傅，傅子夷王及孫王戊。戊荒淫不遵[①]道，孟作詩諷諫。後遂去位，徙家於鄒。"按：韋孟諫王戊，《楚元王傳》不載，可補其缺[②]。

班彪漢書論贊[③]

《韋賢傳贊》："司徒［掾］[④] 班彪曰：'漢承[⑤]亡秦絶學之後，祖宗之制因時施宜。自元、成後學者番滋[⑥]，貢禹毁宗廟，匡衡改郊兆，何武定三公，後皆數復，故紛紛不定。何者？禮文缺微，古今異制，各爲一家，未易可偏定也。考觀諸儒之議，劉歆博而篤矣。'"師古曰："《漢書》諸《贊》，皆固所爲。其有叔皮先論述者，固亦具顯以示後人，而或者謂固竊盜父名，觀此可以免矣。"按：《翟方進傳》亦稱"司徒掾班彪"之論，《韋賢傳》蓋脱"掾"字。

序周禮[⑦]廢興衍字

《周禮》疏曰："《尚書·盤庚》《康誥》《說命》《泰誓》之屬，三篇［《序》］皆云'某作若干篇'。"按：《書序》云："作《盤庚》三篇"，"作《說命》三篇"，"作《泰誓》三篇"，此並一書而分上中下，故引此三者爲證。若《康誥》雖與《酒誥》《梓材》同《序》，然文本三篇，非《盤庚》《說命》之比也。"康誥"二字，或讀者記其旁，後誤入。故不得其次在《說命》《泰誓》之上。

又"故鄭氏傳曰：元以爲'括囊大典，網羅衆家'。"此引范氏《後

① 遵，底本作"遵"，爲刻寫俗字。下徑改爲正字，不一一出校。
② 缺，底本作"鈌"，爲刻寫俗字。下徑改爲正字，不復出校。
③ 此篇不見於《清經解》本。
④ 掾，據此篇文意及中華書局本《漢書》補。
⑤ 承，底本作"承"，爲刻寫俗字。下徑改爲正字，不一一出校。
⑥ 滋，底本作"滋"，爲刻寫俗字。下徑改爲正字，不一一出校。
⑦ 禮，校抄本作"書"。

漢書》鄭君《傳贊》耳，當云："故《鄭元傳》以爲'括囊大典，網羅衆家'。"① 文有衍誤。

謨蓋都君咸我績

《孟子·萬章上》："父母使舜完廩，捐階，瞽瞍焚廩。使浚井，出，從而揜之。象曰：'謨蓋都君咸我績。'" 趙氏《章句》："瞽瞍不知其已出，從而蓋揜②其井。謨，謀。蓋，覆也。都，於也。君，舜也。咸，皆。績，功也。象言謀覆於君而殺之者，皆我之功。欲與父母分舜之有，取其善者，故引爲己之功也③。" 朱子《集注》："揜，蓋也。蓋，蓋井也。"

按：《爾雅·釋言》曰："弇，蓋也。" 郭璞注："謂覆蓋。" 毛《詩·閟宫》："奄有龜蒙。" 箋云："奄，覆（也）。" "奄" 與 "弇" 同。《爾雅》當本云："弇，蓋覆也。" 故趙注以 "蓋" 爲 "覆"，鄭箋以 "奄" 爲 "覆"，郭注合言爲 "覆蓋" 也。或以 "蓋" "覆" 義同，故鄭箋以 "覆" 言 "蓋"，趙注釋 "蓋" 爲 "覆" 也。要鄭、趙所據，皆此經無疑。

又《釋言》曰："蓋④、割，裂也。" 郭注："蓋，未詳。"《釋文》："蓋，古害反。舍人本作'害'。" 按：此 "蓋" 爲 "害" 之假借，"謨蓋都君" 者，謀害於君也。《尚書·堯典》："湯湯洪水方割。" 孔傳："割，害也。言大水正方方爲害。" 展轉相訓，是 "害" 爲 "割"，"割" 亦爲 "害" 也。《禮記·緇衣》："《君奭⑤》曰：'在昔⑥上帝，周田觀文王之德，其集大命于厥躬。'" 注云："古文'周田觀文王之德'爲'割申

① 中華書局本《後漢書·鄭玄傳》作："鄭玄括囊大典，網羅衆家。"

② 揜，閩、監、毛本同，宋本、孔本、韓本、考文古本無，《孟子正義》同。

③ 故引爲己之功也，閩、監、毛本同，宋本、廖本、孔本、韓本、考文古本作 "故引其功也"。

④ 蓋，唐石經、單疏本、雪牕本同。《釋文》："蓋，古害反。舍人本作'害'。" 阮校："按《書·吕刑》'鰥寡無蓋'，'蓋' 即 '害' 字之借。言堯時鰥寡無害也。《釋名》：'害，割也。'《書·堯典》'洪水方割'，《大誥》'天將割' 之類，皆 '害' 字之借。'割' 與 '蓋' 亦音相近。《書·君奭》：'割申勸寧王之德。' 鄭注《緇衣》云 '割之言蓋'，是也。"

⑤ 奭，校抄本同，《清經解》本作 "奭"。按：奭，同 "奭"。《玉篇·皕部》："奭，盛也；驚視皃也。"《集韻·昔韻》："奭，或作奭。"

⑥ 在昔，閩、監、毛本、衛氏《集説》同，惠棟校宋本、宋監本、石經、岳本、嘉靖本、《考文》引古本、足利本二字倒。《石經考文提要》云："宋大字本、宋本九經、南宋巾箱本、余仁仲本、劉叔剛本並作'昔在'。"

勸寧王之德’，今博士讀爲‘厥亂勸寧王之[1]德’。三者皆異，古文似近之。‘割’之言‘蓋’也，言文王有诚信之德，天蓋申勸之，集大命於其身，谓命之使王天下也。”據古文《尚書》作“割”，知《禮記》“周”爲“害”字之誤。郭注《爾雅·釋畜》云：“《公羊傳》曰：‘靈公有害狗，謂之獒［也］’。”今《公羊傳·宣六年》作“周狗”，何注以爲“比周之狗”，此其證。《大誥》“天降割于我家”，孔傳訓“割”爲“害”，《釋文》謂“馬融[2]本‘割’作‘害’”。據《緇衣》知古文《尚書》本作“害”。以“割”與“害”義同，且“割”亦从“害”，故或作“割”。其義當從《禮記》注，訓“割”爲“蓋”，與郭本《爾雅》正合。“蓋”“割”同訓爲“裂”，輾轉相注，是“割”亦爲“蓋”也。然则鄭讀《爾雅》與郭同，舍人本“蓋作害”展轉相訓，是“割”又爲“害”也。然则孔傳讀《爾雅》與舍人同，今文《尚書》讀“割申爲厥乱”，则當“在昔上帝厥亂”爲句。厥，其也。亂，治也。言上帝求治之道，勸文王之德，集大命于其身也。孔傳云：“在昔上天，割制其義。”不知“割”本爲“害”，“害”當爲“蓋”，故其説迂回，失其讀矣。

《説文·艸部》：“蓋，苫也。从艸，盇聲。”《血部》：“盇，覆也。从血、大。”今覆盇皆通借苫蓋字。“盇，从血大。”徐鉉謂：“大，象盇覆之形。”徐鍇本作“血，大聲”，是“盇”从“大”聲，故與“害”聲相近而通借。趙注“蓋，覆也”，用《説文》本義，而不知爲假借也。象言“皆我功”者，揔上完廩、浚井言之，明父母之使舜，皆象之謀。故《史記·五帝本紀》云：“本謀者象。”《孟子·萬章》云：“象日以殺舜爲事也。”如《章句》《集注》俱專主浚井一事言之象，不得云“皆”也。趙注“謨，謀也”，“都，於也”，“咸，皆也”，“績，功也”，皆本《釋詁》文而不知“蓋”之當爲“害”，則於六書假借之誼，未審也。

又趙注：“都，於也。君，舜也。舜有牛羊、倉廩［之奉］，故謂之

---

① 之，閩、監、毛本、岳本、嘉靖本同。段玉裁校云：“宋監本無‘之’字。”按：今古文各本《尚書》此句皆有“之”字，唯敦煌本《尚書》伯字二七四八脱“之”字，漢博士所據本亦當有“之”字，舊監鄭注《禮記》本脱字。

② 融，底本作“融”，爲刻寫俗字。下徑改爲正字，不一一出校。

君。”疏云：“都君，即象稱舜也。然謂之都君者，蓋以舜在側微之中①，漁雷澤，一年所居成聚，二年成邑，三年成都，故以此爲都君②。”《集注》：“舜所居，三年成都，故謂之都君。”本此。考《五帝本紀》無“都君”之稱，但云“舜耕歷山，歷山之人皆讓畔；漁雷澤，雷澤上人皆讓居；陶河濱，河濱器皆不苦窳。一年而所居成聚，二年成邑，三年成都。”是此注仍當從。趙氏“都”之爲“於”，既本《釋詁》。郭注引《書》“臯陶曰：都”以證之，《釋文》因音“於”爲“烏”。其實《釋詁》“于”“都”並訓爲“於”，展轉相訓“于”亦“於”也。則“於”亦可讀“于”矣。《堯典》一則曰“驩兜曰：‘都！共工’”，再則曰“僉曰：‘於！鯀哉’”。又《臯陶謨》：“臯陶曰：都！慎厥身修。”《夏本紀》：“臯陶曰：於！慎其身修。”《臯陶謨》：“臯陶曰：都！在知人。”《夏本紀》作“於！在知人。”《臯陶謨》：“臯陶曰：都！亦行有九德。”《夏本紀》作“於！亦行有九德。”《益稷》：“禹拜曰：都。”又“禹曰：都，帝！慎乃在位。”《夏本紀》作“禹拜曰：於。”“禹曰：於，帝！慎乃在位。”雖張守節亦音“於”爲“烏”，而“都”之訓“於”，尤顯然可證也。《孟子》所述本《逸書·舜典》，故“蓋”之爲“害”與《堯典》“方割”之文合，而知“蓋井”之説謬也。“都”之爲“於”與《臯陶》《益稷》之訓同，而知“都君”之號僞也。

世本遺文③

《太平御覽》載傅玄《箏賦序》云：“箏以爲蒙恬所造。”又《琴賦序》云：“神農氏造琴。”又《琵琶賦序》云：“《世本》不載作者。”知琴、箏作者傳皆據《世本》也。《韓昌黎集·河陽軍節度使烏公先廟碑》云：“烏氏著於《春秋》，譜於《世本》，列於《姓苑》。在莒者存，在齊有餘、支鳴，皆爲大夫。秦有獲，爲大官。”

---

① 中，《十三經注疏》本作“時”。

② 故以此爲都君，《十三經注疏》本作“故以此遂因爲之都君矣”。

③ 底本、《清經解》本無此篇，據校抄本補入。

子見南子章集解

“安國曰：按：此“曰”字皇、邢二本皆誤衍，當删正。等以爲[①]南《釋文》作“男”，誤。子者，《釋文》、皇氏本句同。陸氏云：“《集解》本皆爾，或不達其義。妄去‘等’字，非也。”則陸所見本有作“以爲南子者”。又舊校云：“今注云，舊以南子者，與邢本正同，皆妄改。”衛靈公夫人也。淫亂而靈公惑之。孔子見之者，欲因以說靈公，使行治道也。以上二“也”字，邢本皆删去，非是。矢，誓也。子路不悦，當從邢本作“說”，下同。故夫子邢本同。《釋文》大書“故孔子”三字，云：“一本作夫子。”按：上作“孔子”，此亦當爲“孔子”。誓之曰：此“曰”字皇本誤衍，邢本無之，當據以删正。行道既非婦人之事，而弟子不悦，與之咒邢本作“呪”，亦俗字。《釋文》作“之祝”，云“州又反”。本今作“咒”。按：《詩》《書》字皆作“祝”，此當從。誓，義可疑也。”[②]“也”作“焉”。

按：《學而》篇“道千乘之國”章《集解》載馬融及苞氏注又云：“馬融依《周禮》，苞氏依《王制》《孟子》，義疑，兩存焉。”與此章先引孔安國等說，而何氏自疑其義，其注例正同。“孔安國等以爲”者，首舉孔安國說以該馬、鄭、苞、周諸儒之義也。淺人不知此章爲何氏之言，而必於孔安國下妄補“曰”字，又不達“等”字之義，而删之改之，遂至不可解。至邢昺遂誤以“行道既非婦人之事”以下亦爲孔氏之言矣。茲特正之。

又按：《論衡・問孔》篇引《論語》此章而云：“與俗人解嫌，引天祝詛，何以異乎？”然則因子路不說而孔子誓之，先儒所解，亦本舊義也。

三禮義宗[③]

《文苑英華》卷七百六十六長孫無忌《冕服議》云：“《周禮》：祀昊天上帝，則服大裘而冕，五帝亦如之。享先王則衮冕。其先公，則鷩冕。

---

① 等以爲，《十三經注疏》本作“舊以”，皇本同。阮校：“案《釋文》出‘等以爲男子者’，云《集解》本皆爾，或不達其意，妄去‘等’字，非也 。今注云‘舊以南子者’。”

② 此段文字爲《論語・雍也》“子見南子，子路不説。夫子矢之曰：‘子所否者，天厭之，天厭之！’”一句之注文。

③ 底本、《清經解》本無此篇，據校抄本補入。

祀四望山川，則毳冕。祭社稷五祀，則絺冕。諸祠則元[1]冕。”又云：“公、侯、伯、子、男、孤卿、士夫之服衮冕，以下皆如王之服。”所以《三禮義宗》遂有二釋，云：“公卿大夫助祭之日，所著之服，降王一等。”又云：“悉與王同。”

漢魏石經遺字

《一切經音義》卷三《光讚般若經》第七云：“燕坐又作宴。石經爲古文燕，同。《說文》：‘宴，安也。’”。又卷六《妙法蓮華經》第一：“宴默，石經爲古文燕，《說文》：‘宴，安也。’”按：《說文》“燕”爲元鳥，象形，“宴安”字在《宀部》。是“宴”爲正字，“燕”爲假借也。毛《詩》“或燕燕居息”，爲古文假借。《漢書·五行志下下》作“或宴宴居息”，與漢石經用“宴”字正合，是魯《詩》今文作正字也。魯《論》“子之燕居”，又當爲今文。《釋文》謂鄭本作“宴”，蓋鄭從古《論》作正字。古、今文所用靡定，往往隨經而變。元和顧廣圻云：“此石經當指漢石經，遇‘燕’字作‘宴’。元應[2]因自謂之古文耳。”

庸按：《春秋左傳》：“仲子生而有文在其手，曰[3]‘魯夫人’。”正義曰：“成季、唐叔亦有文在其手，曰友、曰虞。”隸書起於秦末，手文必非隸書。石經古文“虞”作“㕦”[4]，“魯”作“㫃”[5]，手文容或似之。此所言石經古文，必魏《三體石經》。《春秋左氏傳》故有篆隸古文，與元應自言古文者不同。

又《一切經音義》卷四《賢刧[6]經》第一云：“邦[7]伴，石經作‘𢁘’

---

① 元，因避諱而改“玄”作“元”字。下同，不復出校。

② 元應，即玄應，因避諱而改“玄”爲“元”。下同，不復出校。

③ 曰，《十三經注疏》本作“曰爲”，正義曰：“成季、唐叔亦有文在其手，曰友、曰虞，‘曰’下不言‘爲’。此傳言‘爲魯夫人’者，以宋女而作他國之妻，故傳加‘爲’以示異耳。非爲手文有‘爲’字，故魯夫人之上有‘爲’字也。”

④ 㕦，同“虞”。《集韻·虞韻》：“虞，《說文》：‘騶虞也。’古作㕦。”《字彙·人部》：“㕦，古虞字，乃虞人之虞……《同文備考》：㕦者，守山澤之吏也。”

⑤ 㫃，同“旅”。《玉篇·止部》：“㫃，古文旅。”

⑥ 刧，底本作“刼”，爲刻寫俗字。字見《增廣字學舉隅》卷二《正譌》。刧，同“劫”。《洪武正韻·葉韻》：“劫，亦作刧。”

⑦ 邦，底本作“邦”，爲刻寫俗字。下徑改爲正字，不復出校。

‘邦’‘䣃’① 三形，同補江反。”挍者或云：“《說文》《玉篇》無‘𥻆’字。”考《經義雜記》，魏《三體石經·尚書》載《大誥》“肆予告我友邦君”，“邦”字作“[illegible]”“[illegible]”“邦”三形。又“予惟以爾庶邦”，“邦”字存“[illegible]”“邦”二形。《吕刑》“有邦有土”，“邦”字存古文篆“[illegible]”“[illegible]”二形。知“𥻆”必古文“[illegible]”字之訛。元應此卷所言石經即魏《三體石經·尚書》也。

芳華鮮美②

晉陶淵明《桃花源記》，“忽逢桃花林，夾岸數百步，中無雜樹，芳草鮮美，落英繽③紛。”宋本陶《集》亦如是。唐歐陽詢《藝文類聚》、徐堅《初學記》載此文，“芳草鮮美”作“芳華鮮美”。

按：此二句承上“忽逢桃花林”“中無雜樹”來。“芳華鮮美”者，言在樹之花也。“落英繽紛”者，言落地之花也。《爾雅》“木謂之華”，桃正應言“華”矣。既言“中無雜樹”，不當忽舉“芳草”。此“草”字應定從二書作“華”。

奪筭④

《感應》篇：“太上曰：‘禍福無門，唯人自⑤召。善惡之报，如影隨形。是以天地有司過之神，依人所犯輕重以奪人筭，筭盡則死。’”又“有三台北斗神君，在人頭上，録人罪惡，奪其紀筭。”又“凡人有過，大則奪紀，小則奪筭。”

---

① 䣃，底本作“䢯”。按：“䢯”，爲“䣃”之刻寫俗字，同“邦”。《字彙補·邑部》：“䣃，古文邦字。《洞靈經》：有䣃國者，謂其有人衆也。”《國三老袁良碑》：“民被澤，䣃畿乂。”三國魏衛覬《大饗碑》：“萬䣃統世。”

② 此篇不見於《清經解》本。

③ 繽，底本作“繽”，爲刻寫俗字。下徑改爲正字，不復出校。

④ 此篇不見於《清經解》本。筭，校抄本同。按：筭，同“算”。《説文·竹部》：“筭，長六寸，計歷數者。从竹，从弄。言常弄乃不誤也。”段玉裁注：“此謂筭籌，與算數字各用……古書多不別。”《急就篇》：“筆研籌筭膏火燭。”顏師古注：“筭，所以計度。”《爾雅·釋詁下》：“算，數也。”唐陸德明《釋文》：“算，字又作筭。”

⑤ 自，中華書局本《潛夫論·慎微》作“所”。

按：紀、筭謂年壽也。十二年謂紀，百日謂筭。《初學記》卷十七《人（事）部[①]·孝第四》："《河圖》曰：'孝順二親，得筭二千天。'"司録所表事賜筭，中功二千天，謂二十筭也。司録、司命之神，主人善惡，言賜年筭，必當其功。

《拜經日記》卷第九經七千二百五十五字，注四百四十六字。

① 人事部，當爲"人部"之訛。

拜經日記第十

武進臧氏學

孟子見梁惠王

《史記·孟子荀卿列傳》云："退而與萬章之徒序《詩》《書》，述仲尼之意，作《孟子》七篇。"是《孟子》一書乃孟軻氏自著，故敘次井然。凡後人作《孟譜》及《年表》者，皆當以此爲槺。

試以第一篇言之。首書"孟子見梁惠王"，則孟子始游梁，因魏招賢，故先見惠王也。"王立沼上"章，"盡心於國"章，"願安承教"章，"晉國莫強"章統此矣。繼書"孟子見梁襄王"，則惠卒襄立，故孟子第二見梁襄王，凡居梁二年。次書"齊宣王問"，是第三見齊宣王也。因魏襄即位，望之不似人君，故不久去梁適齊。"齊桓晉文"章，"論古樂"章，"文王之囿"章，"交鄰國"章，"見雪宫"章，"毁明堂"章，"王之臣"章，"故國"章，"湯放桀"章，"爲巨室"章，"齊人勝燕"章，"取燕"章統此矣。次書"鄒與魯鬨穆公問"，是孟子四見鄒穆公也。蓋因齊宣不能用，故奉母去齊歸魯，據《列女傳》。鄒穆公見而問之。次書"滕文公問"，問[1]於齊楚，是孟子五見滕文公也。文公爲世子，之楚過宋，兩見孟子。即位後，館孟子於上宫。"齊築薛"章，"竭力事大國"章統此矣。次書"魯平公將見孟子"，是孟子六見魯平公也。時孟子已七十餘，歸老於魯，與萬章之徒作《孟子》。託端梁惠，絶筆魯平，是孟子之交諸侯，實始於梁惠王，而終於魯平公。平公之卒，孟子已八十二，再逾年而孟子卒，故魯平稱謚也。

孟子於齊宣稱臣，《田完世家》言宣王喜文學之士，鄒衍、淳于髡之徒皆賜列第，爲上大夫，不治而議論。孟子仕齊宣即在此時。與齊湣王時

① 問，《清經解》本、校抄本均作"間"。

爲三卿别一事。劉向《列女傳》所謂“孟子處齊而有憂色，曰：‘軻聞之，君子稱身而就位，不爲苟得而受賞，不貪榮禄。’今道不用於齊，而母老，是以憂。”與《世家》所言“皆賜列第，爲上大夫，不治而議論”事正合也。《列傳》云：“道既通，游事齊宣王，宣王不能用。適梁，梁惠王不果所言，則見以爲迂遠而闊於事情。”是以孟子先游齊，後適梁，誤矣。《六国表》於魏王三十五年大書“孟子来，王問利國，對曰：‘君不可言利。’”《魏世家》又書惠王三十五年，“卑禮厚幣[①]以招賢者”，而孟軻至梁。若《齊表》及《田完世家》，則絶無其事。如果先見齊宣王，則孟軻至，必書於《齊表》及《田完世家》以記其始，安得書於《梁惠》篇也？據《年表》《世家》，斷[②]《列傳》爲誤。

試以《列傳》中“齊宣”“梁惠”字互易之，則甚合。如云“道既通，游事梁惠王，惠王不能用。適齊，齊宣王不果所言，則見以爲迂遠而闊於事情。”蓋孟子道仁義而梁惠求利國，是不能用。雖有“願安承教”之言，他日又欲爲死者雪耻矣。至與齊宣言王道，王因言“吾惛，不能進於是。願夫子輔吾志，明以教我。我雖不敏，請嘗試之”。繼而取燕，不能拯民水火。置君而後去，則於孟子所言“仁術”“推恩”“發政”“施仁”等固大悖。此非“不果所言，見以爲迂遠而闊於事情”乎？若以爲宣王不能用，則固嘗得位受禄矣；若以爲惠王不果所言，則孟子至梁，踰年而惠王薨，孟子猶在梁。不應以“不果所言”責梁惠也。趙邠卿云：“孟子異[③]得行道，故仕於齊。齊不能用，乃適梁。”蓋所據《列傳》已誤。

又云：“建篇先梁者，欲以仁義爲首篇，因言魏事章次相從，然後道齊之事。”此説更誤。如始見齊宣王，則“齊桓晉文”章言王道，《列傳》所謂“述唐、虞、三代之德”是也。當以爲篇首，一也。首言“仲尼之徒無道桓文［之］事者，臣未之聞”，此孟子私淑諸人，願學孔子平生志向所在。《列傳》所謂“序《詩》《書》，述仲尼之意，作《孟子》”是也。當以爲篇首，二也。如言“仁術”“推恩”“發政”“施仁”“治禮義”等，皆言仁義者。當以爲篇首，三也。乃皆不然，而獨以“梁惠王”

① 幣，底本作“幤”，爲刻寫俗字。下徑改爲正字，不一一出校。

② 斷，各本同。按：斷，同“斷”。《篇海類編·斤部》：“斷，俗作斷。”

③ 異，《清經解》本、校抄本均作“冀”。按：異，同“冀”。《玉篇·北部》：“異”，同“冀”。

爲篇首，故知孟子始見梁惠王也。

即以立國年次論之，梁惠王立二十九年，齊宣王方即位。古人四十彊而仕，孔子四十不惑，孟子四十不動心。見梁惠王時，孟子年甫四十二，不應四十以前已見齊宣。齊宣八年，孟子去梁。九年，至齊。十年，宣王伐燕，取十城。時孟子在齊，勸宣王謀於燕，衆置君而去。是可證梁惠死後始見齊宣，不得先見齊宣，去齊適梁，又去梁適齊。三、四年間，兩事齊宣，僕僕於齊、梁、鄒、魯間也。

孟子仕齊宣王

《史記·田完世家》："宣王喜文學游説之士，如騶衍、淳于髡、田駢、接子、慎到、環淵之徒七十六人，皆賜列第，爲上大夫，不治而議論。是以齊稷下學士復盛，且數百千人。"

按：此文雖揔序於宣王之末，而其事則非宣王末年也。宣王十年伐燕，孟子在齊，此其時矣。騶衍、淳于髡之上，當有"孟軻"二字，而淺人删之。《鹽鉄[1]論》可據。不知孟子之仕齊宣，實徒得禄位而道不行，故不久去齊。《列女傳》足證也。《鹽鉄論·論儒》篇："齊宣王褒儒尊學，孟軻、淳于髡之徒，受上大夫之禄，不任職而論國事。"

《列女傳》卷一《母儀傳》："孟子處齊而有憂色，孟母見之曰：'子若有憂色，何也？'孟子曰：'不敏。'按："敏"字當衍。"不"讀爲"否"。淺人不得其讀，遂妄增"敏"字。觀下文"曰'不也'"可見。異日閒［居］，擁楹而歎。孟母見之曰：'鄉見子若有憂色，曰不也，今擁楹而歎，何也？'孟子對曰：'軻聞之，君子稱身而就位，不爲苟得而受賞，不貪榮禄。諸侯不聽，則不達其上。聽而不用，則不踐其朝。今道不用於齊，［愿行］而母老，是以憂也。'孟母曰：'婦人無擅制之義，而有三從之道。今子成人也，而我老矣。子行乎子義，吾行乎吾禮。'"

按：此當在齊宣王十年伐燕以後事。諸侯多謀伐齊，孟子勸王謀於燕，衆置君而後去，宣王不能聽。孟子知道不行，即於是年奉母歸魯也。

---

① 鉄，校抄本同，《清經解》本作"鐵"。按：鉄，同"鐵"。《字彙·金部》："鉄，今俗爲鐵字，非。"清畢沅《經典文字辨證書·金部》："鉄"，同"鐵"。《宋元以來俗字譜》："鐵"，《古今雜劇》《三國志平話》《太平樂府》等作"鉄"。下同，不復出校。

孟子生卒年月①

《孟子譜》，明人所纂，以爲《譜》傳自孟子四十五代孫孟寧，宋元豐時人。言“孟子於周烈王四年四月二日生，赧王二十六年十一月十五冬至日卒，年八十四。娶田氏。”明海鹽吕元善《聖門志》亦謂“孟子生周烈王四年，卒赧王二十六年，年八十四。”有謂“生於周安王二十七年”者，誤也。安王二十六年崩，其二十七年爲烈王元年。年八十四，當生烈王四年也。《闕里志》但云“年八十四”，不詳生卒年月。

按：八十四之年，《孟氏譜》《闕里志》《聖門志》皆同，惟以爲生於烈王四年，則至魏惠王三十五年遊梁時，年始三十五，而惠王之年遠長於孟子，不應遽稱爲“叟”。庸作《年表》，移前四②年。依三家“八十四”之説，當生於周安王二十六年乙巳，卒赧王二十二年戊辰。③魯平公卒於赧王十九年，故孟子書稱“謚”。遊梁時年已四十二，如此方合。恐臆度之見不足信也。更有《禮樂録》謂“孟子年七十四”。若依舊説，謂“卒於赧王二十六年”，則遊梁時止二十七歲；若合以庸移前四年之説，游梁時止三十一④歲。卒於赧王十六年，魯平公之卒尚後四年，不得稱“謚”矣，其説非也。《禮樂録》又引“或云生安王十七年丙申，卒赧王二十六年壬申，年九十七”。按：孔子生春秋年七十三。戰國時人，享百齡者少。汪氏份斥爲無據，是也。

齊宣王取燕十城

宋黄氏震述其鄉人蔣監簿曉説，謂《史記》齊伐燕有二事。齊宣王伐燕，燕文公卒。易王初立，齊宣因燕喪伐之，取十城。是即《梁惠王》篇所載問答稱“齊宣王”者是也。齊湣王伐燕，燕王噲以燕與子之，齊

---

① 月，校抄本同，《清經解》本作“日”。

② 四，《清經解》本同，校抄本作“五”。下同，不復出校。

③ 生於周安王二十六年乙巳，卒赧王二十二年戊辰。按：《清經解》本同，校抄本作“生于周安王二十五年甲辰，卒赧王二十一年丁夘”。辰，底本作“㫳”，爲“辰”之刻寫俗字。下徑必爲正字，不復出校。

④ 三十一，《清經解》本同，校抄本作“三十二”。

伐之。是即《公孫丑》篇所載沈同問“燕可伐”者也。余考之《戰國策》《史記》，合之《孟子》，知蔣、黃之說爲是，今證之。

《戰國策·齊策》宣王篇云：“權之難，齊、燕戰。秦使魏冉之趙，出兵助燕擊齊。薛公使魏處之趙，謂李向曰：‘君助燕擊齊，齊必急。急必以地和於燕，而身與趙戰矣。故爲君計，不如按兵勿出。齊必復與燕戰。戰而勝，兵罷敝，趙可取唐、曲逆；戰而不勝，命懸於趙。中立而割窮齊與疲燕也。’”鮑注云：“《後漢志》‘當陽’注：‘縣東南有權城，楚地也。蓋燕自北進，齊自東進，而戰于楚境。《燕策》爲文公時，《魏冉傳》言自[1]惠王時任事，然則此役文公末年也。’”

又《燕策》文公篇云：“權之難，燕再戰不勝，趙弗救。噲子鮑注云：“文公孫子噲。”謂文公曰：‘不如以地請合於齊，趙必救我。若不吾救，不得不事。’文公曰：‘善。’令郭任以地請講於齊。趙聞之，遂出兵救燕。”鮑注云：“《齊策》此役，言及魏冉，知爲文公末年。”

又易王篇云：“燕文公時，秦惠王以其女爲燕太子婦。文公卒，易王立。齊宣王因燕喪攻之，取十城。武安君蘇秦爲燕說齊王，曰：‘燕雖弱小，強秦之少壻也。王利其十城，而深與強秦爲仇。今使弱燕爲鴈行，而強秦制其後，以招天下之精兵，此食烏喙之類也。’‘王能聽臣，莫如歸燕之十城，卑辭以謝秦。秦知王以己之故歸燕城也，秦必德王。燕無故而得十城，燕亦德王。是棄强仇而立厚交也。’齊王大說，乃歸燕城。願爲兄弟而請罪於秦。”

《史記·燕世家》云：“文公二十八年，蘇秦始来見，說文公。秦惠王以其女爲燕太子婦。二十九年，文公卒，大子立，是爲易王。易王初立，齊宣王因燕喪伐我，取十城。蘇秦說齊，復歸燕十城。”

《蘇秦列傳》：“秦惠王以其女爲燕大子婦。是歲，文侯卒，大子立，是爲燕易王。易王初立，齊宣王因燕喪伐燕，取十城。易王謂蘇秦曰：‘往日先生至燕，而先王資先生見趙，遂約六國從。今齊先伐趙，次至燕，以先生之故爲天下笑。先生能爲燕得侵地乎？’”蘇秦大慙，曰：‘請爲王取之。’蘇秦見齊王，再拜，俯而慶，仰而弔。齊王曰：‘是何慶、弔相隨之速也？’蘇秦曰：‘臣聞飢人所以飢而不食烏喙者，爲其愈充腹而與餓死同患也。今燕雖弱小，即秦王之少壻也。大王利其十城，而

① 自，底本作“目”，《清經解》本、校抄本均作“自”。按：當作“自”。

長與彊秦爲仇。今使弱燕爲鴈行，而彊秦敝其後，以招天下之精兵，是食烏喙之類也。’齊王愀然變色，曰：‘然則奈何?’蘇秦曰：‘臣聞古之善制事者，轉禍爲福，因敗爲功。大王誠能聽臣計，即歸燕之十城。燕無故而得十城，必喜。秦王知以己之故而歸燕之十城，亦必喜。此所謂棄仇讐而得石交者也。夫燕、秦俱事齊，則大王號令天下，莫敢不聽。是王以虛辭附秦，以十城取天下。此霸王之業也。’王曰：‘善。’於是乃歸燕之十城。”

按：合《國策》《史記》《孟子》考之，燕文二十八年，蘇秦始說燕。時齊宣九年，與魏襄會於徐州，諸侯相王，田嬰欺楚。明年楚圍齊徐州。蓋燕文虐民，齊宣征之，與燕再戰於權。《梁惠王》篇一書“齊人伐燕，勝之”，再書“齊人伐燕，取之”，與《燕策》“權之難，燕再戰不勝”正合。鮑注謂“燕文公末年”，是也。燕文卒於是年，齊宣因喪伐之，取十城。即《孟子》所謂“五旬而舉之”及“取之”，是也。固與“齊湣伐燕噲，三十日而舉燕”顯然爲二事。時燕有喪，且數被兵，易王尚未立，故《孟子》有“謀於燕，衆置君而後去”之説。“或謂寡人勿取”者，蘇秦說齊宣歸燕十城也。《孟子》言“殺其父兄，係累其子弟”，如水深火熱，燕民不悅，不取，與蘇秦還燕十城之策正同，特有公、私之别。

諸侯將謀救燕者，《齊策》云：“秦使魏冉之趙，出兵助燕擊齊。”《燕策》云：“文公令郭任以地請講於齊，趙遂出兵救燕。”是也。齊田嬰欺楚，楚圍齊，正在燕文末年、齊宣十年。且齊、燕再戰楚邑，楚先圍齊，當必助燕。於史可考者，有秦、趙、楚、燕四國，故齊宣言“諸侯多謀伐寡人也”。齊宣十一年與魏襄伐趙，趙決河水灌之，見《田完世家》《趙世家》《六國年表》。蓋報救燕之役也。故《燕策》文公篇謂“燕亡國之餘，其以權立，以重外，以事貴”，正指齊宣伐燕，趙肅救燕而云。然乃鮑注以此爲燕昭既立之時，《吴正傳》亦云此非文公時，蓋未細考也。《穰侯列傳》云：“魏冉最賢，自惠王、武王時任職用事。”考《六國表》，燕文二十九年，齊宣十年，趙肅侯十七年，楚威王七年，正秦惠文王五年。鮑注《齊策》謂“魏冉自惠王時任事，此役在文公末年”，是也。

又考齐宣十一年，燕、趙、秦、楚四國謀伐齊，時不與謀者，韓、魏二國。魏襄與齊宣睦，故宣九年與襄會於徐州，十一年又同襄伐趙，因趙救燕，故知魏不與謀也。齊宣八年，韓昭侯二十四年，秦拔韓宜陽。二十五年，旱，作高門。二十六年，高門成，昭候卒。明年爲齊宣十一年，韓宣惠王元年。時韓兵役相尋。昭卒，宣惠立，故知韓不與謀也。

此齊伐燕，在齊宣十年，燕文二十九年，時周顯王三十六年也。後齊伐燕在齊湣十年，燕噲七年，時周赧王元年也。相距上下適二十年。後事亦見《戰國策·齊策、燕策》《史記·六國年表》《燕召公世家》《荀子·王霸》篇。前事載《孟子·梁惠王》篇，稱“謚”者，齊宣卒於孟子前也。後事載《公孫丑》篇，祇稱“王”者，齊湣卒於孟子後也。漢趙氏《章句》已蒙混不能分別，余因黄氏説爲證明如此，讀《孟》者正之。陳壽祺案：《孟子》齊伐燕事，因《燕策》王噲篇“齊湣王”譌爲“宣王”。《史記·燕世家》“噲立齊湣王，復用蘇代”，亦訛“湣”爲“宣”，論者遂至糾紛然。按：二書前後、上下之文，參觀互考，則二事判然。《史》之《紀》《傳》《世家》與《年表》歲月又皆相應，不得以一二譌字斥全書也。《資治通鑑》以伐燕事屬宣王屈齊之年數以從燕，閻徵君若璩又欲屈燕之年數以從齊。宋葉大慶《考古質疑》依《通鑑》屬宣王，所載陳氏新話則屬湣王，至謂《孟子》爲誤。近周廣業《孟子四考》又極詆《史記》而不取黄氏《日鈔》，無識甚矣。臧君證之《國策》《史記》，傳之《孟子》，靡不符合，而千古之聚訟乃定。①

齊湣王伐燕噲

《戰國策·齊策》：“韓、齊爲與國。張儀以秦、魏伐韓。齊王曰：‘韓，吾與國也。秦伐之，吾將救之。’田臣思曰：按：“田臣思”當爲“田忌”之異。‘王之謀過矣，不如聽之。子噲與子之國，百姓不戴，諸侯弗與。秦伐韓，楚、趙必救之。是天以燕賜我也。’王曰：‘善。’乃許韓使者而遣之。韓因以得交於齊，遂與秦戰。楚、趙果遽起兵而救韓，齊因起兵攻燕，三十日而舉燕國。”按：此《燕世家》《六國年表》之所本，爲“伐燕噲”爲齊湣王之明證。

《燕策》：燕王噲既立，蘇秦死於齊。蘇秦之在燕也，與其相子之爲婚，而蘇代與子之交。及蘇秦死，而齊宣誤。王復用蘇代，使於燕，激燕

① 此段注文，《清經解》本同，校抄本作大字正文，且文前無“陳壽祺案”，而於文末標“陳壽祺謹識”。

王厚任子之。子之南靣[①]行王事。三年，燕國大亂，百姓恫怨。將軍市被、大子平謀，將攻子之。儲子謂齊宣誤。王："因而仆之，破燕必矣。"構難數［月］，且死者數萬衆，燕人恫怨，百姓離意。孟軻謂齊宣誤。曰："今伐燕，此文、武之時，不可失也。"王因令章子將五都之兵伐之。燕士卒不戰，城門不閉，燕王噲死，子之亡。二年，燕人立太子平，是爲昭王。按：此皆《史記》所本，惟齊湣王之"湣"，三字皆作"宣"。蓋因《孟子》有"齊宣王"，淺人不知爲二事，遂據以妄改也。凡《燕策》王噲篇所言"齊王"，無一非"湣王"也。史公所據《戰國策》原是"湣"字。

篇首"蘇秦死，其弟蘇代欲繼之，乃北見燕王噲曰：'夫齊王，長主也，而自用也。'"又"蘇代爲燕說齊，未見齊王，先說淳于髡。"所言"齊王"皆指"湣"。淳于髡事具見宣王、湣王篇下，與孟嘗君同時，仕齊最久而齒長者。《史記·滑稽列傳》記髡先事齊威王，章子亦於齊威王世，已數將兵，蓋皆三世之舊臣、老將也。儲子爲相適當湣王時。故王使人瞯夫子，不稱謚也，見《孟子·離婁下》《告子下》。

《史記·六國年表》：周慎靚王五年，燕噲五年，君讓其臣子之國，顧爲臣時，齊湣八年也。又赧王元年，燕七年，君噲及相子之皆死，時齊湣十年也。於《齊表》雖不著湣之伐燕，而文爲湣已明。

《蘇秦列傳》：蘇秦詳爲得罪於燕，而亡走齊，齊宣王以爲客卿。齊宣王卒，湣王即位，說湣王厚葬以明孝；高宮室、大苑囿事見《孟子》。以明得意，欲破敝齊而爲燕。燕易王卒，燕噲立爲王。蘇秦之弟曰代，代弟蘇厲見兄，遂亦皆學。及蘇秦死，代乃求見燕王，曰"今夫齊［王］，長主［也］，而自用也"云云，則《國策》之齊王爲湣無疑。

又《列傳》："燕相子之與蘇代婚而欲得燕權，乃使蘇代侍質子於齊。齊使代報燕，燕王噲問曰：'齊王其霸乎？'曰：'不能。'曰：'何也？'曰：'不信其臣。'於是燕王專任子之。已而讓皇，燕大亂。齊伐燕，殺王噲、子之。燕立昭王，而蘇代、蘇厲遂不敢入燕，皆終歸齊，齊善待之。"徐廣曰："是周赧王之元年［時］也。"

蘇代說燕王讓國子之事，又見《韓非子·外儲說右下》。

---

① 靣，《清經解》本、校抄本皆作"面"。按：靣，同"面"。《改併四聲篇海·面部》引《玉篇》："靣"，同"面"。唐杜甫《少年行》："馬上誰家白靣郎，臨階下馬坐人牀。"

越世家齊宣誤作威[①]

宋葉氏大慶《考古質疑》卷二云：舊見一策，問齊伐燕，史遷以爲湣王，而孟軻則曰宣王。近世有作《古史》者，嘗正軻之失。軻之書得於親見，遷之史出於傳聞，而《古史》斷然以爲湣王，而不信《孟子》，何也？然即《史記》，參觀互考《紀》《傳》《世家》之與《年表》，其前後歲月又皆相應，如伐燕一事，又未足以決《史記》之爲誤，獨有一事或可爲證。《越世家》云：越王無彊北伐齊，齊威王使人說越，云伐齊不如伐楚之利。越遂釋齊伐楚，楚大敗之，殺無彊，北破齊于徐州。按：此則破齊于徐州，乃越因齊威之說而伐楚，楚因敗越之勢而破齊，正齊威王時也。《年表》於徐州之圍乃載於顯王三十六年，爲宣王之世，豈非遷之自戾與？然則徐州之圍，既爲威王之時，則齊宣非立于顯王二十七年可見。而《通鑑》所載爲得其實，《通鑑》載：楚敗越於顯王三十五年，楚圍徐州於顯王三十六年，是歲，齊威王薨，子宣王立。是知伐燕爲宣王明矣。大抵即此可以明彼，因其自戾尤可以辨而破也。

按：此不足以證《史》之有戾，益足以證《史》之諸《世家》《年表》無不印合，但齊宣王之“宣”，後人傳寫誤爲“威”耳。考《六國年表》，周顯王三十六年，楚威王七年，圍齊于徐州。齊宣王十年，楚圍我徐州。《楚世家》云：“威王七年，齊孟嘗君父田嬰欺楚，楚威王伐齊，敗之於徐州。”《田敬仲完世家》云：“宣王十年，楚圍我徐州。”又《越世家》云：“當楚威王之時，越北伐齊，齊威王使人說越王，越遂釋齊而伐楚。楚威王興兵伐之，大敗越，殺王無疆[②]，北破齊于徐州。”此“齊威王”當作“齊宣王”，因上下文皆言“楚威王”，故“宣王”字亦誤爲“威”。徐廣曰：“周顯王之四十六年。”此“四”爲“三”之訛。鮑氏《［戰］國策·齊策》“楚威王戰勝于徐州”，在宣王世。

---

① 此篇不見於《清經解》本。

② 疆，本篇前文此字皆作“彊”。按：彊，同“疆”。《集韻·陽韻》：“畺，《説文》：‘界也。’或作疆、彊。”《樂府詩集·郊廟歌辭·康王歌》：“嚴恭盡禮，永錫無彊。”

余雖修姱以鞿羈兮①

《離騷》："長太息以掩涕兮，哀民生之多艱。余雖好修姱以鞿羈②兮，謇③朝誶④而夕替⑤。"

按：此當本作"余雖修姱以鞿羈兮"，"好"爲衍文。王叔師注云："言已雖有絕遠之智，姱好之姿，然以爲讒人所鞿羈而係累矣。""絕遠之智"釋"修"字，"姱好之姿"釋"姱"字，不言"好修"。"余雖修姱以鞿羈兮"，與上"苟余情其信姱以練要兮"同一句法。下文"民生各有所樂兮，余獨好修以爲常。"又"女何博謇而好修兮，紛獨有此姱節。"又"苟中情其好修兮，何必用夫行媒。"又"豈其有他故兮，莫好修之害也。""好修"之文蓋因此誤衍。

夫唯靈修之故也

"余固知謇謇之爲患兮，忍而不能舍也。指九天以爲正兮，夫唯靈修之故也。"注："謇謇，忠言貌也。正，平也。靈，神也。修，遠也。能神明遠見者，君德，故以喻君。唯懷王之故。"

按："靈修"當是屈原自謂，非指懷王。言余固知謇謇之忠之爲患，但忍而不能自捨。又指天爲平正，若是者何也？夫唯夙受於天，靈神修遠之故，所以不肯自變耳。篇首云："名余曰正則兮，字余曰靈均。紛吾既有此内美兮，又重之以修能。"此"靈修"正承上文言之。下云："余既不難離別兮，傷靈修之數化。"又"老冉冉其將至兮，恐修名之不立。謇

① 本篇及以下《夫唯靈修之故也》《女嬃之嬋媛兮》兩篇不見於《清經解》本。

② 鞿羈，馬韁繩和絡頭。比喻束縛。《楚辭·離騷》："余雖好脩姱以鞿羈兮，謇朝誶而夕替。"王逸注："鞿羈，以馬自喻。韁在口曰鞿，革絡頭曰羈，言爲人所係累也。"朱熹《集注》："鞿羈言自繩束，不放縱也。"《楚辭·九章·悲回風》："心鞿羈而不形兮，氣繚轉而自締。"

③ 謇，正直。《楚辭·招魂》："弱顔固植，謇其有意些。"王逸注："謇，正言貌也。"

④ 誶，諫諍。《楚辭·離騷》："余雖好脩姱以鞿羈兮，謇朝誶而夕替。"王逸注："誶，諫也。"

⑤ 替，廢棄，廢除。《説文·竝部》："暜，廢，一偏下也。从竝，白聲。暜，或从曰。朁，或从兟，从曰。"邵瑛《群經正字》："此即俗作替之正字。經典皆作替。其有从或體作朁者。"《爾雅·釋言》："暜，廢也。"清郝懿行《義疏》："暜，通作替。"

吾法夫前修兮，非時俗之所服。”又“余雖修姱以鞿羈兮，謇朝誶而夕替。”又“民生各有所樂兮，余獨好修以爲常。”又“汝何博謇而好修兮，紛獨有此姱節。”又“跪敷衽以陳辭兮，耿吾既得此中正。”凡前後曰“中”、曰“正”、曰“靈”、曰“修”，俱自謂。惟“下怨靈修之浩蕩兮，終不察夫民心。”注：“靈修，謂懷王。”當是也。

女嬃之嬋媛兮

“女嬃之嬋媛兮，申申其詈予。”注：“嬋媛，猶牽引也。申，重也。言女嬃見己施行，不與衆合，以見放流，故來牽引、數怒、重詈我也。”

按：叔師讀“嬋”爲“蟬”，讀“媛”爲“援”，故云“牽引”。義並見《爾雅》。舊注或不得其詁，以“嬋媛”爲“美貌”者，非。

咸黜不端

《左氏·昭二十六年傳》則有“晉、鄭[①]咸黜不端”。注：“黜，去也。晉文殺叔帶，鄭厲殺王子穨，爲王室去不端直之人。”正義曰：“諸本咸或作減。王肅云：‘咸，皆也。’傅咸爲《七經詩》，其傳《詩》有此句。王羲之寫亦作‘咸’，杜本當然。”

按：杜意以“咸”爲“皆”，故舉晉文、鄭厲言之，作“減”者誤。傅咸《七經詩》者，《易》《書》《詩》《周禮》《左傳》《論語》《孝經》也。《初學記》卷二十一《文部》載傅咸《左傳詩》曰：“事君之禮，敢不盡情。敬奉德義，樹之風聲。昭德塞違，不殞其名。死而利國，以爲已榮。其一。玆心不爽，忠而能力。不爲利諂[②]，古之遺直。威黜不端，勿使能植。”其二。此引作“威黜”者，字誤，當據《傳》疏挍正。

---

① 鄭，底本、《清經解》本、校抄本皆作“趙”。按：據傳文言“晉文”“鄭厲”事，“趙”當作“鄭”，故據改。阮刻《十三經注疏》本作“鄭”。

② 諂，底本作“謟”，爲刻寫俗字。下徑改爲正字，不復出校。

孔子先世

王符《潛[①]夫論·志氏姓》篇云："閔公子弗父何[②]生宋父，宋父生世子，世子生正考父，正考父生孔父嘉，孔父嘉生子木金父。木金父降爲士，故曰滅於宋。金父生祁父，祁父生防叔。防叔爲華氏所偪，出奔魯，爲防大夫，故曰防叔。防叔生伯夏，伯夏生叔梁紇，爲鄹大夫，故曰鄹叔紇，生孔子。"

按：《孔子世家》：其先宋人也，曰孔防叔。［防叔］生伯夏，伯夏生叔梁紇。孟釐子曰："孔丘，聖人之後，滅於宋。其祖弗父何始有宋而嗣讓厲公。及正考父佐戴、武、宣公，三命茲益恭。"《集解》杜預曰："孔子六世祖孔父嘉爲宋華督所殺，其子奔魯。弗父何，孔父嘉之高祖，宋愍公之長子，厲公之兄也。何嫡嗣，當立，以讓厲公。"服虔曰："正考父，弗父何之曾孫。"王符所舉世數，與此合，惟以子木降士、爲滅於宋，與杜異。

七十子

今本《孔子家語》標目《七十二弟子解》，又篇末題曰："右件夫子七十二人弟子皆升堂入室者。"

庸按：《春秋》正義昭二十年曰："《家語》云：'孔子弟子琴張與宗魯友。'《七十子》篇云：'琴牢，衛人，字子開，一字張。'"然則《家語》名篇本作《七十子》。今本"二""弟"兩字爲衍文。正義引服虔注稱《史記·仲尼弟子列傳》爲《七十子傳》，與《家語》名篇正合。《禮記》正義《檀弓》曰："《仲尼七十二弟子傳》云：'子張姓顓孫。'"按："二"字亦當爲衍文。據服、孔引《史記》，蓋篇題本稱《仲尼七十弟子傳》。

又按：《史記列傳》："受業身通六藝者，七十有七人。"《索隱》云："《孔子家語》亦有七十七人，唯《文翁孔廟圖》作七十二人。"并可證《家語》"七十二人"[③]爲"七十七人"之誤。篇末當爲"夫子弟子七十七人也。"《漢書·地理志》："孔子閔王道將廢，迺脩六經，以述唐、虞、

---

① 潛，《清經解》本同，校抄本作"潜"。按："潛""潜"，與"濳"同。《正字通·水部》："濳，俗从二先。"《字彙·水部》："潜，俗濳字。"古籍中多作"濳"，亦作"潜"，今"潛"字通行。

② 何，舊本作"河"。

③ 七十二人，底本及《清經解》本、校抄本原作"七二十人"。據上下文，此處概誤倒"二"與"十"。

三代之道，弟子受業而通者，七十有七人。”又《儒林列傳》：“仲尼既没，七十子之徒散遊諸侯。”師古曰：“七十子，謂弟子者七十七人也。稱‘七十’者，但言其成數也。”《楚元王傳》：“公羊、穀梁在七十子後。”師古曰：“實七十二人。”當依《儒林傳注》作“七十七人”。是可證《史記》《漢書》《家語》皆七十七人。《孔子世家》：“身通六藝者七十有二人。”張守節《正義》亦誤作“二”。當據《弟子列傳》正之。

《孟子》曰：“如七十子之服孔子也。”大史公曰：“學者多稱七十子之徒。”此皆舉成數言之耳。《檀弓》：“孔子之喪，羣居則絰。”注：“羣謂七十二弟子相爲朋友。”服此“二”亦衍字。《孔廟圖》作“七十二人”，又以蘧瑗、林放等爲弟子，皆不足據。皇侃《論語義疏·先進》篇引“或云冠者五六，五六三十人也。童子六七，六七四十二人也。孔門升堂者七十二人。”此沿襲《文翁圖》之誤。太史公親見孔氏古文，據以作《弟子傳》七十七人，當從之。

從遊弟子

《史記·孔子世家》：定公十二年，孔子使仲由爲季氏宰，齊人遺女樂，子路曰：“可以行矣。”過匡，顏刻爲僕，顏淵後。反衛，南子願見，子路不悦。過鄭，與弟子相失。鄭人或謂子貢：“東門有人，若喪家之狗。”子貢以實告。過蒲，弟子有公良孺者，以私車五乘從。鬬①甚疾。子與之盟。子貢曰：“盟可負邪？”孔子曰：“要盟也，神不聽。”佛肸②召，子欲往，子路疑之。將西見趙宣子，臨河而歎。子貢趨而進，問。哀公三年，孔子在陳，季康子召冉求，子貢送冉求，曰：“即用，以孔子爲招。”明年，孔子自陳遷于蔡。明年如葉，葉公問孔子於子

① 鬬，同“鬭”，亦作“鬦”“鬥”。唐王仁昫《刊謬補缺切韻·候韻》：“鬭，通俗作鬬。”三國魏曹植《名都篇》：“鬬雞東郊道，走馬長楸間。”

② 佛肸，人名。春秋末年晉大夫范氏、中行氏的家臣，爲中牟的縣宰。《論語·陽貨》：“佛肸召，子欲往。子路曰：‘昔者由也聞諸夫子曰：“親於其身爲不善者，君子不入也。”佛肸以中牟畔，子之往也，如之何？’”朱熹《集注》：“佛，音弼。”肸，《説文·十部》：“肸響，布也。从十，从㕟。”鈕樹玉《説文校録》：“《繫傳》作从十，㕟聲。《韻會》作从十、㕟。顧云：《韻會》兼用二徐。”田吳炤《説文二徐箋異》：“㕟，振㕟也。段氏據《玉篇》改爲振肸，謂振動布寫也，則肸从㕟會意爲合，小徐直作㕟聲，竊以形聲，與響布之訓轉費句索，不能如合體成誼，以見指撝者了當也。”古時常用作人名用字。如佛肸，另如羊舌肸，春秋時晉國大夫。

路。子路遇長沮、桀溺丈人。孔子遷蔡三歲，楚使人聘孔子，孔子將往拜禮，陳、蔡大夫圍孔子，絕糧。子路愠見。子貢色①作。顏囘②入見，使子貢至楚。昭王興師迎，然後免。昭王將以書社地七百里封孔子，子西曰："王之臣有如子貢、顏囘、子路、宰予者乎？"曰："無有。"昭王乃止。哀公六年，孔子反衛。明年，大宰嚭召季康子。康子使子貢往。子路曰："衛君待子爲政。"明年，召冉有爲季氏宰。康子問軍旅，冉有曰："學之於孔子。"康子以幣迎孔子歸。

按：《論語·先進》篇："從我於陳、蔡者，皆不及門也。"次以"德行③：顏淵"一節。《釋文》大書"德行"二字，云："鄭氏以合前章，皇別爲一章。"皇侃《義疏》云："此章初無'子曰'者，是記者所書，並從孔子印可④而錄在《論》中也。"孔子門徒三千，而唯有此下十人名爲四科。邢疏亦分章。朱子《集注》從程子說，以四科乃從夫子於陳、蔡者。今考從遊弟子有顏淵、子貢、子路、冉有、宰我、顏刻、公良孺七人，而不及閔子騫、冉伯牛、仲弓、子游、子夏五人。則鄭注合爲一章，蓋非《仲尼弟子列傳》以"德行：顏淵"一節揔序於前，本不以爲陳、蔡相從之士也。

葛覃大夫妻詩

《春秋》："莊二十七年，杞伯姬來。"《公羊傳》："其言來何？直來曰來。"注："直來，無事而來也。諸侯夫人尊重，既嫁，非有大故不得反。唯自大夫妻，雖無事，歲一歸寧。"《解》云："言從大夫妻以下，即《詩》［云］'歸寧父母'是也。"案：《詩》是后妃之事，而云"大夫

---

① 色，底本作"色"，爲刻寫俗字。下徑改爲正字，不復出校。

② 囘，《清經解》本同，校抄本作"回"。按：囘，同"回"。《字彙·口部》："囘，回本字。"隋煬帝《勞楊素詔》："（漢王諒）誑惑良善，委任奸囘。"《隋書·楊素傳》作"回"。

③ 德行，阮校："案《考文》載古本'德行'上有'子曰'二字。毛奇齡《論語稽求篇》曰：'舊有子曰字。故《史記·冉伯牛傳》云：孔子稱之爲德行。'《四書考異》云：案《考文》每云古本，皆以證其與皇本同也。今檢皇侃《義疏》本惟別分此爲章，子曰字未嘗有，其疏則云：此章初無子曰者。是記者所著，竝從孔子印可而録在《論》中也，二字之無尤確。《物觀》以彼國別藏寫本謬稱古本，未可援之，實《史記》也。"

④ 印可，佛家謂經印證而認可，禪宗多用之。亦泛指同意。《維摩詰經·弟子品》："若能如是宴坐者，佛所印可。"南朝梁簡文帝《答湘東王書》："皇情印可，今便奉行。"

妻”者，何氏不信毛《敘》故也。

按：何邵公當習魯《詩》，故不用毛《序》。毛《詩序》“《葛覃》，后妃之本也。”“則可以歸句。猶言“之子于歸”。①安父母，化天下以婦道”者，言能以婦道化天下，所以安寧父母也。經之“歸寧父母”，亦當作如是解。段氏若膺云：“毛傳：‘父母在，則有時而歸寧耳。’此語當是後人竄入。”庸謂是王肅所加。然則毛《詩》亦不以諸侯夫人爲可歸也。《葛覃》爲“后妃之本”，是追敘文王既王後事。其實文王娶后妃時，猶諸侯之夫人也。毛《詩·載馳序》云：許穆夫人閔衛之亡，傷許之力小不能救，思歸唁其父母，又義不得，故賦此詩。此即何注“諸侯夫人尊重，既嫁，非有大故，不得反”之義，然則毛、魯《詩》𦔳同。

王門子公羊注

《尚書》正義《泰誓上》云：“《公羊傳》曰：‘王者孰謂，謂文王。’其意以正爲文王所改。《公羊傳》漢初俗儒之言，不足以取正也。《春秋》之‘王’，自是當時之王，非改正之王。晉世有王愆期者，知其不可。句。注《公羊》以爲春秋制。句。文王指孔子耳，非周昌也。《文王世子》稱武王對文王云：‘西方有九國焉，君王其終撫諸。’呼文王爲‘王’，是後人追爲之辭，以上皆王注。其言未必可信，亦非實也。”

按：《釋文序録》：“《公羊》有王愆期注十二卷。字門子，河東人，東晉散騎常侍、辰陽伯。”春秋制，文王指孔子者，門子用緯說言春秋之法，以孔子爲文王。《禮記》正義《曲禮下》曰：“《鉤命決》云：丘爲制法之王，與“黄”韻，作“主”誤。黑緑不代②蒼黄。”《禮記》正義《中庸》引《援神契》文同，“代”舊誤“伐”，今據訂正。是孔子爲文王之事，又或稱“素王”。

鮮能知味

《禮記·中庸》：“人莫不飲食也，鮮能知味也。”正義曰：“案《異

---

① 猶言“之子于歸”，底本、《清經解》本、校抄本皆作大字正文，據文意當爲小字注文。

② 代，《清經解》本、校抄本皆同。按：《十三經注疏》整理本作“伐”，疑誤。

義》云：‘張華辨鮓[①]，師曠別薪。符朗爲青州刺史，善能知味，食雞知棲半露，食鵝知其黑白。此皆《晉書》文也。’”按：《晉書》而上稱《異義》，文當有誤。

庸字用中一字西成[②]

《説文》“用”字从卜、从中，“庸”字从用、从庚。按：庚位西。鄭氏《三禮目録》云：“名曰中庸者，以其記中和之爲用也。庸，用也。”又注《尚書》“笙庸以間”云：“東方之樂謂之笙。笙，生也。東方生長之方，故名樂爲笙也。西方之樂謂之庸。庸，功也。西方物熟有成功也。”[③] 毛《詩·那》《尚書·益稷》《尒疋·釋樂》字皆作“庸”，今本偏旁有从金者，淺人所加。《説文》爲字書，故《金部》有“鏞”字，至經典相承，則本作“庸”也。原名鏞堂，事出杜詩“金鐘大鏞在東序”。塾師字之曰“在東”。唐人之言，未足深據。又堂似別字，徒成虛設，然已孤不更名，今謹取許叔重、鄭康成之言，但就原名考正其文而更定其字，且刪除下文賸字，而頗協乎《春秋》譏二名之旨。孔門弟子皆一字爲名。名近庸弱，字嫌矜餙，聊取以自警銘耳。

《拜經日記》卷第十經七千八百八十七字，注四百一十二字。

① 鮓，《清經解》本、校抄本皆同。按：《十三經注疏》整理本作“鮮”，疑爲形誤。

② 底本、《清經解》本無此篇，據校抄本補。

③ 笙庸以間，《十三經注疏》本作“笙鏞以間”，孔傳曰：“鏞，大鍾。間，迭也。”孔疏：“鏞音庸。間，間側之間。”

拜經日記第十一

武進臧氏學

逸禮禮記[1]

《周禮·内宰》注："《天子巡守礼[2]》［所］云：'制幣丈八尺，純四㧊。'"《儀礼·聘礼》注："《朝貢礼》云：'純四只，制丈八尺。'"《既夕礼》注："丈八尺四制。"《少牢饋食礼》注："禘于太廟。《礼》曰：'日用丁亥。'"《白虎通·文質》篇云："《礼》曰：'天子珪尺有二寸。'"又曰"博三寸，剡上左右各寸半，厚半寸。半圭爲璋。方中圓外曰璧。半璧曰璜。圓中牙外曰琮。"《周礼·大宗伯》注："半圭曰璋"，"半璧曰璜"。《釋》曰："《逸礼記》文。"又《蓍龟[3]》篇云："《礼·三正記》曰：'天子龟長一尺二寸，諸侯一尺，大夫八寸，士六寸。龟陰，故數偶也。天子蓍長九尺，諸侯七尺，大夫五尺，士三尺。蓍陽，故數奇也。'"《儀礼·士冠礼》疏云："案《三正記》：'大夫蓍五尺，士之蓍三尺。'"《特牲饋食礼》疏："《三正記》云：'天子蓍長九尺，諸侯七尺，大夫五尺，士三尺。'"又"《礼·三正記》曰：'灼龟以荊。'"又《三正》篇云："《礼·三正記》曰：'正朔三而改，文質再而復也。'"又"《礼·三正記》曰：'質法天，文法地也。'"又《姓名》篇云："《礼記》曰：'朝日上質[4]不諱，正天名也。'"[5]按：此亦《逸礼》，或云當作《礼說》，非。《玉海》卷五十七《藝文》云："《三礼義宗》引

---

① 底本、《清經解》本無此篇，據校抄本補。

② 校抄本"禮""礼"並現。按：礼，同"禮"。《集韻·薺韻》："禮，古作礼。"今"礼"爲"禮"的簡化字。下同，不復出校。

③ 龟，校抄本作"亀"。按："龟"爲"龜"之簡體字，"亀"爲"龟"之抄本俗字。下徑寫作"龟"，不復出校。

④ 質，《四庫全書》本《白虎通義》引作"値"。

⑤ 《大戴禮記·虞戴德》云："是故上古不諱，正天名也。"所引《禮記》疑出此。

《三正記》曰：‘三王各以正月祭天南郊，日月上辛[①]。”

顏延之纂要[②]

《周禮·甸師》注：“木，大曰薪，小曰蒸。”釋曰：“此《纂要》文。”又《幕人》疏：“顏延之《纂要》云：‘四合象宮曰幄。’”又《序官》“泽[③]”，虞《疏》：“《纂要》云：‘水所鍾曰澤。’”

妥而后傳言

《儀禮·士相見禮》：“妥而后[④]傳言。”注：“妥，安坐也。傳言，猶出言也。古文‘妥’爲‘綏’。”《爾雅·釋詁》：“妥，安坐也。”[⑤]注：“《禮記》曰：‘妥而后傳命。’”

案：《儀禮》注則“傳命”當爲“傳言”。古文作“綏[⑥]而后傳言”，今文作“妥而后傳言”。鄭據《[爾]雅·[釋]詁》定從今文作“妥”。又《鄉射禮》注云：“古文‘而后’作‘後’，非也。《孝經說》‘然后’曰‘后’者，後也，當從‘后’。”然則古文作“後”，今文作“后”。《相見禮》“妥”字從今文，“后”字亦當從今文。如郭注所引，今本作“後”，非。又案：《儀禮》“凡言非對也，妥而後傳言”以下，蓋皆《士相見禮》之《記》，故郭氏稱“《禮記》謂《禮經》之《記》也”，今本無“記”字，蓋脱。

爾雅注引尚書

《爾雅》注“遏矣，西土之人”，今《牧誓》“遏”做“逖”。“茂哉

① 清朱彝尊《經義考》卷二百六十二作“日用上辛”。

② 底本、《清經解》本無此篇，據校抄本補。

③ 泽，校抄本作“滊”。按：“滊”爲“泽”之寫本俗字，“泽”爲“澤”之簡體字。

④ 后，《十三經注疏》整理本作“後”。

⑤ 《爾雅·釋詁》：“妥，安坐也。”《十三經注疏》整理本《爾雅·釋詁》作“妥、安，坐也。”《儀禮·士相見禮》注引《爾雅·釋詁》則作“妥，安坐也。”

⑥ 綏，底本作“綏”，爲刻寫俗字，亦爲日本用漢字。下徑改爲正字，不復出校。

茂哉”，今《皋陶謨》作“懋[①]哉懋哉”。“天威棐忱”，今《康誥》“威”作“畏”。“偁爾戈”，今《牧誓》“偁”作“稱”。“翌日乃瘳”，今《金縢》作“王翼日乃瘳”。“無惑[②]侜張[③]爲幻”，今《無逸》作“民無或胥譸張[④]爲幻”。“至于大坯”，今《禹貢》“坯”作“伾”。

案：此類異文，未必郭景純親見舊本《尚書》如此，蓋漢人李巡、樊光等注所引，郭氏承襲用之耳。

哀矜折獄

《尚書·吕刑》“哀敬折獄”，傳：“當憐下人之犯法，敬斷獄之害人。”案：《爾雅·釋訓》、毛《詩·鴻鴈》傳及釋慧苑引《説文》《字統》皆曰：“矜，憐也。”“令”“粦”同聲爲訓也。孔傳曰“憐”，正釋經之“矜”字。可證經作“哀矜”而不作“哀敬”矣，傳中“敬”字亦係淺人竄入。孔傳蓋言“當哀矜下人之犯法、釋“哀矜”。斷獄之害人。”釋“折獄”。若謂“敬斷獄之害人”，乃不辭。斷獄害人，何敬之有？若言斷獄宜敬，不當承以害人。此明是“下人犯法”“斷獄害人”二者皆蒙上“哀矜”也。正義曰：“當哀憐下民之犯法，敬慎斷獄之害人。”釋經釋傳皆有此辭，則孔所據本已誤矣。《文選》庾元規《讓中書令表》李善注引《尚書》“哀矜折獄”，明啟《刑書》[⑤] 所據，本出沖遠之上。

《尚書·大傳》：“子曰：‘聽訟，雖得其情，必哀矜之。死者不可復生，斷者不可復續也。’”《書》曰：“哀矜哲獄。”《孔叢子·刑論》篇：“《書》曰：‘哀矜折獄。’仲弓問曰：‘何謂也？’孔子曰：‘古之聽訟者，

---

① 懋，底本作“㦤”，《清經解》本、校抄本同。按：“㦤”爲“懋”刻寫俗字。下徑改爲正字，不復出校。

② 惑，《十三經注疏》整理本作“或”。按：古籍中“惑”與“或”常通用。《墨子·明鬼下》：“請惑聞之見之。”孫詒讓《閒詁》：“惑，與或通。”《玉篇·戈部》：“或，有疑也。”《廣韻·德韻》：“或，疑也。”《戰國策·魏策三》：“今大王與秦伐韓，而益近秦，臣甚或之。”《史記·魏世家》作“惑。”。

③ 侜張，欺誑。《爾雅·釋訓》：“侜張，誑也。”《詩·陳風·防有鵲巢》：“誰侜予美？”鄭玄箋：“誰侜張誑欺我所美之人乎？”

④ 譸張，也作“侜張”。欺誑。《玉篇·言部》：“譸，譸張，誑也。”《書·無逸》：“古之人猶胥訓告，胥保惠，胥教誨。民無或胥譸張爲幻。”孔傳：“譸張，誑也。”

⑤ 《刑書》，即《尚書·吕刑》。

察貧窮，哀孤獨及鰥[①]寡、老弱、不肖[②]而無告者，雖得其情，必哀矜之。死者不可生，斷者不可屬。’”《漢書・于定國傳贊》曰：“于定國父子哀鰥折獄。”

案：孔傳本古文《尚書》也。《書・大傳》，今文《尚書》也，皆作“哀矜折獄”。《孔叢子》雖僞託，而所引亦作“矜”，則本古文；《漢書傳贊》本今文而作“哀鰥折獄”，益足爲今文“矜”字之證。蓋“矜”“鰥”二字往往通借，此“哀鰥”之爲“哀矜”，猶“鰥寡”之爲“矜寡”也。

又案：《大傳》“哀矜哲獄”，“哲”當爲“折”。上文“伯夷降典，折民惟刑。”《書釋文》曰：“折，馬、鄭、王皆音‘哲’。馬云‘智也’。”而《大傳》曰：“《書》曰：‘伯夷降典禮，折民以刑。’謂有禮然後有刑也。”《漢書・刑法志》曰：“《書》云：‘伯夷降典，悊民惟刑。’言制禮以制[③]刑，猶隄之防溢水也。”師古曰：“悊，知也。”段氏若膺云：“班意以‘制止’訓‘折’，正同《大傳》說，淺人用馬、鄭本改‘折’作‘悊’，小顔又取馬、鄭說注之，殊失班意。”案：《孔叢子・刑論》篇：“孔子曰：《書》曰：‘伯夷降典，折民維刑。’謂先禮以教之，然後繼以刑折之也。夫無禮，則民無恥，而正之以刑，故民苟免。”“正之以刑”，謂“折之以刑”也。

儀禮今文

《士虞禮》：“朞而大祥，中月而禫。”注：“古文‘禫’或爲‘導’。”《說文・谷部》云：“㐁，古文西，讀若‘三年導服’之‘導’。”此蓋古文作“禫”，今文作“導”，古文或亦作“導”。《說文・寸部》有“導”字，《示部》：“禫，除服祭也。”當是後人所補，故不與“祠”“礿”“禘”“祫”諸訓“祭”字同列，而附於部末。

---

① 鰥，底本作“鱞”，校抄本同，《清經解》本作“鰥”。按：“鱞”爲“鰥”之刻寫俗字。下徑改爲正字，不復出校。

② 肖，底本作“肻”，《清經解》本同，校抄本作“肖”。按：“肻”爲“肖”之刻寫俗字。下徑改爲正字，不 復出校。

③ 制，中華書局本《漢書》作“止”。按：制，有“禁止；抑制”義。《說文・刀部》：“制，一曰止也。”《廣雅・釋詁四》：“制，禁也。”

《士喪禮》："挋用巾。"注："挋，晞也，清也。"古文"挋"皆作"振"。《説文·刀部》："刷，刮也。从刀，㕞省聲。《禮》：'布刷巾。'"案：《爾雅·釋詁》："挋、拭、刷，清也。"《説文·手部》："挋，給也。从手，臣聲。一曰約也。"《又部》："㕞，拭也。从又，持巾在尸下。""《禮》：'布刷巾。'"當作"《禮》：'刷用巾。'"蓋《爾雅》"挋""刷"同詁，鄭君所據今文作"挋"，許君所據今文作"刷"，猶毛《詩》《周禮》，許、鄭之本迥異。"布"爲"用"之訛。《禮》注本《釋詁》文，"㕞，淸"當用《又部》字从手持巾，而《爾雅·釋詁》《儀禮》今文皆用"刷，刮"字者，同聲假借也。故許君仍於"刷"下引《禮》經以名之。《爾雅》"拭""刷"同詁爲"淸"，展轉相注，是"刷"亦"拭"也。故許君曰："㕞，拭也。"《士昏禮》："納徵元纁，束帛儷皮。"注："儷，兩皮。執束帛以致命。兩皮爲庭實。皮，鹿皮。"又《士冠禮》："束帛儷皮。"注："儷皮，兩鹿皮也。古文'儷'爲'離'。"《説文·鹿部》："麗，旅行也。鹿之性，見食急則必旅行。从鹿，丽聲。《禮》曰：'麗皮納聘。'蓋鹿皮也。"案：此古文作"離皮"，今文作"麗皮"。《易·象》傳："離，麗皮。儷者，麗之或字。"此亦許稱今文之證。

《士喪禮》："爲垼于西牆下。"注："垼，塊竈。"《説文·土部》："坄，陶竈窻也。从土，役省聲。"案：《玉篇·土部》曰："坄，陶竈窻也。"《儀禮·甸人》："爲坄於西牆下。"鄭元曰："塊竈，本亦作'垼'，又作'炈'。'垼'同上。"然則顧野王所據《儀禮》本作"坄"，今本作"垼"，俗字。《釋文》："爲垼，音役。"當作"爲坄，音役"。又《既夕記》曰："垼用塊。"注云："古文垼爲役。"然則古文作"役"，今文作"坄"。許、鄭皆從今文。蓋古文假借今文，因陶竈从"土"，故从"役"省，今本既从"土"，又不省，係俗字。

《士虞禮》："酌酒酳尸。"《説文·酉部》："酌，少少歙也。从酉，勻聲。"案："歙"，即《説文》"飲"字。《士虞禮》注："酳，安食也。主人北面以酳酢，變吉也。"《特牲饋食禮》注："酳，猶衍也，是獻尸也。云酳者，尸既卒食，又刧[①]頤衍養樂之。"《少牢饋食禮》注："酳，猶羡也。既食之而又飲之，所以樂之。"

① 刧，《清經解》本同，校抄本作"却"。按："刧"爲"却"之刻寫俗字，見《敦煌俗字譜》。下同，不復出校。

案：《士虞禮》注與《特牲》《少牢》異義，鄭望[1]文爲說。“羨”“衍”，聲、義皆相近，與“酳”爲一音之轉，皆取“尸既卒食，又羨飲安樂之”也。許云“少少飲也”，與鄭義相反而相成。《特牲》注云：“今文‘酳’皆爲‘酌’。”“酌”，即“酳[2]”字形近之訛，是古文作“酳尸”，今文作“酳尸”。許君、《儀禮》皆據今文，故有“酳”無“酳”。《玉篇》曰：“酳，余振切，少飲也。酳，同上。”此其明證。《釋文》“酳尸”三篇皆有音而不出“酳”字，則陸所見本已誤。又今文“酳”皆作“酌”，惟《特牲》注作今文，《士虞》《少牢》注皆誤作古文矣。據許君收“酳”字定之。

阮侍郎矜字說[3]

矜者，老而無妻之稱。矜，苦也。老無妻，苦可知矣。若“鰥”[4]字，乃“矜”之同音假借字，非本字也。故《詩》曰：“爰及矜人，哀此鰥寡。”“矜人”之“矜”，通言苦人，不專指無妻。“哀此鰥寡”之“鰥”，乃專指無妻者。詩人嫌此若再用“矜”字，便與上相覆，故借“鰥”字代之。此例《詩》中多有，而學者鮮察也。自《釋名》泥於魚旁“鰥”字爲魚目之訓，其取義迂謬，而“苦矜”夲字之義反晦矣。使無妻必取象于魚，“孤”“獨”“寡”又將何說？《漢書·于定國傳》亦以“鰥”爲哀矜。“矜”即苦矣。郭《爾雅》注：“可矜憐者亦辛苦。”多一轉折，其取義反曲失古人之夲義。

夷逸朱張

長洲宋孝廉翔鳳《論語鄭注說》曰：“《文選》劉越石《答盧諶書》：

---

① 望，底本作“朢”，《清經解》本、校抄本作“朢”。按：“朢”與“朢”皆爲“望”之刻寫俗字。下徑改爲正字，不復出校。

② 酳，少飲。後作“酳”。《篇海類編·食貨類·酉部》：“酳，少飲也。亦作酳。”《儀禮·士虞禮》“酳酒酳尸”鄭玄注：“古文酳作酳。”清阮元《校勘記》：“錢大昕曰：《說文》無酳字。《說文》：‘酳，少少飲也。’音與酳同。學者多聞酳，少聞酳，故注文譌爲酌。”

③ 底本、《清經解》本無此篇，據校抄本補。

④ 鰥，校抄本作“鱞”，爲“鰥”之刻寫俗字。下徑改爲正字，不復出校。

‘自頃輈張。’注：‘輈張，驚懼之貌也。’楊雄[1]《國三老箴》云：‘負乘覆餗，姦究[2]侏張。’‘輈’與‘侏’古字通，此鄭本爲‘侏張’，知非人姓名矣。故鄭注‘作者七人’[3] 獨不舉夷逸、朱張。郝氏敬曰：‘朱張，朱當作譸。《書》‘譸張爲幻’，即陽狂也。曰逸民，曰夷逸，曰朱張，三者别其目；夷、齊、仲、惠、連，五者舉其人也。’此説當得鄭義。”

庸案：《論語釋文》云：“朱張，並如字。衆家亦爲人姓名。”王弼注：“朱張，字子弓。荀卿以比孔子。”鄭作“侏張”，云“音陟留反。”是讀“朱張”爲“侜張”，不以爲人姓名也。《爾雅・釋訓》：“侜張，誑也。”郭注云：“《書》曰：‘無或侜張爲幻。’”“侜”“輈”“譸”同字，“侏”則聲近假借也。皇侃《義疏》“作者七人”下引鄭康成曰“伯夷、叔齊、虞仲，辟世者；柳下惠、少連，辟色者”，不及朱張、夷逸。蓋逸民二人，伯夷、叔齊也。夷逸一人，虞仲也。侜張陽狂者二人，柳下惠、少連也。故聖人先論伯夷、叔齊，次論柳下惠、少連，後云謂虞仲。夷逸隱居放言，言夷、齊讓國，隱逸首陽，謂之逸民。虞仲竄逸蠻夷，故曰夷逸。《考古質疑》卷一云：“虞仲、夷逸，二人也。班固以爲仲雍竄于蠻夷而遁逸。以遷、固之博洽，其失猶爾。”然則班孟堅讀《論語》，以虞仲爲竄逸蠻夷也。葉氏之失不足辨。不舉泰伯者，三讓天下，至德不可以“逸”論也。侜張爲陽狂，當如郝氏説。《爾雅》：“侜張，誑也。”“誑”可讀爲“狂”，猶楚狂接輿也。“作者七人”，注以荷蕢、楚狂皆辟言者。若從衆家以夷逸、朱張爲人姓名，則聖人發論，何但舉伯夷、叔齊、虞仲、柳下惠、少連五人乎？

---

① 楊雄，校抄本，《清經解》本作“揚雄”。按：楊雄，即揚雄。“楊”與“揚”音同，《廣韵》均作“與章切”，故常相通用。另如“揚子江”也作“楊子江”。

② 究，校抄本同，《清經解》本作“宄”。按：應作“宄”，作“究”者概因形近而誤。宄，作亂或盜竊之人。《書・舜典》：“蠻夷猾夏，寇賊姦宄。”孔傳：“在外曰姦，在内曰宄。”

③ 《論語・憲問》：“子曰：賢者辟世，其次辟地，其次辟色，其次辟言。”又“子曰：作者七人矣。”包曰：“作，爲也。爲之者凡七人，謂長沮，桀溺，丈人，石門，荷蕢，儀封人，楚狂接輿。”正義引王弼云：“七人：伯夷，叔齊，虞仲，夷逸，朱張，柳下惠，少連。”鄭康成云：“伯夷，叔齊，虞仲，辟世者；荷篠、長沮，桀溺，辟地者；柳下惠，少連，辟色者；荷蕢，楚狂接輿，辟言者。‘七’當爲‘十’字之誤也。”《論語・微子》：“逸民：伯夷、叔齊、虞仲、夷逸、朱張、柳下惠，少連。”“朱張”，《釋文》云：“鄭作‘侏張’。”阮校：“案鄭氏不以朱張爲人姓名，故讀‘朱’如‘周’，‘朱’‘周’一聲之轉，《書》譸張爲幻，本或作‘侜張’，亦作‘侏張’，此言逸民之行，皆不合於正，故云‘侏張’，猶師古注‘夷逸’謂‘竄於蠻夷而遁’，亦不以爲人姓名也。”

巧言令色足恭

《論語·公冶長》："子曰：'巧言，令色，足恭。'"孔安國曰："足恭，便辟之貌也。"[①] 皇《疏》引繆協曰："足恭者，以恭足於人意而不合於禮度。"《釋文》："足，將樹反。又如字。"注同。《集注》用陸音，云："足，過也。"《禮記·表記》："孔子曰：'君子不失足於人，不失色於人，不失口於人。'"《大戴禮記·曾子修身》篇："亟達而無守，好名而無體，忿怒而爲惡，足恭而口聖，而無常位者，君子弗與也。巧言、令色，能小行而篤，難於仁矣。"《文王官人》篇："華如誣，巧言、令色、足恭，一也，皆以無爲有者也。"盧注："孔子曰：'巧言，令色，鮮矣仁[②]。'"

案：不失足者，不足恭也；不失色者，不令色也；不失口者，不巧言也。故《文王官人》三者並舉，左丘明、孔子俱恥之。"足恭而口聖"，口聖，即巧言也。"華如誣"，"如"讀爲"而"。《詩·板》："無爲夸毗。"正義曰："夸毗者，便辟其足，前却爲恭。"孔注："言'足恭，便辟之貌'者，義當如此解。"皇《疏》、陸音、《集注》皆非。曾子以"足恭"與"口聖"對文，知"足"本如字讀矣。《爾雅·釋訓》："籧篨，口柔也。戚施，面柔也。夸毗，體柔也。"李巡注："巧言好辭以饒人[③]，是謂口柔；和顔悦色以誘人，是謂面柔；屈己卑身求得於人，曰體柔。"《論語·季氏》篇："益者三友，損者三友。友便辟，馬融曰："便辟，巧避人［之］所忌，以求容媚者［也］。"友善柔，馬融曰："面柔者也。"[④] 友便[⑤]佞，損矣。"鄭元曰："便，辯也。謂佞而［復］辯也。"然則便辟爲體柔，善柔爲面柔，便佞爲口柔；體柔爲足恭，面柔爲令色，口柔爲巧言。斷斷然矣。馬言"巧避人所忌"者，謂足容盤辟、趨避進

---

① 《十三經注疏》本作"足恭，便辟貌。"

② 鮮矣仁，皇本作"鮮矣有仁"。阮校："案包注及疏文當作'有仁'。"

③ 以饒人，《十三經注疏》本作"以口饒人"。浦鏜云："口，衍字。"《釋文》引李云："巧言辭以饒人謂之口柔。"

④ 《十三經注疏》本作"善柔，謂面柔，和顔悦色以誘人者也。"

⑤ 便，《説文》引作"諞"。阮校："案《五經文字》云'諞，見《周書》，與便巧之便同。'"

退，善承人意也。“友便佞”注、《集解》雖稱鄭氏，必馬、鄭義同，鄭襲用之。

茍[1]日新

《禮記・大學》：“湯之盤銘曰：‘茍日新，日日新，又日新。’”此不特三句三“新”字韵，即三句四“日”字亦韵也。不特三句四“日”字韵，即首句第一字“茍”，與三句第一字“又”亦韵也。《說文》：“茍，（目）［自］急敕也[2]。从羊省，从包省。从口。口猶愼言也。从羊，羊與義、善、美同意。凡茍之屬皆从茍。”“敬，肅也。从攴、茍。”又“葡，具也。从用，茍省。”徐鉉等曰：“茍，急敕也，會意。”《艸部》：“苟，艸也。从艸，句聲。古厚切。”

案：“茍”，讀如“亟數”之“數[3]”。“敬肅”字从此，與《艸部》字不同。“又”字古讀如“異”，與“亟”韵皆“之”類也。“茍日新”者，言急急皇皇敬爲日新之學。是不必訓“茍”爲“誠”，作假設之辭矣。

君子人與君子也

《論語・泰伯》篇：“曾子曰：‘可以託[4]六尺之孤，可以寄[5]百里之命，臨大節而不可奪也。君子人與？君子人也。’”皇侃《義疏》曰：“言爲臣能受託幼、寄命，又臨大節不回，此是‘君子人與’也。再言君子，美之深也。”

案：此釋經上句作“君子人與”，音餘。下句作“君子也”，無“人”

① 茍，同“茍”。刻本中“艹”與“卝”常混而不別，不一一出校。

② 目急敕也，底本、《清經解》本、校抄本皆同。按：今本《說文・茍部》：“茍，自急敕也。”作“目急敕”者，概因形近而致誤。

③ 數，底本、《清經解》本、校抄本皆同。按：據文意及古音，疑當作“亟”。

④ 託，《玉篇・人部》引作“侂”。阮校：“案‘侂’與‘託’古字通。《經義雜記》云：‘據《玉篇》所引，則《論語》舊是侂字。’蓋从言者，以言託寄之；从人者，以人託寄之，義各不同。今从言，蓋通借字。”

⑤ 寄，底本作“寄”，校抄本同，《清經解》本作“寄”。按：“寄”乃“寄”之刻寫俗字。下徑改爲正字，不復出校。

字。又引繆協注曰："夫[①]能託六尺於其臣，寄顧命於其下，而我無二[②]心，彼無二節，受[③]任而不失人，受任而不可奪。故必齊同乎君子之道，審契而要終者也。非君子之人與君子者，孰能要其終而均其致乎?"蓋讀"君子人與君子也"七字爲句。"君子人"者，言此爲君子一流人，所謂"齊動乎君子之道"者也。"君子也"者，有德者之定名，毅然稱之爲"君子"而無疑也。亦上有"人"字，下無"人"字。今本下文亦衍。皇《疏》標起止同。《釋文》大書"人與"二字，注云："音餘。"又大書"君子也"三字，注云："一本作'君子人也。'"然則陸德明本上有"人"字，下無"人"字，其所見本已同今本矣。

發中權

《微子》篇："謂'虞仲、夷逸隱居放言，身[④]中清，廢中權。'"馬融曰："清，純潔也。遭亂世，自廢棄以免患，合於權也。"《釋文》："廢，鄭作發，云'動貌'。"

案：何平叔《集解序》云："古《論》唯博士孔安國爲之訓說，而世不傳。至順帝之時，南郡太守馬融亦爲之訓說。"此言古《論》孔說不傳，後馬又爲古《論》訓也。又云："漢末，大司農鄭元就魯《論》篇章考之齊、古，以爲之注。"此言鄭注魯《論》又參齊、古也。然則"廢"之作"發"，乃古《論》假借爲"廢"，魯《論》本字作"發"，馬讀"如字"爲誤，當從鄭注，謂"發動中權"，道始與虞仲事合。皇侃《義疏》引江熙曰："超然出於塵埃之表，身中清也。晦明以遠害，發動中權也。"亦用鄭本。

---

① 夫，底本誤作"天"。

② 二，中華書局本作"貳"。按：二，同"貳"。《禮記·坊記》："唯卜之日稱二君。"鄭玄注："二當爲貳。"孔穎達疏："小二是一二之二，大貳是副貳之二。此取副貳之貳，不取一二之二，故轉二爲貳也。"

③ 受，中華書局本作"授"。按："授""受"二字，古皆作"受"。《說文·受部》："受，相付也。从受，舟省聲。"林義光《文源》："象相授受形，舟聲。授、受二字，古皆作受。"

④ 身，皇本、高麗本作"身者"。

公行不下衆[①]王御不參族

《國語·周語上》："恭王遊於涇上，密康公從，有三女奔之。其母曰：'必致之於王。夫獸三爲羣，人三爲衆，女三爲粲。王田不取羣，公行下衆，王御不參一族。夫粲，美之物也。衆以美物歸女，而何德以堪之？'"

案：《說文》："三女爲妫。妫，美也。从女，奴省聲。"《詩釋文》引《字林》作"娶"，不省。《詩·綢繆》："今夕何夕，見此粲者。"毛傳曰："三女爲粲。大夫一妻二妾。"是則"粲"爲衆美之義。《說文》《字林》从"女"者，正字；毛《詩》《國語》从"米"者，假借字。《國語》本文當作"王田不取羣，公行不下衆，王御不參族"，與上"獸三爲羣，人三爲衆，女三爲粲"文法正同，今本文有衍、脱。《史記·周本紀》作"公行不下衆"，有"不"字，是。"不下衆"者，不卑下衆人也。"下"讀如字，"不"讀戸雅反。韋注云："公，諸侯也。下衆，不敢誣衆也。禮，國君下卿位，遇衆則式禮也"。韋引"國君下卿位，遇衆則式"，以明"不下衆"之義。或因注中"下卿位"之"下"，謂正文"下"字亦同，因疑正文"不"字爲衍而删之。嘗見影抄宋本注中"下衆，不敢誣衆也"七字行間特疎闊，蓋注中本作"不下衆"，後反據正文删之也。"王御不參族"者，正文本無"一"字，故注云："御，婦官也。參，三也。族，舊作"一族"，今删。父子也。故取異姓以備三，俗本"異姓"作"姪娣"，非。不參族也。"若正文本作"不參一族"，韋注不已贅乎？

所怒甚多

《周語》："芮良夫曰：'夫榮夷公好專利而不知大難。夫利，百物之所生也，天地之所載也，而或專之。其害多矣。天地百物，皆將取焉，胡可專也。所怒甚多，而不備大難，以是教王，王能久乎？夫王人者，將導

---

① 衆，底本作"衆"，《清經解》本作"眾"。按："衆"與"眾"皆爲"衆"之刻寫俗字。下徑改爲正字，不復出校。

利而布之上下者也，使神人百物無不得其極，猶日怵惕[①]，懼怨之來也。’”

案：“所怒甚多”，“怒”當爲“怨”字之誤也。韋注“其害多矣”，引孔子曰：“放於利而行，多怨。”又下文“猶日怵惕，懼怨之來也”，彼“怨”字正承此文來，可據以勘正。“怨”則其常，“怒”則爲變。故下云：“夫事君者，險而不懟，怨而不怒。”於此尚不當言“怒”也。“猶日”之“日”，人實反。明道本作“日”，是也。《補音》及《史記》並作“曰，音越”，非。榮夷公，《吕覽》《墨子》皆作“榮夷終”，蓋以榮爲姓氏，名夷終。“公”與“終”音相轉耳。《國語》《史記》作“夷公”。韋注云：“榮，國名；夷，謚也。”下云：“‘榮公若用，周必敗。’既，榮公爲卿士，諸侯不享，王流于彘。”因正文稱“榮公”，故韋注以“夷”爲謚[②]。

公子縶反致命

《晉語二》：秦穆公使公子縶弔公子重耳于狄，又弔公子夷吾于梁。“公子縶反，致命穆公。穆公曰‘吾與公子重耳’。”今本皆重“穆公”二字。明道本每行大字二十，此行獨二十二字。細審之，兩“穆公”字皆特小，蓋原本作“公子縶反，致命。句。穆公曰‘吾與公子重耳’。”本不叠[③]“穆公”二字，後反據俗本羼入也。當依原本，刪去“穆公”二字。古人文法多簡。

---

① 怵惕，戒懼；驚懼。《書·冏命》：“怵惕惟厲，中夜以興，思免厥愆。”孔傳：“言常悚懼惟危，夜半以起，思所以免其過悔。”《漢書·淮南厲王劉長傳》：“大王不思先帝之艱苦，日夜怵惕，修身正行。

② 謚，底本作“謚”，《清經解》本同，校抄本作“謚”。按：“謚”爲“謚”之刻寫俗字。下徑改爲正字，不復出校。

③ 叠，《清經解》本、校抄本同。按：叠，同“疊”。唐玄應《一切經音義》卷九引《蒼頡篇》：“叠，重也。”《宋元以來俗字譜》：“疊”，《金瓶梅》作“叠”。古籍中多作“疊”，今“叠”字通行。下同，不復出校。

妾告姜氏殺之

《晉語四》：子犯“與從者謀於桑下，蠶[①]妾在焉，莫知其在也。妾告姜氏，姜氏殺之。”明道本此行亦擠入“姜氏”二字，故此行二十三字，原本“姜氏”二字當不叠，讀“妾告，句。姜氏殺之。”句。

弗殺而反必懼楚師

令尹子玉曰：“請殺晉公子。弗殺，而反晉國，必懼楚師。”王曰：“不可。楚師之懼，我不修也。我之不德，殺之何爲！天之祚楚，誰能懼之？”案：“晉國”二字，後人竄入，故明道本此行擁擠，二十二字也。上文“請殺公子”已著“晉”，故此第云“弗殺而反”，“反”爲晉國，可知。

原憲爲家邑宰

“公食貢，大夫食邑，士食田，庶人食力，工商食官，皂隸食職，官宰食加。”韋解曰：“官宰，家臣也。加，大夫之加田。《論語》曰：‘原憲爲家邑宰。’”黄丕烈《札記》曰：“解‘爲家邑宰’與今《論語》文異。”

庸案：此韋解《論語》以義言之耳，非宏嗣所據《論語》本文作“原憲爲家邑宰”也。蓋孔子爲魯司寇，大夫食邑之外別有加田，時原思[②]爲孔子家邑宰臣，食此田粟九百也，故韋引《論語》以釋之。

行爲表綴

《大戴禮記·曾子制言中》曰：“昔者，伯夷、叔齊，［仁者也，］死

① 蠶，《清經解》本作“蠶”，校抄本作“蠺”。按：“蠶”與“蠺”皆爲“蠶”之刻寫俗字。

② 原思，即孔子弟子原憲，字子思，宋國人。何晏《論語集解》引包咸注：“孔子爲魯司寇，以原憲爲家邑宰也。”

於溝澮之間，其仁成名於天下。夫二子者，居河、濟之間，非有土地之厚、貨粟之富也，言爲文章，行爲表綴①於天下。”

案：此“表綴”，即《郊特牲》之“郵表畷”，《樂記》之“綴兆行綴”，《詩·長發》之“綴旒②”。義詳《研③經室文集·釋郵表畷》。“畷”與“綴”同字，胥一物也。言夷、齊之行可爲天下準式，猶田間標列之木可爲人觀望，得行止法也。

鞠躬如也

《論語·鄉黨》：“入公門，鞠躬如也。”孔安國曰：“斂身。”邢昺正義曰：“鞠，曲斂也。躬，身也。”此不知“鞠躬”爲“鞠窮”，故以“躬”爲“身”。又“執圭，鞠躬如也。”包咸曰：“鞠躬者，敬慎之至。”此知“鞠躬”爲“鞠窮”之假借，故云“敬慎之至”，識出孔注之上，邢氏不能疏其意。誰謂西京孔子國學術出包子良下乎？舉此足徵《論語》孔注之僞。

不失赤子之心

《離婁》篇下：“孟子曰：‘大人者，不失其赤子之心者也。’”《章句》曰：“大人謂［君］。國君視民，當如赤子，不失其民心之謂也。一説曰：赤子，嬰兒也。少小之子，專一未變化。人能不失其赤子時心，則爲貞正大人也。”

案：此章猶得乎丘民而爲天子之意，故云不失其赤子之心，前説勝。《集注》從後説，然云：“擴而充之，則無所不知，無所不能，而極其

① 表綴，表率，榜樣。《大戴禮記·曾子制言中》：“昔者伯夷、叔齊……言爲文章，行爲表綴於天下。”孔廣森《補注》：“表綴，言爲人準望也。”

② 旒，各本同。按：旒，古同“旒”。《龍龕手鑑·方部》：“旒”，“旒”的俗字。

③ 研，校抄本同，《清經解》本作“揅”。按：阮元文集本名《揅經室文集》。研，同“揅”。《廣雅·釋詁三》：“揅，磨也。”王念孫《疏證》：“研，與揅同。”清王筠《説文句讀·手部》：“揅，摩也。大徐各本、李燾本皆無此字。毛刻補於部末，據小徐也。《易·繫辭》‘聖人之所以極深而研幾也’，《釋文》：‘蜀才作揅。’《廣雅》：‘揅，摩也。’……是知揅者，魏、晉間俗字也。”

大。”則又多一轉折矣，不若前說較直截。

資之深

“孟子曰：‘君子深造之以道，欲其自得之也。自得之，則居之安；居之安，則資之深；資之深，則取之左右逢其原。故君子欲其自得之也。’”《章句》曰：“居之安，若己所自有也。資，取也。取之深，則得其根也。左右取之，在所逢遇，皆知其原本也。”《集注》云：“資猶藉也。處之安固，則所藉者深遠而無盡。”

案：“資”字當從趙邠卿訓“取”。上云“資之深”，下云“取之左右逢其原”，此古人綴文之法，同一意而易字以避複耳。居之安，自取之深；取之深，自左右逢其原。意實一貫。《孝經》：“資於事父以事母而愛同，資於事父以事君而敬同。”孔傳訓“資”爲“取”，鄭注《表記》《考工記》同。《集注》以爲“藉”，意曲而詞晦矣。

圭田五十畝

江都焦孝廉循《北湖小志》卷三《孫柳庭傳》云：“孫蘭，字滋九，一名禦冠，自號柳庭。明季爲諸生。尤精九章、六書之學，著《輿地隅說》四卷。其說《孟子》‘圭田’云：或以‘圭’訓‘潔’，非也。《九章·方田》有圭田求廣縱法，有直田截圭田法，有圭田截小、截大法。凡零星不成井之田，以一圭法量之。圭者，合二勾股之形。井田之外有圭田，明繫零星不井者也。”

庸案：此解非特與《九章筭[1]術》合，即與《孟子》本文“餘夫二十五畝”隸事極協。蓋“餘夫”爲正夫外之剩夫，故“圭田”爲井田外之零田也。

---

① 筭，《清經解》本同，校抄本作“算”。按：筭，同“算”。《爾雅·釋詁下》：“算，數也。”陸德明《釋文》：“算，字又作筭。”

盤庚下萃居

《鹽[①]鉄論·本議》篇："文學曰：'盤庚萃居，舜藏黄金，高帝禁商賈不得仕宦，所以遏貪鄙[②]之俗，而醇至誠之風也。'"陽城張太守敦仁《考證》云："即《盤庚下》篇'鞠人謀人之保居'也。以文學語意推之，與上經'朕不肩好貨'，下經'無總于貨寶'正吻合。但未詳此'萃'當彼經何字，并其說若何耳。"

庸案：此"萃居"字，即當彼經"保居"。"保"或作"葆"，與"萃"形相近，故文異。然則古文《尚書》作"保居"，今文《尚書》作"萃居"。其說猶《齊語》云："［令］夫商，羣萃而州處，察其四時，而監其鄉之資"，"制國爲二十一鄉[③]，工商之鄉六。"蓋別居之，不令與士、農雜處，賤之也。"藏"，去也。

大射古文媵作騰

《檀弓下》："杜蕢洗而揚觶。"注："舉爵於君也。《禮》揚作騰。揚，舉也。騰，送也。揚近得之。"岳本、嘉靖本、十行注疏本皆作"騰"。所謂今《禮》者，謂《儀禮》今文十七篇也。漢人多傳習是書，故所據皆此經。鄭君校注《儀禮》方參定古、今文，其注他經，所據亦惟十七篇而已。《燕禮》注今文"媵"皆作"騰"。此今文作"騰"之明證。而鄭校《燕禮》則從古文作"媵"，以訓爲"送"，字作"媵"爲正，今文以聲近而假借也。《大射》注古文"媵"皆作"騰"，則又今文作"媵"，古文作"騰"，與《燕禮》互異其字。或據《禮記》注及《燕禮》，以《大射》注爲誤。然蔡中郎《石經儀禮殘碑·大射》正作"媵"字，與《燕禮》注合，未必皆誤也。或又謂蔡氏雖是今文，未必同於鄭

---

① 鹽，《清經解》本同，校抄本作"塩"。按：塩，同"鹽"，爲"鹽"之刻寫俗字。《宋本廣韵·二十四鹽》："塩，俗。"《玉篇·鹽部》："塩，同上，俗。"

② "鄙"，底本作"鄙"，校抄本同，《清經解》本作"鄙"。按："鄙"爲"鄙"之刻寫俗字。下徑改爲"鄙"，不復出校。

③ 鄉，底本作"鄉"，校抄本同，《清經解》本作"鄉"。按："鄉"爲"鄉"之刻寫俗字。下徑改爲"鄉"，不復出校。

氏。凡漢人中同習一家而經字互異者多矣，恐難以相決。余謂此說可以論他經，而不可以論《儀禮》。余考漢儒中如許叔重、蔡伯喈、鄭康成、何邵公、趙邠卿、應仲援輩所據今《禮》，皆同此十七篇而無異者。

史記趙王友歌①

《呂后紀》：趙王友"歌曰：'諸吕用事兮劉氏危，迫脅王侯兮彊授我妃。我妃既妒兮誣我以惡，讒女亂國兮上曾不寤。我無忠臣兮何故弃国？自決中野兮蒼天與②直！于嗟不可悔兮寧早③自財。爲王而餓死兮誰其憐之！吕氏絕理兮託天報讐④！'"

讀此歌惻然傷之，歎無忠臣也。"何故棄國"，蓋言何故不棄國。古善惡、好惡無兩讀，故"惡"與"寤"韻。《漢書·高五王傳》"危"改"微"，意緩"財"韻"之"，"讐"亦協之。《漢書》"財"字改"賊"，意與上"國""直"韻，不知此歌每二句一韻，末三句一韻，有乖章法矣。"爲王而餓死"脫一"而"字，此歌句八九字不等，著"而"字氣方舒展，删之則太促矣。"讐"作"仇"，古今字。

宋祁校漢書⑤

景祐二年本《漢書》一百卷，每半頁⑥十行，每行大十九字，小二十七字，末列秘書丞余靖上言。又張觀、王洙皆預參詳⑦中。每卷上下方有朱挍字，最後復有墨書二行，云："右宋景文公以諸本參挍，手所是正，並附古注之末。至正癸丑三月十二日，雲林倪瓚在凝香閣謹閱。"蓋宋本

① 此篇不見於《清經解》本。

② 與，中華書局本《史記》作"舉"。《史記集解》引徐廣曰："舉，一作'與'。"

③ 早，中華書局本《史記》作"蚤"。

④ 讐，中華書局本《史記》作"仇"。

⑤ 此篇不見於《清經解》本。

⑥ 頁，校抄本作"葉"。按："葉"亦有書頁義。《正字通·艸部》："書卷次第成帙者，如葉相比，亦曰葉。"

⑦ 參詳，參酌詳審。《梁書·徐勉傳》："天監元年，佟之啓審省置之宜，敕使外詳。時尚書參詳，以天地初革，庶務權輿，宜俟隆平，徐議删撰。"

之佳[①]者，附有蕭該《音義》，在顏注之外，宋校諸本因附著之，俗本多删削之耳。

雅釋

《爾雅·釋木》："棤[②]，皵[③]。"謂木皮甲錯者。"梢，櫂[④]。"謂木無枝柯者。文法極整齊。"棤"，一名"皵"；"梢"，一名"櫂"。取同聲同類者爲訓，皆叠韻也。今本作"梢，梢櫂"，衍一"梢"字矣。又篇末曰"小枝上繚爲喬"，此申上"上勾曰喬"也。曰"無枝爲檄"，此申上"梢，櫂"也。曰"木族生爲灌"，此申上"灌木，叢木"也。恐學者不了，故反復釋之。

《釋魚》："鯬，鯠。"此鯬魚一名"鯠"也。"秎"[⑤]"來"聲相近，故以"鯠"釋"鯬"。猶《釋畜》"騋牝，驪牝"[⑥]，"來""麗"聲相近，故以"驪牝"釋"騋牝"也。《釋獸》："猱、蝯，善援。貜父[⑦]，善顧。"蝯者，援也。"貜"从"矍"。矍者，雙目顧視貌。以其善援，故名之曰"蝯"也；以其善顧，故名之曰"貜"也。

---

① 佳，校抄本同，底本作"隹"，概因形近而誤刻。

② 棤，樹皮粗皺。《爾雅·釋木》："棤，皵。"郭璞注："謂木皮甲錯。"陸德明《釋文》："棤音錯，皵音舄。"邢昺疏："木皮甲麤錯者名棤，亦名皵。"

③ 皵，表皮粗糙皴裂。《爾雅·釋木》："槐小葉曰榎；大而皵，楸；小而皵，榎。"郭璞注："老乃皮麤皵者爲楸，小而皮麤皵者爲榎。"邢昺疏引樊光曰："皵，棤皮也。"

④ 櫂，木枝上直貌。《集韻·錫韻》："櫂，木枝上直皃。"

⑤ 秎，同"利"。趙宧光《説文長箋·刀部》："秎，古文利。"

⑥ 騋牝，驪牝，雪牕本同，唐石經、注疏本作"騋牝，驪牡"。阮校："《經義雜記》曰：鄭康成、孫叔然本作'騋牝，驪牡'，郭景純本作'騋牝，驪牝'。騋古讀若驪故《爾雅》以'驪牝'釋《詩》'騋牝'。《釋文》'騋牝，頻忍反。下同。'指下'驪牝'之'牝'也。今本作'驪牡'，係妄改。陸云孫注改上'騋牝'爲'牡'，讀與郭異，因下作'驪牝'，故言上'騋牝'别之，且以明下'驪牝'爲孫、郭同也。"

⑦ 貜父，即貑貜。徐珂《清稗類鈔·動物·貜父》："貜父，産蜀中，俗謂之馬猴，狀似獮猴而大，毛色蒼黑，長七尺，人行，健走。相傳遇婦女必攫去，故名。"

姚刑部論文[①]

《荀子》之文，精實古質處誠可貴，然以變化不測、駿偉縱橫論之，則去《孟子》遠矣。故昌黎老泉論文專推《孟子》，鮮言及《荀》也。須知《孟》《荀》文各有佳處可學，又須知《荀》之遠不逮《孟子》。此二者，放文事，思過半矣。《荀子·勸學》《禮論》均是絕好文字，以論學數典精深爲上，不嫌近平，實文家須相題，擇所師法。若至《孟子》，則無所不有加，致爲臣無或乎王之不知"自范之齊"[②]，此等直是羱羊牯角[③]，無迹可尋矣。非謂此便盡《孟子》之妙，但妙處可由此參入。不解此妙，便只是能作老實文字者耳。學問有義理、考證、文章三端，上二端只是一味老實，終是一病也。姚鼐記。

愛日居[④]

《大戴禮記·小辨》篇："公曰：'寡人欲學小辨，以觀於政，其可乎？'子曰：'否，不可。社稷之主愛日[⑤]，日不可得。學不可以小辨。'"曾子曰："君子愛日以學。"《書》云："日𣅦[⑥]不遑也。"又《曾子修身》[⑦]篇曰："君子愛日以學，及時以行。"又揚子《法言·孝至》篇："孝，

① 本篇底本，《清經解》本無，據校抄本補。

② 語出《孟子·盡心上》："孟子自范之齊，望見齊王之子，喟然歎曰：'居移氣，養移體，大哉居乎！夫非盡人之子與？'"

③ 羱羊牯角，今作"羚羊掛角"。按：羱，同"羚"。《篇海類編·獸類·羊部》："羱，大羊，細角有圓繞蹙文，夜則懸角木上以防患，角入藥。亦作羚、麢。""牯"，概爲"挂"之形近俗訛字。

④ 本篇底本、《清經解》本無，據校抄本補。

⑤ 愛日，珍惜時日。《呂氏春秋·上農》："敬時愛日，至老不休。"漢王符《潛夫論·愛日》："聖人深知，力者乃民之本也而國之基，故務省役而爲民愛日。"清梁章鉅《歸田瑣記·北東園日記詩》："愛日且增初日學，望雲兼慰看雲情。"漢揚雄《法言·孝至》："事父母自知不足者，其舜乎！不可得而久者，事親之謂也，孝子愛日。"李軌注："無須臾懈於心。"後以指兒子供養父母的時日。《論語·里仁》"父母之年不可不知也"，朱熹《集注》："常知父母之年，則既喜其壽，又懼其衰，而於愛日之誠，自有不能已者。"

⑥ 𣅦，同"昃"。《集韻·職韻》："𣅦，或作昃。"

⑦ 《曾子修身》，疑爲《曾子立事》之誤。

至矣［乎］！一言而該，聖人不加焉。父母，子之天地歟？無天何生？無地何形？天地裕於萬物［乎］？萬物裕於天地［乎］？裕父母之裕，不裕矣。事父母自知不足者，其舜乎？不可得而久者，事親之謂也。孝子愛日。”

庸按：愛日之事有三：一，社稷之主愛日，日昃不遑[①]也。二，君子愛日以學，及時以行也。三，孝子愛日，不可得而久者，事親也。吾弟和貴處士義取《法言》以顔其居。

《拜經日記》卷第十一經六千三百八十九字，注一百零七字。

① 遑，閒暇。《詩·小雅·四牡》：“王事靡盬，不遑啓處。”毛傳：“遑，暇。”

拜經日記第十二

武進臧氏學

孔子去衛適陳

《史記·孔子世家》因孔子居衛、居陳時久事多，遂覆敘三次。第一敘季桓子受女樂，孔子行。適衛，主顔濁鄒家。居十月，去衛。將[①]適陳，過匡。過蒲，月餘，反乎衛，主蘧伯玉家。去衛，過曹，過宋，過鄭，遂至陳，主司城貞子家。居陳三歲，去陳。第二覆敘過蒲，遂適衛。靈公怠於政，孔子行。趙簡子攻范中行，伐中牟。佛肸以中牟畔，使人召孔子。孔子欲往。孔子擊磬，有荷蕢過門。第三覆敘孔子既不得用於衛，將西見趙簡子。臨河而歎。反乎衛，主蘧伯玉家。靈公見飛鴈，仰視，色不在孔子，孔子遂行，復如陳。自陳遷蔡，細繹其脉，秩然不紊。

第二番敘“過蒲，會公叔氏以蒲畔，孔子遂適衛。靈公郊迎”，即第一番“去衛，過蒲。月餘，反乎衛，主蘧伯玉家。靈公夫人願見”是也。第三番敘“反衛，主蘧伯玉家。靈公問兵陳。明日，與孔子語，見蜚[②]鴈，仰視之，色不在孔子，孔子行”，即第二番“孔子遂適衛。衛靈公聞孔子來，喜。問：‘蒲可伐乎？’孔子曰：‘可。’然不伐蒲。靈公老，怠於政，不用孔子，孔子行”是也，且即第一番“月餘，反乎衛，主蘧伯玉家。靈公與夫人同車，宦者雍渠参乘，使孔子爲次乘，招搖市過之。孔子曰：‘吾未見好德如好色者。’[③] 於是去衛”是也。第二番敘“趙簡子

---

① 將，底本作“將”，校抄本同，《清經解》本作“將”。按：“將”爲“將”之刻寫俗字。下徑改爲通行正字，不復出校。

② 蜚，通“飛”。《廣韻·微韻》：“飛，古通用蜚。”段玉裁《説文解字注·虫部》：“蜚，古書多叚爲飛字。”《墨子·非樂》：“今人固與禽獸、麋鹿、蜚鳥、負蟲異者也。”孫詒讓《閒詁》：“蜚與飛通。”

③ 孔子此語亦見于《論語·子罕》。

攻范中行，伐中牟，佛肸畔，欲往。孔子擊磬於衛”，即第三番“孔子既不得用於衛，將西見趙簡子，反乎衛，主蘧伯玉家”是也。

案：《左氏傳・昭二十五年》：“衛侯輒出奔，將適蒲。拳彌曰：‘晉無信，不可。’”杜注：“蒲近晉邑。”《世家》亦言：“蒲，衛之所以待晉、楚也。”蓋孔子過蒲欲適晉，見趙簡子，仍反衛，在此時矣。

又[①]，上敘“孔子居陳三歲，曰：‘歸與歸與！吾黨小子狂簡，進取不忘其初。’於是孔子去陳”，即下敘“孔子在陳，曰：‘歸乎歸乎！吾黨小子狂簡，斐然成章，吾不知所以裁之。’”明年，孔子自陳遷於蔡。史公嚮往至聖，故博采衆説以申宗仰之旨。且彼此互見，正明其爲一事也。如[②]在陳之歎，一見《論語》，一見《孟子》，而兩述之可驗。《索隱》未達此旨，以二書各記、前後再引爲失誤矣。蓋孔子去魯即適衛，去衛即欲適陳。而中有過匡、過蒲、趙簡子伐中牟、佛肸召、將西見趙簡子、仍反衛、居衛月餘乃去衛、過曹、過宋、過鄭諸事。方適陳，遂至濡，遲二載。自定公十四年至哀公元年。史公於“居十月，去衛”下大書曰：“將適陳”，又於過匡，過蒲，反衛，去衛，過曹，過宋，過鄭下大書曰：“孔子遂至陳”，明自過鄭以前皆將適陳，而未果也。“復如陳”亦對“將適陳”立文，明以前皆將適陳，而未果，至是乃復如陳也。

詎[③]《禮記》正義《檀弓》篇用《世家》文刪去“將”字，改“適”爲“之”。云“孔子去魯適衛”，“從衛之陳”下又云“去宋適鄭，去鄭適陳，居三歲”，又云“反於衛，復行，如陳”。是顯以孔子三至陳矣。朱子《論語序説》引《世家》文更誤，云：適衛，主於子路妻兄顔涿[④]鄒家。適陳，過匡，還衛，主蘧伯玉家。又去，適陳，主司城貞子家。居三歲而反于衛。靈公不能用，將西見趙簡子，至河而反，又主蘧伯玉家。靈公問陳，不對而行，復如陳。遂成三適陳、四適衛矣。蓋由不知《史記》“將”字之意而輕刪之，又不知《史記》“復”字之意而誤解之，

① “又”字下至“明年”前之文據校抄本補。

② “如”字下至“蓋”字前之文據校抄本補。

③ 詎，介詞。至，到。《玉篇・言部》：“詎，止也，至也，格也。”

④ 涿，《清經解》本、校抄本同。按：涿，同“涿”。卷子本《玉篇・水部》：“涿，豬角反。《山海經》：‘成山，涿水出焉。’《漢書》有涿縣。應劭曰：‘涿水出上谷涿鹿縣。《説文》：流下適涿也。”今《漢書・地理志上》《説文・水部》均作“涿”，《山海經・南山經》作“闒”，郭璞注：“音涿。”《龍龕手鑑・水部》：“涿”，“涿”的俗字。

遂至斯誤。

又，孔子去衛，過曹；去曹，過宋；去宋，過鄭。《宋世家》《鄭世家》《十二諸侯年表》皆作“過宋”“過鄭”，是也。孔子實未嘗“適宋”“適鄭”也。今《世家》作“適宋”“適鄭”者，字之誤。《禮記》正義亦引作“適”，則在唐初本已誤矣。孔子初適衛，主顏濁鄒，去衛復反，乃主蘧伯玉。史公恐人不了，故每提必敘主者，如云“孔子遂適衛，主於子路妻兄顏濁鄒家。”又“過蒲，月餘，反乎衛，主蘧伯玉家。”又“還，息乎陬而反乎衛，入主蘧伯玉家。”兩言“主蘧”者，明先後一事也。又云“過蒲，蒲人止孔子。與之盟，出孔子東門。孔子遂適衛。”此亦“主蘧”，蒙上可知。

又，孔子以哀元年至陳，居陳三歲，年六十一。後自陳遷於蔡三歲，年六十三，爲魯哀公六年，時厄于陳、蔡之間。楚興師來迎，遂自楚還蔡，自蔡還陳，自陳反乎衛。魯以幣迎孔子，即歸老於魯。安得於“反衛”之後，有“復如陳”之事乎？

未有終三年淹

孟子去孔子百有餘歲，爲時未遠，又私淑諸人，故孔子遺事，孟子知之最熟，言之最詳。雖太史公生西漢之初，親見孔氏古文而作《孔子世家》，往往有傳聞之誤及遺漏之失，不逮《孟子》遠矣。《萬章下》“敢問交際何心”章論孔子之仕：“兆足以行［矣］，而不行，然後去。是以未嘗有所終三年淹也。”趙注謂：“孔子未嘗得竟事一國三年淹留而不去者。”此語括盡孔子平生仕蹟①。試以《史記年表》《世家》考之，無不印合②。

《孔子世家》曰：孔子年三十五，魯亂。適齊，爲高昭子家臣，欲以通乎景公。聞韶音，學之，三月不知肉味。③ 景公問政。他日，復問。景

① 蹟，《清經解》本、校抄本同。按：蹟，同“迹”。《集韻・昔韻》：“迹，《說文》：‘步處也。’或作蹟。”《字彙・足部》：“蹟，與迹同。”《詩・小雅・沔水》：“念彼不蹟，載起載行。”毛傳：“不蹟，不循道也。”陳奐《傳疏》：“《說文》蹟，迹之或字。迹，道也。”

② 印合，印證契合。清王夫之《讀四書大全説・論語・雍也篇二》：“程子遽以一貫之理印合之，則未免爲躐等矣。”

③ 聞韶音，學之，三月不知肉味。按：此語亦見於《論語・述而》。

公說，將欲以尼谿田封孔子。後景公敬見，不問其禮。異日，景公止孔子曰："奉子以季氏，吾不能，以季、孟之間待之。"齊大夫欲害孔子。景公曰："吾老矣，弗能用也。"孔子遂行，反乎魯。

案：《檀弓下》："延陵季子適齊，於其反也，其長子死，葬於嬴、博之間。孔子曰：'延陵季子，吴之習於禮者也。'往而觀其葬［焉］。"鄭注云："魯昭二十七年，吴公子札聘於上國。嬴、博，齊地，今泰山縣是也。"聘於上國，事見《春秋傳》。是孔子以昭二十五年仕齊，至二十七年猶在齊。其反魯當即在此年，首尾三載未終。閻氏若璩亦云"昭二十五年甲申適齊，至丙戌復反魯"是也。

《孔子世家》曰："定公以孔子爲中都宰，一年，四方皆則之。"此在定公九年，爲邑宰，未專朝政。定公十年會於夾谷，孔子攝相事。十二年，由大司寇攝相事。桓子受女樂，三日不聽政。郊，又不致膰俎於大夫。孔子遂適衛。自定公十年至十二年，亦首尾三載。

《孔子世家》曰：孔子適衛。靈公問孔子："居魯得禄幾何？"對曰："奉粟六萬。"衛人亦致粟六萬。居十月，去衛。將適陳，過匡。過蒲，月餘，反乎衛。居衛月餘，去衛，過曹。是歲，魯定公卒。孔子去曹，過宋，過鄭，遂至陳。是孔子以定十二年十一月去魯適衛。居十月去衛，則在定公十三年。後過匡，過蒲，月餘，反衛，居衛月餘，復去衛，則在定十四、五年間。然實計居衛不盈二載也。

《孔子世家》又曰："孔子遂至陳，主司城貞子家。"此爲哀元年。又曰："孔子居陳三歲，於是孔子去陳。"此爲哀三年。首尾計之，居陳滑不盈三載。下曰："明年，孔子自陳遷於蔡。"則爲哀四年。下曰：孔子遷於蔡三歲，吴伐陳。楚救陳，軍于城父。聞孔子在陳、蔡之間，楚使人聘孔子。孔子將往拜禮，陳、蔡大夫圍孔子於野。不得行，絶糧。使子貢至楚。楚昭王興師迎孔子。其秋，楚昭王卒於城父，於是孔子自楚反乎衛。是歲，魯哀公六年也。是孔子居蔡，首尾未終三載。

《孔子世家》又曰：明年，吴與魯會繒[①]，徵百牢。太宰嚭召季康子。康子使子貢往，然後得已。孔子曰："魯衛之政，兄弟也。"此爲魯哀公

① 繒，底本作"繒"，爲刻寫俗字，亦爲日本用漢字。下徑改爲正字，不復出校。

七年，衛出公輒五年。[①] 時孔子聞之以嘆魯、衛之衰也。

《衛世家》及《年表》：出公八年，孔子自陳入衛。時爲魯哀十年。則魯哀之九年，衛出公七年，孔子當先在陳矣。蓋自哀之六年秋，楚昭王卒於城父，孔子自楚遷蔡，自蔡遷陳，自陳反於衛，皆哀之七年、八年、九年之中也。時再仕於陳湣公，當魯哀之九年，爲湣公之十六年。自魯哀之六年秋，孔子自楚反，中有遷蔡、遷陳之事，統計哀之七年、八年、九年之中，在陳首尾幾及三載。哀之十年，孔子自陳入衛。明年爲魯哀十一年，季康子以幣迎孔子，孔子歸魯，首尾又止二載。通計孔子仕齊景公、魯定公、衛靈公、陳湣公，又再仕陳湣公、衛出公，俱未有終三年者。

孟子言孔子

《孟子》之文，有可與《史記》相證者，有可以正《史記》之誤者，有可以補《史記》之闕者。如《滕文公上》："昔者孔子没，三年之外，門人治任將歸，入揖於子貢，相嚮而哭，皆失聲，然後歸。子貢反，築室於塲[②]，獨居三年，然後歸。"而《孔子世家》曰："孔子葬魯城北泗上，弟子皆服三年。三年心喪畢，相訣而去，則哭，各復盡哀；或復留。唯子貢[③]廬於冢[④]上，凡六年，然後去。弟子及魯人往從冢而家者，百有餘室，因命曰'孔里'。"此可與《史記》相證也。

"他日，子夏、子張、子游，以有若似聖人，欲以所事孔子事之，彊曾子。曾子曰：'不可。江漢以濯之，秋陽以暴之，皜皜乎不可尚已！'"此可補《史記》之闕也。《禮記・檀弓》亦云："子游曰：'甚哉，有子之言似夫子。'"

---

① 下文底本與《清經解》本同，與校抄本文字出入較大，兹據録以見其異：孔子在衛之證。魯哀八年當有孔子去衛適陳事，而《年表》《世家》文不具，是孔子仕衛出公未終三年也。《年表》：魯哀十年，衛出公八年，孔子自陳入衛，然則魯哀公九年，衛出公七年，孔子當先在陳。是孔子後仕陳湣公，亦未終三載也。其明年爲魯哀十一年，季康子以幣迎孔子，孔子歸魯。通計孔子仕齊景公、魯定公、衛靈公、陳湣公、蔡昭侯、成侯、衛出公，又再仕陳湣公，俱未有終三年者。

② 塲，同"場"。《字彙・土部》："塲，同場。"《字彙補・土部》："與場字通者，如《王褒頌》'恬淡無爲之塲'，乃其假借之音也。"

③ 子貢，《清經解》本、校抄本同，中華書局本《史記》作"子贛"。

④ 冢，底本作"冡"，爲"冢"之刻寫俗字。下徑改爲正字，不復出校。

《滕文公下》："陽貨欲見孔子，而惡無禮。大夫有賜於士，不得受於其家，則往拜其門。陽貨瞰[1]孔子之亡也，而饋孔子蒸豚。孔子亦瞰其亡也，而往拜之。當是時，陽貨先，豈得不見？"又"世衰道微，邪說暴[2]行有作，臣弑其君者有之，子弑其父者有之。孔子懼，作《春秋》。《春秋》，天子之事也。是故孔子曰：'知我者，其惟《春秋》乎！罪我者，其惟《春秋》乎！'"

《離婁下》："孟子曰：'王者之迹熄而《詩》亡，《詩》亡然後《春秋》作。"""其事則齊桓、晉文，其文則史。孔子曰：'其義則丘竊取之矣。'"《論語》亦言"陽貨欲見孔子，孔子不見，歸孔子豚。孔子時其亡也，而往拜之。遇諸塗。謂孔子曰：'來！予與爾言。'云云。孔子曰：'諾。吾將仕矣。'"[3] 而《孔子世家》於定公五年下云："桓子嬖臣曰仲梁懷，與陽虎有隙。陽虎欲逐懷，公山不狃[4]止之。其秋，懷益驕，陽虎執懷。桓子怒，陽虎因囚桓子，與盟而醳之。陽虎由此益輕季氏。季氏亦僭於公室，陪臣執國政，是以魯自大夫以下皆僭離於正道。故孔子不仕，退而修詩書禮樂，弟子彌衆，至自遠方，莫不受業焉。"又"乃因史記作《春秋》，上至隱公，下訖哀公十四年，十二公。據魯，親周，故殷，運之三代。約其文辭而指博。故吳、楚之君自稱王，而《春秋》貶之曰'子'；踐土之會實召周天子，而《春秋》諱之曰'天王狩於河陽'；推此類以繩當世。貶損之義，後有王者舉而開之。《春秋》之義行，則天下亂臣賊子懼焉。孔子在位聽訟，文辭有可與人共者，弗獨有也。至於爲《春秋》，筆則筆，削則削，子夏之徒不能贊一辭。弟子受《春秋》，孔子曰：'後世知丘者以《春秋》，而罪丘者亦以《春秋》。'"此皆與《論語》《史記》相證明也。

《萬章上》："或謂孔子於衛主癰疽，於齊主侍人瘠環。"而《世家》言："衛靈公與夫人同車，宦者雍渠參乘。出，使孔子爲次乘。"雍渠，

---

① 瞰，《清經解》本、校抄本同，阮刻《十三經注疏》本作"矙"，《音義》："矙"或作"瞰"。阮校："按依《説文》則'闞'是正字。"按：矙，同"瞰"。《集韻·闞韻》："瞰，視也。或从闞。"

② 暴，底本作"𣋡"，爲"暴"之刻寫俗字。下徑改爲正字，不復出校。

③ 見於《論語·陽貨》。

④ 不狃，《史記集解》引孔安國曰："不狃爲季氏宰。"《史記索隱》引鄭氏云一作"蹂"。《論語》作"弗擾"。

即癰疽。瘠環，闕。“孟子曰：［孔子］於衛，主顔讎由。彌子之妻與子路之妻，兄弟也。彌子謂子路曰：‘孔子主我，衛卿可得也。’子路以告。孔子曰：‘有命。’”而《世家》曰：“孔子遂適衛，主於子路妻兄顔濁鄒家。”濁鄒即讎由，然誤并顔讎由與子路妻兄爲一人矣。[①]“孔子不悦於魯、衛，遭宋桓司馬，將要而殺之，微服而過宋。是時，孔子當阨，主司城貞子，爲陳侯周臣。”案：《世家》曰：“孔子去曹過[②]宋，與弟子習禮大樹[③]下。宋司馬桓魋[④]欲殺孔子，拔其樹。孔子去。弟子曰：‘可以速矣。’“可以速則速”本此。孔子曰：‘天生德於予[⑤]，桓魋其如予何！’”[⑥] 此可與《史記》相證也。《世家》言：“孔子［遂］至陳，主［於］司城貞子家。”“有隼集於陳廷而死，楛矢貫之，石砮，矢長尺有咫。陳湣公使使問仲尼。”而不言仕陳湣公爲其臣。是可補《史記》之闕也。

《萬章下》：“孔子之仕於魯也，魯人獵較，孔子亦獵較。”“孔子先簿[⑦]正祭器，不以四方之食供簿正。”又“於季桓子，見行可之仕也。於衛靈公，際可之仕也。於衛孝公，公養之仕也。”《世家》於季桓子、衛靈公言之至詳，而不及衛孝公事。趙邠卿[⑧]云：“衛孝公以國君養賢之禮養孔子，孔子故宿留以荅之。”朱子《集注》云：“《春秋》《史記》皆無孝公，疑出公輒也。”今考《十二諸侯年表》及《衛世家》，皆言：“出公八年，孔子自陳來衛。”爲魯哀公十年。其十一年，季康子以幣迎孔子，乃自衛歸魯。所謂衛之“公養”者，此其時矣。稱爲“出公”者，因輒出奔在外四年，後復入立，九年而卒。謚孝公。猶魯文公夫人不允於魯，文公薨而見出，故曰“出姜”。將行，哭而過市，市人皆哭，魯人謂之“哀姜”。衛人宜亦有以出公嫡孫當立爲孝者，因謂之孝公矣。此皆足補《史記》之闕。

---

① 司馬貞《史記索隱》：“今此云濁鄒是子路之妻兄，所説不同。”

② 過，中華書局本作“適”。《史記集解》引徐廣曰：“年表定公十三年，孔子至衛；十四年，至陳；哀公三年，孔子過宋。”

③ 樹，同“樹”。《宋元以來俗字譜》：“樹”，《通俗小説》《古今雜劇》《太平樂府》等作“樹”。唐盧照鄰《雙槿樹賦》：“聊寄詞於庭樹，倘有感於平津。”

④ 魋，底本作“魋”，爲“魋”之刻寫俗字。下徑改爲正字，不復出校。

⑤ 予，底本作“䂨”，爲“予”之刻寫俗字。下徑改爲正字，不復出校。

⑥ 孔子此語亦見於《論語・述而》。

⑦ 簿，《音義》云：“‘簿’本多作‘薄’，誤。”

⑧ 卿，底本作“卿”，爲“卿”之刻寫俗字。下徑改爲正字，不復出校。

又“孔子常[①]爲委吏矣，曰‘會計當而已矣’。常爲乘田矣，曰‘牛羊茁壯長而已矣’。”而《世家》曰：“孔子貧且賤。及長，嘗爲季氏史[②]，料量平；嘗爲司職吏而畜蕃息。”《索隱》曰：“‘季氏史’有本作‘委吏’。”案：“委吏”[③]與《孟子》合，此足與史爲證。

《告子下》：“孔子爲魯司冠，不用，從而祭，燔肉不至，不稅冕而行。不知者以爲爲肉也，其知者以爲爲無禮也，乃孔子則欲以微罪行。”而《世家》言：孔子由大司冦攝行相事。齊人陳女樂、文馬於魯城南高門外，季桓子微服往觀再三，乃語魯君爲周道遊，往觀終日，怠於政事。子路曰：“夫子可以行矣。”孔子曰：“魯今且郊，如致膰乎大夫，則吾猶可以止。”桓子卒受女樂，三日不聽政。郊，又不致膰俎於大夫。孔子遂行，宿乎屯。而師己送，曰：“夫子則非罪。”孔子曰：“吾歌可夫？”師己反，以實告。桓子喟然歎曰：“夫子罪我以羣婢故也夫！”是孔子雖以微罪行，而師己則明言“夫子非罪”，桓子則明知“夫子罪我”。《史記》《孟子》互發明至微。

《盡心下》：“孔子之去魯，曰‘遲遲吾行也’，去父母國之道也。”“宿乎屯”可證。猶孟子之去齊，宿於晝也。“去齊，接淅而行，去他國之道也。”《史》無明文。“君子之戹於陳、蔡之間，無上下之交也。”《世家》云：陳蔡大夫謀曰：“孔子賢者，所刺譏皆中諸侯之疾。今者久留陳、蔡之間，諸大夫所設行，皆非仲尼之意。”乃相與發徒役圍孔子於野。不得行，絕糧。於是使子貢至楚。楚昭王興師迎孔子，然後得免。是無上、下交而受厄之據。其言“楚使人聘孔子”，及“昭王將以書社地七百里封孔子”，殆不可信。故節取其解圍之事，而遺其封地之文。

《盡心下》：“萬章問曰：‘孔子在陳曰：盍歸乎來？吾黨之士[④]狂簡

---

① 常，《十三經注疏》本《孟子·萬章下》作“嘗”。下同。古文中二者常通用。

② 史，《清經解》本、校抄本同，《史記·孔子世家》作“吏”。下同。按：古文字“史”“吏”本爲一字，後分化。《説文·史部》：“史，記事者也。”史，本指王者身邊擔任星曆、卜筮、記事的人員，即古代文職官員。亦指古代官府的佐吏。《周禮·天官·序官》：“府，六人；史，十有二人。”鄭玄注：“史，掌書者。凡府、史，皆其官長所自辟除。”《説文·一部》：“吏，治人者也。”吏，本爲古代官員的通稱，漢以後特指官府中的小官和差役。

③ 委吏，古指管理糧倉的小官。《孟子·萬章下》：“孔子嘗爲委吏矣，曰：‘會計當而已矣。’”趙岐注：“委吏，主委積倉廩之吏也。”後泛指小吏。王充《論衡·自紀》：“爲乘田委吏，無於邑之心；爲司空相國，無説豫之色。”

④ 士，宋本、孔本同，閩、監、毛本作“小子”。

進取，不忘其初。孔子在陳，何思魯之狂士？’孟子曰：‘孔子不得中道而與之，必也狂獧[①]乎？狂者進取，獧者有所不爲也。[②] 孔子豈不欲中道哉？不可必得，故思其次也。’”而《世家》云：孔子在陳，曰：“歸乎！歸乎！吾黨之小子狂簡，斐然成章，吾不知所以裁之。”子貢知孔子思歸，送冉求，因誡曰“即用，以孔子爲招”云。此亦可證其事。若《公孫丑上》：“可以仕則仕，可以止則止，可以久則久，可以速則速，孔子也。”《萬章下》作：“可以速而速，可以久而久，可以處而處，可以仕而仕。”

《滕文公下》：“孟子曰：‘昔齊景公田，招虞人以旌，不至，將殺之。志士不忘在溝壑，勇士不忘［喪］其元。孔子奚取焉？取非其招不往也。’”又見《萬章》下。“傳曰：‘孔子三月無君，則皇皇如也。出疆必載質。’”《萬章下》：“萬章曰：‘孔子，君命召，不俟駕而行。然則孔子非與？’曰：‘孔子當仕有官職，而以其官召之也。’”《盡心下》：“孟子曰：‘孔子登東山而小魯，登泰山而小天下。’”[③] “孔子曰：‘過我門而不入我室，我不憾焉者，其惟鄉原乎！’”又“曰：‘惡似而非者：惡莠，恐其亂苗也；惡佞，恐其亂義也；惡利口，恐其亂信也；惡鄭聲，恐其亂樂也；惡紫，恐其亂朱也；惡鄉原，恐其亂德也[④]。’”所載言行均足補《論語》《史記》所未及，較之諸子百家傳聞爲最真矣。

孔子過鄭

《孔子世家》曰：“孔子去曹適宋。”又“孔子適鄭，與弟子相失。孔子獨立郭東門。鄭人或謂子貢曰：‘東門有人，其顙[⑤]似堯，其頂類皋陶[⑥]，其肩類子産’云云。孔子遂至陳。”考適宋、適鄭二“適”字，皆“過”字之誤。《年表》及《宋世家》作“過宋”，《鄭世家》作“過

---

① 獧，褊急，指器量狹小、性情急躁。《説文·犬部》：“獧，急也。”《孟子·盡心下》：“狂者又不可得，欲得不屑不潔之士而與之，是獧也。”亦作“狷”。阮刻《十三經注疏》本《孟子·盡心下》即作“狷”。下同，不復出校。

② 孔子此語亦見於《論語·公冶長》。

③ 此句出《孟子·盡心上》，底本作“下”，概誤記。此句以下各句皆出《盡心下》。

④ 據阮校，韓本脱“惡鄉原恐其亂德也”八字。

⑤ 顙，額頭。《易·説卦》：“其於人也，爲寡髮，爲廣顙，爲多白眼。”孔穎達疏：“爲廣顙，額闊爲廣顙。”《孟子·滕文公上》：“其顙有泚，睨而不視。”趙岐注：“顙，額也。”

⑥ 陶，底本作“陶”，爲“陶”之刻寫俗字。下徑改爲正字，不復出校。

鄭”，宜據以正之。孔子去衛過曹，去曹過宋，去宋過鄭，去鄭乃至陳。蓋適衛之後遂適陳，曹、宋、鄭三國，則皆過而不留者。《年表》：“鄭聲公五年，子産卒。”《鄭世家》：“聲公五年，鄭相子産卒。”“孔子嘗過鄭，與子産如兄弟云。及聞子產死，孔子爲泣，曰：‘古之遺愛也！’兄事子産。”

案：如《史記》説，子産卒在聲公五年，則魯定公十四年也。孔子過鄭，在聲公七年，則魯哀公元年也。安得有過鄭與子産如兄弟事？且《左氏傳》：“昭公二十年，鄭子産有疾，謂子太叔曰：‘我死，子必爲政。唯有德者能以寬服民，其次莫如猛。’疾數月而卒。太叔爲政，不忍猛而寬。及子產卒，仲尼聞之，出涕曰：‘古之遺愛也！’”然則子産之有疾，數月而卒，實在魯昭二十年，鄭定公之八年，去孔子過鄭二十有九年。時孔子年甫三十，爲齊景之二十六年。景公來魯，問孔子以秦穆公事，孔子對，景公説。至昭公二十四年，孔子始適周。二十五年，孔子始適齊。是過鄭而交子産，實史公之抵牾[1]也，宜據《左氏傳》正之。《鄭世家》言孔子過鄭，“其肩類子産”，本舉古人以擬之。

先之以子貢

《禮記・檀弓》：“有子曰：昔者，夫子失魯司寇，將之荊。蓋先之以子夏，又申之以冉有，以斯知‘喪不欲速貧’也。”

案：正義引《世家》以此爲魯哀公六年事，是也。鄭注云“將應聘於楚”者，《世家》曰“吳伐陳，楚救陳，軍于城父。聞孔子在陳、蔡之間，楚使人聘孔子。孔子將往拜禮”是也。陳、蔡大夫相與發徒役圍孔子，於是使子貢至楚。楚昭王興師迎孔子，然後得免。此所謂“先之以子夏”是也。“子夏”當爲“子貢”字之誤。即《世家》所謂“使子貢至楚”是也。《世家》：“太宰嚭召季康子。康子使子貢往，然後得已。”《弟子列傳》：齊“田常欲作亂，憚高、國、鮑、晏，故移其兵欲以伐魯。孔子曰：‘父母之國，[國] 危如此，二三子何爲莫出？’子路請出，孔子

---

① 牾，同“啎”。《正字通・牛部》：“牾，與忤、逻通。又與啎同。”抵牾，亦作“抵啎”，抵觸；矛盾。宋胡仔《苕溪漁隱叢話前集・李謫仙》：“二説辨證李白《蜀道難》非謂嚴武作，明白如此，則《新唐史》抵牾無疑。”明胡應麟《少室山房筆叢・華陽博義下》：“一出名公手，一或抵牾，必他有証佐。

止之。子張、子石請行，孔子弗許。子貢請行，孔子許之。”蓋子貢言語之科，故使解圍，非文學之士所能勝任也。且陳、蔡之厄，有子貢而無子夏，尤足爲證。

孔子爲魯司寇

《世家》：“定公以孔子爲中都宰，一年，四方皆則之。由中都宰爲司空，由司空爲大司寇。”“又由大司寇攝行相事。”此二“大”字當爲衍文。《禮記·檀弓》：“昔者，夫子失魯司寇，將之荊。”《孟子·告子下》：“孔子爲魯司寇，不用，從而祭。”俱無“大”字。鄭注《禮記》云：“孔子由中都宰爲司空，由司空爲司寇。”即本《世家》文而無“大”字，尤可證。蓋惟王朝之官稱“大”，以别於列國也。正義引崔靈恩云：“諸侯、三卿、五大夫，司徒兼冢[1]宰，司馬兼宗伯，司空兼司寇。司徒下小宰、小司徒。司馬下小司馬兼宗伯事，司空下小司寇、小司空。今夫子從小司空爲小司寇也。”崔所以知然者，魯有孟、叔、季三卿，又有臧氏爲司寇故。

案：魯自有夏父弗忌爲宗伯，無須司馬之兼。《左氏·襄公二十一年》：“季孫謂臧武仲曰：‘子爲司寇。’”與孔子爲司寇同，未必定公時仍臧氏爲司寇。據云，由司空爲司寇，魯制。蓋宗伯、司馬、司寇、司空並設，未必司空兼司寇也。《左氏·成十五年》：“宋爲人爲大司寇，鱗朱爲少司寇，向帶爲大宰，魚府爲少宰。”宋，王者後，故有大司寇、大宰之官。《襄十五年》：“蒍子馮爲大司馬，公子橐師爲右司馬，公子成爲左司馬。”楚制僭，故稱“大”，且對“左”“右”立文也。《世家》：“會於夾谷，孔子攝相事。曰：‘古者諸侯出疆，必具官以從。請具左、右司馬。’定公曰：‘諾。’具左、右司馬。”此即崔氏所謂“小司馬”是也。然則“司馬之下以事省立一人”之說，不合矣。魯制當與楚同，但司馬之不稱“大”，猶司寇之不稱“大”也。揔之，孔子爲魯司寇，與臧武仲爲司寇同。《世家》以爲“大”，崔氏以爲“小”，皆非。

---

① 冢，底本作“冡”，校抄本同，《清經解》本字跡模糊。按：“冡”當爲“冢”之俗訛字。下徑改爲正字，不復出校。

十一月去魯

《孔子世家》："定公十二年夏，孔子言於定公曰：'臣無藏甲，大夫毋百雉之城。'使仲由爲季氏宰，將墮[①]三都。"至"十二月，公圍成，弗克。"此事敘墮三都本末。又曰：定公十二年，孔子年五十四，由大司寇攝行相事，與聞國政。齊人聞而懼，陳女樂、文馬於魯城南高門外。桓子卒受女樂，郊，又不致膰俎[②]於大夫，孔子遂行。至"桓子喟然歎曰：'夫子罪我以羣婢故也夫！'"此事敘孔子去魯本末。覆提定公年者，因文繁事多，［恐涉異歲，］[③]故再言以明之。《魯世家》括其要曰：十二年，使仲由毀三桓城，收其甲兵，孟氏不肯墮成，伐之不克而止。此一事也。又曰："季桓子受齊女樂，孔子去。"此又一事也。淺人改《孔子世家》"定公十二年，孔子年五十四"爲"定公十四年，孔子年五十六"，由不諳覆提文法耳，當據《年表》及《魯世家》正之。臨海洪百里震煊云："孔子於郊後去魯，不脱冕而行。"魯郊以孟春，是孔子去魯在定十三年春，以爲定十二年冬者，誤也。

案：《禮記·明堂位》："魯君孟春乘大路，載弧韣[④]旂[⑤]，十有二旒[⑥]，日月之章，祀帝於郊。"注云："孟春，建子之月。"又《雜記》："正月日至，可以有事於上帝。"注云："魯以周公之故，得以正月日至之後郊天。"是魯郊在周正首月，實夏正之十一月也。孔子於魯定十二年冬

① 墮，同"墮"。《篇海類編·地理類·土部》："墮，詳墮。音義並同。"

② 膰俎，盛膰肉的祭器。亦借指祭肉。《史記·孔子世家》："桓子受齊女樂，三日不聽政；郊，又不致膰俎於大夫；孔子遂行。"《孔子家語·子路初見》："君臣淫荒三日，不聽國政；郊，又不致膰俎；孔子遂行。"

③ "恐涉異歲"四字係據校抄本補。

④ 弧韣，張旌旗正幅的竹弓和弓衣。《儀禮·覲禮》："乘墨車，載龍旂弧韣，乃朝。"鄭玄注："弧，所以張縿之弓也，弓衣曰韣。"賈公彦疏："《爾雅》説旌旗正幅爲縿，故以此弧弓張縿之兩幅，故云張縿之弓也。"

⑤ 旂，古代畫有兩龍並在竿頭懸鈴的旗。《詩·周頌·載見》："龍旂陽陽，和鈴央央。"《周禮·春官·司常》："交龍爲旂……諸侯建旂。"《孟子·萬章下》："庶人以旃，士以旂，大夫以旌。"

⑥ 旒，旌旗懸垂的飾物。《詩·商頌·長髮》："受小球大球，爲下國綴旒。"鄭玄箋："旒，旌旗之垂者也。"

十一月郊後去魯。至“十二月，公圍成，弗克”，孔子已去魯矣。初，“叔孫氏（先）墮郈。季氏將墮費，公山不狃、叔孫輒率費人襲魯。公與三子入於季氏之宮，登武子之臺。費人攻之，弗克，入及公側。孔子命申句須、樂頎下伐之，費人北。國人追之，敗諸姑蔑。二子奔齊。遂墮費。”此見聖人之“臨事而懼，好謀而成”。使十一月不去魯，則十二月圍成，有不克乎？明茅氏坤亦未審史公文律，乃曰：“孔子欲墮三都，墮郈與費矣，而成卒不能墮，以勢之無可柰[①]何也。”是未知孔子去魯在十一月，“公圍成，弗克”在十二月也。

爾雅毛詩異文

《爾雅·釋訓》一篇，釋《詩》之訓詁。漢初傳《爾雅》者，皆今文之學，故與毛《詩》不同。後世三家既亡，《爾雅》之文不可盡考。今審其音義相同或別見他書者，列《爾雅》於上，以毛《詩》證之。釋《雅》，正以訓《詩》也。

《爾雅》：“便便，辯也。”此釋《詩·采菽》“平平左右”也。《詩釋文》曰：“平平，韓《詩》作便便。”

“廱廱，和也。”此釋《思齊》“雝雝在宮”也。

“憴憴，戒也。”此釋《抑》“子孫繩繩”也。

“憢憢，懼也。”此釋《鴟鴞》“予維音嘵嘵”也。

“洸洸，武也。”此釋《江漢》“武夫洸洸”也。《釋文》曰：“舍人本作‘僙’[②]，音同。”《鹽鐵論·繇[③]役》篇引《詩》“武夫潢潢[④]”，《法

① 柰，《清經解》本、校抄本作“奈”。按：柰，同“奈”。《廣韻·泰韻》：“奈，本亦作柰。”《淮南子·兵略訓》：“爲魚鱉者，則可以網罟取也；爲鴻鵠者，則可以矰繳加也。唯無形者，無可柰也。”《説苑·貴國》：“武王克殷，召太師而問曰：‘將柰其士衆何？’”

② 僙，武貌。《玉篇·人部》：“僙，作力皃。”《廣韻·唐韻》：“僙，僙僙，武皃。”《集韻·唐韻》：“僙，武也。”

③ 繇，《清經解》本同。按：“繇”爲“繇”之刻寫俗字，亦爲日本用漢字，亦爲“徭”之通假字。力役。清朱駿聲《説文通訓定聲·孚部》：“繇，叚借爲傜（徭、傜）。”《淮南子·精神訓》：“今夫繇者揭钁臿，負籠土。”高誘注：“繇，役也。”《史記·高祖本紀》：“高祖嘗繇咸陽。”裴駰《集解》引應劭曰：“繇，徭役也。”

④ 潢潢，勇武貌。漢桓寬《鹽鐵論·徭役》引《詩》：“武夫潢潢，經營四方。”今本《詩·大雅·江漢》作“武夫洸洸”。毛傳：“洸洸，武貌。”

言·孝至》篇："武義璜璜[①]，兵征四方。"［潢潢、］璜璜，皆"僙僙"之訛。

"洋洋，思也。"此釋《二子乘舟》"中心養養"也。

"薨薨，衆也。"此釋《螽斯》"薨薨兮"也。《釋文》曰："顧舍人本作'雄雄'。"案：顧野王就郭注爲音，然則郭氏注本作"雄雄"矣。古瞢聲、厷聲皆烝類也。

"委委、佗佗，美也。"此釋《君子偕老》"委委佗佗"也。《釋文》曰："諸儒本並作'禕'。舍人云：'禕禕者，心之美。'引《詩》亦作'禕'。"顧舍人引《詩》釋云："禕禕它它。"

"忯忯，愛也。"此釋《葛屨》"好人提提"也。《漢書·叙傳下》："妓妓[②]公主。"孟康曰："妓妓、愓愓，愛也。"師古曰："《魏詩·葛屨》之篇曰'好人提提'，音義同耳。"惠氏棟云："《説文》：'妓，美女也。或作紙，从氏。'"然則《爾雅》之"忯"，當作"紙"。"氏"與"是"通，故王逸引作"媞"。

"格格，舉也。"此釋《斯干》"約之閣閣"也。《周禮·匠人》注亦作"約之格格"。

"懕懕，安也。"此釋《小戎》"厭厭良人"也。

"媞媞[③]，安也。"此釋《葛屨》"好人提提"也。《楚詞·七諫》注云："媞媞，好貌也。詩曰：'好人媞媞。'"

"慅慅[④]，勞也。"此釋《巷伯》"勞人草草"也。《釋文》曰："郭騷、草、蕭三音。"《廣雅·釋訓》曰："慅慅，憂也。"曹憲音"草"。

① 璜璜，猶洸洸。威武貌。漢揚雄《法言·孝至》："武義璜璜，兵征四方，次也。"王念孫《讀書雜誌·法言》："璜讀爲洸。《爾雅》曰：洸洸，武也。"

② 妓妓，美好貌。《漢書·敘傳下》："妓妓公主，乃女烏孫。"顔師古注："妓妓，好貌也。"

③ 媞媞，美好。《楚辭》東方朔《七諫·怨世》："西施媞媞而不得見兮，嫫母勃屑而日侍。"王逸注："媞媞，好貌也。《詩》曰'好人媞媞'也。"今本《诗·魏风·葛屦》作"提提"。

④ 慅，底本作"慅"，爲"慅"之刻寫俗字。下徑改爲正字，不復出校。慅慅，騷動不安；不安靜。《隋書·李德林傳》："軍中慅慅，人情大異。"宋王安石《酬王濬賢良松泉》詩之一："赤松復自無特操，上下隨煙何慅慅。"又，憂愁貌。南朝梁武帝《代蘇屬國婦詩》："愴愴獨涼枕，慅慅孤月帷。"元虞集《出塞圖》詩："今日不樂心慅慅，什什伍伍呼其曹。"

“壿壿[1]，喜也。”此釋《伐木》“蹲蹲舞我”也。

“旭旭，憍也。”此釋《巷伯》“驕人好好”也。《釋文》曰：“旭旭，郭呼老反。”是讀“旭”爲“好”矣。

“訰訰，亂也。”此釋《抑》“誨爾諄諄”也。

“邈邈，悶也。”此釋《抑》“聽我藐藐”也。

“版版、盪盪，僻也。”此釋《板》“上帝板板”，《蕩》“蕩蕩上帝”也。《爾雅釋文》曰：“版版，《詩》作板。”《廣雅·釋訓》曰：“版版，反也。”

“爞爞，熏也。”此释《雲漢》“蕴隆蟲蟲”也。《詩釋文》曰：“韓《詩》作‘烔’。”《廣雅·釋訓》曰：“爞爞，憂也。”然則作“爞爞”者，蓋魯《詩》。

“敖敖，傲也。”此釋《板》“聽我囂囂”也。《釋文》曰：“敖敖，本又作‘謷’。”

“庾庾，病也。”此釋《正月》“憂心愈愈”也。

“郝郝，耕也。”此釋《載芟》“其耕澤澤”也。

“繹繹，生也。”此釋《載芟》“驛驛其達”也。

“溞溞[2]，淅也。烰烰，烝也。”此釋《生民》“釋之叟叟，蒸之浮浮”也。

“諻諻，樂也。穰穰，福也。”此釋《執競》“鐘鼓喤喤，降福穰穰”也。

“噰噰、喈喈，民協服也。”此釋《卷阿》“雝雝喈喈”也。

“佻佻、契契，愈遐急也。”此釋《大東》“佻佻公子，契契寤歎”也。《魏都賦》：“或明发而嬥歌。”善曰：“《爾雅》曰：‘嬥嬥契契，愈遐急也。’‘嬥’或作‘佻’，音葦苕，一音徒了反。”《廣雅·釋訓》曰：“嬥嬥，好也。”《爾雅釋文》曰：“契契，字又作挈。”《楚辭·九歎》注引《詩》“挈挈寤歎”。《廣雅·釋訓》：“栔栔，憂也。”曹憲音“契”爲

① 壿壿，同“蹲蹲”。起舞貌。《詩·小雅·伐木》：“坎坎鼓我，蹲蹲舞我。”毛傳：“蹲蹲，舞貌。”傅毅《舞賦》序：“《樂》記于戚之容，《雅》美蹲蹲之舞。”

② 溞，底本原作“溞”，爲“溞”之刻寫俗字。下徑改爲正字，不復出校。溞溞，象声词。也作“叟叟”“溲溲”。淘米聲。《爾雅·釋訓》：“溞溞，淅也。”郭璞注：“洮米聲。”郝懿行《義疏》：“溞者，《詩》作‘叟’，毛傳：‘叟叟，聲也。’《釋文》：‘叟，字又作溲，濤米聲也。’然則《詩》及《爾雅》正文當作溲，毛《詩》古文省作叟，《爾雅》今文變作溞耳。”

“挈”。穰讓，蓋本作“挈”。

“宴宴，尼居息也。”此釋《北山》“或燕燕居息”也。

“卉木悽悽，懷報德也。”此釋《出車》“卉木萋萋”也。

“儵儵[①]，罹禍毒也。”此釋《小弁》“踧踧周道”也。又《釋文》曰：“儵儵，樊本作攸。”引《詩》云：“攸攸我里。”則釋《十月之交》“悠悠我里”也。

“旦旦，悔爽忒也。”此釋《氓》“信誓旦旦”也。《釋文》曰：“旦旦，本或作‘悬[②]’，同都歎反。”《玉篇·心部》：“悬，得歎反。爽也，忒也。”義本《釋訓》。

“琄琄，刺素食也。”此釋《大東》“鞙鞙佩璲”也。

“懽懽、愮愮[③]，憂無告也。”此釋《板》“老夫灌灌”，《黍離》“中心揺揺[④]”也。《釋文》曰：“灌灌，本或作‘懽’，同古玩反。愮愮，本又作‘揺’，樊本作‘遥’，又作‘恌’。”《玉篇·心部》：“懽，呼官切，悦也。又公玩切。”《爾雅》曰：“懽懽、愮愮，憂無告也。”又“悹，古桓切。又公玩、公緩二切。悹悹，憂無告也。悺，同上。”蓋《爾雅》本作“悹悹”，淺人據毛《詩》改爲“灌”矣。

“謞謞，崇讒慝也。”此釋《板》“多將熇熇”也。

“翕翕、訿訿，莫供職也。”此釋《小旻》“潝潝訿訿”也。

“速速，惟逑鞫也。”此釋《正月》“蔌蔌方有穀”也。

“甹夆，掣曳也。”此釋《小毖》“莫予荓蜂[⑤]”也。

“不俟，不來也。”此釋《采薇》“我行不來”也。《爾雅釋文》作“不俟”，曰：“事已反待也，宜從來。”案：《說文·來部》“竢”下引《詩》“不竢不來”，“从來，矣聲。”又“俟，竢或从彳。”然則《詩》本作“竢”，《爾雅》作“俟”，今《詩》作“來”者，脱其半耳。

---

① 儵儵，憂思貌。《爾雅·釋訓》：“儵儵嘒嘒，罹禍毒也。”陸德明《释文》：“樊本作‘攸’，引詩云‘攸攸我思’。”郝懿行《義疏》：“儵儵即悠悠。毛傳‘悠’訓爲‘憂’；《爾雅》‘罹’亦訓‘憂’，其義正同。”

② 悬，同“怛”。《說文·心部》：“怛，憯也。悬，怛，或从心在旦下。《詩》曰：‘信誓悬悬。’”《正字通·心部》：“悬，同怛。《說文》：‘怛，或从心在旦下。’作悬。”

③ 愮，底本作“愮”，爲“愮”之刻寫俗字。下徑改爲正字，不復出校。

④ 揺，底本作“揺”，爲“揺”之刻寫俗字。下徑改爲正字，不復出校。

⑤ 荓蜂，牽引扶持。

“不遹，不蹟也。”此釋《日月》“報我不述”也。《釋文》曰：“遹，古‘述’字。”

“勿念，勿忘也。”此釋《文王》“勿念爾祖”也。

“萲[①]，忘也。”此釋《伯兮》“焉得諼草”也。

“瑟兮僩兮，恂慄也。赫兮烜兮，威儀也。”此釋《淇奧》“瑟兮僩兮，赫兮咺兮”也。《釋文》曰：“僩，本或作‘撊’，同下板反。郭音簡。”

“有斐君子，終不可諼兮。道盛德至善，民之不能忘也。”此釋《淇奧》“有匪君子，終不可諼兮”也。

“是刈是穫。鑊，煑之也。”此釋《葛覃》“是刈是濩”也。《釋文》曰：“是乂，本又作‘刈’。”

“履帝武敏[②]。武，迹也。敏，拇也。”此釋《生民》“履帝武敏歆”也。《釋文》曰：“敏，如字。舍人本作‘畝’。釋云：‘古者姜嫄履天帝之迹於畎畝之中。’又，拇音畝。”案：“舍人本云云”當在“拇”字下。若“敏”字作“畝”，則下文“敏，拇也”不可通矣。

“其虚其徐，威儀容止也。”此釋《北風》“其虚其邪”也。

“徒御不驚，輦者也。”此釋《車攻》“徒御不警”也。

“辟，拊心也。”此釋《柏舟》“寤擗有摽”也。

“幬謂之帳。”此釋《小星》“抱衾與裯[③]”也。

右皆《詩經》《爾雅》異文者，其文同者不著。

雅注毛鄭異文

郭景純注《爾雅》，承用漢人舊義，如犍爲舍人、李巡、樊光等，徵引《詩》經三家爲多，其文往往與毛氏不同，而義亦有異。今考其文之

① 萲，同“諼”。忘憂草。《爾雅·釋訓》：“萲、諼，忘也。”陸德明《釋文》：“萲，施音袁，謝許袁反。郭云：‘義見《伯兮》。’《詩》云：‘焉得萲草。’毛傳：‘萲草令人善忘。’則謝讀爲是。”

② 武敏，足跡的拇趾印。《詩·大雅·生民》：“以弗無子，履帝武敏歆。”鄭玄箋：“敏，拇也……時則有大神之迹，姜嫄履之，足不能滿，履其拇指之處。”

③ 裯，单被。亦泛指衾被；一説為床帳。《詩·召南·小星》：“肅肅宵征，抱衾與裯。”毛傳：“衾，被也。裯，襌被也。”鄭玄箋：“裯，牀帳也。”

顯異者，列《爾雅》於上，以毛、鄭證之，其義之同異，亦附著焉。若郭注但云見《詩》而經句無明文者不錄。

《釋詁》："權輿，始也。"注引《詩》曰"胡不承權輿"，而毛《詩·權輿》曰"于嗟乎！句。不承權輿"。"權輿，始也。"

"嘏，大也。"注引"湯孫奏嘏"，而《那》曰"湯孫奏假"。"假，大也。"箋云："假，升也。"

"幠，有也。"注引"遂幠大東"，而《閟宮》曰"遂荒大東"。"荒，有也。"箋云："荒，奄也。"

"摧，至也。"注引"先祖於摧"，而《雲漢》曰"先祖于摧"。"摧，至也。"箋云："摧，當作嗺。嗺，嗟也。"

"介，善也。"注引"介人維藩"。案："維"，當作"惟"。《漢書·王莽傳》同，而《板》曰"价人維藩"。"介，善也。"箋云："价，甲也。"《荀子·君道》篇、《彊國》篇同。

"仇，匹也。"注引"君子好仇"，《禮記·緇衣》《漢書·匡衡[1]傳》同。匡衡學齊《詩》。而《關雎》曰"君子好逑"。"逑，匹也。"《釋文》："逑，音求。"正義曰："《詩》本作逑，《爾雅》多作仇。"

"陽，予也。"注引魯《詩》云"陽如之何"，而《澤陂》曰"傷如之何"。"傷，無禮也。"箋云："傷，思也。"

"悝，憂也。"注引"悠悠我悝"，而《十月之交》曰"悠悠我里"。"里，病也。"箋云："里，居也。"

"盱，憂也。"注引"云何盱矣"，而《卷耳》曰"云何吁矣"。"吁，憂也。"《都人士》作"云何盱矣"，與郭同。箋云"盱，病也"，與郭異。

"癉，勞也。"注引"哀我癉人"，而《大東》曰"哀我憚人"。"憚，勞也。"

"祓，福也。"注引"祓禄康矣"，而《卷阿》曰"茀禄爾康矣"。"茀，小也。"箋云"茀，福也。"

"射，猒也。"注引"服之無射"，《禮記·緇衣》《楚辭·招魂》注同。而《葛覃》曰"服之無斁"。"斁，厭也。"

"稅，舍也。"注引"召伯所稅"，而《甘棠》曰"召伯所說"。"說，

① 衡，同"衡"。《武榮碑》："不竟台衡。"《易林·屯之否》："合縱散衡，燕齊以强。"

舍也。”

“剡，利也。”注引“以我剡耜”，《東京賦》“介馭間以剡耜”本此。而《載芟》[①]曰“以我覃耜”。“覃，利也。”

“酋，終也。”注引“嗣先公爾酋矣”，而《卷阿》曰“似先公遒矣”。“遒，終也。”

《釋言》：“肅、嗈，聲也。”注引“肅嗈和鳴”，而《有瞽》曰“肅雝和鳴”。

“愷悌，發也。”注引“齊子愷悌”，而《載驅》曰“齊子豈弟”，言文姜於是樂易然。箋云：“此豈弟猶言發夕也。豈，當讀爲‘闓’。弟，古文《尚書》以爲‘圛’。圛，明也。”

“猷，若也。”注引“寔命不猷”，而《小星》曰“寔命不猶”。“猶，若也。”

“俅，戴也。”注引“戴弁俅俅”。《玉篇·頁部》同，而《絲衣》曰“載弁俅俅”。“俅俅，恭順貌。”箋云：“載，猶戴也。”

“頔，題也。”注引“麟之頔”，而《麟趾》[②]曰“麟之定”。“定，題也。”

“猷，可也。”注引“猷來無棄”。案：“棄”當作“止”。而《陟岵》曰“猶來無止”。“猶，可也。”

“弇，同也。”注引“奄有龜蒙”。案：“奄”當作“弇”。而《閟宮》曰“奄有龜蒙”。箋云：“奄，覆也。”

“偟，暇也。”注引“不偟啟處”，而《四牡》曰“不遑啟處”。“遑，暇也。”

《釋親》：“妻曰嬪”[③]，注引“聿嬪于京”，而《大明》曰“曰嬪于京”。

① 《載芟》，當爲《詩·小雅·大田》。

② 《麟趾》，即《麟之趾》。

③ 妻曰嬪，《清經解》本同。按：阮元刻《十三經注疏》本《爾雅·釋親》：“《禮記》曰：‘生曰父、母、妻，死曰考、妣、嬪。’”應作“妻死曰嬪”。嬪，同“嬪”。《類篇》第十二中：“嬪，《爾雅》：‘婦也。一曰妻死曰嬪。’”

《釋宫》："西北隅謂之屋漏。"注引"尚不媿[①]於屋漏"，而《抑》曰"尚不愧于屋漏"。"西北隅謂之屋漏。"

"閍[②]謂之門。"注引"祝祭於祊[③]"，而《楚茨》曰"祝祭于祊"。"祊，門内也。"

《釋器》："珪大尺二寸謂之玠。"注引"錫爾玠珪"，而《崧高》曰"錫爾介圭"。箋云："圭長尺二寸謂之介。"

《釋樂》："小者謂之應。"注引"應輔縣鼓"，而《周禮·大師》注、《禮記·明堂位》注同，而《有瞽》曰"應田縣鼓"。"應，小鞞也。田，大鼓也。"箋云："田，當作'輔'。輔，小鼓，在大鼓旁，應鞞之屬也。聲轉字誤，變而爲田。"

《釋天》："西風謂之泰風。"注引"泰風有隧"，而《桑柔》曰"大風有隧"。箋云："西風謂之大風。"

"雨霓爲霄雪。"注引"如彼雨雪，先集維霓"，而《頍弁》曰"如彼雨雪，先集維霰"。"霰，暴雪也。"

《釋水》："過爲洵，潁爲沙，汝爲濆。"注云："《詩》曰'遵彼汝濆'，皆大水溢出別爲小水之名。"而《汝墳》曰"遵彼汝墳"。"汝，水名也。墳，大防也。"

"水草交爲湄。"注引"居河之湄"，而《巧言》曰"居河之麋"。"水草交謂之麋。"

《釋草》："瓠棲，瓣。"注引"齒如瓠棲"，而《碩人》曰"齒如瓠犀"。"瓠犀，瓠瓣。"

"蒤，委葉。"注引"以茠蒤蓼"，《詩釋文》云："薅，《說文》云'或作茠'。"引此"以茠荼蓼"，而《良耜》曰"以薅荼蓼"。"蓼，水草也。"

---

① 媿，《清經解》本、校抄本同。按：媿，同"愧"。《詩》用"愧"，而鄭箋、《釋文》、正義皆用"媿"。《説文·女部》："媿，慙也。"邵瑛《羣經正字》："今經典多从或體作愧。"《漢書·文帝紀》："以不敏不明而久撫臨天下，朕甚自媿。"顔師古注："媿，古愧字。"

② 閍，宗廟門。《爾雅·釋宫》："閍謂之門。"郝懿行《義疏》："門，廟門也。"《詩·周頌·絲衣》"自堂徂基"，馬瑞辰《通釋》："祊通作閍。《爾雅·釋宫》：'閍謂之門。'"

③ 祊，底本作"䄙"，爲刻寫俗字。下徑改爲正字，不一一出校。按：祊，古代稱宗廟之門。亦指廟門内設祭之處。《詩·小雅·楚茨》："或肆或將，祝祭於祊。"毛傳："祊，門内也。"《國語·周語中》："今將大泯其宗祊。"韋昭注："廟門謂之祊。"

《釋木》："樌[①]木，叢木。"注引"集於灌木"，而《葛覃》曰"集于灌木"。"灌木，叢木也。"

《釋蟲》："蝗螽[②]，蠜。"注引"趯趯蝗蟲"，而《草蟲》曰"趯趯阜螽"。"阜螽，蠜也。"

《釋鳥》："鳥少美長醜爲鶹鷅[③]。"注云："鶹鷅，猶留離。《詩》所謂'畱離之子'。"而《旄丘》曰"流離之子"。"流離，鳥也。少好長醜。"

《釋獸》："牝，豝[④]。"注引"一發五豝"，《儀禮·鄉射禮》注、《説文·豕部》同，而《騶虞》曰"壹發五豝"。"豕，牝曰豝。"

《釋畜》："騂[⑤]白，駁[⑥]。黄白，騜[⑦]。"注引"騜駁其馬"，而《東山》曰"皇駁其馬"。"黄白曰皇，騂白曰駁。"

"長喙，獫。短喙，猲獢。"注引"載獫猲獢"，《説文·犬部》同，而《駟驖》曰"載獫歇驕"。"獫、歇驕，田犬也。長喙曰獫，短喙曰歇驕。"

舉此而毛《詩》鄭箋、《爾雅》郭注，其文義之異同，可见其略矣。

---

① 樌，同"灌"。叢生的樹木。《玉篇·木部》："樌，木叢生也。今作灌。"清嚴元照《爾雅匡名·釋木》："《釋文》云：樌字又作灌。案：《説文·木部》無樌字，自石經以後各本及毛《詩》經、傳、正義皆作灌。"

② 蝗螽，蝗類的總名。一説，蝗子。《爾雅·釋蟲》："蝗螽，蠜。"郭璞注："《詩》曰：'趯趯阜螽。'"邢昺疏："蝗螽，一名蠜。李巡曰：'蝗子也。'"郝懿行《義疏》："蝗螽，蠜者，蝗螽名蠜。《詩》作'阜螽'。"李时珍《本草纲目·虫二·蝗螽》："此有數種，蝗螽總名也。江東呼爲蚱蜢。"又"蝗螽在草上者曰草螽，在土中者曰土螽，似草螽而大者曰螽斯，螽斯而細長者曰蟿螽。"

③ 鶹鷅，即梟。鳥名。《爾雅·釋鳥》："鳥少美長醜，爲鶹鷅。"郭璞注："鶹鷅猶留離，《詩》所謂'留離之子'。"《詩·邶風·旄丘》"流離之子"三國吳陸璣疏："流離，鳥也。自關而西謂梟爲流離，其子適長大，還食其母。故張奐云：鶹鷅食母。許慎云：'梟，不孝鳥。'是也。流與鶹同。"

④ 豝，母豬。《詩·召南·騶虞》："彼茁者葭，壹發五豝。"鄭玄箋："豕，牝曰豝。"

⑤ 騂，同"騮"，亦作"駵""驑"。《集韻·尤韻》："騮，《説文》：'赤馬黑毛尾也。'或作騂。"《詩·魯頌·駉》："有騂有雒，以車繹繹。"毛傳："赤身黑鬣曰騂。"

⑥ 駁，亦作"駮"。馬毛色不純。亦指毛色不純的馬。《詩·豳風·東山》："之子于歸，皇駁其馬。"毛傳："騂白曰駁。"

⑦ 騜，黄白色相間的馬。《爾雅·釋畜》："黄白，騜。"郭璞注："《詩》曰'騜駁其馬'。"郝懿行《義疏》："黄色兼有白色者名騜。騜，《詩》作'皇'。"

詩雅文同義異

郭注《爾雅》引《詩》，文與毛氏同，而義異傳、箋者，茲亦兩列之，俾有所考焉。

《釋詁》："厖，大也。"注引《詩》曰"爲下國駿厖①"，而《長發》曰"爲下國駿厖"。"厖，厚也。"

"廢②，大也。"注引"廢爲殘賊"，而《四月》曰"廢爲殘賊"。"廢，忕也。"《釋文》云："一本作'廢，大也'。此是王肅義。"

"攻，善也。"注引"我車既攻"，而《車攻》曰"我車既攻"。"攻，堅也。"

"嶶③，善也。"注引"大姒嗣嶶音"，而《思齊》曰"大姒嗣嶶音"。箋云："嶶，美也。"

"粤，于也。"注引"對越在天"。案："越""粤"通。而《清廟》曰"對越在天"。箋云："越，於也。"

"屈，聚也。"注引"屈此羣醜"，而《泮水》曰"屈此羣醜"。"屈，斂也。"箋云："屈，治也。"正義曰："'屈，治'，《釋詁》文。彼'屈'作'淈'。某氏引此《詩》，是音義同也。"《釋文》曰："韓《詩》云'屈，收也'。"

"邛④，勞也。"注引"維王之邛"，而《巧言》曰"維王之邛"。"邛，病也。"

---

① 駿厖，亦作"駿蒙""駿龐"。猶言篤厚。《詩·商頌·長髮》："受小共大共，爲下國駿厖。"毛傳："駿，大；厖，厚。"孔穎達疏："言爲下國大厚，謂成其志性，使大純厚也。"《荀子·榮辱》："《詩》曰，'受小共大共，爲下國駿蒙'，此之謂也。"楊倞注："蒙讀爲厖，厚也。今《詩》作'駿厖'。"《孔子家語·弟子行》："孔子和之以文，説之以《詩》曰，'受小拱大拱，而爲下國駿龐。'"王肅注："駿，大也；龐，厚也。"

② 廢，底本作"廃"，爲"廢"之刻寫俗字。下徑改爲正字，不復出校。

③ 嶶，同"徽"，是"徽"的異體字。

④ 邛，憂病。《詩·小雅·巧言》："匪其止共，維王之邛。"鄭玄箋："邛，病也。小人好爲讒佞，既不共其職事，又爲王作病。"《詩·小雅·小旻》："我視謀猶，亦孔之邛。"毛傳："邛，病也。"高亨注："邛，毛病。"

"惄[①]，思也。"注引"惄如調飢"，而《汝墳》曰"惄如調飢"。"惄，飢意也。"箋云："惄，思也。"

"履，福也。"注引"福履綏之"，而《樛木》曰"福履綏之"。"履，禄也。"

《釋言》："征，行也。"注引"王于出征"，而《六月》曰"王于出征"。"出征以佐其爲天子也。"箋云："王曰：'令女出征［伐］。'"

"將，送也。"注引"遠于將之"，而《燕燕》曰"遠于將之"。"將，行也。"箋云："將，亦送也。"

"振，古也。"注引"振古如茲"，而《載芟》曰"振古如茲"。"振，自也。"箋云："振，亦古也。"

"夷，悦也。"注引"我心則夷"，而《草蟲》曰"我心則夷"。"夷，平也。"

"皇、匡，正也。"注引"四國是皇"，而《破斧》曰"四國是皇"。"皇，匡也。"

《釋訓》："惕惕[②]，愛也。"注引《詩》云"心焉惕惕"，韓《詩》以爲"悦人"，故言愛也。而《防有鵲巢》曰"心焉惕惕"。"惕惕，猶忉忉[③]也。"《序》曰："防有鵲巢，憂讒賊也。宣公多信讒，君子憂懼焉。"

《釋宫》："廟中路謂之唐。"注引"中唐有甓[④]"，而《防有鵲巢》曰"中唐有甓"。"中，中庭也。唐，堂塗也。"

《釋器》："繩之謂之縮之。"注引"縮版以載"，而《緜》曰"縮版以載"。"乘謂之縮。"箋云："乘，聲之誤，當爲'繩'也。"

---

① 惄，亦作"愵"。憂思；憂傷。《詩·周南·汝墳》："未見君子，惄如調飢。"毛傳："惄，飢意也。"鄭玄箋："惄，思也。未見君子之時，如朝飢之思食。"

② 惕惕，憂勞。《詩·陳風·防有鵲巢》："誰侜予美，心焉惕惕。"毛傳："惕惕，猶忉忉也。"陳奂《傳疏》："惕惕，亦憂勞之意，故云猶忉忉也……《爾雅》：'惕惕，愛也。'郭注：'《詩》云：心焉惕惕，《韓詩》以爲説人，故言愛也。'案：愛者謂愛君，君受讒賊所誑，故君子憂勞之心惕惕然。《爾雅》釋經義，毛傳釋字義也。"

③ 忉忉，憂思貌。《詩·齊風·甫田》："無思遠人，勞心忉忉。"毛傳："忉忉，憂勞也。"孔穎達疏："憂也，以言勞心，故云憂勞也。"

④ 甓，底本作"甓"，《清經解》本、校抄本同。按："甓"爲"甓"之刻寫俗字。下徑改爲正字，不復出校。甓，磚。《詩·陳風·防有鵲巢》："中唐有甓，邛有旨鷊。"馬瑞辰《通釋》："甓爲磚。"

《釋天》："日出而風爲暴。"注引"終風且暴"，而《終風》曰"終風且暴"。"終日風爲終風。暴，疾也。"

《釋蟲》："草蟲，負蠜[①]。"注引"喓喓草蟲"，而《草蟲》曰"喓喓草蟲"。"草蟲，常羊也。"

《釋獸》："麕[②]：牡，麌[③]。"注引"麀鹿噳噳[④]"，而《韓奕》曰"麀鹿噳噳"。"鹿牝曰麀。噳噳，衆多也。"箋云："麕牡曰噳。噳復噳，言多也。"

"四蹢[⑤]皆白，豥。"注引"有豕白蹢"，而《漸漸之石》曰"有豕白蹢"。"蹢，蹄也。"箋云："四蹄皆白曰駭。"

《釋畜》："騋牝，驪牝。"注引"騋牝三千"，而《定之方中》曰"騋牝三千"。"馬七尺以上曰騋。騋馬與牝馬也。"

"一目白，瞯。二目白，魚[⑥]。"注引"有驔有魚"，而《駉》曰"有驔有魚"。"豪骭曰驔[⑦]，一目白曰魚。"[⑧]

"牛七尺爲犉。"注引"九十其犉"，而《無羊》曰"九十其犉"。

---

① 負蠜，即負盤，蟲名。蜚蠊的別名。《漢書·五行志中之下》："嚴公二十九年'有蜚'。劉歆以爲負蠜也，性不食穀，食穀爲災，介蟲之孽。"明李時珍《本草綱目·蟲四·蜚蠊》："蜚蠊、行夜、𧑒蟲三種，西南夷皆食之，混呼爲負盤。俗又訛盤爲婆，而諱稱爲香娘子也。"清俞樾《春在堂隨筆》卷八："夏夜，每有蟲行几案間，亦能飛，人習見之，不爲異，呼其名，如曰章郎……《本草》蘇恭注云：此蟲味辛辣而臭，漢中人食之，言下氣，名曰石薑，一名盧蜰，一名負盤。然則此蟲，即《爾雅》蜚蠦蜰矣。郭璞注曰：即負盤臭蟲。"

② 麕，亦作"麏""麇"。獐子。《詩·召南·野有死麕》："野有死麕，白茅包之。"《左傳·哀公十四年》："逢澤有介麇焉。"陸德明《釋文》："麇，獐也。"

③ 麌麌，群聚貌。《詩·小雅·吉日》："獸之所同，麀鹿麌麌。"毛傳："麌麌，衆多也。"《藝文類聚》卷九八引三國魏何晏《瑞頌》："鹿之麌麌，載素其色。"亦單用"麌"表示群聚貌。唐杜甫《朝享太廟賦》："熙事莽而充塞，羣心麌以振蕩。"

④ 噳噳，群獸相聚貌。《詩·大雅·韓奕》："麀鹿噳噳。"毛傳："噳噳然衆也。"

⑤ 蹢，阮刻《十三經注疏》本作"豴"。按：豴，同"蹢"。《爾雅·釋獸》："豕四豴皆白，豥。"陸德明《釋　文》："蹢，蹄也。本作豴。"《集韻·錫韻》："蹢，蹄也。或从豕。"

⑥ 魚，阮刻《十三經注疏》本《爾雅·釋畜》作"魚"。

⑦ 驔，膝脛有長毛的馬。《詩·魯頌·駉》："有驔有魚，以車祛祛。"毛傳："豪骭曰驔。"孔穎達疏："傳言'豪骭白'者，蓋謂豪毛在骭而白長，名爲驔也。"阮元《校勘記》："'骭'下有'白'字。

⑧ 一目白曰魚，阮校《十三經注疏》本毛傳作"二目白曰魚"，此作"一目"，疑爲臧氏誤記。

“黄牛黑脣[1]曰犉。”

此《爾雅》、毛《詩》之文同義異者，可見矣。

《拜經日記》卷第十二經九千九百六十六字，注四十六字。

《拜經日記》十二卷，共計經八萬四千九百四十三字，注一萬一千六百六十一字。[2]

① 脣，同“唇”。《六書故·人四》：“唇，口端也。别作脣。”

② 此統計數字爲底本原有之總字數。

拜經日記跋[1]

維先君子卒後之九年，相始抱其遺書來粵，謁見儀徵阮制軍。制軍命採擇其要者，代爲付刊，因以《日記》進。制軍善之，爲料量[2]刻資，授梓順德。閱五月告竣，書成十二卷。

嗚呼！自我高高祖玉林先生，以經學起家，著有《經義雜記》三十卷，五傳而至先君子，手訂其書，刊於南海。於是海内之士，尊爲經師，列之《儒林》，迄於今二十餘年矣。先君子闡揚先業，著作纍纍[3]。《日記》一書，爲讀經之餘隨筆記録，平生精力所萃，當代通儒碩彦留讀者幾遍。相自傷貧賤，衣食奔走，於先人之道無所發明。至是，始得制軍表彰之力，告成於後，可愧也已！其他著作，尚有三十餘種。今來粵東，撫念先人遊蹟，歷歷猶在。歲月已深，而汗青未竟，有不禁欷歔[4]欲泣也。其假館而俾之卒業者，則汜水王竹川明府之力。附書於此，以不忘嘉惠云耳。

嘉慶二十四年，歲次己卯，冬十一月朔，孤子相泣識於書後。

時在順德之鳳山書院。

---

① 此篇見於底本卷末，《清經解》本、校抄本無。篇名爲整理者所加。

② 料量，安排。清陳裴之《香畹樓憶語》："汝一切料量安妥後，即載其櫘回蘇。"

③ 纍纍，重積貌；衆多貌。《漢書·佞幸傳·石顯》："印何纍纍，綬若若邪！"顏師古注："纍纍，重積也。"

④ 欷歔，歎息聲；抽咽聲。三國魏曹植《下太后誄》："百姓欷歔，嬰兒號慕。"

附録　俗字字表

一、編寫本表的目的有二：其一，真實反映底本的文字面貌。其二，爲文字研究、字書編纂提供俗字材料。

二、此處所説俗字及對應的正字並非嚴格意義上的文字學概念，俗字包括俗體、異體及一些訛字，正字包括正文中能夠直接輸入的一些俗字和與俗體字形相近的通用形體。

三、現代檢索較方便，爲節省篇幅，以下幾類俗字不標注具體出處：

1. 凡在正文中已依據底本原形録入的俗字異寫，不納入本表。如：案（按）、覇（霸）、駮（駁）、栢（柏）、夲（本）、賔（賓）、濵（濱）、檳（檳）、殯（殯）、并（並）、别（别）、愽（博）、纍（暴）、板（版）、甞（嘗）、甞（嘗）、鈔（抄）、沉（沈）、冲（沖）、床（牀）、埀（垂）、冊（册）、曽（曾）、厠（廁）、条（參）、慙（慚）、从（從）、偁（稱）、産（産）、遅（遲）、麤（粗）、麄（粗）、聦（聰）、耻（耻）、塲（場）、脣（唇）、牎（窗）、牕（窗）、膓（腸）、蠶（蠶）、辤（辭）、弟（第）、荅（答）、叚（段）、椵（椴）、逹（達）、盗（盜）、覩（睹）、断（斷）、徳（德）、墯（惰）、墮（惰）、兊（兑）、兑（兑）、雕（彫）、隄（堤）、㝎（定）、兠（兜）、疉（疊）、蹢（蹢）、僞（訛）、譌（訛）、尔（爾）、尒（爾）、峯（峰）、放（倣）、發（發）、葢（蓋）、盖（蓋）、槩（概）、槪（概）、夠（够）、臯（皋）、臯（皋）、搆（構）、鉤（鈎）、茍（苟）、宫（宫）、躳（躬）、筦（管）、恭（恭）、戸（户）、黄（黄）、囘（回）、懽（歡）、矦（侯）、㐬（㐬）、㐬（㐬）、溷（混）、横（横）、壷（壺）、懐（懷）、昬（昏）、皇（皇）、隳（毁）、昦（昊）、薉（薉）、衡（衡）、旒（旒）、嶶（徽）、會（會）、乆（久）、挍（校）、絶（絶）、决（決）、劒（劍），既（既）、即（即）、晋（晉）、兾（冀）、攄（據）、精（精）、跡（迹）、敎（教）、籍（藉）、借（藉）、涓（涓）、逈（迴）、刼（劫）、叚（假）、彊（疆）、欵（款）、歀（款）、况（況）、懇（墾）、攷（考）、寇（寇）、冦（寇）、宼（寇）、礦（礦）、媿（愧）、刋（刊）、髠（髡）、錄（録）、祿（禄）、綠（緑）、彔（录）、凉（涼）、斂（斂）、畧（略）、嬾（懶）、郎（郎）、瑯（琅）、隷（隸）、呂（吕）、栁（柳）、桞（柳）、梛（柳）、怜（憐）、憐（憐）、雒（洛）、歷（歷）、覽（覽）、夘（卵）、畱（留）、蒙（蒙）、脉（脈）、沒（没）、緜（綿）、祕（秘）、靣（面）、擘（擘）、柰（奈）、奧（奥）、馮（憑）、旁（旁）、彊（强）、強（强）、牆（墻）、羣（群）、虗（虚）、青（青）、清（清）、卿（卿）、鄉（卿）、啟（啓）、棄（棄）、弃（棄）、潛（潛）、濳（潛）、郤（却）、說（説）、慎（慎）、踈（疏）、疎（疏）、踈（疏）、刪（删）、姍（姗）、籔（藪）、參（叁）、参（參）、遡（溯）、尙（尚）、嵩（嵩）、樹（樹）、洒（灑）、埽（掃）、諡（謚）、謚（謚）、筭（算）、爽（爽）、埶（勢）、奭（奭）、遡（泝）、泝（泝）、隨（随）、脫（脱）、歎（嘆）、媮（偷）、退（退）、銕（鐵）、鉄（鐵）、万（萬）、亾（亡），忘（忘）、妄（妄）、微（微）、吳（吴）、為（爲）、曶（吻）、罔（網）、臥（卧）、牾（牾）、谿（溪）、胷（胸）、効（效）、攜（攜）、寫（寫）、隙（隙）、郤（卻）、兇（兇）、選（選）、笑（笑）、昔（昔）、巽（巽）、厦（廈）、叙（敘）、勗（勖）、勖（勖）、諠（喧）、遊（游）、遊（遊）、幼（幼）、冝（宜）、誼（誼）、曳（曳）、轝（輿）、疋（雅）、郵（郵）、隱（隐）、韻（韵）、顏（顔）、彥（彦）、揅（研）、塩（鹽）、嶽（岳）、陰（陰）、貟（員）、㠯（以）、踰（逾）、揺（摇）、搖（摇）、遙（遥）、遥（遥）、瑤（瑶）、瑶（瑶）、繇（繇）、邪（琊）、瑘（琊）、悅（悦）、悅（悦）、閱（閲）、埶（藝）、猒（厭）、酌（酳）、殺（殷）、廱（雍）、逸（逸）、眞（真）、鎭（鎮）、冢（冢）、增（增）、緫（總）、揔（總）、惣（總）、惚（總）、觜（嘴）、旨（旨）、輙（輒）、煑（煮）、庄（莊）、狀（狀）、譔（撰）、篹（纂）、墮（墮）、註（注）、証（證）、穉（穉）、賛（贊）、瓚（瓚）、烖（災）、茲（兹）、眾（衆）、蟓（螽）、萑（萑）、昦（昃）、仄（昃）、趦（趑）等。

2. 某些字或構字部件在底本中均作同一形體，不影響檢索和使用，故不一一標注其出處。如構字部件“糹”，底本均作“糸”，相關字如

“紹（紹）、終（終）、純（純）、績（續）、續（續）、績（績）、繚（繚）”等；構字部件“辶”，均作“辶”，如“逢（逢）、遍（遍）”等；“羽”及其作爲構字部件均作“𦐂”，相關字如“翁（翁）、翕（翕）、習（習）、歙（歙）”等；“奐”及其作爲構字部件均作“奐”，相關字如“煥（煥）、渙（渙）、喚（喚）、換（換）、瘓（瘓）”等。

3. 有些字及其作爲構字部件時，在底本中不止一種寫法，故將其有别于正字、且未能在正文中輸出之異寫收入本表。如“青”及其作爲構字部件，既寫作“青”，又常作“靑”，除已輸出之“靑”和“淸”之外，本表收入“請”（請）、“情”（情）；“曾”及其作爲構字部件，既寫作“曾”，又常作“曾”“曽”“曾”等，本表收“贈（贈）、贈（贈）、增（增）、增（增）、憎（憎）、繒（繒）”等；“示”作爲構字部件時，既有寫作“礻”，又常寫作“礻”和“礻”，本表收入的相關字如“視”作“視”、“祈”作“祈”、“禮”作“禮”和“禮”、“祀”作“祀”和“祀”、“社”作“社”、“神”作“神”等；“兑”及其作爲構字部件，既有作“兑”，也常作“兊”“兊”“兊”，本表收入的相關字如“説”作“説”“説”，“悦”作“悦”，“税”作“税”“税”，“鋭”作“鋭”“鋭”等。

4. 部分由刻寫習慣造成的筆畫變形或移位，與通用寫法歧異較小，不收入本表。如“文”及其作爲構字部件時常作“文”，“又”及其作爲構字部件時常作“又”，“父”及其作爲構字部件時常作“父”、“史”及其作爲構字部件時常作“史”，“更”及其作爲構字部件時常作“更”，“廴”及其作爲構字部件時常作“廴”，“金”及其作爲構字部件有時寫作“金”，“余”及其作爲構字部件有時寫作“余”，“少”及其作爲構字部件有時寫作“少”等。

5. 字表以音序排列，先標明正字，後列出底本中對應的俗體。俗字在底本正文中的具體位置，以六位數字表示其所在正文中的卷次、頁碼和行數。如果一行中有多個相同的字，則在數字後用括號加數字標明。如“隘—隘 020319（2）”，“隘”爲正字，“隘”爲底本中的俗字，“02”表示此字出現於底本正文第 2 卷，“03”表示第 3 頁，“19”表示第 19 行（B 面第 9 行），“（2）”表示本行有兩個同樣的俗字。如果出現在“拜經日記贈言校勘里居姓氏”中，則以“日姓”加四位數字表示，如“墀—墀 日姓 0116”，表示俗字“墀”出現在“拜經日記贈言校勘里居姓氏”

第1頁第16行；如果出現在“拜經日記題辭”中，則以“日辭”加四位數字表示，如“鄙—鄙 日辭0101”；如果出現在“拜經日記序”中，則以“日序”加四位數字表示，如“兩—兩 日序0108”；如果出現在臧相“拜經日記跋”中，則以“相跋”加四位數字表示，如“採—採 相跋0102”。

俗字字表

A

哀—哀 120910

隘—隘 020319（2）；020401；020404（3）

B

般—般 020208

半—半 030105；030107；030205（3）；040917；040918；041104；051815；051816；051817；051818（2）；071019；082102；102107；111708；121911

伴—伴 091918

絆—絆 071514；071515

邦—邦 091918；091920（3）；092001（4）

褒—褒 021606

保—保 021611

暴—暴 030804

暴—暴 120707

卑—卑 040902

卑—卑 100213

北—北 041705；122206

北—北 061408

邶—邶 051202；071911

背—背 051814

被—被 051303；060501；060916；071808；090502；101107

賁—賁 031620（2）

鄙—鄙 090511；090602；111510

鄙—鄙 日辭 0101；090607

畢—畢 030213；030303；030305；060206；081905；120617

敝—敝 060906；070706；100616；100806；101209

蔽—蔽 自序 0103；020417；030807；072120

弊—弊 021517

幣—幣 100213；101905；120317；120609；120910

篳—篳 040516

縪—縪 030314

臂—辟 021616

壁—辟 021616

編—編 060105；091101

邊—邉 041419

偏—偏 051106；051117

遍—遍 相跋 0109

別—别 010705；010719；011105；011520；061420；071005；071009；090219；110519

繽—繽 092006；092009

臏—臏 031301；031304；031310；031415；031419

臏—臏 031305（2）；031306；031311；031312；031315（2）

臏—臏 031307（2）；031317

臏—髕 031314

並—並 030913；030917；050313；051003；051007；051605；060204；060304；060306；060318；060718；061304；070513；070803；070918；071203；071318；071320；071405；080220；080315；080803；080819；080901；080903；081113；081201；081202；081320；081716；082017；082115；090218；091106；091419；101515；101908；110520；111110；111711；121411；121706

祊—祊 122206；122207（2）

踣—踣 060410；060419

補—補 051216；051217；060103；060108；060113；060119；060320；060402；060411；060506；060906；061405；061619；080206；080502；090504；090514；090518；090603；090606；090608；090609；090610；

090613（2）；090614；090702；090710；090802；090812；090813；090814；090911；090912；090913；090916；090918；091003；091009；091010；091102；091103；091110；091210；091406；091817；091918；110315；111110；120614；120702；120902；120915；121118

步—歩 060812（2）；061212（2）；061908；071407；092005

部—部 060109；091616；091907；092017；101603；110313；110314（2）；110316；110318；110319（2）；110403；110408；110412；110413；110420

C

采—采 010813；010907；010911；021520；030110；030120；030410；040910；060116；060217；060606；060607；070802；071410；071520（3）；071601；071814；071816；071817（2）；072015；072018；072206；081901；082120；090704；090705；120208；121616；161908

採—採日序 0107；010908；相跋 0102

菜—菜 011111（2）；011103

殘—殘 020311；030807

蠶—蠺 111205

諂—謟 101606

倉—倉 041114；050411；050412；050414；061601；070817；070901；070902；070903；070905；070906；070909；070916（2）；070918；070920；080819；091705

蒼—蒼 060611；061408；061414；061512（2）；061517；071601（2）；082105；082108；082114（2）；082120；102102；111618

鶬—鶬 071819（2）

曾—曽 日姓 0319；021607；110701；110710；110813；120701（2）

曾—曾 011301；050615；051403；061107；061413；061420；061510；071413（2）；071609；071619；071714；080802；101620；111304；111617；120701（2）

讒—讒 071410；071916；072007；101410

嘗—嘗 040909；051111；051403；051518；060810；070608；080105；080611；081515；100302；101118；101301；101318；111015；120307；120404；120405；120917；121208

袒—衵 030302

敞—敞 061408；061514

抄—抄 061501；061502；111015

瞋—瞋 011406

辰—辰 100517

沈—沈 020320；020403；071810；071901

偁—偁 011016；021702；021705；031001（2）；070113；110115；110116

稱—稱 020813；021002；021011；021013；021017（2）；021019；021020；021108；021706（2）；021712；021718；021719；030312；030410；041420；041701；050602；050603；050715；051516；051710；051715；051720；060201；060619；060703；061019；061110；061209；061412；061609；070106；071005；071214；071311；080903；081509；081511；081712；081918；090304（2）；090311；090708；090710；090712；090803；090907；091112；091120；091310；091414；091706；091709；100203（2）；100207；100417；100515；100518；100602；100609；101008；101009；101201；101707；101709；101716；101720；102016；102103；102108；110112；110116；110411；110719；110903；111114；120802；120911；121403；121415；121419；121420

丞—丞 091116（2）；091117；091118；091202

呈—呈 060511

承—承 091408；092008

乘—乘 082003；082005；120201；120810（2）；120916；121518；121702；122417；122418

程—程 060511

鴟—鴟 020417

墀—墀 日姓 0116

遲—遲 030814；060112；060113；060717；072101（5）；072102（2）；080204（2）；080209（2）；081205；120212；121011（2）

寵—寵 020302；020303

梼—檮 日姓 0318

丑—丑 010220；030212；040413；081014；111712

初—初 010907；030904；020907；021704；030409；030415；030609；030618；031507；031612；031614；050618；050802；060817；061202；071015；071611；080813；081302；082113；090704；090705；090706；090714；091111；091112；091113；092007；092017；100608；100715；101603；101908；102113；120308；120401；121101；121613

褚—褚 090314；090504；090510；090603；090605；090608；090609；090610；090613；090701；090702；090703；090707；090710；090712；090714；090715；090719；090802；090806；090812；090813；090910；090912；090913；090916（2）；090918；090919；090920；091002；091003；091009；091010；091013；091014；091016；091102；091103；091104；091106；091107；091109；091110；091118；091206；091210；091211

怵—怵 030314；030318

處—處 021611

黜—黜 060204；060701；061505；071108；101517；101518（2）；101606；101607

掾—掾 091414；091415

創—創 080609

茨—茨 072113

祠—祠 030605；030606；030609；030610；110315

辭—辭 060602；060604；060703；060707；060708；060712；060916；060920；061110；061716；061717；071306；071307；071713；081209；081211；081217；081303；081318；081511；081601；081606；081915；082006；090511；090607；090708；090712；090713；100710；100811；101509；102017；110206；110209；110712；110811；120801；120805；120806；121812；122109

次—次 010504；020411；041701；050405；060517；060601；090301；090312；090313（2）；090314；090315；090519；090918；091319；091501；100106；100110；100114；100116；100119；100309；100317；100720；101906；110608；120105；120201；120810；121213

从—夂 021617

从—从 030919

蹙—戚 080420

巑—巑 072108

蹲—蹲 121716；121717

墫—墫 121716（2）

D

怛—怛 121818；121819

丹—丹日姓 0120；050404；050407；061108；061404

禫—禫 080605；080606（2）；080608（2）；080610（2）；080611；080612（2）；110312；110313；110314

弟—苐 051411；051415；051615；060604；060804；060811；060814；061211；061215；061720；061805；061809；061810（2）；061811；061813；091301；091306；091308；091309；091310（2）；091811；100712；100903；101115；101210（2）；101703；101704；101705；101707；101708；101709（2）；101712；101714；101716；101719；101802；101803；101806；101807；101811；101812；101911；101913；120520；120617；120619；120719；120806；120812；120817；120818；121201；121208；121212；121311；122115（2）；122116

娣—娣 101018

禘—禘 110315

顛—顛 050306

點—點 030307；081704

墊—墊 020319（2）；020401；020402（2）；020404（2）

鼎—鼎 010218

鼎—鼎 011018；011019（2）；011020；040615；061602；070114；080509；080812；080902；082012

斗—斗 041402

毒—毒 121915

段—段 051420；061211

兌—兌 031718；031719（2）

E

譌—譌 010901；010918；011604（2）；020503；020505；020813；021516；021601；030403；031009；031211；031718；051018；060109；

060110；060504；070211；101011；101012；110402；110508

譌—訛 081116；090120；092002；101011；101404；121702

僞—偽 031119；031203；031217；031318；040909；050118；050420；050511；050516；051115；061609；070119；070209；072006（2）；081114；081401；091803；110218；111317

戹—戹 121013

F

髮—髪 021612

翻—翻 050520；050601

凡—凡 101114；101509；111503；111610

璠—璠 050714；070603

房—房 020702；061319（2）；061406（2）；061919；071714

非—非 050120；050306

腓—腓日姓 0317

廢—廢 122315（2）；122316（3）

馮—馮 020117；020516（2）；020517

奉—奉 040719；061320；100116；100503；101604；120410；120504

鳳—鳳日姓 0103；日姓 0310；日姓 0409；061319；061320；061403

孚—孚 070611；070612；081119

袚—袚 091113；122107（2）

浮—浮 041814；041815；061117（2）；070611（2）；071707；091302；091311（2）；091317；121807（2）

烰—烰 041813（2）；041814（4）；121806（2）

福—福 030416

福—福 031711（2）；041802；041803（2）；092013；100808；122107；122405（3）

負—負 071515；071516；071601；101814；110515

婦—婦 111017

複—複 061619；061710；061814；081908；111413

G

漑—漑 072114

概—概 071210；072013（4）；072014（3）；082119

髙—髙 021615

皐—皐日姓 0303；010413（2）；070404；070414；070415；070419；070420；070501；070504（2）；070508（2）；070818；070904；070907；070918（2）；071212；071213（3）；071214（2）；071215；071219（3）；071220（2）；071301；071302；071304；071407（2）；071408（2）；091712；091715（2）：091716（3）；091717（2）；091802；111012；121203

罟—罟 080819

穀—穀 020111；020112；020113；021716；021804；031503；060810

顧—顧 日姓 0404；日姓 0415；020314；030702；030812；031520；031601；031713；040905；050206；050606；071319；072002（2）；091911；110818；111803；111804（2）；121703；121704；121707

乖—乖 041005；041613；050116；071303；081405；111704

鰥—鰥 080320；080401

鰥—鰥 110214；110216；110219；110220（3）

冠—冠 101804；110407

廣—廣 010216（2）；010219；020807；021811；021820；030212；061220（2）；061306；061307；061309

龜—龜 021610

歸—歸日姓 0202；日姓 0213；日姓 0402

襘—襘 030503；030504

郭—郭 021814；021902；021907；021908

虢—虢 070420

過—過 010111；010114；010115；011413；020103

H

海—海日姓 0304；日姓 0311；日姓 0313；日姓 0403；日姓 0419；100509；121515；相跋 0106（2）

害—害 111102；111106

漢—漢 121613

亨—亨 021615

侯—侯 060713；060717；060803；060813；060816；060820；060902；060909；061107（2）；061311（2）；061408；061601；070103；070105；

070614；070701；071018；071102；071106；071108（2）；071109（2）；071110；071111；071112；071214；071215（2）；071817；080520（3）；080908；080915；081002；081303；081710；090109；090112；090320；080402；090404；090405；090406；090409（2）；090418；090420；090501；090903；091019；091020；091203；100201；100418；100502；100717；100814；100904；100908；100913；100915；100920；101001；101019；101715；101917；102005；102007；102009；111012；111114；111616；120205；120306；120816；120909；121014；121404；121416

餱—餱 071420；071501；071502；081405

狐—狐 050107

斛—斛 011006；011007

壺—壷 060819；080111；080112

互—互 020109

互—互 050207；081405

户—戸 061313；061318；071019；080112；111011

扈—扈 080404

護—護 061414；061416；061517（2）

懷—懷 051209；051512

懷—懐　日姓 0113；日姓 0208；日姓 0210

懷—懐 051208

還—還 070701；070805；071104；081501；091111；091113；091314；100903

環—環 071007；071104；071105；071106；100406

緩—緩 111702；121904

荒—荒 010512

諻—諻 121807（2）

隳—隳 050801

會—會　日辭 0110；061515；071010

會—會 021607；030803；030808；041502；050720；051706；060704；061313；072205；081708；081714；081816（2）；081903；081909；082118；100814；100918；110807；120113；120420；120518；120802；120916；121416

誨—誨 121718

澮—澮 111304

禍—禍 041113；041815

禍—禍 060304；092013

獲—獲 020803（3）；040603；060602；060616；060711；061503；061816；081402；081411（2）；081505

穫—穫 121918

J

觭—觭 081113

即—即 010819（2）；010820；011010；011114；011507；011614；020305；020804；021011；021210；021301；021312；021408；021410；030114；030206；031014；031316；031409；031410；031411（2）；031412；031718；040112；040301；040505；041011；041615；050112；050211；050320；050401；050405；050809；050811；051211；070108；070116；070316；070416；070712；070803；070805；070806；070807；080215；080216；080820；081006；081113；081512；081713；081906；082107；082111；082213；090704

急—急 080420；080501（2）；100615（2）；110408；110805；110807；110810（2）；121809；121810

極—極 050113；111105；111404；111506；111717

棘—棘 050612；050613；050614（080414；2）；050618；050701；071517（2）；071518（2）

掎—掎 060408；060409（3）；060413；060414；060415；060416（2）；060417；060418；060419；060420；060503；060504

擠—擠 111206；111213

既—旣 090702；091112；091712

既—旣 011020；011107；011319；011320；011507；011513；011515；011516；011520；021310（2）；030705；031006；031501；031506（2）；031613；031710；031806；040211；041803；050116；050117；050804；051119；051213；051220；051305；051309；051310；051313；070104；070119；070401；070416；070620；071311；071319；071705；071903（2）；071911；071914；071915（2）；072205；080209；081104；081208；

082216；091811；091819；092010；101104；101715

寄—寄 060104；071609（2）；110813；110815；110818

際—際 060303；060719

冀—冀 030918

濟—濟 111305

肩—肩 061106；061109（2）；111512；121203；121301

兼—兼 061115；121404；121405（2）；121406；121409；121412

將—將 020114；041002（2）；041315；041415；051503；051706；051712；060206（2）；060208；061313；061318；061415；061505；061604；061606；061804；090508；090606；091018；101107；101110；101120（2）；111103；120106；120111；120204；120205；120211；120213；120215（2）；120216；120217；120302；120409；120515；120615；120714；120815；120913；121018；121109；121303；121305；121307；121320；121504；121603；121906；122408（4）；122409

將—將 041013（2）；041201（2）；0411202；041219；041220；041319；041507；060208；071418；071503（4）；071520；071602；071701；071704；081404（2）；081409

漿—漿 080111；080112

蔣—蔣日姓 0116

角—角 040915（2）；060212；060303；060305；060413；060414；060416（2）；060419；060504；070309；070310（2）；070312（2）；070313；070314；070316（2）；070317（2）；070318；071315

接—接 091203；121012

喈—喈日姓 0103

刧—刼 091918

節—節 010713；021316；080403；101719；110814；110815；110818

節—節 090916

節—節 010813；010814；021217；021610；031420；040315；041309；060103；060106；060702；060813；061213；070208；080709（2）；080712（4）；080715（2）；080716（2）；080717（2）；080719（2）；080720；081207；090219

潔—潔 050314

解—觧 010309；010610；010806；010910（2）；010911；011009；011213；011215；011218；011220；011302；011305；020108；020111；020404；020407；020417；020504；020505；020605；020619；020707；020710；021204；021212；021214；021304；021819；021904；030409；030607；031019；031104；031303；040201；040202；040516；040813；050114；050118；050302；050312；050514；050601；050604；050920；051503；051510；051610；051615；051703；061203；061418；061518；061612；061806；070114；070220；070606；070709；070719（2）；070720；071009；071515；071520；080205；080313；080314；080509；080516；080808；080812；080902080903；080913；080915；080916；080919；081002；081006；081015；081111（2）；081115；081116；081215；081304；081305（2）；081314；081611；082012；082014；082019；082101；090509；090515；090604；090611；090908；091011；091804；091806；091813；091818；091820；091902；101617；101703；101918；102003；110709；110719；110911；111217；111218；111219；111505；120305；121019；121315

今—仐 060219；060411；060504；060720；061012；061109；061608；061609；081820；081909；081912；081917（2）；090314（2）；090315；090509；090513；090611；090612（2）；090614；090615；090616；090704；090705；090711；090716；090804；090907（2）；090911；090919（2）；091001；091009；091103；091113；091201；091411；091601；091605；091612；091616；091806；091909；091910；091911；100208；100416；100419；100420；100612；100708；100720；100804；100805；101109；101211；101703；101707；101911；102102；110107（2）；110109（2）；110110（2）；110112；110114（2）；110115（2）；110116；110117（2）；110217；110219（2）；110311；110313；110401（2）；110403；110410；110411；110415；110417（2）；110418（2）；110507；110508（2）；110511（2）；110904；110907；111005；111010；111018；111119；111218；111515；111602（2）；111603；111604（2）；111606；111607；111610；111613；111705；111718；120307；120415；120908；121005；121015；121613；121615；121911；122010；相跋0107；相跋0111

今—今 010109；010110；010205；010208；010316；010317；010320；010520；010612；011007；011011；011013；011014；011015；011016；011017；011101；011104；011107（2）；011104；011116；011119；011202（2）；011215；011306；011510（2）；011615；011616；011617（2）；011702；020110；020112；020113（2）；020118；020419；020213；020502；020506；020817；020818；020908；020918；020920；021004；021005；021006；021009；021019；021020；021107（3）；021112；021117；021306；021311；021407；021408；021410；021412；021415；021416；021418；021419（2）；021420（3）；021503；021509（2）；021512；021518；021809；021815；021903；030207；030308；030516；030802；030908；030910；030913；030917；031002；031003；031004；031005（2）；031007；031010；031012；031012（2）；031013；031014；031105；031113；031117；031119；031202；031203；031207；031212（2）；031213；0313214；031216；031217；031219；031315；031317；031401；031409；031410（2）；031411；031412；031413（2）；031416；031417；031501（2）；031504；031509（2）；031514；031517；031518；031601；031607；031706；031707；031710；031714；031416；031806；040116；040311；040314；040418；040419；040605；040608；040708；040714；040719；040806；040818；040902；040910；041615；041717；050204；050205；050207；050216；050305；050310；050314；050505；050601；050608；050612；050614；050620；050708；050715（2）；051005；051006；051109；051116；051212；051301（2）；051319；051410；051514；051709；051810；051902；051905（2）；061606；070106；070107；070212；070319；070416；070503；070504；070506；070604；070607；070702；070711；070717；070802；070902；070905；070916；071010；071317；071320；071405；071604；071806；071807；071818；071819；072019；072111；080105（2）；080107（2）；080108；080109（2）；080110；080111（2）；080112；080113；080115；080117；080118（2）；080119（2）；080120；080201；080202（2）；080203；080204；080205；080206；080207；080208；080209（2）；080213；080214；080218；080219；080305；080306；080314；080401；080406（2）；080408（2）；080514；080515；080519；080617；080618；080702；

080706；080713；080719；080804；080815；080816；080818（2）；080907；080910；080912；080918；080919；081001；081012；081013；081014；081015；081102；081115；081119；081210；081212；081301；081302；081306；081316；081515；081517；081519；081603；082017；082101；082105；082106；082109；082110；082117；082302；090212；090215；090217；121406

衿—衿 071609；080407（2）

矜—矜 030115（2）；060208；080214；080215（2）；080216（2）；080218（2）；080219；080220（2）；080301（3）；080303（2）；080308；080309；080311；080411；080412；080413（2）；080415（3）；080418（3）；080419；080420（2）

矜—矜 110213；110215；110218；110219；110220；110301（2）

矜—矜 110218；110220

矜—矜 080211（2）；080212；080220；080303；080305；080307；080308；080309；080310；080311；080312；080313（2）；080314（2）；080315；080316（2）；080317（2）；080318；080319；080320；080411；080414；110120；110203（2）；110204；110205（2）；110208；110210；110212；110213

齡—齡 080215；080216；080217（2）；080218；080304；080412

晉—晋 051517；090608

寖—寖 021502；030602

精—精 061715；070620；071419；081505；091318

竟—竟 091015

靖—靖 051805；051806；051807；051811；051812；111601；111709111420；相跋 0108

境—境 100619

靜—靜 071620

靚—靚 101203

扃—扃 011017（2）；011018

咎—咎 010208

咎—咎 040805；040807；041014；041203；041614；070501；070504（2）；081016（2）；081017

居—居 030819；031103；031504；031505；060120；060715；070603；070606；070617；070812；071218 （2）；071515；071717；080415；080416；080417；080503；080505；080506；080508；080510；080909；081013；081018；081211；081309 （2）；090417；091117；110608；110909；111305；111407；111408；111409；111414；120104；120107；120302；120315；120509；122104；122217；122218

筥—筥 011005

舉—舉 題辭 0106；051516；060214；060306；060415；060515；060706；061016；090317；091816；092010；100819；100820；101102；101602；101620；101801；110517；110519；110611；110615；110707；111316；111520（2）；120804；121301；121711；122310

聚—聚 031102

聚—聚 031114

卷—卷 011704；020816；020905；021004；021502；021910；030410；030520；030601；030906（3）；030907（2）；041909；050520；050610；050712；050719；050801；050802；050815；050816（3）；050817；050901；051910；061003；061004（2）；061005（2）；061006；061501；061502；061608；062002；070212；071103；071310；071502；071515；071608；071708；071712；071720；071814；071901；071909；071912；071916；071917；072120；072208；080211；080312；080313；080618；080902（2）；082112；082113；082208；082308；091904；091905；091918；092003；092017；092102；100403；101603；102019；102110；110610；1111419；111501；111708；111807；121808；122105；122107；122113；122511；122514；相跋 0104；相跋 0105

倦—倦 071810

眷—眷 072001（3）；072002（3）

桷—桷 061107

爵—爵 031604；031618；031701；040802（2）；041310；041312；041314；070717；071017（2）；071119；071203；090903

均—均 041107；051008

均—均日姓 0308；021119；041001；041010；041811；050415；051215；080120；080914；101503；110820；121118

鈞—鈞 080119

鈞—鈞 080120

筠—筠 日姓 0403

K

慨—慨 082119

刊—刋 相跋 0102；相跋 0106

空—空 010602；010603

恐—恐 030502；051507；061104；091107；100519；101505；111611；111720；120310；121116（2）；121117（3）

刳—刳 081217；082002

姱—姱 101508

誇—誇 080315

挎—挎 081218

蒯—蒯 090604；091011

噲—噲 040619（3）；040620；040703（2）；040705；100610；100701（2）；100819；101005；101011；101016；101019；101103；101104；101111；101114；101116；101203；101204；101210；101214；101215

寬—寬 日姓 0408；050810；050818（2）

磺—磺 070319

髡—髡 091210；091211；100405；100412；101118；101119

L

郎—郎 051707；051714；060814；061312；061313；061414；091206；102106；111608

琅—琅 061319

牢—牢 041004；070420

羸—羸 010501；010514（2）；010713

羸—羸 020320；020403

羸—羸 081119

裏—裏 061615

禮—禮 021415；021501；030503；030504；031303；031304；031408；031510；031606（2）；031704（3）；031705（2）；031710；031711；031811；040107；040419；040501；040502；040508；040803；

040806；040810；040814；041211；041304（2）；041501；041604；041610；041901（4）；041903；041904；050104；050117；050203；050206（3）；050207；050215；050216；050303；050309；050401；050404；050409；050414；050416（2）；050510（2）；051220（2）；051304（2）；051305；051307；051309；051310；051313；051611；051520（2）；051816；051819；051820；060211；060215；060920（2）；061001；061019；061020；061101；061103；061520；061607；061704；061709；061816；061818；070207；070315；070319；070320；071004；071005；071006；071011；071013；071015（2）；071020；071104；071105（2）；071107；071108；071115；071119；071202；071205；071206；071207；071208（2）；071311；071806；071807；072017；080406；080518（2）；080519；080616；080701；080706；081306（2）；081505；081508（2）；081704；081706；081710；081716；081806；081813；081814；082203；082204；082205；082207（2）；082208；082209；090104；090107（3）；090108；090109；090209（4）；090210（2）；090211（2）；090212（2）；090213；090214（3）；090215（2）；090216（2）；090508；090518（3）；090606；090913；090914（2）；090915（2）；090917；090920；091001；091410；091416；091417；091519；091604；091609；091814；100213；100501；100519；100603；101603；101604；101708；101819；102101（2）；102102；102105；110104（2）；110105；110106；110108；110109；110111（2）；；11012（2）；110303（2）；110304；110309；110311；110312；110316；110318；110320；110406；110407；110409；110412；110413；110501；110502；110503；110504；110508；110619；110620；110701；110802；111012；111013；111304；111520；111602；111603；111604；111605；111607；111608（3）；111609；120216；120308；120410；120414；120515；120703；120704；120719；120817；120907；121001；121320；121402；122102；122210（2）

禮—禮 031202；031508；080511（2）

例—例 070616；070915；070920

戾—戾 041005；051809；101310；101314；101315

詈—詈 101515

曆—厤 020120；　020708；　060611；　061103；　071117；　090513；090519；090602；090603；091105；091106

怜—怜 080212（2）

憐—憐 080412

良—艮 020702；020703；020704；060120；060801；060818（2）；101813；101912；111101；111316；121713；122220

梁—梁 030615

梁—梁 日姓 0312；

兩—两 日辭 0108；041004（2）；041204（2）；050110；051119；060418；060501；060515；081917；111701；120312；122313

兩—兩 日序 0108；010620；011616；020306；021214；021412；030303；030304；041005；041218；060202；061110；070310；070403；070406；070411；070712；071205；080903；080904；081214；082209；091814；100118；100403；101707；110406；110407（2）；111120

兩—两 050302；051308；051313；051315；051317；051319；051320；

兩—兩 011616；071514；081615

亮—亮 021616

聊—聊 072117（3）；072118

列—列 060211；060219；060613；060710；060816；061011；061012；071205；071519；080514；090605；090607；090708；090714；090810（2）；091206；100204；100206；100208；100209；100308；100311；100313；100406；101708；101710；101913；111309；121404；122010

列—刿 060719；070304；071308；082018；090509（2）；100116；100216；100217；100411；100413；100717；100913；101119；101207；101212；101715；101719；110315

烈—烈 100507；100511；100512；100514；111218；111709

苓—苓 080319；080401；080403（2）

泠—泠 061219（2）

零—零 080402；111503；111507

零—零 111504

領—領 080404

另—叧 日辭0103；030207

令—令030105；030119；030204；030301；030411；030412（2）；031009；050406；061410；080214；080302；080304；080401；080402；100703；110203；110210；111517；122407

令—令030605；030607；030608；030609；030611；031210；031606；031616；040820；040918；041101；041102；041109；041112；041501；041703；071115；080213；080220；080315；080319（2）；080320；080403（4）；080404（2）；080406（2）；080411；080414；080501；080508；080707；081703；082113；110616；110617；110703；110704；110705；110706；110717；111210

令—令 日序0106；010510；011604；011605；011607；051713；051717；061213；061314；061417；091303；100811；100905；101110

陋—陋050108（2）；050114；050206；050207

陋—陋010715

禄—祿日姓0403；010503；030416；031605；031618；031701；040802（2）；040808；041003（2）；041203；041208；041216；041220；041310；041312；041314；041317；041320；041401；041403；041609；041610；041612；041618；051717；071017；071019（2）；080505；100207；100305；100411；100413；100418；120504；122108

卵—夘070315；070320；070401；071419

亂—亂 010211；50420；050501；050502；050508；050512（2）；050513；050514；050515；070408；070417；081812

亂—亂050419；072008

亂—亂060312；060706；060907；090301；090314；090314；090315；090919；091007；091601；091612；091613（2）；091807；101107；101215；110910；111617；120407；120804；121116（3）；121117（2）；121118；121312；121718

羸—羸010418；010502；010505

閒—閒030605；030606

M

脉—脉120113

麥—麥021715

滿—湍 030106

滿—湍 071410

滿—滿 080911；080912（2）

盲—旨 011602；011603；011606

矛—矛 031714

茆—茆 030312

茅—茅 121608

髦—髦 021612

卯—夘 090818；090819

懋—懋 110115（2）

每—毎 111703；111708；111710

蒙—蒙日辭 0104；060107；060108；060109；060914；071907（5）；071908；080607；091105；110208；120314；122202

濛—濛 071907（2）

矇—矇 030314；071701；071702（3）；071704

祕—祕 041516；041710；050715；051707；051716；051718

鼏—鼏 011017（2）；011018；011019（2）；011020

綿—緜 040614；071213；071314；122417

冕—冕 021614

面—靣 101106

敏—敏 100302；100405（3）；122002

名—名 060319；110602

溟—溟日姓 0314

默—黙 071620

謀—謀 070819（2）；071118；081220（2）

母—毋 101919；102003；102004；102008

畝—畆 021611

N

難—難 060515；061113；061206；101108；121103

餒—餒 020311；020313

内—內 011606；020210（3）；020301；020302（3）；020303；020304（2）；020305；030812；040111；050212；050319；050410；

050419；050420（2）；050501；050502；050508；050509；050512（2）；050514（2）；050515；060103；060115；061320；070720；081820；091314；091315；101503；122207

溺—溺 020319；020403

念—念 080211

念—念日姓 0113；121913（2）；相跋 0111

佞—佞 020716；020717（2）；060210；110715；110716；110717；110719；121116

甯—甯 082301

忸—忸 010212；010213；010214；010215

狃—狃 010111（2）；010112（2）；010113（2）；010203（2）；010204（2）；010205；010206（2）；010208（3）；010209（2）；010212（2）；010217；010301；010302；010307（2）；010308（2）；010309；010310；010313（3）

鈕—鈕 030409

煖—煖 011218；021901

P

判—判 030213；050407

泮—泮 040117；040205；040208；040209；040211（2）；040214；040215；040305；040308；040406；040407；041809；122320

畔—畔 091709；120109；120114；120203

鞞—鞞 122210；122211

甓—甓 122415；122416

偏—偏 020614；020615；040106；040111；051318

偏—偏 080212；091411

嬪—嬪 060308；122204（3）

平—平 日姓 0308；011305；020201；020812；021109；021111；030107；030118；030301；030408；040606；040612；040918；041019；041312；041315；041320；041401；060506；060803；060816；061211；061407；061601；061718（2）；071611；071804；071805；071904；071915；081005（2）；081104；091007；091103；091115（2）；100119；100120；100201；100202（2）；100203；100313；100517；100602；

101107；101112；101111；101418；101501；110911；120406；120918；121616；121617（3）；122411；相跛 0108

苹—苹 030815；071909

評—評 041508；051108（2）

捊—捊 081010；081011

僕—僕 021614

譜—譜 051603；100506（2）；100513

Q

亟—亟 110701；110808；110809

桼—桼 051418

漆—漆 051418

祁—祁 041905；051808；101611（2）；111707

奇—竒 061316；071808（3）

祈—祈 030610；041904

祺—祺 041810（2）；041811；101010

齊—齊 071813；100110；100111；100112（2）；100114；10015；100116；100117；100118；100203；100205（2）；100206；100208；100210；100211；100214；100215（2）；100217；100218（2）；100301；100308（2）；100310（3）；100317；100320（3）；100401；100402（3）；100403（3）；100404；100407；100409；100411（2）；100412；100414；100419；100501；100502；100606；100607；100608（2）；100609（2）；100610；100613（2）；100614；100615（2）；100616；100617；100619；100702；100703；100704；100706；100711；100715；100716；100718；100720；100802（2）；100806；100811；100814；100815；100816（2）；100818；100819；100902；100903；100906（2）；100907（2）；100908；100909；100912；100915；100916；100917；100918（2）；100920；101002101004（2）；101005（2）；101006；101008；101009；101011（3）；101013（2）；101016；101017（3）；101101；101103；101104；101105；101108；101109；101112；101113；101114；101116；101117（3）；101118；101119；101120；101204；101205（2）；101207（2）；101208；101209；101211；101212；101213（2）；101214；101215；101216（2）；101219；101220；101306（3）；101307（2）；101308（2）；

101309（2）；101311；101316；101317；101318；101319；101320（2）；101401；101402（3）；101404；110519；110605；110606；110607；110615；110902；110914；110915；111304；111308；111516；111717；120407；120411；120413；120415；120416；120417；120418；120610；120711；120809；121002；121012（2）；121109；121217；121219；121311；121506；121512；121606；121618；122020；122114；122115；122318

騎—騎 102019

啟—啟 011320

啟—啟 021517；072205；090216；110211；122203（2）

啓—啓 081302

棄—棄 100711；110910；122120（2）

牽—牽 080408

潛—濳 030705

黔—黔 071217

鏘—鏘 071502；071503（3）；071504（2）

悄—悄 040610

誚—誚 011301

侵—侵 100801

衾—衾 122005

芩—芩 080407

琴—琴 030718；030719；030806；030811；030814；030818；030820；051412（2）；051414（2）；051415（2）；080407（2）；080408（2）；081812；101705；101706

勤—勤 050420

寢—寑 021404

卿—卿 020120（2）；040616

卿—卿 021610

卿—卿 021610

卿—卿 090914

卿—卿 120906

卿—卿日姓 0414

卿—㴱 021701；031611；050613；050618；060118；060119；060120；061320；070815；070819；071012；071018（2）；071110；071113；090416；090518；091217；091312；100104；100206；100307

清—淸 110317；110319；110402；110405；110909；110910；110918；122319

情—情 071515；071516；072013；090110（2）；090111；100211；100219；101412；101414

請—請 061607；070409；081317；100702；100703；100712；100801；11213；121313；121314（2）；121417

煢—煢 071411；071412（3）

瓊—瓊 071414；071415（2）；071419；071504

酋—酋 081902（2）；081904（2）；081905；122112（2）

遒—遒 122113（2）

袪—祛 071911

敺—敺 031802；031803

取—取 082003；110307；111003；111008；111018；111103；111408；111410（3）；111412（2）；111414（2）；111416；111717；120711；121101；121102；121110（2）

拳—拳 120205

缺—鈌 050802；050815；061020；091406；091410

慤—慤 021604

R

然—然 051810；051817；060211；060313；060314；060403；060507；060518；060718；060920；061001；061107；061206；061705；061902；071903（2）；082201；090304；090416；090603；090805；090809；091003；091012；091204；091420；091610；091611；091706；091901；100106；100309；100316；100620；100807（2）；100820；100912（2）；101303（2）；101310；101410；101601；101706；101820；102105；102110；110108；110109；110303；110415；110417；110716；110718；110903；110906；110915；110917；111404；111515；120113；120118；120404；120509；120519；120615；120616；120619；120814；121008；121017；121105121112；121215；121309；121311；121407；

121418；121508；121704；121802；121911；122115

熱—熱 011210；100903

衽—衽 101508

融—融 091607；091813（2）；110909；110912

柔—柔 110711（3）；110712；110713（2）；110715；110716（2）

肉—内 021615

肉—宍 021615

肉—肉 021615；031306；081910；120408；120920；121001

入—入 031108；031109；031114；041402；041619；051213；060116；090301；090808；090819；090901；091313；091314；101216；101704；102005；110204；111202；111206；111312；120312；120602；120608；121605

蕤—蕤 081613

鋭—鈗 031715；031716（3）；031717；031718；031719；031720；031801

鋭—鋭 031715

弱—弱 010506；010513；010608；010611

弱—弱 010508；010509；010515；010708；010710；010713；010714；020702；020705（3）；020706；030804

S

溞—溞 041813（4）

溞—溞 121806（2）

慅—慅 121714（2）；121716（2）

騷—騷 071310；071404

騷—騷 121715

埽—埽 021404；021405；021406

色—邑 110616；110617

删—删 010813

煽—煽 060308

扇—扇 060309；060310

禪—禪 071116；071118；090518；090614；090615；090616；090620；090701；090703

善—善 021604；040606；040611；050110；050209；050211；050213（3）；050214；050217；050218（2）；051202；060905（2）；060916；061305；061312；061515；061818（3）；071413；071920；072008；080314（2）；080315；081109；081110；081111；081216（2）；081803；081811；092013；092019；100509；100703；100807；100812；102106；110210；110715；110719；110806；111020；111701；111803（2）；121810；122017；122018；122317；122318；相跛 0103

善—善 030616；071511；071512（2）

梢—梢 111716；111718（2）；111719

稍—稍 020801；021510；030417；050218

少—少 061308；061310；061513；110420（2）；110503；110504；110506（2）；110509；110511；110605；110607；110608；110615；111401；121413

舍—舍 090513；091516；091611；091612

社—社 030604；030605；030606；030609；030610；040411；040412；040417；040418；040503；040504；040510；061607；101901

涉—涉 070519

神—神 031609（2）；031610；040812；041805；041806；071513；081011；090701；090705；092004；092005；101418；101419；101502；101814；111105

慎—慎 070103；070105；070106；070107；070109（2）；070110（2）；070111；070112（3）；070113；070114；070115（2）；070116（2）；070117；070118（2）；070119；071007；081204（2）；081416；081511；081512；081712；110805

勝—勝 010617；010618；010903；020104；020804；031518；031808；050203；060611；060909；061311；070418；081504；100114；100616；100617；100701；100816；100817；101405；111403；121315

聖—聖 060513；061019；061204；061616；061705；090803；091007；100509；100513；101615；110607；120701；121607

食—食 010419；010501；010502；010505；010511；010513；010712；010713；011103；011104；011111（2）；011112；011113；020311；021717；030808（2）；030809；030815；030817；031619；

041803；041901；070802；071315；071717；071909；072118；080111；080202；081618；081709；081818；081903；081910（2）；100709；100803；100806；102005；102106；102107；110408；110501；110502；110503（3）；110504；110506；111216（5）；111217；111220；111301；120904；121819；相跋 0109

䣛—䣛 041905（2）；041906；081112（2）

視—䙺 011413；011603；011606；111320；111804；120112

視—視 021504；071405；081001；081002（2）；081101；08102

䨱—䨱 081113（2）

勢—勢 101309；121609

埶—埶 061112

飾—飾 060111

䂓—䂓 081113

謚—諡 021601；090404（2）；100203；100602；101008；101201；111113；111115；120912

抒—抒 060105

殊—殊 080815；110307

舒—舒 060612；060802；060803；060805；060806；060807；060811（2）；060812（2）；060815；061010；061013；061209（2）；061212；061304（3）；061305（2）；061720；061809（2）；061908；072109；081205；111705

疏—疏 020919；021110；021210

疏—疎 021602

踈—踈 021602

踈—蹏 101804；101908；101910；110604；110618；110710

孰—孰 011207

孰—孰 021802；030418（2）；041714；102012；110820

熟—熟 021814；120401

黍—黍 0217012

述—述日序 0110；100311；100313；101714；121912

樹—樹 120817；120818

率—率 081302；081303

稅—税 031717

稅—稅 120920；122110

舜—舜 080317；091706；091801

說—説 021609；051402；051404（2）；081510；091417；091418；091420；091501；091615；091616；091619；091802；091808；091809；091815；091816；091901；091905；091906（2）；100310；100405；100601；100607；100612；100706；100712；100713；100715；100813；100901；100902；100903；101010；101117（20；101208；101217；101218；101306；101308；101401；101910；102020；110108；110202；110306；110307；110312；110314；110317；110319；110408；110412；110420；110501；110505；110514；110520；110612；110804

死—死 021613

死—死 060617；060618；071311（2）；081509（2）；090506；100402；101104；101105；101108；101111；101115；101205；101211；101605；111304；111619；120413；120901；121209；121213

死—死 061216；061515；081315（2）；081317（2）；081402（2）；081404；081411；081412；081415；081501；081503；092015；100220；110212；110215

祀—祀 031101；040811；041212；041409；041416；041606；041608；051410；070404；070405；070407；070507；070513；071118；071120；071203；081120；090705

祀—祀 040812

誦—誦 060804

宿—宿 021609

雖—錐 060319；061602；061705；061708；061807

隋—隋 030408；050607；050801；050816；050819

綏—綏 110105；110106；122405

隨—隨 080603

隨—隨 091401；091911；092013；100802；相跋 0108

遂—遂 060819；122015

隧—隧 122212；122213

璲—璲 121820

襚—䍁 051308；051311

損—揁 021616

T

貪—貪 100207；100418；111510

滔—滔 051806；090403

陶—陶 010604；121203

滕—滕 021511； 080118； 080206； 081107； 100116； 100117；120614；120704；121108

縢—縢 110116

騰—騰 081107；111519；111520；111601（2）

涕—涕 101407；121205

悌—悌 122114（2）

瑱—瑱 071504

鐵—鐵日姓 0308

廷—廷 021014；021509

庭—庭 021406；021411

通—通 031505； 051112； 051410； 051413； 051417； 051502；051506；051508；060416；060515；060814；060914；060917；061304；061314； 061618； 061712； 061901； 081918； 082002； 082006 （ 2 ）；082008；090513；090720；090807；091402；091617；091618；100209；100217；101013；101014；101312；101710；101714；101718；110516；120408；120609；121711；122002；122319；相跋 0108

彤—彤日姓 0310；020814；020908；020910

童—童 101804

脫—脫 031717

脫—脫 051404（2）；051405；051406（3）；091415；110112

妥—妥 110103； 1120104 （ 2 ）； 110105 （ 3 ）； 110107 （ 2 ）；110109；110111

W

瓦—瓦 070314

外—外 041711；050220；051513；061008（2）；061320；071405；091001；091207；100911；101218；111504；111506；111507；111713；

120615；120912；121003；121507

宛—宛 080404

菀—菀 080404；080410；080415

罔—冈 080819

往—往 010818（2）；091911（2）；120402（2）；120414；120515；120619；120705；120706；120713；121003；121004；121110；121311；122009（2）

往—徃 091306

網—罔 080819

妄—妄 自序 0103；010218；080907；081001

忘—忘 010314；011217

望—望 020115；072108；072109；091111

望—望 061411（3）；061412；061514；061515；071414；100111；110505；111309

薇—薇 121908

爲—爲 021613

臥—卧 091314

吳—呉 040114；040115；040116；040117（3）；040119；040203（2）；040204（2）；040206（2）；040209；040210；040212；040214（2）；040217；040218（2）；040303（2）；040304；040305；040306；040313；040314；040320；040403；060703；060716；061510；071601；071816；090408；090409；090414；091402；100913

吳—呉 040115；040217；040301；040305；040307；040308；040309；040313（3）；040315；040316（2）；040317；040318；040408（2）；040409；061420（2）；071515；071713；080814；090406；090408；091309

吳—吴 040310（2）

吳—呉 040311（2）

侮—侮 010201；080316

誤—誤 010218（2）；010318；010414（3）；010416；010517；010520；010616；010705；010716；010720；010802；010803；010915；011116；011303；011305；011402；011408；011502；011517；011605；

011606；011607；020201；020613；020705；021008；021009；021108；021112（2）；021209（2）；021211；021811

誤—誤 021819；030119；030120；030407；031117；031510；040905；040906；040907；040908；040910；041605；041618；041718；041802；050115；050304；050310（2）；050403；050613；050710；050718；050906；061902；100310；100510；101105；101108；101109；101219；101305；101719；101806；102102

誤—誤 030216；040118

誤—誤 030519；030911；031101；031106；031117；031216；031420；031810；041704；050906；050913；051002；051005；051012；051013；051017；051319；091501；091504；120814；122211；122418

誤—誤 040118；040201；040204；040220；040304；040407；040518；051616；060116；070116；070212；070213；070216；070308；080311；080718；080810；080920；081009；081013（2）；081202；081205；081713；081911；091103；091818；100216；100308；101014；101316；101415；101602；101607；102102；102108；101712；110209；110511；110512；111106；111608；111609；120220；121310；121517

誤—誤 040120；040306；050418；050618；050705；070401；070409；071219；071305；072112；080107；080206；080306；080515；081603；081719；081815；081906；082101；082211；082301；090414；100211；110916

誤—誤 040120；040206；040210（2）；040319（2）；071508；071609；071804；081219；081515；081912；082008；082009；082010；091310；091604；091805（2）；091810；101403；120305（2）；120308；120309；120402；120613

X

夕—夕 010506

夕—夕 060911；101408；101507；111006

奚—奚 050517；080206；080207；121110

傒—傒 080112（2）

屖—屖 122219（2）

徯—徯 080112（2）

溪—溪日姓 0219；日姓 0306；090216

谿—谿 120409

觹—觹 050519

袷—袷 110315

夏—夓 061019；061107（2）；061702；061704；061705；061713；061714；061813（2）；061814；120620；121304；121309（2）；121408；121503；121601

陷—陥 060915

縣—縣 070711；070716；120415；122209；122210

縣—縣 091316

縣—縣日姓 0120；日姓 0217；日姓 0317；日姓 0318；010602；070408；070415；070419；070508（2）；070516；070519；070601；070302；070609；070610；070618；070619；070702；070707；070709；070717；070720；070801；070807；070818；070902；070905；070911；070913；080610；100318；121209；121210

鄉—鄉 011103；030213；031617；040920；070506

鄉—鄉 100316；110107

鄉—鄉 100607；111312；111517（2）

祥—祥 041810；060616；070313；080606；080607；080608；080611；080612；081003（2）；081109（3）；081110（3）；081111（2）；110312

享—享 021615

象—象 021607

肖—肖 060905；110215

逍—逍 071506；071507（3）

消—消 071316（2）；082118

宵—宵 072015（2）；072016（2）

綃—綃 041902（2）

蕭—蕭 071107

攜—攜 040915

歆—歆 060306；061120（2）；061201（2）；061203；061204；061401（2）；061402；061403；061404（2）；061415；121919

信—㐰 061711；090802；091313；091603；100519；101214；101303；101412；101920；102018；120205；121019；121116；122414

凶—㐫 081108；081207

脩—脩 091020；101713

序—㡯 051703；060220；060301；060518；060819；061503；061606；061612；061616；061703；061711；061712；061717；061718；061801；061806；080317；080818；080903；081307；081309；081718；082203；090318；090506；090511；090517；090611；090713；090714；090715；090803；090806；090817；091005；091012；091120；091416；091418；091420；100104；100313；100408；101914；102001（2）；102007；102018；110911；120220；122414

萲—蕿 121913

諼—譞 121914；121916；121917

懸—懸 010714；030809；100617

選—選 010514

削—削 060405；060708（2）；081504；082217；090602；091018；111714；120806（2）

薛—薛 100614

雪—雪 122213；122214（2）；122215

勳—勳 031617；061320

尋—尋 011117；011118；011119；011120；011201；011203（3）；011205（2）；011206；011209（2）；011211；011212（2）；011213；011214；011216（2）011217；011218；011219（2）；011301；011303；011304；011305

燖—燖 011216；011217；011218

訊—訙 021612；072014；072015（2）

訊—訊 071319（2）；071320；071401

Y

湮—湮 040616

言—言 050104；050105；050106（2）；050107；050108（2）；050109；050119；050314；050403；050506（2）；061210；061403；061416；061420；061515；061609；061703；061803；061820（2）；

082007（2）；082008；090108；090109；090213；090417；090419；090514；090607；090612；090703；090711；090712；090801；090902；090903；090918；091015；091212；091309；091315；091509；091511；091513（2）；091514；091515；091518；091602（2）；091613；091619；091620；091702；091817；091819；091916；091917；092003；092008；092010（2）；100107；100203；100208；100210；100213；100218；100220；100301（2）；100303；100304；100306；100307；100309；100310；100312；100314；100315；100507；100619；100704；100908；101114；；101117；101403；101409；101411；101418；101420；101504；101514；101602；101716；101801；101916；101918；102002；102013；102018；102020；110103；110104（3）；110106；110107（2）；110111（2）；110205；110207；110304；110608（2）；110614；110616；110617；110703；110704；110705；110706；110707；110709；110712；110717；110718；110805；110810；110815；110816；110901；110909；110913；110915；111219；111304；111306；111308；111701；111709；120206；120312；120401；120612；120703；120712；120713；120809；120820；120902；120906；120909；121002；121009；121018；121118；121220；121314；121503；121510；121701；122113；122115；122116；122217；122403；122413；122502

沿—洽 021612

沿—㳂 021612

閻—閻 030911

顏—顔 061214；061217；061218；061219；061302；101911；101912；101914；110307；110712；120105；120220；120309；120311；120813；120814

奄—奄 021614

唁—唁 102008

鴈—鴈 080301；080410；110202；120112；120116

養—養 030812；041408；050612；050613；050619；050620；051102；051104；051105；051106；051107；051109；051110；051114；051116；051117；051118；071018；071203；071606；080912；082016；082017；082019；082020（2）；082101（2）；110503；120905；120907

（2）；120911；121702（2）

搖—摇 041006（2）；041008；041011；041111；041304（2）；041305；041306（2）；120201；121901（2）；121902

遥—遥 041010；041604（2）；041605（2）；071506；071507（3）；121902

愮—愮 121820（2）；121902（2）；121903（2）

瑶—瑶 041103；071414（3）；071415（3）；071504（3）

野—野 111618；120515；121016；121704

爗—爗 071710（3）

猗—猗 060504；071715（2）

壹—壹 081301

禕—禕 060113；060115；121707

宜—宐 021604

疑—疑 051505；051710；090715；091001；091307；091515；091812；091814；091815；101212；101220；101814

彝—彞日姓 0315

彝—彞日姓 0315；

旖—旖 071715（2）；072020（3）

逸—逸 080501

益—益 020714；020715；020906；020907；030306；040112；040407；050820；091104；091209；091718；091802；101617；110219；110714；110716；111717

益—益 031420；080314

異—異 030203；030704；030719；030903；030908；030909；030910；030914；031006；031017；031307；031313；031316；031317；031405；031406；031501；031709；040210；040219；040509；040807

逸—逸 091720；110513；110606；110609（2）；110610（2）；110611；110612；110614；110909

意—意 051518；060510；060605；061105；061107；061216；081908；090511；090608；090914；091002；091208；100105；100314；101109；101209；101601；102012；110306；110307；110618；110719；110806；110807；111316；111403；111413；111414；111416；111512；

111702；111703；121015；122405

溢—湓 110305；122216

蓺—蓺 021514

誼—諠 020510；061215；061408；061409；061512（2）；091704

臆—臆 060115；091003

音—音 051518；051709；051717；051719；051804；051818（2）；051819；051820；051907；060507；060508；060509；060510；081905；090514；091712；091720；091904；091917；110302；110416（2）；110505；110510；110602；110619；110710；110817；110905；111110；111111；111112；111713；120408；121615；121619；121620；121704；121709；121715；121716；121811（2）；121813；121916；122101；122318（2）；122402

陰—陰 011319；011320；011407；011620（3）；021610；030406；030407；030408（2）；030409（2）；030410；030412；030413；031308；040917（2）；041001；041112；041120；041211；061706；061811；070405；070502；070505；070805；070807；070808；070810（2）；070812；071918；080510（2）；080909；082105；082108；082111；082112；082113；082115；082117；082120

蔭—蔭 010905；011520

禋—禋 041302

禋—禋　040810

淫—淫 031520；050502；071516；071917；071918；091405；091807

詟—詟 080412

隱—隱日序 0108；010211；010501；010604；011613；020207；020316；030217；030807；030809；030814；030916；031011；041007；041511；041514；051208；051210；051216；051217；051218；051302；051513；051520；051711；060601；060620；060714；061112；061509；061802；070203；070204；070217；070306；070814；071112；071202；071706（2）；071707（2）；072009（4）；072010（3）；072012（4）；072013（3）；080519；090411；090501；090509；090510；090515；090517；090613；090813；090814；090910；090913；090915；090918；091010；091011；091012；091015；091101；091105；091118；091119；

091204；091315；101710；110608；110609；110909；120720；120918

酌—酙 110507；110508；110509（2）；110510；110512

羸—羸 061211；061212；061220；061810（2）；120415

羸—羸 120413

塍—塍 070512；070513；081107；081108（2）；111519；111604；111605；111606（2）；111607；111609

膌—膌 072002（2）

永—汞 060308；071704；071914

勇—勇 121110

詠—詠 030820

詠—詠 081609（2）

郵—郵日姓 0113；日姓 0214

猶—猶 021117； 021120； 021204； 021205； 021206； 021213；021306；021503；021513；021619；030405；030417；060403；060419；060905；061615；061807；091110；100306；101513；102001；102007；110104；110220；110305；110401；110502；110503；110610；110613；110805；111105；111107；111110；111309；111402；111411；111515；111801；120417；120912；121005；121012；121419；122116；122117（3）；122119；1222（2）；122304；122414；相跋 0112

猷—猷 060505；060506；060508；060513；060514；122117；122120（2）

牖—牖 081103

祐—祐 081010（2）；081019；081615；111708

娛—娛 040120（3）；040203；040217；040218；040302；040308；040318（2）；040403（2）；040404；040406；071810；071817

娛—娛 040201； 040213； 040216； 040217； 040301； 040309；040312；072016

娛—娛 040216（3）；040207；040206（2）；040207（2）；040208；040316（2）；071810

雩—雩日姓 0418

愉—愉 021613

虞—虞 011104；011612；030720；030802

虞—虞 030901；030902；031104（2）；031105；031116；080913（2）；081203

虞—虞 031019；040501；061502（2）；061511

虞—虞 日姓 0409；040302（3）；040303；040309；040320；040401；040402；040403（2）；040404；040405（2）；040406；040408（2）；040409（3）；040410；050713（2）；050715；050716；060607；060608；061007（2）；061013（2）；070113；070114；071714；080317；080509；080903；080910；081001；081004；（81008；081009；081011；081012；081020；081101；081104；081108；081111；081114；081120（2）；081201；081202；081204（2）；081206；081209；081220;；81304；081305；081310；081617；081618（2）；081701；081702；081703；08）；05（2）；081706（3）；081707；081709；081710；081711；081712；081713；081716；081717（2）；081719；081720（2）；081801；081807（3）；081808；081810；081812；081813；081817；081818；081820；081903；081904（2）；081908；081909；082012；082013；082014；091914；091915；100311；101714；110312；110420；110501；110504；110511；110605；110606；110608；110609；110610；110611；110909；110917；121109；122306

漁—漁 091706

餘—餘 111506

予—予 030211；060919；081402；081409；091920；092001；101513；101902；120713；120819（2）；121619；121908

噳—噳 010717

噳—噳 122501（3）；122502（6）

麌—麌 010516；010603；010718

御—御 090820

預—預 061611；070610；082220；101617；111709

毓—毓 060405

豫—豫 071806；081011；082104

燠—燠 071604；071605

爰—爰 日序 0111；031520；080301；080310；080312

袁—袁 021609；080413

援—援 010816； 020906； 021707； 030806； 030811； 030817； 030820； 041012； 041608； 051605； 102102； 111613； 111803（2）；111804

媛—媛 101512；101513（2）；101515；101516

園—圂 日姓 0504；021609

蝯—蝯 111803（2）；111804

轅—轅 060613（2）

遠—逺 021609； 040511； 040715； 041605； 060313； 061603； 061804；071004；071613；071708；072001；072009；072202；081415；081706；082001；082002；082003；082004；082005；082007；090801；090904；091306；100211；100219；100304；100515；101409；101410；101419 （2）； 101502； 110211； 110918； 111411； 120320； 120403；120719；122408（2）

苑—苑 072116；080211；080307；080308

瑗—瑗 051413；101803

約—約 060602；120801；121712

悦—悅 091809；091811；101811；110712

壺—壷 081301

匀—勻 110420

韻—韵 110803（2）；110804（2）；110809；111703（2）；111704

Z

災—灾 041614；041615；041616；050514

宰—宰 101902；101903；101912；111215；111217；111218（2）；111220；111301；120419；120519；121310；121318；121319；121402；121405（2）；121413（2）；121414；121504

簪—簪 082104（2）；082106（2）

搢—搢 082104（2）；082105（2）；082106（3）

蚤—蚤 081319

蚤—蚤 081320

棗—棗 050609；050610（2）；050611（2）；050612（2）；050613（2）；050614（2）；050615（4）；050616（3）；050617（3）；050618；050619；050620；050701（4）；050702（3）

昃—昗 081105（2）

增—㙍 020304；050513；051414；051416

增—㽿 030906；030907；051416；080907；080920；081001；081114；081210；081306；081308；090904；100405

憎—㦒 051102

繒—䙹 120518

贈—䞥 051220；051305；051306；051309；051310（2）；051311；051312；051317；051320

贈—賶日姓 0101；051219；090109

鱣—鱠 日姓 0313

章—章 060607；061008；061012；061204；061316（2）；061318；061406；061914；090302（2）；090305；090307；090310；090401；091207；091209（2）；091210；091506；091507；091701；091702；091804；091813；091814；091817；091820；100104；100108（2）；100109（2）；100112（3）；100113（5）；100114（4）；100118；100119；100120；100309；100310；101009；101110；101119；110914；111306；111319；111402；111409；111420；111502；111505；111704；120403（2）；120808；120902；121020；121108；121110；121111；121112；121518

彰—彰 090501

趙—趙 日姓 0208；日姓 0408；日姓 0418；020311；020602；020604；021511；021706；040109；040606；040608；040616；041117；050613；050618；050701；050706；050709；050807；060607；060802；061007；061011；061409；061511；161513；070709；080109；081613；090403；090417；090715；091507；091513；091514；091515；091618；091703；091704；091711；100307；100613；100614；100615；100617；100701；100702；100703；100720；100905；100906；100908；100909（2）；100910；100912；100915；100917；100919（2）；101020；101101；101518；101815；111412；111613；111615；111616；120108；120111；120202；120204；120207；120210；120211；120302；120405；120906

真—眞 030603；031117；031320；031710

真—真 080419；121119

眞—眞 070507

禎—禎 041811（3）

朕—朕 111512

震—震 100607

爭—爭 011415；060718

拯—拯 100302

正—正 031011； 031216； 031220； 031402； 031404； 031416；031513；031607；031715；031717；031813；040505；041602；041619；050205；050206；050507；051116

鄭—鄭 050413

鄭—鄭 日姓 0204； 051501； 051603； 060220； 060302； 060314；060404（2）；060406；061704；061809；081510；081916（2）；081920；110302； 110417； 110910； 110914； 110915； 110916； 110919； 111416；111603； 111605； 111610； 111612； 120212； 120214， 120215； 120218（2）； 121117；121120；121201；121202；121204（2）；121205；121206（3）； 121207 （2）； 121208 （2）； 121210； 121211； 121212； 121216（2）；121219；121220（2）；121305；121402；122007

祗—祇 051203； 060501； 060514； 070915； 071203； 071304；080106；080313；080905；081104（2）；090702；101009

直—直 日序 0108； 020314； 021017； 031001； 040704； 060105；071904； 101606； 101519； 101916； 101917； 111405； 111502；111618；111703

值—値 030918

執—執 020401； 030308； 031712； 031718； 031719； 051518；060205；071918；071919；071920；072015；072113；110406；111314；120716；120718；121807

植—植 071115；101606

殖—殖 010418；010711；031609

縶—縶 020702（2）； 071514 （ 4 ）； 111116； 111117； 111118；111120

旨—旨 021607

指—指 021607；021714

指—拮 091912；100912；101117

陟—陟 110602

彘—彘 060204

彘—彘 060218；060304；111114

置—置日序 0108；日辭 0108；021108；021112；030913；031401；031416；031612；041512；070604；070919；080620；100303；100401；100502；100901

寘—寘 050519；071606；080615；080616；080617（2）；080618；080619；080620（2）；080701；080702；080703；080704；080705；080706

肖—肖 081112；081113（2）；081114

戠—戠 060509

穉—穉 041507；070310；070311

觶—觶 111520

鷙—鷙 071604

冢—冢 120618；120619

冢—冢 121405

塚—塚 051517

衆—衆 030804

衆—衆 031215

衆—衆 100502；101109；110520；110614；110920；111002；111003（2）；111007；111008；111009；111010；111011（2）；111012（3）；111013（2）；111015（2）；111016

衆—衆 110920；111002；111003；111007；111008；111009；111010；111011（2）；111012（3）；111015（2）；111016

舟—舟日姓 0110；082002（2）；082006；082007；122004

籀—籀 080204

主—主 091702；120111；120115；120116；120120；120301（2）；120303；120309；120311；120314；120510；120811；120813；120820；121708；121710

注—注 080403；090418；091513（2）；100618；102015；110106；110113；110114；110119；110210；110619

注—注 080512

注—注 091702；091703；091708；091711；091712；091806；100618；100817；101510；101717；101802；102019；110511；110514；110517；110601；110613；110619；110704；110710；110719；110817；110905（2）；110914；110916；111011；111014；111015；111016；111017；111019；111106；111112；111114；111315；111317；111403；111411；111416（2）；111603；111604；111606；111608（2）；111609；111711；111713；120206；120405；120908；121519；121520；121704（2）；121714；121812；122011；122012；122013；122015；122016；122017；122019；122102；122103；122104；122106；122107；122109；122110；122111；122112；122113；122114；122117；122118；122119；122120；122201；122203；122205；122206；122207；122209；122210122212；122213；122215；122218；122219；122301；122302；122304；122306；122307；122308；122314；122315；122317；122319；122320；122403；122404；122405；122408；122409；122410；122411；122412；122415；122417；122418；122420；122501；122503；122504；122506；122507

祝—祝 011112；011113（2）；011115

祝—祝 060618；081402；081409；091811；091812；091901；122206（2）

撰—撰 011509

涿—涿 031803；050811；120220

戳—戳 031308；031410

姿—姿 101411

玆—玆 030513；030514；030515；030516

趑—赼 081118

滋—滋 091409

揔—揔 021617

祖—祖 040219；051216；061214；061215；061216；061217；061810；061811；070504；070820；080520；082107；091301；091302；091308；091312；091408；091408；121913

祖—祖日序 0105；011509

胔—胔 041601

檇—檇 030511（2）；030512；030513

尊—尊日姓 0218；051806；060404；061107；081906；100412；相跋 0106

遵—遵 091405；122215；122216

樽—樽日姓 0315

祚—祚 070114；080509；080812；080902；082012；111212

引用書目與參考文獻

（漢）班固撰，（唐）顔師古注：《漢書》，中華書局 1962 年版。

（漢）蔡邕著，（清）孫星衍輯：《琴操》，《叢書集成初編》本，中華書局 1985 年版。

（漢）服虔撰，（清）黄奭輯：《春秋左氏傳解誼》，《漢學堂叢書》本。

（漢）劉熙撰，（清）畢沅疏證，（清）王先謙補：《釋名疏證補》，中華書局 2008 年版。

（漢）司馬遷撰：《史記》，中華書局 1982 年第 2 版。

（漢）宋衷注，（清）秦嘉謨等輯：《世本八種》，中華書局 2008 年版。

（漢）王充撰，（清）吳承仕校釋：《論衡校釋》，中華書局 1990 年版。

（漢）許慎撰，（清）段玉裁注：《説文解字注》，上海古籍出版社 1988 年第 2 版。

（漢）許慎撰，（宋）徐鉉校定：《説文解字》，中華書局 1963 年版。

（漢）徐幹撰：《中論》，《四庫全書》本。

（漢）荀悦著，（晉）袁宏著，張烈點校：《兩漢紀》，中華書局 2002 年版。

（漢）袁康、吳平輯録：《越絕書》，上海古籍出版社 1985 年版。

（漢）鄭玄撰：《駁五經異義》，《四庫全書》本。

（三國魏）王肅注：《孔子家語》，《四庫全書》本。

（晉）陳壽撰，（南朝宋）裴松之注：《三國志》，中華書局 1982 年第 2 版。

（晉）吕忱撰：《字林》，《叢書集成續編》本。

（晉）孫毓撰：《毛詩異同評》，《漢魏遺書鈔》本，上海古籍出版社

1996年版。

（晉）王嘉撰：《拾遺記》，上海古籍出版社1999年版。

（南朝宋）范曄撰，（唐）李賢等注：《後漢書》，中華書局1965年版。

（南朝梁）崔靈恩撰，（清）馬國翰輯：《集注毛詩》，《玉函山房輯佚書》本。

（南朝梁）顧野王撰，（宋）陳彭年等重修：《重修玉篇》，《四庫全書》本。

（南朝梁）皇侃撰，高尚榘校點：《論語義疏》，中華書局2013年版。

（南朝梁）沈約撰：《宋書》，中華書局1974年版。

（南朝梁）蕭統撰：《昭明文選》，春風文藝出版社1995年版。

（北魏）賈思勰著，繆啟愉校釋：《齊民要術校釋》，中國農業出版社1998年版。

（北齊）劉晝撰：《劉子》，《四庫全書》本。

（北齊）魏收撰：《魏書》，中華書局1974年版。

（唐）杜佑著：《通典》，岳麓書社1995年版。

（唐）房玄齡等撰：《晉書》，中華書局1974年版。

（唐）封演撰：《封氏聞見記》，《四庫全書》本。

（唐）李百藥撰：《北齊書》，中華書局1972年版。

（唐）李鼎祚撰集：《周易集解》，中央編譯出版社2011年版。

（唐）李林甫等撰：《唐六典》，《四庫全書》本。

（唐）劉知幾撰：《史通》，《四庫全書》本。

（唐）陸德明撰，黃焯彙校，黃延祖重輯：《經典釋文彙校》，中華書局2006年版。

（唐）唐元度撰：《九經字樣》，《四庫全書》本。

（唐）王仁昫撰：《刊謬補缺切韻》，《續修四庫全書》本。

（唐）魏徵等撰：《隋書》，中華書局1973年版。

（唐）徐堅等著：《初學記》，中華書局2004年第2版。

（唐）姚思廉撰：《陳書》，中華書局1972年版。

（唐）姚思廉撰：《梁書》，中華書局1973年版。

（唐）張參撰：《五經文字》，《四庫全書》本。

（五代南唐）徐鍇撰：《説文繫傳》，《四庫全書》本。

（五代後晉）劉昫等撰：《舊唐書》，中華書局 1975 年版。

（五代後晉）釋可洪撰：《新集藏經音義隨函録》，《大正藏》本。

（宋）陳彭年等撰，（清）張士俊刻：《宋本廣韻》，北京市中國書店 1982 年版。

（宋）丁度等編：《宋刻集韻》，中華書局 2005 年第 2 版。

（宋）郭忠恕撰：《佩觿》，《四庫全書》本。

（宋）洪适撰：《隸釋》，《四庫全書》本。

（宋）洪适撰：《隸續》，《四庫全書》本。

（宋）賈昌朝撰：《群經音辨》，《四庫全書》本。

（宋）李昉等編：《太平御覽》，《四庫全書》本。

（宋）李昉等纂：《文苑英華》，《四庫全書》本。

（宋）婁機撰：《班馬字類》，《四庫全書》本。

（宋）歐陽修、宋祁撰：《新唐書》，中華書局 1975 年版。

（宋）司馬光撰：《類篇》，上海古籍出版社 1987 年版。

（宋）孫奭撰：《孟子音義》，《四庫全書》本。

（宋）王應麟著，（清）翁元圻等注：《困學紀聞》，上海古籍出版社 2008 年版。

（宋）王應麟撰：《詩地理攷》，《四庫全書》本。

（宋）王應麟撰：《詩攷》，《四庫全書》本。

（宋）衛湜撰：《禮記集説》，《四庫全書》本。

（宋）魏了翁撰：《儀禮要義》，《四庫全書》本。

（宋）吳淑撰：《事類賦》，《四庫全書》本。

（宋）葉大慶撰：《攷古質疑》，《四庫全書》本。

（宋）岳珂撰：《九經三傳沿革例》，《四庫全書》本。

（宋）朱熹撰：《楚辭集注》，上海古籍出版社、安徽教育出版社 2001 年版。

（宋）朱熹撰：《儀禮經傳通解》，《四庫全書》本。

（遼）釋行均編：《龍龕手鑑》，中華書局 1985 年版。

（金）韓孝彦撰：《改併五音類聚四聲篇海》，《續修四庫全書》本。

（元）李文仲撰：《字鑑》，《四庫全書》本。

（元）馬端臨撰：《文獻通考》，《四庫全書》本。

（元）脱脱等撰：《宋史》，中華書局 1977 年版。

（元）熊忠撰：《古今韻會舉要》，《四庫全書》本。

（元）周伯琦撰：《六書正譌》，《四庫全書》本。

（元）周伯琦撰：《説文字原》，《四庫全書》本。

（明）陳深撰：《十三經解詁》，明萬曆間刻本。

（明）方以智撰：《通雅》，《四庫全書》本。

（明）凌稚隆撰，（明）李光縉增補：《史記評林》，天津古籍出版社1998年版。

（明）梅膺祚撰：《字彙》，上海辭書出版社1991年版。

（明）宋濂撰：《篇海類編》，《續修四庫全書》本。

（明）田藝衡撰：《留青日劄摘抄》，《叢書集成初編》本。

（明）樂韶鳳、宋濂等撰：《洪武正韻》，《四庫全書》本。

（明）章黼撰，（明）吴道長重訂：《重訂直音篇》，《續修四庫全書》本。

（明）張自烈撰：《正字通》，《續修四庫全書》本。

（明）趙宧光撰：《説文長箋》，明崇禎小宛堂家刻本。

（清）畢沅撰：《經典文字辨證書》，《叢書集成初編》本。

（清）陳立撰，吴則虞點校：《白虎通疏證》，中華書局1994年版。

（清）陳壽祺撰：《五經異義疏證》，中華書局2014年版。

（清）陳樹華撰：《春秋經傳集解考正》，《續修四庫全書》本。

（清）承培元撰：《説文引經證例》，《續修四庫全書》本。

（清）戴震撰：《方言疏證》，上海古籍出版社2017年版。

（清）戴震撰：《毛鄭詩考正》，上海古籍出版社1996年版。

（清）戴震著，楊應芹編：《東原文集》（增編），黄山書社2008年版。

（清）段玉裁撰：《古文尚書撰異》，《皇清經解》本。

（清）段玉裁著：《六書音均表》，《續修四庫全書》本。

（清）段玉裁撰，鍾敬華校點：《經韻樓集》，上海古籍出版社2008年版。

（清）鳳應韶撰：《讀書瑣記》，《粟香室叢書》本。

（清）顧炎武著，（清）黄汝成集釋：《日知録集釋》，岳麓書社1994年版。

（清）郭慶藩撰：《莊子集釋》，中華書局2004年第2版。

（清）杭世駿撰：《石經考異》，《四庫全書》本。

（清）郝懿行撰：《爾雅義疏》，上海古籍出版社影印郝氏家刻本1983年版。

（清）惠棟撰：《春秋左傳補注》，《續修四庫全書》本。

（清）惠棟撰：《周易述》，《四庫全書》本。

（清）江藩纂，漆永祥箋釋：《漢學師承記箋釋》，上海古籍出版社2006年版。

（清）江聲撰：《尚書集注音疏》，《皇清經解》本。

（清）江沅撰：《説文釋例》，清咸豐刻本。

（清）孔廣森撰：《春秋公羊通義》，清道光學海堂刻本。

（清）雷浚撰：《説文外編》，清同治光緒間《雷刻八種》本。

（清）李桓輯：《國朝耆獻類徵初編》，（臺灣）明文書局1985年版。

（清）李薇編：《臧拜經先生年譜》，北京大學圖書館藏稿本。

（清）李元度撰：《國朝先正事略》，《續修四庫全書》本。

（清）李周望、謝履忠輯：《國學禮樂録》，清康熙五十八年國子監刻本。

（清）龍啟瑞撰：《爾雅經注集證》，《皇清經解續編》本。

（清）盧文弨著，王文錦點校：《抱經堂文集》，中華書局1990年版。

（清）盧文弨撰：《經典釋文考證》，清乾隆常州龍城書院刻本。

（清）盧文弨撰：《鍾山劄記》，《續修四庫全書》本。

（清）馬瑞辰撰：《毛詩傳箋通釋》，中華書局1989年版。

（清）毛奇齡撰：《論語稽求篇》，《四庫全書》本。

（清）鈕樹玉撰，羅濟平校點：《鈕非石日記》，遼寧教育出版社1998年版。

（清）彭元瑞撰：《石經考文提要》，《叢書集成續編》本。

（清）皮錫瑞撰：《駁五經異義疏證》，中華書局2014年版。

（清）錢大昕著，吕友仁點校：《潛研堂集》，上海古籍出版社1989年版。

（清）錢大昕撰：《十駕齋養新録》，《續修四庫全書》本。

（清）錢林著：《文獻徵存録》，《續修四庫全書》本。

（清）阮元校刻：《十三經注疏》，中華書局1980年版。

（清）阮元主編：《皇清經解》，道光九年（1829）學海堂刊本。

（清）阮元主編：《經籍籑詁》，中華書局 1982 年版。

（清）阮元撰，鄧經元點校：《揅經室集》，中華書局 1993 年版。

（清）邵瑛撰：《説文解字群經正字》，《續修四庫全書》本。

（清）孫星衍著：《孫淵如先生全集》，光緒二十年長沙王氏刊本。

（清）孫詒讓撰：《墨子閒詁》，中華書局 2001 年版。

（清）孫志祖撰：《讀書脞録》，《續修四庫全書》本。

（清）唐鑑撰輯：《清學案小識》，上海商務印書館 1935 年版。

（清）田吳炤撰：《説文二徐箋異》，《續修四庫全書》本。

（清）王夫之撰：《讀四書大全説》，《續修四庫全書》本。

（清）王筠撰：《説文解字句讀》，《續修四庫全書》本。

（清）王謨輯：《漢魏遺書鈔》，上海古籍出版社 1996 年版。

（清）王念孫撰：《廣雅疏證》，中華書局 2004 年第 2 版。

（清）王念孫著：《王石臞先生遺文》，《高郵王氏遺書》本 1925 年版。

（清）王先謙撰，吳格點校：《詩三家義集疏》，中華書局 1987 年版。

（清）王先謙撰：《荀子集解》，中華書局 1988 年版。

（清）王引之撰：《經義述聞》，江蘇古籍出版社 1985 年版。

（清）王引之撰：《周秦名字解故》，清嘉慶間刻本。

（清）吳任臣撰：《字彙補》，上海辭書出版社 1991 年版。

（清）徐灝撰：《説文解字注箋》，《續修四庫全書》本。

（清）閻若璩撰：《尚書古文疏證》，《四庫全書》本。

（清）嚴元照撰：《爾雅匡名》，《續修四庫全書》本。

（清）臧琳著：《經義雜記》，《拜經堂叢書》本。

（清）臧庸著：《拜經日記》，《拜經堂叢書》本。

（清）臧庸著：《拜經堂文集》，《續修四庫全書》本。

（清）翟灝撰：《四書考異》，《續修四庫全書》本。

（清）章炳麟撰：《新方言》，《續修四庫全書》本。

（清）周中孚著，黃曙輝、印曉峰標校：《鄭堂讀書記》，上海書店 2009 年版。

（清）朱珔撰：《説文叚借義證》，《續修四庫全書》本。

（清）朱駿聲編著：《説文通訓定聲》，中華書局 1984 年版。

（清）朱彝尊撰，林慶彰等主編：《經義考新校》，上海古籍出版社

2010 年版。

北京大學出土文獻研究所編：《蒼頡篇》，上海古籍出版社 2015 年版。

蔡長林著：《論清中葉常州學者對考據學的不同態度及其意義——以臧庸與李兆洛爲討論中心》，臺灣中央研究院文哲研究所編《中國文哲研究集刊》2003 年第 23 期。

蔡冠洛編著：《清代七百名人傳》，北京市中國書店 1984 年版。

陳鴻森撰：《〈子夏易傳〉臧庸輯本評述》，《齊魯文化研究》2011 年第 10 輯。

陳鴻森撰：《臧庸〈拜經堂文集〉校勘記》，臺灣國立中山大學《文與哲》2004 年第 5 期。

陳鴻森撰：《臧庸拜經堂遺文輯存》，《書目季刊》2006 年第 2 期。

陳鴻森撰：《臧庸年譜》，《中國經學》第 2 輯，廣西師範大學出版社 2007 年版。

陳橋驛校釋：《水經注校釋》，杭州大學出版社 1999 年版。

陳祖武、朱彤窗著：《乾嘉學術編年》，河北人民出版社 2005 年版。

遲鐸集釋：《小爾雅集釋》，中華書局 2008 年版。

鄧福禄、韓小荊著：《字典考正》，湖北人民出版社 2007 年版。

丁喜霞著：《臧庸及〈拜經堂文集〉整理研究》，中國社會科學出版社 2016 年版。

竇秀豔著：《中國雅學史》，齊魯書社 2004 年版。

漢語大詞典編輯委員會編：《漢語大詞典》，上海辭書出版社/漢語大詞典出版社 1986—1994 年版。

漢語大字典編輯委員會：《漢語大字典》，四川辭書出版社、湖北辭書出版社 1995 年版。

何寧撰：《淮南子集釋》，中華書局 1998 年版。

許維遹撰：《吕氏春秋集釋》，中華書局 2009 年版。

蔣禮鴻編撰：《商君書錐指》，中華書局 1986 年版。

黎翔鳳撰：《管子校注》，中華書局 2004 年版。

李學勤主編：《十三經注疏》整理本，北京大學出版社 2000 年版。

林義光撰：《文源》，中西書局 2012 年版。

劉傳鴻著：《〈酉陽雜俎〉校證：兼字詞考釋》，北京大學出版社

2014 年版。

劉復、李家瑞編:《宋元以來俗字譜》,文字改革出版社 1957 年版。

麥仲貴著:《明清儒學家著述生卒年表》,臺灣學生書局 1977 年版。

漆永祥撰:《乾嘉考據學家臧庸》,《西北師大學報》1995 年第 5 期。

任繼昉纂:《釋名匯校》,齊魯書社 2006 年版。

容庚編著:《金文編》,中華書局 1985 年版。

尚小明著:《清代士人游幕表》,中華書局 2005 年版。

睡虎地秦墓竹簡整理小組:《睡虎地秦墓竹簡》,文物出版社 1978 年版。

汪榮寶撰,陳仲夫點校:《法言義疏》,中華書局 1987 年版。

王利器校注:《風俗通義校注》,中華書局 2010 年第 2 版。

王利器校注:《鹽鐵論校注》,中華書局 1992 年版。

王利器撰:《顏氏家訓集解》(增補本),中華書局 1993 年版。

吳明霞著:《論清代學者臧庸的學術成就》,《中國典籍與文化》2000 年第 4 期。

徐德明撰:《清人學術筆記提要》,學苑出版社 2004 年版。

徐時儀著:《一切經音義三種校本合刊》,上海古籍出版社 2010 年版。

楊明照著:《文心雕龍校注拾遺》,上海古籍出版社 1982 年版。

張慧劍著:《明清江蘇文人年表》,上海古籍出版社 2008 年第 2 版。

張雙棣等:《呂氏春秋譯注》(修訂本),北京大學出版社 2000 年版。

支偉成著:《清代樸學大師列傳》,(臺灣)明文書局 1924 年版。

[日] 吉川幸次郎著:《臧在東先生年譜》,《東方學報》第六冊,1936 年。

[日] 瀧川資言編撰:《史記會注考證》,上海古籍出版社 2015 年版。

[日] 山井鼎撰:《七經孟子考文》,日本宮內廳書陵部藏稿本。

後　記

2009年秋入職河南大學，少塵雜之亂耳，無案牘之勞形，可以有較多時間做自己喜歡做的事——讀書、授課、爲學。由於要爲漢語言文字學專業研究生授課，加之本就對乾嘉學術心向往之，在繼續思考漢語常用詞演變研究相關問題的同時，開始比較多地研讀乾嘉學者有關經史考據和小學（傳統語言學）研究的著述。

清代小學成就空前，除了一大批廣爲人知的小學經典巨著之外，數量龐大的清人文集也留存有大量的小學研究内容，是清代學術史研究和傳統語言學研究亟待發掘的寶藏。若能對清人文集中的小學研究内容進行全面搜集、分類整理、匯編，做到即類求文，因文究學，或可爲全面把握清代小學成就提供有益的資料，深化對清人小學成就的理解與認識。但清人文集多不勝數，學界雖已影印、整理出版了不少成果，仍有海量文集和散逸的小學文獻未經整理，憑一己或幾人之力在短期内開展如此浩大的古籍整理工作，難度可想而知。在選題論證和相關課題申報的過程中，深感力不從心，於是調整研究思路，決定先從具體的一位一位學者的一部一部文集展開研讀和整理，積累一些先期的研究成果和相關工作經驗，冀以達成“再出發”的宏愿。

乾嘉學者除爲人熟知的段、王、錢、阮等名宿大家之外，還有許多游幕學者，他們活躍於各級官員幕中，或編書著書，或校梓群籍，是一系列重要學術成果的主要創造者，也是大規模清理以往學術成果的重要承擔者，直接推動了乾嘉學術的繁盛。對此，學界雖已有所關注，但相關研究還遠遠不夠，我們選取乾嘉時期的游幕學者錢大昭和臧庸作爲首批研究對象，對其游幕、治學經歷和相關著述進行研讀和整理。

對錢大昭及其著述的研究，先後發表了《未刊稿抄本〈广雅疏义〉成书与流存考略》（《中国典籍与文化》2014年第4期）、《基于数据库的〈广雅疏义〉与〈广雅疏证〉的比较研究》（《河南大学学报》2018年第

2 期)、《〈清史稿艺文志拾遗〉著录钱大昭〈可庐著述十种〉辨正》(《中国经学》2018 年第 22 辑) 等文章。

對臧庸的研究，則是 2013 年和 2015 年先後獲批的兩項全國高校古委會直接資助項目及研究成果，前者是《臧庸〈拜經堂文集〉整理研究》，在文本研讀、點校的基礎上，不斷引入新材料，增加研究內容，最終成爲包括臧庸及其文集研究、文本點校、相關研究資料匯編等三部分內容的著作，於 2016 年 11 月由中國社會科學出版社出版；後者是《〈拜經日記〉整理》，成果即這部《〈拜經日記〉校注》。在此兩項課題成果及相關研究論文的基礎上，2016 年我們以《乾嘉時期游幕學者的生存境域與學術生態研究》爲題，申報了國家社會科學基金項目，並有幸獲準立項，更加鼓舞了我們進行相關研究的熱情。

上述兩項課題的順利開展和完成，是課題組成員共同努力的結果，河南大學孫文博士和浙江大學張雨薇博士在文本録入、注釋、相關資料的查找、校覈等方面，付出了大量心血與辛勤的工作。徐勝利、魏瑋、陳鳳娟、羅黎、趙苗苗、劉楊、張世珍、婁珂珂、王健、史宇帥、李婷婷、李甜甜、孫博涵等多位同學，在校點、注釋或材料核對等方面都曾有所助力，在此一併表示感謝。

河南大學文學院的領導、文學院學術委員會的王宏林教授、白春超教授、武新軍教授、張清民教授、王利鎖教授、李金松教授，河南大學語言科學與語言規劃研究所的張生漢教授，段亞廣博士，爲本課題的研究和本書的出版提供了諸多便利和支持，河南大學文學院學術著作出版基金爲本書的出版提供了經費支持，謹此致以誠摯的谢忱。中國社會科學出版社的任明先生是本書的責任編輯，對本書的出版多有幫助，謹此深致谢枕。

古籍整理研究是辛苦的工作，內容寵雜、引證廣博的《拜經日記》的整理和研究更是如此，其中甘苦非親身經歷者所能體會和理解。《拜經日記》的現存版本主要是刻本、抄本及其影印本，俗字異體、通假字、古體字、版刻混用字、避諱字等比比皆是，表面上看訛誤、紛歧滿紙，實則能夠提供許多珍貴史料，不僅可以填補漢字和音韻演變過程中缺失的一些中間環節，也能爲刻本和抄本文字研究者提供重要的文字材料，而且保存了古籍刊刻、傳抄、流存的一些細節，可以爲相關著述文本的成立與傳播過程乃至學術脈絡的考證，提供重要線索。若全然改做通行正字，一則不能保留底本原貌，二則浪費了這一部分有價值的文字材料。同時，中國古典文獻學和漢語史研究的專業素養，使我們抱持古籍整理應該“整舊如舊”的執念，也深知文獻的語言文字面貌對於文獻學和漢語史研究，乃至學術史研究的重要性。因此，我們借鑒劉傳鴻教授《〈酉陽雜俎〉校證：兼字詞考釋》（北京大學出版社 2014 年版）對與今通用字不同的古字、通假字、訛俗字等的處理方式，修訂體例，增加校注內容，在盡可能保留底本原貌的基礎上，兼顧排版和今人閱讀的便利，對底本中的俗字異體、通假字、古體字、版刻混用字、避諱字等文字現象，針對不同情況進行了分別處理（詳見本書“校注説明”），並將在正文中不能輸出的、字形有所變動的字，製成“俗字字表”以附錄形式附於書後。

《拜經日記》內容博雜，所涉經史典籍及清人著述繁多，而筆者學殖荒落，遺漏失校者諒多有之，標點及文字處理，亦不免錯漏，所出校記與注釋，因學力不逮，淺陋之弊、零碎之嫌，恐屬難免。加之校注工作耗時三年有餘，難免有前文已校、已注，而後文又校、又注者，甚或前後有理解不一致處，雖定稿時又曾通讀、校覈，終因書稿內容繁雜，而筆者學養有限，此類問題恐難盡除，敬祈專家、讀者不吝是正。

丁喜霞

2019 年 2 月 12 日